普通高等教育"十一五"国家级规划教材

高等学校金融学专业主要课程精品系列教材

金融监管学

（第三版）

李成 主编

高等教育出版社·北京

内容简介

本书第三版是在第二版基础上修订而成,以满足新形势下广大师生和金融工作者对金融监管知识学习的需要。

本书运用经济学理论包括博弈论理论和金融学原理,系统介绍了金融监管在不同阶段的演变,在此基础之上梳理了金融监管的主要流派理论,与此同时,回顾了我国不同金融监管体制及金融监管体制的变迁。 本书注重理论和实践的结合,注重逻辑思维的培养引导。 在金融监管理论方面,从均衡和博弈角度对金融监管的逻辑进行了阐述。 在金融监管业务方面,主要介绍了对商业银行的监管、对证券机构的监管、对保险机构的监管、对其他金融机构的监管以及对金融衍生品的监管。 此外,介绍了反洗钱金融监管、金融安全监管以及金融监管国际合作的内容。

本书适合作为普通高等院校金融学专业相关课程教材,对于金融机构和金融监管业务部门的工作人员也有一定的参考价值。

图书在版编目(CIP)数据

金融监管学 / 李成主编. --3 版. --北京:高等教育出版社,2019.9 (2024.12 重印)

ISBN 978-7-04-052265-5

Ⅰ.①金… Ⅱ.①李… Ⅲ.①金融监管-高等学校-教材 Ⅳ.①F830.2

中国版本图书馆 CIP 数据核字(2019)第 163204 号

JinRong JianGuan Xue

| 策划编辑 | 郭金录 | 责任编辑 | 郭金录 | 封面设计 | 张 楠 | 版式设计 | 杨 树 |
| 插图绘制 | 于 博 | 责任校对 | 刘丽娴 | 责任印制 | 高 峰 | | |

出版发行	高等教育出版社	网 址	http://www.hep.edu.cn
社 址	北京市西城区德外大街4号		http://www.hep.com.cn
邮政编码	100120	网上订购	http://www.hepmall.com.cn
印 刷	北京新华印刷有限公司		http://www.hepmall.com
开 本	787mm×1092mm 1/16		http://www.hepmall.cn
印 张	20	版 次	2007 年 7 月第 1 版
字 数	480 千字		2019 年 9 月第 3 版
购书热线	010-58581118	印 次	2024 年 12 月第 4 次印刷
咨询电话	400-810-0598	定 价	42.00 元

本书如有缺页、倒页、脱页等质量问题,请到所购图书销售部门联系调换
版权所有 侵权必究
物 料 号 52265-00

第三版前言

改革开放40多年以来,我国经济发展持续高速增长,金融对外开放持续扩大,金融市场化改革不断深化。当前我国宏观经济处于"康波周期"与金融周期下降期"双重叠加期",外部贸易摩擦与内部产业转型等压力累积,经济金融发展的复杂性和不确定性加剧。经济"起伏震荡"影响金融体系资产负债的波动与结构性变化,要求金融监管供给增加,避免金融市场的冲击;金融监管的"松紧摆动"引发宏观经济金融链条发生局部扭曲甚至断裂,影响金融基本面的稳定。因此,要求金融监管确保金融体系的稳定,对宏观经济"保驾护航",实现国家经济安全。

从20世纪80年代中国人民银行的"统一"监管,经20世纪90年代的"一行三会"(中国人民银行、银监会、保监会、证监会)分业监管,到2011年国家"十二五"规划提出"构建逆周期的金融宏观审慎管理制度框架",至2018年"一委一行两会"(国务院金融稳定发展委员会、中国人民银行、银保监会、证监会)监管新格局,折射出金融监管的改革紧随国内外经济金融形势不断变化,透视出需求催生供给的内在逻辑。

2008年国际金融危机后,我国金融经历了2013年"钱荒"、2015年"股灾"和2018年"滞缓"等艰巨的考验,金融监管有效性遭遇严峻挑战,亟待规范金融监管,引导金融机构稳健发展,防范实业公司变成金融公司乃至资金在金融机构间"空转",导致实体经济"空心化"成为重中之重。为此,2018年《"十三五"现代金融体系规划》指出,设立国务院金融稳定发展委员会是加强金融宏观审慎管理、增强金融监管协调性权威性有效性、促进金融业健康发展的重要制度性安排。强化人民银行宏观审慎管理和系统性风险防范职责,在国务院领导下制定和执行货币政策、负责宏观审慎管理。在各类跨行业、跨市场复杂金融产品不断扩张,金融市场资金流动复杂性空前提高,监管真空和监管套利在行业交叉领域不断滋生的背景下,严格的穿透式监管成为金融监管新方向。

为紧随我国金融监管体系的时代变迁,精准把脉金融监管内在规律,适应新形势下高等院校学生学习金融监管课程的需要,本书围绕近年来金融监管领域涌现的新成果、新实践以及新变化,对相关内容进行了充实完善,以期客观、全面、系统地反映金融监管理论与实践的变化。

理论源于实践又指导实践。纵观金融监管的发展历程,在政策制定与实践中,既关注单个金融机构和业务的风险与安全,也关注系统性风险、金融体系以及宏观经济的安全,呈现螺旋式上升的动态发展过程。金融监管任重道远,只有紧扣宏观经济形势推进金融监管改革,才能切实维护经济金融的安全稳定,不覆前车之鉴。

由于时间仓促,书中纰漏在所难免,恳请读者不吝赐教。

李 成

2019年5月于西安交通大学

目 录

第一章 金融监管发展 ………………………………………… 1
  第一节 金融监管的逐步形成时期 ………………………… 1
  第二节 金融监管的严格管制时期 ………………………… 2
  第三节 金融监管注重效率的时期 ………………………… 4
  第四节 金融监管的国际合作时期 ………………………… 7
  本章小结 …………………………………………………… 12
  思考题 ……………………………………………………… 12

第二章 金融监管系统 ………………………………………… 13
  第一节 金融监管的目标 …………………………………… 13
  第二节 金融监管的原则 …………………………………… 16
  第三节 金融监管的工具 …………………………………… 17
  第四节 金融监管的体系 …………………………………… 18
  第五节 金融监管的途径 …………………………………… 21
  第六节 金融监管的修正 …………………………………… 23
  本章小结 …………………………………………………… 25
  思考题 ……………………………………………………… 26

第三章 金融监管理论 ………………………………………… 27
  第一节 信用管理的金融监管理论 ………………………… 27
  第二节 强调约束的金融监管理论 ………………………… 29
  第三节 注重效率的金融监管理论 ………………………… 32
  第四节 规则引导的金融监管理论 ………………………… 36
  第五节 宏观审慎金融监管理论 …………………………… 43
  第六节 金融监管理论发展的趋势 ………………………… 50
  本章小结 …………………………………………………… 52
  思考题 ……………………………………………………… 52

第四章　金融监管体制 … 53
第一节　金融监管体制的变迁 … 53
第二节　集权型金融监管体制 … 57
第三节　分工型金融监管体制 … 60
第四节　合作型金融监管体制 … 65
第五节　金融监管体制的演进趋势 … 66
第六节　我国的金融监管体制 … 68
本章小结 … 72
思考题 … 73

第五章　商业银行监管 … 74
第一节　商业银行市场准入监管 … 74
第二节　商业银行市场经营监管 … 78
第三节　商业银行跨国经营监管 … 82
第四节　商业银行市场退出监管 … 86
本章小结 … 90
思考题 … 91

第六章　证券机构监管 … 92
第一节　证券机构市场准入监管 … 92
第二节　证券机构市场经营监管 … 95
第三节　证券机构跨国业务监管 … 100
第四节　证券机构市场退出监管 … 103
本章小结 … 107
思考题 … 108

第七章　保险机构监管 … 109
第一节　保险机构市场准入监管 … 109
第二节　保险机构市场经营监管 … 115
第三节　保险机构跨国业务监管 … 125
第四节　保险机构市场退出监管 … 128
本章小结 … 130
思考题 … 131

第八章　其他金融机构监管 … 132
第一节　政策性金融机构监管 … 132
第二节　信托投资公司监管 … 143
第三节　金融租赁公司监管 … 146
第四节　企业集团财务公司监管 … 150
第五节　信用合作联合社监管 … 154
第六节　汽车金融公司监管 … 157
本章小结 … 160
思考题 … 161

第九章　涉外金融机构监管 …… 162
第一节　境内外资金融机构监管 …… 162
第二节　本国境外金融机构监管 …… 168
第三节　跨境金融机构收购监管 …… 171
第四节　涉外金融机构风险监管 …… 174
本章小结 …… 177
思考题 …… 178

第十章　金融衍生品监管 …… 179
第一节　金融衍生品监管的规范 …… 179
第二节　金融衍生品监管的原则 …… 181
第三节　金融衍生品监管的内容 …… 183
第四节　金融衍生品监管的借鉴 …… 187
第五节　金融衍生品的联合监管 …… 195
第六节　我国金融衍生品监管现状和问题 …… 197
本章小结 …… 198
思考题 …… 198

第十一章　反洗钱金融监管 …… 199
第一节　洗钱的主要渠道 …… 199
第二节　反洗钱监管的环节 …… 205
第三节　国际反洗钱联合监管 …… 207
第四节　中国的反洗钱监管 …… 212
本章小结 …… 216
思考题 …… 217

第十二章　金融安全监管 …… 218
第一节　金融安全的类型 …… 218
第二节　金融机构安全监管 …… 221
第三节　区域金融安全监管 …… 225
第四节　国家金融安全监管 …… 229
第五节　全球金融安全监管 …… 235
本章小结 …… 238
思考题 …… 238

第十三章　金融监管供求 …… 239
第一节　金融监管需求 …… 239
第二节　金融监管供给 …… 243
第三节　金融监管供求均衡 …… 245
第四节　金融监管非均衡 …… 251
本章小结 …… 253
思考题 …… 254

第十四章　金融监管博弈 ………………………………………… 255
第一节　金融监管博弈的原理 ………………………………… 255
第二节　金融监管博弈的规律 ………………………………… 269
第三节　金融监管博弈的界域 ………………………………… 271
第四节　金融监管博弈的环境 ………………………………… 274
第五节　金融监管博弈的效应 ………………………………… 277
本章小结 …………………………………………………………… 278
思考题 ……………………………………………………………… 279

第十五章　金融监管国际合作 …………………………………… 280
第一节　金融监管国际合作的需要 …………………………… 280
第二节　金融监管国际合作的框架 …………………………… 283
第三节　巴塞尔协议的监管内容 ……………………………… 290
第四节　金融监管的其他国际合作 …………………………… 301
第五节　金融监管国际合作的趋势 …………………………… 306
本章小结 …………………………………………………………… 308
思考题 ……………………………………………………………… 309

主要参考文献 ……………………………………………………… 310

第一章 金融监管发展

> 【本章提要】
> 本章介绍了金融监管发展的历史演变过程,主要内容包括:金融监管的逐步形成时期;金融监管的严格管制时期;金融监管注重效率的时期;金融监管的国际合作时期。在介绍基本内容的同时,分析了金融监管不同时期的历史背景、经济环境和监管重心。

第一节 金融监管的逐步形成时期

一、早期意大利金融监管的诱生

银行业最早诞生于经济发达国家,因此,也最早接受了金融风暴的洗礼。商业银行的产生以1694年英格兰银行的建立为标志。美国基本上是仿照早期英格兰银行,于1782年成立了第一家商业银行——北美银行,1859年法国成立工商信贷银行,1873年日本成立第一国立银行。

虽然在银行业出现后相当长一段时期内都没有对银行进行专门立法,但与银行相关的管理规则很早就存在了。15世纪意大利最著名的梅迪西斯家族银行,曾一度统治佛罗伦萨,"唤醒了怀疑和敌视的情绪"。这主要因为当时的银行大多有高利贷性质,人们对金融权力产生了一种恐惧。可见,限制高利贷和银行权力在当时就已经存在。

二、英国金融监管的萌芽

英格兰银行在成立伊始是唯一的特许银行,政府规定"英格兰不能有第二个银行由国会议决设立,或有六人以上的股东。"1695年和1783年苏格兰银行和威尔士银行两家特许银行成立,但在1710年和1821年便分别失去了垄断经营权。英格兰银行的特许却得以成功延长,代价是以低利率向政府提供长期贷款。但对这种特许一直有很大争论,《1826 年银行券法》对这种特权加以限制,英格兰银行的银行券只限在伦敦 65 英里[①]以内地区使用。1833 年,英国议会通过法案,规定英格兰银行发行的法案为英国唯一的无限法定货币。从而确定了英格兰银行的垄断地位。此外,1833 年的法案还规定允许在伦敦城内设立合股银行,打破了英格兰银行在伦敦城内的独占格局,合股银行随之得以迅速发展。这些法案可以看作是对银行业的最早监管。

三、美国金融监管的雏形

美国银行业在起步之时就与法律相伴而生,可以说,银行监管法律的起源在美国。与此相得益彰的是,美国金融业在世界上最发达。1781 年,美国国会为应付财政混乱局面,批准成立了第一家商业银行——北美银行,该行第二年成为州银行。此后,美国的银行大都由州议会以法令形式设立。由于各州特许越来越多的银行开业,1861—1881 年成立的银行超过了 2 500 家,但其中有许多并不稳定,2/5 在开业后 10 年内就逐渐消失了。1790 年,财政部部长汉密尔顿向国会提交了《关于设立国民银行的报告》。报告援引了亚当·斯密的观点,认为建立一家国民银行可以增加社会的生产资本,有助于国家繁荣富强,同时,这种银行可以便利征税和向财政部门贷款,有助于公共财政和政府对银行业的管理。这种建立类似美国中央银行的动议经过激烈争论,1791 年由华盛顿总统特许通过,成立了美国银行(后来的美国第一银行)。

金融业从自由走向管制的起步是对货币发行的限制以及中央银行的建立。中央银行建立初期的主要职能是作为政府的银行和发行的银行,虽然最初在纸币兑换成金银时同其他银行没有区别,但是,由于作为政府的银行在发行货币方面具有特权,自然导致银行系统内部集中一定数量的储备金,由此成了银行的银行。这种地位的逐步建立,使中央银行自然承担起金融监管的特殊职责。可以说,各国中央银行的建立是金融由自由迈向管制的第一步。

第二节 金融监管的严格管制时期

20 世纪既是人类社会迅速发展的时代,也是一个动荡的时期。1929—1933 年的世界经济大危机,是美国金融从自由到管制的分水岭。从此,美国以严格的金融监管而蜚声全球。

一、美国加强金融监管的经济社会原因

19 世纪后期,美国铁路、钢铁等大工业迅速繁荣,资本随之快速流动、高度集中,使得金融业尤其是证券业持续高涨。到 1929 年 10 月,美国银行已近 3 万家,证券交易空前繁荣。1929 年 9 月股票交易额达到 21 亿股,股票指数涨至 569.49 点。1929 年 10 月 24 日,股市狂泻如脱缰野马,到 1933 年年底,商业银行从 23 695 家减少到 14 352 家,股票市值从 897 亿美元暴跌到 156 亿美元。其中美国钢铁公司的股票价格由 262 美元降到 21 美元,电话电报公司(AT&T)股价由 310 美元降到 70 美元,通用汽车公司股价由 92 美元降到 7 美元。危

---

① 英里为非法定长度计量单位。1 英里 =1.609 3 千米。

机产生虽然有着复杂的经济原因和深刻的社会背景,但就金融而言,银行资金盲目进入证券市场是一个重要原因。

1933年3月,富兰克林·罗斯福在危难之际出任总统,以实施"新政"为契机颁布了一系列经济法律,如1933年的《银行法》《证券法》《联邦住房放款银行法》等,1934年的《证券交易法》和《国民放款法》等。其中,1933年《银行法》的第16、20、21和第32条组成了《格拉斯—斯蒂格尔法》,将商业银行与投资银行严格分离,建立了"金融防火墙"。1933年的《银行法》是美国对银行业开始实行管制的标志。随后颁布的一系列法律对金融业务实施了严格的监管,市场盲目竞争的局面偃旗息鼓。这部历经多次修改的法律,在1999年11月7日前一直是银行法律的基础,在美国银行法历史上具有重要意义。

二、现代经济学奠定金融监管的理论基础

现代经济学尤其是市场失灵理论和信息经济学的发展,为金融监管奠定了理论基础。现代经济学指出,金融市场具有负外部性效应,金融机构的破产倒闭及其连锁反应,将通过货币信用紧缩破坏经济增长的基础。按照福利经济学的观点,外部性可以通过征收"庇古税"进行补偿,但是个别金融机构的利益与整个社会利益之间严重的不对称性,使这种办法显得苍白无力。科斯定理从交易成本的角度说明,外部性无法通过市场机制的自由交换得到消除。因此,需要一种市场以外的力量介入,限制金融体系的负外部性影响。

一个稳定、公平和有效的金融体系带来的利益为社会共同享受,无法排斥某一部分人享受此利益,增加一个人享用这种利益也不影响生产成本。因此,金融体系对整个社会具有明显的公共产品特性。在市场经济条件下,私人部门构成金融体系的主体,政府需要通过外部监管保持金融体系的健康稳定。

金融机构产品的特性决定了其并不能完全适用一般的自由竞争原则。金融机构规模经济的特点使自由竞争很容易发展为垄断,而金融业的垄断不仅会带来效率和消费者福利方面的损失,而且会产生经济和政治上的不利影响。自由竞争的结果是优胜劣汰,盲目竞争将导致金融体系的不稳定,进而危及整个经济发展的稳定。因此,自从自由银行制度崩溃之后,金融监管的一个主要使命就是保证金融体系的稳定安全。

在不确定性研究基础上发展起来的信息经济学表明,信息不完备和不对称是市场经济不能像古典和新古典经济学所描述的那样完美运转的重要原因之一。搜集和处理信息的高昂成本使金融机构往往难以承受,因此,金融监管当局有责任采取措施减少金融体系中的信息不完备和不对称。

这一时期金融监管理论主要以维护金融体系安全,弥补金融市场的不完善为宗旨。在凯恩斯宏观经济理论影响下,中央银行的货币管制已成为货币政策调控宏观经济的重要工具,对金融机构行为的干预成为金融监管的主要内容。

三、美国对金融监管的加强

继20世纪30年代颁布《银行法》后,美国的金融监管一直遵循全面管制的原则,倾向于直接管制,自由化思想被完全抛弃。对银行开业加以限制,银行的进入要符合社会需要,新老银行的收益不可偏废,银行业成为受保护的行业。第二次世界大战后,非银行金融机构开始发展,因此,限制规定也适用于这些机构。另一个重要变化是联邦储备系统权力加强,由权力分散变成为中央集权体制,美国联邦储备委员会(简称美联储)改组成更为独立的联邦储备理事会。这样,美联储可以更方便地制定货币政策。货币政策手段逐步增加,对股票贷款、存款利率(Q条例)、票据贴现、存款准备等作出规定,公开市场业务进一步加强。1956年的《银行持股公司法》、1960年的《银行合并法》、1966年的《利率管制法》对银行合并活动和存款利率进行管制,反映了政府对银行予以全面管制的立法思想。

四、英国对金融监管的强调

英国金融监管主要表现在英格兰银行权力的加强,垄断了货币发行。英格兰银行作为中央银行的职能是在没有明确法律依据的情况下逐步扩展的,到19世纪后25年,终于肩负起中央银行的职责,并且习惯于运用权力控制其他银行。1973—1975年的银行危机引起了监督银行的提议,随后英格兰银行在1976年发表了《对接受存款的人许可监督》白皮书,提出了对银行监督的重要观点,包括:"银行"名义只适用于少数有最高金融地位的机构;严格限制接受存款人的资格;为存款人设立保险基金等,这些观点后来成为银行法的基础。1979年的《银行法》首次对金融机构从事存款业务的权力作出限制,将认可机构分为两类:一类是认可银行;另一类是持牌机构。该法规定了对"银行"的明确定义,只有符合英格兰银行严格要求的机构才被认可为银行,目的是使银行成为有高度信誉的机构。该法还明确了监督的重点是达不到银行要求的"持牌机构"。

五、日本金融监管的特点

第二次世界大战后,日本资金严重匮乏。为了集中资金发展经济,日本选择了有别于欧美的金融制度,促进了经济的高速增长。日本金融体系始终受到政府强有力的扶植和干预,其特点之一是以间接金融为主,金融监管以银行管制为中心。就政府管制程度而言,全面严格的金融监管呈现垄断资本主义特征,用保护金融业的方法达到维护金融体系稳定的痕迹随处可见。

第三节 金融监管注重效率的时期

20世纪70年代,困扰西方国家长达十年之久的"滞胀"宣告了凯恩斯主义的破产。以新古典宏观经济学和货币主义、供给学派为代表的自由主义理论复兴,金融自由化理论随之发展,对金融发展产生了巨大的影响。

一、金融监管从强调稳定转向注重效率

20世纪60年代末,发达国家开始了金融自由化。当时,由于高通货膨胀率和金融市场的创新活动,使英国、加拿大、法国、丹麦、瑞典等发达国家放松了金融管制,包括取消贷款和金融批发业务的利率限制,废除金融机构跨行业经营限制,放松国际信贷管制等。但金融自由化在20世纪70年代初曾一度停顿,到了20世纪70年代末又重新开始,20世纪80年代后期达到高潮。出现这种反复的主要原因是第一次石油危机后,西方国家出现了严重的通

货膨胀和财政贸易双赤字,政府力图通过加强金融控制来减轻影响,维持低利率,但是,后来经济环境的变化迫使其不得不重新走上金融自由化的道路。发展中国家的情况虽有所不同,但差不多在同一时期跨入了金融自由化的行列。所谓自由化,并非一般意义上的自由发展或自由交易,西方学者较少使用 liberalization,更多使用 deregulation。严格说来,金融自由化的含义是放松管制。

应该承认,第一次经济大危机后逐步建立起来的发达国家金融体制,除个别国家外,大都对银行业务作了严格管制,稳定了金融环境。但随着经济的发展和金融创新工具的不断涌现,原有的金融管制制约了金融成长,不能适应经济发展的需要,金融机构以创新来规避管制,原有的金融管制对新的金融工具无能为力,金融监管也从强调稳定向注重效率转变。

二、美国以法律调整为主的金融监管逐步转变

美国20世纪80年代至90年代初期的银行改革包括四个重要法律:《1980年存款机构放松管制和货币控制法》《1982年存款机构法》《1987年银行业平等竞争法》和《1989年金融机构改革、复兴和实施法》。上述改革几乎触及1933年所确立的银行业结构的各个方面,内容包括:① 放松对存款利率的管制。② 逐步废除银行业务的地域限制。许多州废除了单一银行的规定,跨州银行显著增加。③ 打破"格拉斯—斯蒂格尔墙",非银行机构通过货币市场互助基金进入银行业务领域,证券公司通过商业票据市场进入商业贷款业务领域,银行在商业票据市场和证券公司展开竞争,银行持股公司被允许承销公司债券和发行股票。④ 打破了金融机构间的界限。各种金融机构之间的界限越来越模糊,银行和储蓄机构之间的差异几乎消失。1989年1月,美联储首次批准商业银行从事企业债券经销业务。1990年9月20日,又批准了JP摩根银行经销股票。1995年5月,众议院银行委员会通过了旨在针对《格拉斯—斯蒂格尔法》的银行改革法案,解除了银行经营证券业务的禁令。1999年11月12日,国会通过了《金融服务现代化法》,拆除了金融分业经营的界限,金融体制改革的方向是全力强化美国金融机构全球竞争力与"超级航母"的霸主地位。可以预见,美国银行业终将步入金融百货公司的行列,严格的金融管制将销声匿迹。

三、英国"大爆炸"改革后的金融监管变化

经过长时间酝酿,英国伦敦证券交易所终于在1986年10月27日实施了被称为"大爆炸"的重大改革,主要内容是:① 允许商业银行进入证券交易所进行证券交易。② 取消交易最低佣金规定,允许直接谈判佣金额。③ 准许非交易所成员收购交易所成员公司的股票。④ 取消经纪人与证券商的界限,二者可合二为一。⑤ 推出"股票交易所自动报价"和"股票交易所国际自动报价"计算机系统,通过卫星线路与纽约、东京、中国香港和欧洲等国的证券交易市场以及遍布全球的一万多个终端相连。两个系统可处理7 500多种股票和政府债券的相关数据,不仅涉及股票交易本身,还包括全球各种最新经济指数、外汇牌价、金融期货和货币市场数据。"大爆炸"轰开了英国证券业与商业银行业严格的业务界限,银行直接进行证券交易,不仅促成了商业银行进入投资银行领域,更重要的是吸引了美国、日本的银行涌入英国证券市场,为美、日银行进入证券市场开了方便之门。

1984年,约翰逊·马塞银行的危机促使了英国银行业监管的改革。1985年英国先后发表了《利·彭伯顿报告》和政府《银行监督白皮书》。在此基础上,1987年5月,英国颁布了

新的银行法,旨在加强对银行业的监管,但并未对银行业监管结构实施重大调整,只是在整个银行体系走向自由化过程中,为防范银行业危机采取了一些加强监管的措施。

四、西德和日本对金融监管的主要调整

在国际金融自由化浪潮影响下,1985年,德意志联邦共和国(简称西德)取消了对以德国马克为单位的欧洲债券发行规模和发行时间的限制,使外资银行获得了牵头这类债券发行的权力。1986年以后,又允许外国银行发行以德国马克为面值的大额存单,允许引入浮动利率债券、外汇互换交易等新的金融工具,推动了西德证券市场的国际化。

日本在20世纪70年代开始着手对金融监管体制进行改革,但一直进展不大。1980年至1984年,逐渐废除了银行筹措外汇、兑换日元、用日元核算的资产投资的"日元转换"限制。1984年,大藏省公布了《金融自由化与日元国际化的状况与展望》,内容包括:① 利率自由化;② 金融业务自由化;③ 金融市场及产品的自由化;④ 金融国际化。这些改革举措大大推进了日本金融自由化的进程。

综上所述,西方金融业的监管伴随着经济的发展,经历了从自由走向初步管制、初步管制到全面管制、全面管制再次走向自由发展的历程。

五、金融自由化的后果

20世纪90年代,随着管制的逐步放开,全球金融业似乎走到了自由的极限,多个国家发生了不同程度的金融危机。美国在1946—1984年,银行年平均倒闭率只有0.07%,但1984—1987年上升了5倍,达到0.35%。1985年有120家、1986年有145家、1987年有84家、1989年有206家、1990年有168家、1991年有124家银行倒闭,并且银行倒闭不限于小银行。1984年,美国大银行之一,大陆伊利诺斯银行陷入危机,请求政府提供紧急救济。1991年,美国新英格兰银行倒闭引发席卷全国的信贷风潮,使联邦存款保险公司的银行保险基金陷入枯竭。20世纪80年代末到90年代初,日本经济经过连续四年的增长(称为"平成景气")后突然崩溃,"泡沫经济"的破灭严重打击了金融业,东京证券交易所股价指数从38 915.87点下跌到19 307点,跌幅达51%,房地产价格的跌幅超过50%,银行坠入债务危机,经济陷入第二次世界大战后最长的衰退之中。1995年2月,东京协和、安全信用社破产;5月,横滨友爱信用金库倒闭;7月,东京最大的信用社——宇宙信用社破产;8月,日本最大的信用社——木津信用社在大阪府倒闭,同一天,兵库银行宣布破产;11月份发生"大和银行"事件,12月份发生野村国际证券公司事件,接二连三的金融危机使"金融机构不破产"的神话破灭。1997年11月,山一证券倒闭,债务高达3万亿日元。面对频频发生的金融机构破产事件,日本的金融监管当局束手无策,加之"疲劳的金融制度回天无力",1996年至1997年又出现了一些金融机构破产事件,遭遇东南亚金融风暴的袭击更是雪上加霜,使日本金融业陷入沼泽。

当人们还在津津乐道于东亚地区的经济奇迹时,1997年7月似乎只是在突然间,以泰国中央银行7月2日被迫放弃实行已达13年之久的钉住美元的汇率制度为开端,一场令人措手不及的金融风暴袭击了东亚乃至世界其他地区。到1997年年末,泰铢、印尼盾、马来西亚林吉特、韩元对美元汇率全年分别下跌45.3%、57.7%、53.8%、48.3%;泰国、印度尼西亚、马来西亚、韩国四国股市全年分别下跌56.0%、52.4%、37.0%、42.2%(以当地货币

计)。东南亚国家的金融机构和企业破产此起彼伏,国际货币基金组织多次协调救援活动,但未能阻断金融危机的蔓延。

自1980年起,国际货币基金组织181个成员中的133个都出现了严重的问题。这是因为,国际游资的"金钱游戏"和转移速度已经形成一种独立的力量,超越了国际金融组织能力之所及,产生的冲击可扩散到任何一个国家,意味着每一个实行对外开放的国家都面临着外来冲击的威胁,其国内经济政策的效力将因此而大大减弱,金融危机威胁整个经济的稳定和繁荣是一个不争的事实。20世纪90年代,金融危机困扰很多国家,尤其是新兴市场经济国家。更为严重的是,国际金融动荡产生的波及效应使得任何单个国家,甚或国际金融组织都不能与之抗衡。以美联储为首的发达国家中央银行,近年来曾多次或单独、或联手干预外汇市场,但大都无功而返。

金融危机的发生尽管有着各种各样的原因,但一个重要原因是金融监管的落后。20世纪80年代金融自由化虽然大大促进了金融业和金融市场的发展,但金融监管没有同时得到加强,或者说,在金融创新的同时,缺乏相应的监管创新,这无疑加大了金融机构的风险。

第四节 金融监管的国际合作时期

20世纪90年代以来,随着信息技术的进一步发展,以资本流动自由化、金融市场一体化和金融机构全球化的为标志的金融全球化,在广度和深度上不断推进。各个国家和地区都被纳入全球经济金融网络中,各国间相互依存程度大大加深。一方面,各国金融市场紧密联系起来,使金融资源可以得到有效配置,极大地提高了各国金融机构的竞争力和效率;另一方面,金融全球化导致了金融资源加速流动、金融交易急剧增加、金融市场风险管理难度增大,使得金融风险在国家和地区之间转移和扩散的速度加快,增强了金融危机国际化的发展趋势。2006年年初美国出现了次贷危机,2007年该危机开始席卷美国、欧盟和日本等世界主要的金融市场,2008年演变成全球性的金融危机。

金融活动的国际化与金融监管的属地化之间构成了一对基本矛盾,本次金融危机的发生和蔓延正是这一矛盾的反映。相互依存的关系使得各国政策溢出效应不断加强,也迫使国际社会不断深化国际协调。在这种情况下,任何单一国家都无力单独防范和处置危机,因此国家间金融监管协调与合作也就成了必然。金融监管需要更紧密的国际监管合作。正如罗伯特·吉尔平所言:"在高度相互依存的世界上,除非国际经济问题得到了解决,否则国内经济问题无法获得解决"。二十国集团峰会发表宣言时强调,各国监管当局在履行自身职责的同时,必须加强国际合作,提高金融市场透明度,改进监管机制,确保所有的金融市场、产品和参与者都受到相应监管或监督。

一、加强金融监管国际合作的需求
(一)金融全球化使得各国金融监管当局加强国际合作

金融全球化使金融活动跨越国界,国家之间金融机构、金融市场、金融工具、金融资产和金融立法等金融领域日益融合,标志着高度开放经济体制的建立,促使国家经济与世界经济有机结合。金融全球化的主要目标是国际资本自由流动,促使经济结构调整,增强国家经济在国际竞争中的应变能力。一国金融的国际化程度表明,该国经济和金融达到了较高的水平。金融全球化有利于加强国内外金融机构的交流,加速国内金融业经营的合理化进程,培养国际化复合型金融人才;有利于推动金融企业会计制度、法规、技术等各个方面向国际标准靠拢,提高金融业的效率。

金融全球化是一把"双刃剑",伴随而来的国际金融市场的巨额投机资金直接冲击、打破了一国金融业的固有格局,使传统的金融监管理念和模式受到挑战。金融监管若不能及时做出相应调整,采取积极应对措施,该国金融业的健康发展必将受到损害。

(二) 国际金融风险的扩散蔓延需要通过金融监管国际合作遏制

国际金融风险有各种传播途径,一般包括:① 通过经济周期的波动传播。当一国经济衰退,出现资金周转不足、银行难以应付的情况时,就会从国外抽回短期信贷,从而引起其他国家发生支付困难,致使该国货币市场供应紧张。或在一国商品滞销、企业利润率下降,特别是企业破产倒闭的情况下,无力偿还到期的国外债务,使外债权人受到损失,从而引起其他国家金融市场发生混乱。② 通过利率的变化传播。当一国由于经济失衡引起资本严重过剩或短缺时,国内利率发生较大幅度的波动,引起国际资本流动,并使国际金融市场的利率相应波动,加剧国际资本流动,波及其他国家的利率。③ 通过国际收支的差额联动。在世界通货膨胀率高于国内通货膨胀率的情况下,会导致世界市场中的货币资本流入,使国际收支产生盈余,扩大货币供给量、扩大信用,使国内通货膨胀率提高,最终达到世界通货膨胀率水平。④ 通过汇率的变化影响。在固定汇率制度下,市场汇率经常与官方的固定汇率不一致,如果一国通货供给过度,货币贬值就会被人们普遍预期,贬值之前国际金融界已经预料,竞相抛出该国货币,使该国货币发生危机,可能造成金融市场混乱,从而对与之有密切经贸联系国家的国内金融也产生影响。⑤ 国际游资的冲击扫荡。国际短期投机资本已成为导致国际金融市场动荡的主要因素,历史上发生的每次国际金融动荡都伴随有国际资本大规模奔袭的足迹。从 20 世纪 80 年代拉美国家的债务危机,1994 年墨西哥的金融危机到 1997 年的亚洲金融危机,在危机爆发前都有巨额国际资本的流入。如 1993 年墨西哥有 200 亿美元的资本净流入,1995 年则有 200 亿美元的净流出。

(三) 现代金融市场的脆弱性需要金融监管国际合作的维护

流动于国际金融市场上的国际资本最终会形成国际债权债务关系,双方的行为都对国际金融的稳定有一定影响,加剧了国际金融市场的脆弱性。发展中国家普遍选择了利用外资的经济政策,利用外债发展经济能否取得成功,关键在于外资能否有效运用,能否形成国家经济实力,以及净出口能否满足对外债务的本息支付要求。多年的国际金融发展实践证明,并非所有的发展中国家都能成功实施出口导向型经济发展战略。当出口受阻、还债能力下降时,国际贷款会大幅度缩减,削弱发展中国家的出口能力,最终使经济发展速度下降。当发展中国家经济衰退时,国内投资者也会对本国投资失去信心。因此,不可避免地会有大量外资撤离,国际信贷机构也会降低其信用等级,提高其融资成本,进一步使发展中国家的财务状况恶化。在这种情况下,即使债权人继续提供贷款,也会极为谨慎。当人们改变对经济前景的预期时,会有大量短期资本外逃,造成国家货币贬值,利率的全面震荡就会发生,股市受到冲击,金融危机一触即发,并最终通过国际金融市场的债务链条传染到债权国。

(四) 各国金融监管法规、政策和措施不一致使国际监管合作的需求产生

由于历史、经济、文化背景和发展的情况存在区别,各国的金融政策往往差异较大,由此

反映到具体监管目标的侧重也有所不同,这种差异导致了各国监管具体措施的不完全一致。比如,东道国和母国金融监管当局对跨国银行的要求存在差异,这种差异导致了对跨国银行监管的困难;近些年全球出现很多离岸金融中心,这些离岸金融中心的商业银行,不在任何一国金融监管当局的有效监督之下,吸引了大量国际游离资金和一些希望逃离本国税收监管的资金,形成国际银行的特殊掩护地和避风港。目前对这部分资金缺乏有效监管,导致了监管真空;在非银行金融机构的监管方面,这种监管法规、政策的不协调表现得更为显著;在国际范围内,对证券业、金融联合企业的监管法律体系也尚未建立。由于诸多复杂因素,各国金融监督管理当局监管政策与态度的差异,导致了金融监管存在许多漏洞和矛盾,加大了国际金融业的风险,迫切需要统一与协调,加强对国际金融市场的监督与管理。

(五)监管套利和跨国经济犯罪的增长

监管套利以各国监管存在差异为基础,因为没有实现统一监管和联合监管,各金融机构充分利用各国在税率、政策、管制等方面的不同去追逐监管套利的最大利益,给被监管套利的国家带来了巨大的损失。监管套利将导致本国对金融机构所实施的金融监管归于无效,同时,企业为了获得监管套利而外移使本国金融机构达不到理想的数量,影响资源的有效配置。监管套利是金融市场中的一颗不定时炸弹,其盛行容易引发金融系统的负外部性,导致金融风险不断积累直至爆发金融危机。因此,在金融自由化与金融一体化背景下,金融监管国际合作是减少监管套利消极影响,防范金融危机的客观要求和必然结果。

金融全球化在繁荣世界经济的同时,也成了各种国际经济犯罪滋生的温床,不少经济活动鱼目混珠,金融诈骗、洗钱等犯罪层出不穷,十分猖獗,严重危及了各国的经济和金融安全。就国际洗钱犯罪来说,有人对洗钱数量进行了预估,发现每天大约有10亿美元的犯罪利益在国际金融市场上被顺利漂白。美国相关数据显示,预计每年转移到美国金融系统的毒品获益数额就高达1 000亿美元。国际货币基金组织(IMF)前主席 Michel Camdessu 曾经估计2000年全球性非法洗钱的价值平均占到了世界总资产的2%到5%。随着全球资本市场的控制不断放松,全球经济金融贸易审查不断放松,这种情况只会越来越严重,跨国经济犯罪的数量只会大幅度的上升。对于这种跨国界的经济犯罪,单凭一国的监管力量无异于放纵犯罪,在国家监管力不从心的情况下,必须加强金融监管的国际合作,寻求一种超越国家的监管力量来制止犯罪的发生,并建立完善的法律体制对国际经济犯罪进行制裁。

二、重构金融监管时期

随着市场失灵的不断发生,改革金融监管成为全球的新潮流。2008年金融危机爆发之后引发了对"新自由主义"的争论:在"新自由主义"思潮主导下,对自由放任和市场调节的过度强调是不是造成金融危机的原因?

在2008年的美国总统竞选中,奥巴马辩论说,金融危机是因"共和党放松管制"引起的。"过度去监管导致本次金融危机"已经渐渐成为越来越常见的论调。克林顿政府经济顾问团的主要成员,诺贝尔经济学奖得主斯蒂格里茨就将次贷危机的成因归咎于自由放任。他在2008年年末发表的评论文章中提出了所谓"新自由主义是否终结"的疑问,认为源自里根—撒切尔革命的市场原教旨主义面临重大挑战,在过去的20多年里,并未体现出资源配置的优势。他主张金融监管改革需要出台严厉的管制措施,以终结过去盲目监管的年代。与此同时,微观的研究结果并不完全支持自由放任导致危机的观点。根据前房利美首席信贷官,抵押贷款专家 Edward Pinto 的研究,在本轮次贷危机中美国投放的高风险按揭贷款里,有 2/3 是被美国政府或政府支持机构如房地美、房利美所持有或担保的。这一事实也许恰恰说明,出现数量庞大的抵押贷款卷入金融危机,正是源于美国政府想要增加国人自由住房这一政策。这在相当程度上产生了一个悖论:次贷危机的失败原因中不乏调控机构举措失当的影响,而这些机构现在又被授予了防止危机再度上演的"重任"。

经济学原理表明,如果金融危机是市场失灵造成的,那么需要政府的干预,强化监管;如果金融危机是由政府失灵造成的,那么需要构建和进一步开放市场;如果金融危机是由市场失灵和政府失灵交织在一起的原因,那么既需要构建和进一步开放市场,也需要适当的政府干预。依据约翰·荷(John He)在哈佛政治评论上发表的观点,奥巴马经济团队的核心人物盖特纳和萨莫斯都被视为保守派活动家,他们发自内心地信仰基于自由市场的资本主义的力量,但同时同等重视政府和市场的作用。在试图推动相对较松的金融监管和批评银行国有化意图时,盖特纳表达了这样的理念,即政府应当避免介入诸如设定价格和具体业务管理等领域。萨莫斯曾认为政府加强监管将会在市场风险上增加新的不确定性,而这也正是 20 世纪 90 年代最为主流的经济理念和哲学。当前随着经济环境和实践结果的变化,萨莫斯的经济理念正从去监管的政策倾向转变为政府应当加强监管的取向,此前他督促各家金融机构为美国人民利益接受监管就是明显的例证之一。

基于盖特纳和萨莫斯的经济理论,美国的金融监管很可能不会一边倒地转向非常严厉的金融监管和大范围的政府干预。寻求政府行政力量和市场力量之间的平衡,发挥政府监管下自由市场的力量才是金融政策的主要方向。《多德—弗兰克法》就是最好的证明。在"自由主义"倡导下,从 20 世纪 70 年代开始的金融监管放松随着《多德—弗兰克法》的通过而告别了历史舞台,取而代之的是对资本国内与国际流动的全面谨慎监管。

三、当前全球范围内金融监管的局限性

现实对金融监管提出了客观要求,各国政府出于保持金融稳定和经济发展的目的对本国金融机构和金融交易进行审慎性监管,包括制定金融法规和制度、采取措施控制金融危机等。但是,接二连三地爆发金融危机对金融管理当局的监管措施提出了挑战,金融监管当局感到了现有金融监管措施的局限与不足。

(一)对非银行金融机构的监管合作有待加强

目前的金融监管国际合作在银行业和非银行金融业之间存在着较大的不平衡。国际金融监管的规范和准则更多的是针对银行业监管的,如《巴塞尔协议》《有效银行监管的核心原则》等,对非银行金融机构监管的重视不够。事实上,银行和非银行金融机构因自身的不同经营性质具有不同的监管要求,如证券公司的大部分资产是市场化的,因此在市场低迷时将遭受严重的损失,对证券公司应强调监管流动性,监管重点是证券公司的净流动资产。从传统上讲,银行的大部分资产是非市场化的,因此银行的主要风险是信贷风险,监管当局为保护银行贷款人和存款人的利益不希望银行倒闭,更注重银行的长期生存能力,而不是流动性或短期资产价值的变化。另外,存款保险和最后贷款人制度对银行来说也很重要,非银行金融机构却很难得到。基于以上不同,需对银行和非银行金融机构的审慎监管加以区别对待,同时,金融自由化促进了金融机构的竞争,非银行金融机构在整个金融体系中的地位和作用不容忽视。由此不能仅加强对银行业监管的国际合作,也要增强对其他金融机构监管的国际合作。

（二）亟须建立和完善国际金融统计制度

目前的金融监管国际合作中,金融统计信息和统计数据的缺乏以及缺少必要的透明度,不仅妨碍了市场参与者的决策制定,同时也会引起外国投资者对投资国经济信息真实性的担心。目前,最迫切需要披露的数据集中在国际储备和外债上。如何规范这两方面的信息披露,完善国际金融统计,对监管国际合作来说是一项相当紧迫的任务。目前大多数国家都公布一国的外汇储备总额。根据国际规范,定义外汇储备的关键是货币当局的可控性。由于实践中各国的外汇体制和运行机制不尽相同,可控性缺乏统一的标准。另外,外债也是各国十分重视的指标,在金融市场迅速变化的今天,有必要对外债的核心定义添加新的注解和内容,如金融衍生工具的衡量、外债口径的科学和完整等。目前,世界上有两种不同类型的外债统计体系:一是为债权人报告体系,如世界经济合作与发展组织和国际清算银行;二是为债务人报告体系,如世界银行。解决这些问题均需要加强机构间的合作和不同统计体系之间的协调。

（三）金融监管目标和手段缺乏系统性

近年来,信息技术、网络技术和金融创新日新月异,飞速发展,金融全球化将世界上几乎所有国家卷入其中。金融危机的"蝴蝶效应"使任何国家存在的金融脆弱性都可能引发全球性的金融灾难,1997年的东南亚金融危机和2007年的美国金融危机就是明显的例证。但是,当前的国际金融监管体系对此缺乏足够认识,在监管、防范金融风险问题上,经常出现临时应急的行为,采取的是一套头痛医头、脚痛医脚的模式。这种模式显然缺乏可预见性,是一种危机导向的、事后监管的被动式的机制。20世纪金融监管立法的历史表明,"就国际金融监管的核心巴塞尔体系而言,其监管主要是采取发布系列文件的方式,存在着一定的事后性。其监管方式基本是沿用每发生一次金融风险便产生一些新的建议、文件和指南"。

（四）金融监管国际合作规则须兼顾各方利益

新现实主义国际机制理论认为,权力在合作中的核心地位不次于其在冲突中的地位;行为主体之间的权利资源分配极大影响着机制的出现、某问题领域机制的存在及其性质,特别是合作中的利益分配。这一理论对现存的金融监管国际合作机制有相当的说服力。一国要发展经济除了要有有利的国内条件外还需要有公平有序的国际环境,但是现存的国际金融体系却是西方发达国家占据主导地位,国际金融协调更有利于发达国家的制度安排。在进行相关的金融监管协调时,发达国家往往更多考虑其自身或者集团的利益。巴塞尔委员会是负有盛名的国际金融监管机构,致力于金融监管的国际合作,但这一机制是在以美国为首的西方主要发达国家的倡导之下建立的,巴塞尔协议的部分规则还是倾向于发达国家。IMF的金融监管规则从表面上看是平等的,但是因为发展中国家和发达国家的金融发展程度不平衡,国家经验也不一致,因此IMF的各种规则实际上是不平等的。此外,国际证监会组织、国际保险监管官联合会等制定的国际监管标准实际上都是为发达国家量身定做的,甚少考虑这些标准在发展中国家的适用性。这种规则的不公平性会使发展中国家遭受无法想象的损失,严重阻碍其国家经济的发展,这也成为金融监管国际合作体制中一个重大的缺陷,严重阻碍了国际金融新秩序的建立。

四、金融监管国际合作的前景

整个20世纪的金融监管都表现出缺乏预见性和灵活应变能力。如果把发生金融危机或波动的频率和强度作为评判标准的话,20世纪90年代以来金融自由化、全球化进程与金融监管发展不相适应的问题,显得格外突出。迄今为止,取得比较显著成效的国际监管合作,是以国际清算银行为中心组织的一系列协调金融管理当局行为的活动。比较系统地规范国际金融机构和国际金融的规则是以《巴塞尔协议》为主的一系列国际协定。但目前并没有一套机制对各国的金融监管进行多边评估,国际金融监管合作主要针对国际银行业展开,对跨国证券交易和金融衍生产品交易的监管问题有待加强。现在,巴塞尔委员会、国际证券监管委员会组织和国际保险监管协会三家共同建立了金融集团联合论坛,目的是便于进行更加一致的调查活动。因此,未来金融监管的国际合作,在主体上将包括各种国际经济组织和各国监管当局,在范围上将覆盖整个金融领域,在深度上将覆盖金融活动的各个环节。

本章小结

1. 金融业从自由发展走向管制,最初是对货币发行的限制。各国中央银行的建立是金融管制的第一步。20世纪30年代的经济大危机打破了古典经济学市场万能论的神话,立足于市场不完全、主张国家干预政策的凯恩斯主义取得了经济学的主流地位,在金融领域的具体体现是将金融管制引入经济政策操作实践。

2. 发达国家金融自由化趋势始于20世纪60年代末,在80年代后期达到高潮。随着金融管制的逐步放开,全球100多个国家和地区发生过不同程度的金融危机和动荡,影响了经济发展的进程。20世纪90年代,全球金融发展面对金融恐慌、金融危机以及由此引发的严重经济倒退,强烈呼唤金融监管的回归。

3. 金融监管国际合作的最新发展主要表现在两方面:一是巴塞尔委员会的深化发展;二是国际性金融监管组织之间合作的加强。具体表现为:从最初对金融监管管辖权的协议为主,发展到不断加强对监管管辖权的国际协调,特别是信用风险的监管;从侧重对信用风险的管理,发展为突出对市场风险的管理,并走向全面风险管理;从倾向于寻找和推荐国际趋同的监管标准,转向注重确立和推行国际认同的最低标准;从强调外部比率类管制,转向同时注重银行内部加强自律;从传统监管哲学下的监管以矫正市场失灵为目的,转向设计能够激励被监管者主动承担责任的监管制度。

思考题

1. 简述金融监管变迁的主要过程。
2. 简述金融监管的严格管制时期采用的主要措施。
3. 各国逐步放松金融管制的表现是什么?
4. 简述加强金融监管国际合作的必要性。

即测即评

请扫描右侧二维码,进行即测即评。

第二章 金融监管系统

> 【本章提要】
>
> 本章介绍金融监管的系统和内容。金融监管系统主要包括金融监管的目标、金融监管的原则、金融监管的工具、金融监管的体系、金融监管的途径、金融监管的修正。同时,介绍金融机构的自律、中介机构的评估、社会公众的监督、现场检查与非现场检查以及金融监管系统的修正方法。
>
> 一个国家只有金融监管系统通畅,才能确保国内金融体系的有序运行,任何一个环节的中断、失误和偏离,都会造成金融监管的失败或低效率。

第一节 金融监管的目标

对金融监管目标的认识决定着金融监管理论的发展方向,也主导着金融监管制度和政策的建立与实施。金融监管理论的不断发展以及各国金融监管的经验探索,促使金融监管目标在动态发展中有所改变和调整。

一、金融监管目标的演进

20世纪30年代以前,金融监管通常是中央银行兼有的职能。中央银行的主要目标是提供稳定的货币供给,防止银行发生挤兑。20世纪30年代大危机的教训使各国逐步将金融监管的目标转变到致力于维持国家金融体系的安全稳定,防止金融体系崩溃对宏观经济的冲击。20世纪30年代到70年代,严格的金融监管实现了金融稳定,但是也压抑了金融机构发展,导致金融效率下降,使国家开始重新审视金融监管的目标,提高金融效率的问题得到重视。进入21世纪后,金融监管目标开始转向注重金融安全和金融效率的平衡。需要说明的是,现代金融监管目标是在原有目标基础上有针对性地逐步完善而形成的。

二、金融监管的一般目标

虽然不同时期、不同国家的金融监管目标有差异,但概括起来主要有以下三个目标。

(一)维护金融体系的安全稳定

这是金融监管的首要目标。金融机构是经营货币信用的特殊企业,任何一家金融机构倒闭或经营出现严重问题都会引起连锁反应,引发经济、金融秩序的严重混乱,严重时造成经济金融危机。因此,金融监管必须确保国家金融体系的正常运行和安全稳定,为国家经济稳健发展创造良好的金融环境。

(二)保护全体存款人的合法利益

金融机构的存款来自机构和个人,银行等作为信用中介虽然是独立的法人机构,但只有经过国家金融监管权威管理机关的审批,在一定程度上有国家的身影,公司和公民才放心在银行等金融机构存款。保护存款人的利益实质上是维护国家信用制度,也是保护金融机构的长期利益,更是保护国家经济和社会的利益。存款人作为资金的输出方,是金融市场参与主体之一,也是金融交易中的信息弱势群体,需要有专门的金融监管机构给予保护。

(三)实现金融有序竞争和提高效率

金融机构在发展中相互竞争不可避免,为了争夺市场和客户,有时会出现恶性拼杀,甚至不惜血本展开"价格战",严重时会造成机构倒闭,影响金融市场的有序运转。因此,金融监管的目标之一就是在统一法律之下实现金融机构的公平有序竞争,防止出现因为过度竞争而导致金融混乱。同时,对金融创新和金融违规进行及时的鉴别判断,肯定金融创新和约束金融违规,提高金融服务效率。

三、金融监管目标的新趋势

金融监管当局的主要职能是维持金融体系的安全和稳健,特别是防止银行挤提的消极效应,保护存款人的利益。这一职能在 20 世纪 30 年代源于美国的资本主义世界经济危机中得以进一步强化,时至今日仍被视为金融监管的主要目标之一。进入 20 世纪 60 年代后,随着全球范围内消费者保护运动的蓬勃兴起,一项新的监管内容——消费者保护开始为监管者所重视,并被逐渐纳入金融监管目标体系中。典型的表现是这一时期美国一系列以保护消费者权利为主旨的金融立法。如《诚实信贷法》《公平信贷报告法》《信贷机会公平法》《住宅贷款信息披露法》《金融隐私权法》等,并将执行这些法律职责赋予金融监管当局。

20 世纪 90 年代后半期以来,金融监管者对消费者保护问题不再停留在政策层面,而是进一步深入到体制设计和改造之中。1995 年,Taylor 提出了著名的"双峰"理论。Taylor 认为,虽然金融监管有很多目标,但主要的目标有两个:一是针对系统性风险进行审慎性监管,以维护金融机构的稳健经营和金融体系的稳定,防止发生系统性金融危机或金融市场崩溃;二是针对金融机构的机会主义行为进行合规监管,防止发生欺诈行为,保护知情较少者、中小消费者和投资者的合法利益。Taylor 建议成立一个独立的针对金融领域系统性风险进行审慎监管的"金融稳定委员会"(Financial Stability Commission)和一个独立的针对金融机构机会主义行为进行合规监管的"消费者保护委员会"(Consumer Protection Commission)。

Taylor 的理论得到了澳大利亚的响应。1998 年,澳大利亚的金融监管体制改革,很大程度上就是沿着"双峰"理论的思路进行的。澳大利亚政府采纳了斯坦·沃利斯先生的"维利斯调查"中的建议,并于 1998—2003 年进行了一整套立法改革。在新的监管模式下,澳大利亚的金融监管格局划分为三大部分:① 澳大利亚储备银行(RBA)为中央银行,负责制定、实施货币政策,发行货币,管理外汇储备,管理清算和结算,维护金融系统稳定。② 澳大利亚审慎监管局(APRA),承接了原先的 3 个监管系统,即澳联储、保险和退休金委员会、州政府监管部门的相关监管职能,将分散监管改为集中监管。③ 澳大利亚证券和投资委员会(ASIC),主要负责对公司和金融市场实施监管,同时也负责在退休金、保险金、保证金领取和社会信用方面的消费者维权。在新的监管模式下,为履行金融消费者保护的职能,澳大利亚前期先后成立了银行和金融服务督察机构、金融行业申诉服务机构、保险督察服务机构、信托争议处理中心和保险经纪争议处理有限公司。而后,2008 年 7 月 1 日,澳大利亚将银行和金融服务督察机构、金融行业申诉服务机构和保险督察服务机构合并为全国金融督察服务公司(Financial Ombudsman Service,FOS)。FOS 是一个独立的争议解决服务机构,由澳大利亚证券和投资委员会(ASIC)批准成立。2009 年 1 月 1 日,澳大利亚信托争议处理中心和保险经纪争议处理有限公司分别成为金融督察服务公司的分支机构。FOS 为不能直接与金融服务提供者解决纠纷的消费者和小企业提供免费、公平和易得的非诉争议解决途径。

2007 年金融危机后,各国纷纷改革本国金融监管体系,将金融消费者保护作为金融监管重要目标的趋势日益明显。在众多的改革举措中,力度最大的当属美国,美国将金融消费者的保护提升到一个前所未有的高度,这从美国 2008 年 3 月发布的《美国财政部现代化金融监管架构蓝图》和 2009 年 6 月公布的"金融白皮书"即《金融监管改革:一个全新的基础——美国金融监管体制的重构》中可得到充分体现。其中,"金融白皮书"中提到要建立一个新的金融消费者保护机构。2010 年 7 月,奥巴马签署《多德—弗兰克法案》,根据该法案,美国成立消费者金融保护署(CFPA),将之前分散在美联储、证券交易委员会、联邦贸易委员会等机构的监管职权集中到消费者金融保护署,致力于保护美国金融消费者免受不公平金融产品和金融服务滥用。CFPA 的具体职责包括:负责在信用卡、储蓄、房贷等银行交易中保护消费者利益,防止各种损害消费者权益的行为,制止"不公平的条款和交易",要求所有放贷人必须向借贷人提供标准、简单的贷款合同,确保消费者获得清晰全面的信息,并将对条款复杂的贷款进行严格的审查。为凸显金融消费者的重要性,《多德—弗兰克法案》将监管金融机构和保护金融消费者作为消费者金融保护机构的两项并列的职责。此外,通过出台与金融消费者保护相关的立法,实现对金融消费者比较全面而深入的保护。2009 年 5 月 22 日,奥巴马签署了标志着进入"美国信用卡新纪元"的法案——《信用卡履责、责任和公开法》,该法案旨在通过禁止信用卡滥用行为,加强对金融消费者的保护。

英国 2000 年金融改革以及 2008 年金融危机后的金融改革中,也将消费者保护作为监管目标之一。根据 2000 年金融服务和市场法案,英国金管局(FSA)监管金融服务业的四个目标包括:维持市场信心,增进公众对金融体系的了解,适度保护消费者,打击金融犯罪。针对金融欺诈,FSA 提出了金融产品的"合适并且合理(fit and proper)"原则,并在金融危机后期采取了一系列措施。第一,加强对贷款人的保护。2009 年 11 月 1 日起,FSA 加强了对银行以及房屋互助协会与客户日常接触的监管,从直接信贷、支付、存款账户到交易和利率变更。2010 年 1 月,FSA 出台了一系列措施确保按揭贷款人免受欺诈,包括不得对提前还款收取费用和利息、要求公司必须考虑借款人可能出现的各种情形、客户的还款必须优先用于偿还欠款而不是罚息等。第二,加强事后投诉处理的信息披露以及消费者赔偿。2010 年 1

月,FSA 宣布将要求银行、保险公司和养老金等金融机构在 2010 年 8 月 31 日前公布如何处理消费者投诉。在半年内收到 500 起及以上的金融机构,需要对如下问题进行两年一次的披露:投诉数量和处理数量、两个月内处理结束的投诉占比。FSA 还提出加快银行破产后金融服务赔偿计划(FSCS)对客户的赔付期限,客户在 7 天内得到赔偿,并且简化赔偿的程序,要求不考虑存款人的贷款额度进行总额赔付,提前向客户说明参与赔偿计划的产品。第三,把是否有效保护消费者利益作为重要的评价指标。目前,平等对待客户(TCF)是 FSA 对零售金融产品的监管导向,将平等对待客户(TCF)计划融入整个监管框架。要求公司在 2008 年年底满足要求。从 2009 年起,TCF 被纳入 FSA 的 ARROW 评级内容。第四,加强事后追偿和惩罚。2009 年 7 月英国财政部公布的《改革金融市场》白皮书提出,对那些给大量消费者造成损害的金融服务和产品,消费者有权向提供金融服务和产品的金融机构追讨损失。FSA 对一些采取高压销售策略、不能公平对待消费者的公司进行惩罚甚至关闭,对证券欺诈加强消费者警示和案件查处力度。

第二节　金融监管的原则

金融监管的原则与监管目标相辅相成,金融监管原则为金融监管目标服务,金融监管目标是金融监管原则的实现。

一、依法监管原则

金融监管必须依据金融法规,保持监管的严肃性、权威性、强制性和一贯性,不能随心所欲。金融监管当局及其工作人员在执行监管时,在办理金融机构的市场准入、业务范围核准、经营项目界定、金融新产品审批以及例行检查、违规处理等公务的过程中,必须坚持依法办事、严肃执法。金融监管工作者自身也必须遵守各种法规,坚持执法的连续性、一贯性和不可例外性。

二、公平公正原则

不论金融机构的性质、规模和背景如何,监管机构都必须在统一标准下按照统一、公正和公平的监管标准对其实施监管,加强金融监管的透明度。只有在金融监管时明确法规、政策和监管要求,使金融机构在明确监管要求的前提下接受监管,才能规范金融机构的市场行为,保证金融市场的有序运行。

三、适度竞争原则

要通过金融监管形成金融业适度竞争的环境,检验监管效果的根本标准是看其能否促进金融和经济的顺利发展。如果金融监管过度,抑制了竞争创新,必然影响金融的健康发展,削弱国家金融业的市场活力。监管阻碍了金融业的发展,则表明金融监管是不适度的;反之,如果金融监管不到位,金融市场出现恶性竞争,引起金融秩序混乱,则说明监管滞后和缺位。因此,金融监管要审时度势,适时调整改革措施,调节金融监督管理力度,既防止监管过头,又防止监管不到位。

四、综合监督原则

金融监管要综合运用经济工具、行政工具、法律工具,实现有效监管。金融监管要合理运用日常监管与重点监管、事前督导与事后监察;要保持科学化、系统化和最优化,确保监管的高效。

五、有机统一原则

金融监管要求统一监管的标准和口径,不能各自为政、自行其是、重复监管和自相矛盾。宏观金融监管与微观金融监管要协调统一,微观金融政策、措施和监管方法不能与宏观金融政策制度相矛盾;国内金融监管与国际金融监管要加强合作,尤其是在经济全球化情况下,国内金融监管政策、法规和措施更要与国际接轨。

第三节 金融监管的工具

金融监管需要多种管理工具兼用才能确保效果最佳。通常情况下,金融监管工具可概括为三类:法律工具、经济工具和行政工具。

一、金融监管的法律工具

金融监管部门的法律工具主要是指通过制定金融法规,在共同准则的前提下体现公平竞争。金融监管法律工具的约束力体现在两方面:对金融监管部门本身具有约束力;对各金融机构具有约束力。

法律工具是金融监管的基石,表现为各种法律条文,具有强制力,违者将受到处罚。金融法律迫使金融机构的经营行为一致规范,为平等竞争提供了良好的环境,减少了垄断、欺诈等非正常手段,减少了金融机构倒闭对金融体系的冲击,减少了经营中的短期行为和投机心理。金融监管依据金融法律条款,使监督人员能够把握监管的范围。法律制度越健全,条款越细致,就越有利于金融监管工作的进行,减少监督工作的疏漏。金融法律的基本特征是通用性,对任何金融机构均不例外。金融机构在遵守法律制度的同时,也依照法律考查金融监管机构的监管是否有越权行为,并有权据理力争,对严重越权或有意制造障碍的行为,可以起诉,以保护自己的利益。

法律手段在现实的金融监管中有一定的局限性。法律不可能包罗万象,法律条文颁布后,在相当一段时间内不会轻易修改,完全依据法律条文监管在实际工作中会显得生硬。面对现实中不断出现的新事物和新问题,既成法律条文中部分内容可能已不适应,对新现象、新问题也不能及时作出解释。

二、金融监管的经济工具

金融监管的经济工具是指通过经济利益影响金融机构的经营行为。当某种经营活动对经营有利、能够获得较高的利润时,经营者的积极性被调动,会投入较多的物力、财力和人力。金融机构在开展金融业务活动时,也表现出同样的规律。经济工具在监管部门的管理中发挥着重要作用,也是监管当局经常使用的方法。经济体本身存在着复杂的内在联系,尤其是信用关系最为重要,也最脆弱。金融机构作为信用中介机构,一个环节的中断就会造成一系列信用关系的中断,对商品交易和发展的消极影响最大。所以,信用关系的一般调整不宜使用强制性手段,需要有较为缓和的手段给予影响,使其逐步调整和纠偏。当金融监管部门采用经济工具加强监管时,对金融机构是平等的。是否能够及时在变化了的金融环境中站稳脚跟获得利润,要看金融机构的经营是否有效率。如果说较宽松的金融环境对经营者有利的话,那么,在较严格的金融环境中,只有强者方能生存壮大,弱者将被逐渐淘汰。

经济工具在金融宏观管理中的积极作用是被肯定的,因此,各国在监管中经常采用的是经济工具。但经济工具也有不足之处,表现为对经济和金融领域的突发性事件不能及时治理,当出现较大的经济金融波动时作用缓慢。

三、金融监管的行政工具

金融监管的行政工具是由金融监管部门通过发布文件、临时通知等命令形式,要求所有金融机构必须在文件有效期内无条件执行的管理方式。行政工具具有强制性特征,一旦发布,被监管部门必须照章行事。行政命令大多针对以下情况:目前法律条文中没有明确规定的新现象;短期内出现的法律和经济工具难以控制的金融波动;金融监管部门对某一领域内的特殊治理;新的金融业务等出现后,尚未形成明确的法律条文。当金融发展出现异常情况时,诸如政治事件或国际经济环境变化对国内金融活动产生较大冲击,经济工具显得乏力,法律工具又缺乏针对性时,采用必要的行政工具可以起到在短期内稳定金融的效果。此外,当经济工具不足以约束金融活动时,辅之以必要的行政工具可以强化金融监管。

行政工具在金融监管中的作用不能忽视,但它也有很大的局限性。行政工具监管局部性情况较多,考虑全局性情况不够,过多采用行政工具可能会削弱甚至扭曲经济工具的作用。

四、金融监管工具的配合

金融监管工具中,法律工具是金融活动规范化和有序化的基础,能够在制度上保证金融体系的稳定;经济工具是金融监管的重心,是金融活动有机化和协调化的主要工具,能够保证各种金融实体在不受强行管制的环境中公平竞争;行政工具是金融监管的必要补充,是减少金融较大波动的辅助工具,有助于治理金融市场的特殊问题,使金融监管工作更加完善。在金融监管中,单一的工具难以达到理想的效果,需多种工具并用,在不同的时期针对各种情况有所侧重,金融监管的绩效才会比较理想。

第四节 金融监管的体系

完备的金融监管体系是有效金融监管的先决条件和重要组成部分。金融监管的体系包括:金融监管当局的监管,行业自律组织的监管,中介机构的监督以及社会舆论的监督。

一、金融监管当局的监管

有效金融监管的关键之一是及时、准确掌握金融机构的财务状况和业务经营情况。《中华人民共和国银行业监督管理法》规定:"银行业监督管理机构根据履行职责的需要,有权要求银行业金融机构按照规定报送资产负债表、利润表和其他财务会计报表、统计报表、经营管理资料以及注册会计师出具的审计报告。"同时规定:"商业银行应当按照国家有关规定,真实记录并全面反映业务活动和财务状况,编制年度财务会计报告,及时向国务院银行业监督管理机构、中国人民银行和国务院财政部门报送。"

金融监管当局获得信息的途径,主要是要求被监管的金融机构报告财务信息、管理信息和公众举报等。绝大多数情况下,金融监管当局是从监管客体处依法通过强制手段获得需要的信息,通过对这些财务信息的分析发现问题。

金融监管当局通过对金融机构财务报表的数据汇总、计算和对比,综合分析、评价财务状况和经营成果。财务报表分析是从财务角度对金融机构工作的业绩或经营状况进行评估。一家经营有方的金融机构,能保持在承担有限金融风险的条件下获取稳定的收益,或在收益相同的情况下承担较低的风险。虽然金融机构的财务报表提供了可供分析的第一手资料,但它是一种历史静态文件,只能概括反映一家金融机构在一段时间内的财务状况与经营成果,不足以作为监管者评估的全部依据,还需要通过现场检查方式获取更加详细和准确的信息。

二、行业自律组织的监管

在金融监管机构难以全面覆盖的"软"范围,可通过金融行业自律组织对金融机构进行约束。可以说,金融行业自律组织的监管是金融监管的补充与延伸。加强金融行业自律组织管理是金融监管的重要辅助,加强金融监管与提倡行业自律并行不悖。各种金融监管自律组织以职业道德为支柱,形成自检互检制度,能起到防患于未然的作用。

自律管理发挥作用的主要方式是自律组织制定自律规则,实现内部自我约束和自我监督。许多国家和地区通过立法对自律组织加以规范,大部分国家的金融自律组织都充当金融监管机构的协调机构,有些国家和地区的自律组织还发挥监督作用。例如,法国1984年的《银行法》中规定,银行同业公会、国家信贷互助联合会、中央城乡互助信贷联合会都属于自律组织。这些自律组织与金融监管机构协作,负责保证行业内成员遵守法律法规,保证行业内成员具有偿付能力,对本行业成员的财务和行政方面进行内部监督,并有权对违反法律或规章的金融机构给予处分。中国香港的法律规定,银行公会享有以下自律权:与香港财政司协商后指定会员银行的利率协议,并负责监督执行;在征得财政司的同意后,制定有关银行业的业务规章,包括银行的各种佣金和费用;调查和处理会员银行的违章事件和对会员银行的投诉。

金融自律管理的监管途径,主要是通过金融同业成员相互之间的信息交流与磋商,利用共享的财务资料与管理经验等揭示经营中可能存在的风险,加以防范。金融行业成员尽管会对涉及各自商业机密的资料予以保密,但是,鉴于行业共同利益的需要,能够实现较好的真实信息交流。

三、中介机构的监督

能够对金融机构起监督作用的中介机构包括审计事务所、会计师事务所、律师事务所和外部评级机构等。

中介机构监督在金融监管中发挥以下三个方面的职能：

(1) 信息鉴证。以金融监管当局对商业银行的开业管理为例，许多国家银行法律都规定，开业申请人须向金融监管机构提供由会计师事务所或审计事务所出具的有关开业的各种信息和真实性报告。

(2) 法定审计。各国公司法普遍规定，公司年度财务报表要经过审计事务所的稽核，金融机构也不例外。许多国家银行法规定，商业银行要向金融监管机构递交近期经过审计事务所审计的年终财务报表，凭以检查。一般来说，金融机构应在决算日之后的 3~6 个月之内，向金融监管机构递交经过审计事务所审计的财务报表。若未能遵守这一规定，可能会被处以罚款或其他更严厉的制裁。

(3) 监管审计。审计事务所为满足金融监管需要而对金融机构进行的检查，称为监管审计。各国金融法都有规定，金融监管机构有权要求商业银行等金融机构提供由会计师事务所、审计事务所出具的报告。审计监管的范围、内容和频率都由金融监管机构决定，一般会征求被稽核金融机构的意见。监管审计的范围和频率应根据金融机构的性质、规模和记录等确定。对于较小的金融机构，一般每年进行一次审计。对于较大的金融机构，可以纳入"滚动性检查计划"。

金融监管当局可借助中介机构审计、核实金融机构的财务会计报表及相关数据，对金融机构实施现场检查，对金融机构进行外部评级，提高金融信息披露的客观性和权威性，强化市场约束。中介机构协助金融监管当局从事金融监管业务，必须取得金融监管当局的资格认可，资格标准主要有：具有金融业务知识或经验的注册会计师（或审计师、评估师）；具有较好的金融审计记录和声誉；具有良好的职业道德和规范；能够与金融监管当局积极配合。经过金融监管当局资格认定的中介机构可协助承担部分金融监管职责，包括报表审计和现场检查等。监管当局监督中介机构金融审计报告的质量。中介机构必须按照客观、公正和诚实的原则，认真履行职责，接受金融机构的委托进行审计和评价，及时、客观地向监管当局报告工作，向金融机构收取费用。如果发现中介机构有不真实的审计报告，则取消其金融机构审计业务的资格。

四、社会舆论的监督

社会舆论监督是指动员全社会关心和协助监管金融，通过建立举报制度和查处程序形成社会监督威慑力，督促各金融机构依法经营。社会舆论监督的主体是与金融机构存在业务往来关系的个人与单位。公众可以通过阅读金融机构公布的资料，通过报纸杂志、广播电视等对一些不正常的情况予以曝光，进行舆论监督。社会舆论监督体系能否进行有效监管取决于被监管的金融机构披露的信息的可信度和准确度。

社会舆论监督体系是金融监管体系的重要组成部分，通过大众媒体等向金融监管当局传递金融机构经营中出现问题的信息，对于及时发现问题和避免金融违规现象，具有不可替代的积极作用。

第五节　金融监管的途径

金融监管途径在各国存在很大差异,这种差异是由监管当局对金融业所持的态度、金融体系结构特征等因素所决定的。监管途径可以归为两类:非现场检查监管和现场检查监管。

一、非现场检查监管

非现场检查监管是监管机构通过收集金融机构的经营管理资料和财务数据,运用技术方法(如各种模型与比例分析等)研究分析金融机构经营的总体状况、风险管理状况、合规情况等,对其稳健经营情况进行评价。通过非现场监管能够及时和连续地监测金融机构的经营风险状况,为现场检查监管提供依据和指导,使现场检查监管更有针对性。

非现场检查监管是为了及时发现问题,防患于未然。现场检查通常间隔时间较长,在现场检查的间隔时间里,金融机构的经营情况有可能发生变化,需要利用非现场检查及时发现,对有问题的金融机构进行跟踪,对危险金融机构严格控制,发现问题恶化的,可相机采取措施;通过对金融机构各种报表、报告的综合分析和整理,对整个金融业进行评价,为制定金融政策提供依据。非现场检查监管包括以下主要环节:一是采集数据;二是对有关数据进行整理;三是生成风险监管指标值;四是风险监测分析和质询;五是风险评价与预警;六是指导现场检查。

(一)非现场检查监管的分类

非现场检查监管按照检查内容可分为合规性检查监管与风险性检查监管。

合规性检查监管是通过对金融机构财务报表和资料的分析,检查各项指标是否符合监管当局制定的审慎政策规定。监管当局通过计算金融机构的资本充足性、流动性、贷款集中度、呆账准备金等指标,检查遵循审慎政策及其他规定的情况。如果达不到规定的要求,监管当局将采取提出改善办法、增加现场检查、加强与管理层联系、更换管理层等措施,对于长期达不到标准的金融机构,会吊销其经营许可证。

风险性检查监管是通过对资料数据进行对比分析、趋势分析或者计量模型分析,评估金融机构的风险状况,预测金融机构的发展趋势。监管当局选取一组或几组监测指标,如杠杆资本率、资产收益率、逾期贷款率、存贷款比率等进行分析。一般采用对比分析和趋势分析的方法。对比分析是将被检查的金融机构指标与其他规模和经营环境比较接近的金融机构的指标进行对比,找出被查金融机构的问题。趋势分析是将被查金融机构的指标与过去时期内的指标进行对比,观察其发展轨迹。

(二)非现场检查监管资料的来源

非现场检查监管资料的来源主要是商业银行的各种报表和报告,一般有月报、季报、半年报和年报等。报表的主要类别及其作用包括:

(1)资产负债表。用以表明金融机构各种资产、负债的结构和总体规模状况。

(2)资产负债期限分析表。用以对金融机构的资产流动性进行监控。该表将到期应付的金额与到期应收的金额进行比较。在不同的时间段内,金融机构应收应付金额是否匹配,有无大的差距,特别近期应收应付的匹配情况,应控制在一定的限额之内。

(3) 外币敞口头寸表。由于汇价瞬间万变,金融监管当局对金融机构的汇价风险非常重视,对每家金融机构制定持有外币敞口隔夜头寸的最高限额。该限额与金融机构的经营规模、盈利能力相适应。当该限额濒临突破时,金融机构必须采取措施,通过外汇买卖将外币头寸降低到合理水平。

(4) 大额存款分析表。对超过银行吸收存款总额一定比重(例如 2%)的单笔存款,应视为大额存款列入分析表。表中列明存款的货币种类、到期日、金额等,以体现银行大额存款的结构特征、变化趋势及对银行资金流动性的影响。相对大额存款而言,小额存款总额变化和结构变化均较为平缓。因此,将大额存款从存款总额中拿出来做单独的分析很有必要。

(5) 大额贷款分析表。按照贷款金额大小排列,前数十笔(如前 10 笔)贷款列入大额贷款。大额贷款风险是银行面临的最主要、最易导致资产重大损失的风险。因此,各国金融监管当局对商业银行的大额贷款均给予充分的关注。

(6) 投资债券分析表。债券是金融机构资产配置的重要组成部分,也是盈利的重要手段。金融机构投资债券的质量、分布和期限等,对经营形成重大影响。

(7) 收支分析表。通过收支分析,可以看出收支结构是否合理、业务经营有无效益、历年收支的变化情况以及对将来收支和盈利水平的预测。

(8) 损益表。对一段时期内金融机构的损益情况进行分析,并与前期进行比较,可以直观地发现经营状况的变化,及时发现问题。

通过对金融机构的非现场检查监管,金融监管当局若发现金融机构经营出现问题,会要求其尽快采取改进措施。在这种情况下,金融机构应制定并向金融监管当局提交"改进行动计划",提出改进方案。在金融机构实施改进过程中,金融监管当局要求其随时报告其资产流动性,以便随时掌握金融机构的改进效果。

二、现场检查监管

现场检查监管是由金融监管当局派人进入金融机构,通过查阅各类财务报表、文件档案、原始凭证和规章制度等资料,核实、检查和评价金融机构报表的真实性和准确性,以及金融机构的经营状况、风险管理和内部控制的完善性。通过现场检查,有助于全面、深入了解金融机构的经营和风险状况,对合法经营和风险状况作出客观和全面的判断。

(一) 现场检查监管的程序

根据现场检查监管的目的、范围和重点,可将其分为全面现场检查监管和专项现场检查监管。全面现场检查监管涵盖各项主要业务及风险状况,对总体经营和风险状况作出判断、评价。专项现场检查监管则是对一项或几项业务进行重点检查,具有较强的针对性。

各国金融监管当局大多是根据金融机构的经营状况和安全性等因素进行检查。一般来说,金融机构的资信等级愈低或经营规模愈大,接受现场检查的频率愈高。在正式检查开始前,监管机构事先通知被检查的金融机构,使其准备好材料,以便节省时间和人力。这些材料一般包括金融机构高级管理人员分工范围、各种业务操作及分级授权程序、资产负债表和损益表、逾期贷款档案、内外检查报告和近来重大事务和法律纠纷相关资料等。在现场检查的计划阶段,要对检查范围、程度、谈话对象范围等作出确定。随着不断发现问题,计划可能被修正。在进行准备阶段,检查组要探讨检查中可能出现的各种问题,对上次检查以来的各种业务变化报告及有关档案进行分析,决定重点检查领域。在完成最初准备工作和检查程序计划后,还要研究检查过程中采用的统计技巧、检查员分工、检查顺序和重点等。

(二)现场检查监管的内容

现场检查的主要内容包括:对内部控制的检查、对资产状况的检查和对负债状况的检查。

对内部控制的检查包括对行政控制、会计控制、存款业务的检查等,主要对行政控制和会计控制的有效性进行检查。这项工作涉及:内部检查的独立性,能否在董事会或检查委员会的直接指导下,不受行政管理干扰而独立进行;内部检查员是否称职,其专业知识、检查经验、组织技术能力等是否达到要求;内部检查的有效性、频率和范围是否达到要求,材料整理加工及其结论报告是否能够说明问题;对内部检查作出评价,指出存在的缺点,并讨论改进措施。

对资产状况的检查主要包括对贷款业务的检查和对现金账户的检查。对贷款业务的检查主要针对贷款政策、贷款程度、操作合规性、承受风险状况、对有问题贷款的处理是否及时、合理等。对现金账户的检查包括操作是否合规、现金检验与运输程序是否合规、账户中是否有任何不正常的项目或变动、是否账账相符、现金货币余额是否超过限额、安全系统是否完备等。

对负债状况的检查主要是对存款业务和借入资金的情况进行检查。对存款业务的检查主要针对存款结构、变化趋势及运转状况,分析存款业务程序是否适当,对现有法规的执行情况等。对存款业务检查的内容包括:检查存款账户的范围,将各类存款的对账单与部门账目和总账目核对,检查透支批准制度及透支情况,检查存款结构及变化。对借入资金情况的检查内容包括:借款政策和程序、期限结构和利率风险评价、资产负债结构和流动性情况、突发情况下资金来源补充计划、资金流量分析、上次检查提出问题的复查等。

金融监管当局除了对资产和负债进行检查外,还对涉及经营管理的有关内容进行检查,如收入与支出、利率风险、表外业务、资产证券化、计算机服务、红利和雇员利益信托等。

第六节　金融监管的修正

一、金融监管系统修正的原因

在金融监管的过程中,可能会由于监管政策失误,也可能由于监管手段不妥或者是监管途径不当,使得监管实现效果不佳。这时,需要对金融监管系统进行调整和修正。金融监管的演变遵循监管—创新—再监管—再创新的动态博弈发展规律,金融创新是金融监管变迁的内在推动力,决定了金融监管的变革。再监管针对不断暴露的问题完善监管措施,是金融监管走向高效的必经之路。

二、金融监管系统修正的内容

金融监管理论与实践处于不断发展之中,以适应不断发展的金融发展趋势,表现在以下七个方面。

（一）金融监管目标与原则的修正

20世纪30年代的经济大危机以后,各国金融监管以保持金融体系安全为首要目标,推行了分业监管模式。20世纪70年代,随着金融自由化及金融创新趋势的加快,提高金融效率成为监管的主导目标。20世纪90年代,由于多次金融危机的爆发,金融监管当局又将维护金融安全提到与效率并重的地位。巴塞尔银行监管委员会的《有效银行监管的核心原则》指出:金融监管目标是保持金融体系稳定性的信心,以降低存款人和金融体系的风险,努力建设一个有效的充满竞争的金融体系。现代金融监管越来越注重两者的融合,但在一定时期内,监管当局仍需要在稳定金融体系和鼓励金融竞争中略有偏重。如果以金融安全稳定为重心,金融监管可能采取较严厉的措施;如果以提升金融业的效率为重心,可能适当放松监管程度以促进竞争、鼓励创新。在多数情况下,会实行统一监管的金融监管体制。

（二）金融监管制度的修正

美联储经济学家卡普叶特(Kupiect)和欧·布赖恩(O. Brien)于1995年提出了激励相容金融监管方案,对银行资本监管实行预先承诺方法。其主要内容是:金融监管当局设定一个测试期,银行向金融监管当局承诺其资本金水平,为该期间内可能出现的损失做准备,在整个期间内只要累积损失超过其承诺水平,金融监管当局就对其进行惩罚。金融监管当局的任务只是制定恰当的处罚方案,不必关心银行的风险管理。预先承诺法的试行标志着西方国家监管哲学的转变,金融监管当局开始注重建立与适当的激励相容的制度安排,使得被监管者出于自身利益考虑,做到严格自律。这一方法的优点在于节约了执行严格的资本标准所耗费的成本,激励了风险管理的进一步完善,减少了对银行的约束和干预。当然,这一方法也存在着缺陷,如果金融监管机构惩罚了在交易中受挫的银行,会使该银行面临倒闭的危险增大,这使得金融监管者在使用惩罚措施时不无顾虑。

（三）金融监管理念的修正

传统的监管者与被监管者之间是"猫鼠"关系,而在现代环境下的金融监管中,两者之间逐步向"脑与四肢"的协同关系转变。实践证明,无视金融机构自身拥有的风险计量模型,采用简单划一的静态的资本充足规定,会挫伤金融机构的风险管理积极性。问题的关键在于监管机构与被监管机构的管理层应沿着同一方向的两条平行的道路前进。良好的监管者应该能够令金融机构的管理层感到金融监管在协助自己向风险控制目标努力。《巴塞尔补充协议》已迈出了可喜的步伐,承认金融机构可应用各自的模型对交易项目风险进行衡量。监管机构不应力图使用一套"普遍适用"的指标,而应提高金融机构内部风险控制,鼓励自我管理,监管机构则认同金融机构的风险监控模型。这样做的好处在于减少因严格的资本标准造成的经营扭曲,也有助于促进风险管理。按照这一思路,监管应该建立在对金融机构构建有效的激励机制基础之上。对大多数国家,尤其是转型国家而言,构建激励机制需要监管机构加强道德风险的控制,需要相应的约束和预警措施配合监管。

（四）金融监管模式的修正

积极创造条件实行功能型金融监管模式,是由哈佛商学院的罗伯特·默顿(Robert Merton)最先提出的。功能型金融监管模式是在一个统一的金融监管机构内,由专业分工的管理专家和相应的管理程序对金融机构的不同业务进行金融监管。功能型金融监管模式的优点在于管理的协调性高,管理中的盲点容易被发现并得到及时填补,金融机构资产组合的总体风险容易判断。同时,可以克服多个金融监管机构所造成的重复交叉管理,用统一尺度来管理金融机构,创造公平竞争的市场环境。功能型金融监管模式存在的不足之处在于协调程序复杂,对金融机构的风险确认速度低于机构型金融监管模式。随着电子计算机在金融领域的广泛运用以及金融信息网的建成完善,功能型金融监管模式的不足将会降低。鉴于功能型金融监管模式的诸多优点,美国于1999年颁布的《金融服务现代化方案》即依据功能型金融监管模式的思想,对金融监管体制进行了全新设计。

(五) 金融监管体系的修正

传统的金融监管体系偏重于国家专门监管机构,但是,由于金融机构的自主性及业务的复杂化、多样化和道德风险等因素的存在,以及金融监管主体的力量能力等局限,使得国家金融监管机制不能保证金融监管目的真正有效实现。于是,各国日益重视金融机构的内部监督机制、自律监督机制的完善。如法国1984年的《银行法》中强制要求所有信贷机构都应从属于某一专业团体,或隶属于法国信贷机构协会的中央组织机构。

(六) 金融安全网的修正

金融安全网由各种具体制度构成,如存款保险制度、资产负债表限制、最后贷款人制度、市场退出机制等。这些制度的确有助于保护金融体系的稳定,但容易产生道德风险。在金融安全网的完善方面,越来越多的国家要求进一步强化市场机制的作用。例如,从存款保险制度的改革来看,西方国家存款保险费率已由固定费率改为可变费率。1991年,美国国会通过法案要求联邦存款保险公司从1994年起实行按风险征收保险费的制度。按风险程度调整存款保险费率,可以奖赏经营稳健的存款机构,促使从事高风险业务活动的存款机构悬崖勒马。但是,这种方法对各种金融机构的风险程度很难进行客观评价,又妨碍了这种制度功能的充分发挥。最近,有经济学家试图运用期权理论计算保险费率,有可能为可变保险费制度奠定基础。金融安全网中的最后贷款人机制被认为是金融体系的最后防线,这种机制容易产生逆向选择行为,有可能使中央银行面临额外风险。市场退出机制的运用则必须以金融业信息充分披露为前提,然而,金融业的信息往往不对称。因此,完全把金融机构推给市场管理在实践中行不通。在这种两难的形势下,越来越多的国家实施混合战略而不是单纯战略,即在最后贷款人机制和市场退出机制之间进行相机抉择,创造一种不确定性来对抗金融机构的战略,以降低金融机构的道德风险。

(七) 监管金融监管者的修正

对于金融监管机构内部的监督制度,各国相关法律法规都有较明晰的规定。但是,监管的权力行使受多种社会因素牵制,很难界定某位监管员的监管权力是否正确行使,在多大程度上存在过错,过错的成因中又在多大程度上是客观环境所致、多大程度上是主观作为或不作为造成。因此,设计既能有效保障金融监管的执行,同时又能促进金融监管目标实现的激励约束机制,显得尤为重要。

本章小结

1. 金融监管目标经历了历史演变和发展。各国对金融监管目标的具体规定有差异,但基本定位于维护金融体系稳定与保护存款人利益。金融监管原则确定了金融监管的若干基本准则,并应用到监管工作之中。金融监管工具包括法律工具、经济工具、行政工具等,在运用监管工具时应遵循综合性和系统性原则。

2. 金融监管体系包括金融监管当局监管、行业组织自律、中介机构外部评估和社会公众的监督,其中以监管当局的监管为基本点,互相补充形成有机的整体。金融监管的主要方法包括现场检查监管与非现场检查监管。两种方法的侧重点不同,一般根据监管当局与被监管对象的具体情况分别采用,在某些情况下,非现场检查监管是现场检查监管的反馈。

3. 金融监管系统在运作的过程之中,如果某些方面不适应实际需要,则要进行修正。这种修正的基本原因是金融创新。金融监管的修正主要包括金融监管目标与原则的修正、金融监管制度的修正、金融监管理念的修正、金融监管模式的修正、金融监管体系的修正、金融安全网的修正和监管金融监管者的修正等。

思考题

1. 金融监管原则包括哪些方面?
2. 为什么金融监管目标会发生演变?
3. 中介机构协助金融监管当局的监管作用如何体现?
4. 简述非现场检查监管与现场检查监管的关系。
5. 如何理解金融监管的修正?

即测即评

请扫描右侧二维码,进行即测即评。

第三章 金融监管理论

【本章提要】

本章对金融监管的理论研究进行了梳理,按照金融监管理论发展历史与学术统一的逻辑进行了归纳和介绍,主要内容包括:信用管理的金融监管理论,强调约束的金融监管理论,注重效率的金融监管理论,规则引导的金融监管理论。在介绍的基础上对各种理论进行了简要评价,并对金融监管理论发展做了展望。

第一节 信用管理的金融监管理论

16世纪后半期,随着西欧经济与贸易的发展,货币需求与日俱增,大量金银源源不断流入西欧,部分解决了货币流通需要的问题。同时,对新的融资工具需求愈加迫切,近代货币信用制度应运而生,集中表现在商业银行的兴起,信用工具的快速推广,清算制度与中央银行的建立。18世纪初,经济危机的频繁爆发打破了对自由经济"看不见的手"的狂热膜拜,监管概念走进经济领域。早期的金融危机主要起因于证券投机过度,如1711年英国发生的"南海泡沫"事件。为了规范证券市场,英国议会先后于1720年通过了《泡沫法案》、1733年颁布了《禁止无耻买卖股票恶习条例》,从发行主体与交易主体两方面对证券市场进行监管。对于信用管理的金融监管理论随之发展起来。

一、关于信用管理的金融监管理论的主要内容

金融监管理论最早散见于金融问题的争论,表现在两个方面:货币发行管理和"最后贷款人"制度的建立。

(一) 货币发行管理

亚当·斯密(Adam Smith,1776)的"真实票据"理论认为,只要银行贷款是用于生产流通的短期商业票据,就不会引发通货膨胀或紧缩,"看不见的手"就能够发挥作用,因此银行应该自由竞争,没有必

要施加约束。对此,桑顿(Sandon,1802)在《纸币信用》中进行了反驳,强调有必要实施货币信用管制。他指出,真实票据的不断贴现过程,会导致信用链条的延长和信用规模的成倍扩张,真实票据原则并不能保证银行有足够的流动性或货币供给弹性,从而也不能避免银行遭到挤提。因此,以真实票据原则发行银行券存在发行过度的危险,应该受到集中监管。亚当·斯密和桑顿提出了针对货币发行的两种截然不同的管理思路,这两种思路后来分别被"银行学派"和"通货学派"继承和发展,并在 1825—1865 年展开了激烈争论。其中,"通货学派"将桑顿的理论用于"混合通货",指出在纯粹贵金属流动体制下,黄金流入与流出国境将引起通货数量减少或增加,是一个完美的货币供给自发调节机制。但是,在现实经济中,流通中的货币还包括大量的可兑换纸币,如果没有信用管理,纸币超量发行,或是发行量不足,纸币的可兑换性难以保证,使经济运行陷入货币信用危机。因而,"通货学派"主张集中管理银行券的发行数量,即对货币发行实行金融监管。与"通货学派"不同,"银行学派"认为,无论是在纯粹金属流通体制下,还是在"混合通货"体制下,流通中都存在着大量的银行存款和汇票,这种混合通货并不会按照"通货学派"所说的方式运行,竞争性银行业的正常运转完全可以控制货币流通量,只要存在纸币兑换金银的压力,纸币发行就不会持续超出需要量,因此,无须进行监管。最后,"通货学派"取得了这场争论的胜利,中央银行开始建立。但是,中央银行制度建立的初衷在于管理货币信用,而非整个金融体系,特别是金融机构的微观行为不在管理之列。

(二) 最后贷款人制度

商业银行发展的初期,只是提供一些资金为贸易结算服务,并未构成对经济发展的主动性影响。商业银行进入发展阶段后,有些银行由于不谨慎的信用扩张,引发金融体系连锁反应,引起货币紧缩,波及经济。18 世纪和 19 世纪的多次银行危机证明,银行发生挤提将带来生产的萎缩,这与古典经济学和新古典经济学中的"货币中性"相悖。因此,中央银行逐渐开始承担信用"保险"的责任,为金融机构提供必要的信用支持,目的是防止因挤提造成的经济波动。这样,中央银行从统一货币发行,逐渐转向了通过最后贷款人的信用管理稳定金融和经济。

最后贷款人本质上算不上金融监管,但为中央银行监管奠定了基础。因为中央银行的最后贷款可以成为使金融机构服从其管理的重要砝码,借此矫正金融机构的过头行为。不过,直到 20 世纪 30 年代的"大危机"之前,中央银行对金融机构的经营并不干预,只是防止发生银行挤兑。

这个时期,关于金融监管理论的另一种观点值得提及——哈耶克(Hayek)的"自由银行制度"理论。"自由银行制度"理论与"看不见的手"范式吻合,信奉金融业自由,认为存款保险和最后贷款人的功能不必要,主张取消中央银行。"自由银行制度"的理论依据是私人银行可以通过"选择性条款""分支银行"和"指数化存款"等方式降低和分散风险,这些方式都必须在自由经营、自由竞争条件下才能实现。但是,"选择性条款"忽略了逆向选择问题;"分支银行"也因信息的不完备而不能完全分散风险;至于"指数化存款",因为用于编制指数的组合商品之间相对价格变化的风险不可避免,也不能消除社会公众因通货膨胀挤提银行的风险。

二、简要评述

总体来说,20 世纪 30 年代以前未形成真正意义上的金融监管理论,关于金融监管的研究较为狭隘,讨论焦点在于是推行"自由"还是实行"监管",内容主要集中在货币信用和防止银行挤提两方面。另外,研究方法单一,仅仅通过逻辑推理说明"自由"与"监管"孰优孰劣,缺乏令人信服的论据。当然,这种状况与当时自由资本主义处于鼎盛时期和主流新古典经济学坚持"看不见的手"的信条不无关系。随着经济金融的发展,市场的不完全性愈加凸显。

第二节 强调约束的金融监管理论

20 世纪 30 年代的"大危机"使资本主义经济陷入混乱和萧条,接连不断的经济金融危机向自由经济发起了猛烈攻击。理论界开始认识到,"看不见的手"无所不能不过是一个神话。经济的内在不稳定性被察觉,凯恩斯主义经济思想逐步占据主流经济学的地位,政府监管成为经济运行的伴生现象。金融领域的监管成为关注焦点之一,以强调金融监管为基石的理论不断涌现,金融监管理论逐步形成。

一、强调约束的金融监管理论的主要内容

金融监管理论的形成起源于对金融监管必要性的研究,主要包括两个视角:市场不完全性和金融体系的脆弱性。由此形成两大理论体系:公共利益的监管理论和金融脆弱的监管理论。

(一)公共利益的监管理论

公共利益的监管理论以市场失灵和福利经济学为基础,指出管制是政府对公共需要的反应,目的是弥补市场失灵,提高资源配置效率,实现社会福利最大化。市场失灵主要表现为外部效应(externality)、信息不对称(asymmetric information)、不完全竞争或自然垄断(natural monopoly)等,监管是一种公共产品,是能够降低或消除市场失灵的手段。相应地,形成了负外部性监管理论、公共产品监管理论、信息不对称监管理论和自然垄断监管理论。

1. 负外部性监管理论

外部效应是指提供一种产品或劳务的社会费用(或利益)和私人费用(或所得)之间的偏差,有正负之分。从整个金融体系而言,其正的外部性是金融机构正常发挥金融中介的职能,通过提高储蓄和投资规模及效率,服务于经济增长;反之,金融体系负的外部性效应,是指金融机构破产倒闭导致的连锁性反应,会造成货币信用紧缩,动摇经济增长的基础。在金融市场上,负外部效应尤为严重。在金融机构发挥中介作用的过程中,存在风险与收益的外部性,金融混乱的外部性。银行业作为一个负债经营的特殊行业,对社会的破坏力明显高于自身破产造成的损失,并且,个别银行破产的多米诺骨牌效应有可能因导致整个银行系统的崩溃而引发金融危机。20 世纪 30 年代"大危机"中所发生的银行挤兑就是典型的例证。金融领域存在比其他经济领域更严重的负外部性,为政府实行金融监管提供了重要的理论基础。

基于负外部性效应,形成了负外部性监管理论,其核心内容是:金融体系的负外部性是导致金融市场失灵的主要原因,实行以政府为主的金融监管是解决问题的关键。在金融机构成为经济发展的重要因素时,放任金融机构的自由竞争和完全依赖自律管理无法保证消除负外部性效应,因此,需要政府的介入,采取税收或管制等措施矫正负外部性效应。

2. 公共产品监管理论

公共产品具有消费的非排他性和非竞争性特征。稳定、有效和公平的金融体系具有公共产品的特征,任何人都可以享受一个稳定、公平而有效的金融体系提供的便利,即非排他性;任何人在享受上述好处的同时以及以后,不妨碍别人享受相同的好处,即非竞争性。但作为公共产品,就会不可避免地出现"搭便车"问题,即人们乐于享受公共产品带来的好处,但缺乏有效的激励为公共产品的提供和维护作出贡献。如银行挤提、金融机构违背审慎经营原则过分冒险等个体理性的行为,都有可能导致集体非理性的结果,最终引发这一公共品的供给不足。金融体系的这一性质,决定了需要有一个无私利的主体实施限制和监督,维护产品供应的稳定性。

基于金融体系公共产品的特性,形成了公共产品监管理论,其核心内容是:金融体系自身的公共属性会导致金融市场的失灵,引发风险和导致危机。因此,有必要通过以政府为主的金融监管,实现对金融服务供给的良性引导。对市场经济下的金融体系而言,政府应该通过限制个体金融机构的冒险行为来削弱金融机构的集体非理性,保持金融体系公共产品的健康稳定,维护消费者的利益和确保经济稳定。

3. 信息不对称监管理论

斯蒂格勒(Stigler,1961)发表了《信息经济学》一文,打破了此前统治经济学界的完全信息假设,将信息问题引入经济学分析框架,由此兴起了以信息不完全和信息不对称为核心内容的信息经济学。信息经济学从信息分配角度揭示了市场失灵,拓展了原有研究的理论视野。在金融领域,存在着普遍的信息不对称现象,例如承保人与被保险人、存款人与银行、银行与贷款人之间都存在信息不对称,由此,产生了阿克尔洛夫(Akerlof)所谓的"柠檬问题",即金融市场中的逆向选择与道德风险问题,造成金融市场的失灵。信息不对称程度越大,逆向选择与道德风险问题就越严重,市场失灵也就越明显。除此之外,由于信息不对称,价格体系将不再有效的传递有用信息,造成市场参与者较高的信息成本,无法实现市场的均衡,造成金融市场的低效率。

基于信息不完备和信息不对称,形成了信息不对称监管理论,其核心是:信息不对称是导致金融体系效率低下的主要原因,政府外部监管是医病良药。在信息不对称环境下,金融机构往往处于相对劣势,面临金融效率降低和金融风险并存的局面。政府的外部监管能够逐步完善信息的完备程度,降低金融风险和提高金融效率,减少经济损失。

4. 自然垄断监管理论

金融业务存在巨大的规模经济,规模越大,平均成本越低,收益越高。这意味着金融业具有一定的自然垄断倾向。因此,金融机构的自由竞争最终将走向高度垄断。金融业的集中垄断会对效率和福利造成损失,对社会产生负面影响。自由竞争的结果是优胜劣汰,然而,由于金融机构个体对整个金融体系有很强的外部性,被淘汰的金融机构的支付困难很可能通过由信息不对称导致的恐慌心理,传至整个金融体系,引发不稳定态势,危及整个经济体系。因此,应通过政府监管来消除垄断隐患,减少金融体系的不稳定性。

基于金融市场的自然垄断性,形成了自然垄断监管理论,其核心是:金融市场的自然垄断性是导致金融不公平发展的主要原因,政府监管是消除垄断、维护合理竞争的有效措施。金融机构的集中垄断会带来经济和政治上的不利影响,需要政府的监管提供公平的竞争环境,稳定金融和经济发展。

(二) 金融脆弱的监管理论

20世纪60年代以前,金融危机与经济危机相伴而生,形成了"金融危机是经济危机的一种表现形式"的思维定式。20世纪60年代以后,金融危机开始呈现出独立性,有些金融危机甚至完全脱离实体经济。为此,金融体系的内在脆弱性开始吸引金融监管研究的视线,形成了金融监管理论的另一分支——金融脆弱的监管理论。这一理论主要包括金融不稳定假说和银行挤提理论。

1. 金融不稳定假说

海曼·明斯基(Hyman P. Minsky,1982)的金融不稳定假说(financial instability hypothesis)认为,私人信用创造机构,特别是商业银行和其他贷款人的内在特性,使得它们经历周期性的危机和破产;金融中介的困境被传递到经济神经,使宏观经济产生动荡和危机。明斯基将借款企业分为三类:抵补性的借款企业(最安全的借款人)、投机性的借款企业和高风险的借款企业。随着经济的繁荣,后两类企业的比重越来越大。生产部门、个人和家庭的债务相对于收入的比例越来越高,股票和不动产的价格持续上涨。然而,这种长波上升阶段之后必然迎来滑落,任何阻止信贷资金流入生产部门的事件都将引起违约和破产,又进一步影响到金融体系,结果金融机构的破产就像瘟疫传播,金融资产价格的泡沫迅速破灭,金融危机爆发。明斯基认为,自大萧条以来,虽然经济周期没有消失,但是,另一次大萧条没有出现,这是由于"上限和下限"的制度安排发挥了作用,防止了债务膨胀。"上限和下限"的制度安排是指政府运用大量反周期的赤字和盈余政策来增加或减少有效需求,以及中央银行凭借最后贷款人的身份确定资产价格下限。

由此可见,明斯基的金融不稳定假说认为,金融体系内在的不稳定性是引发金融风险、产生金融危机的根本原因,政府干预与监管制度的建立可以有效降低这种内在脆弱性,实现金融的稳定发展。

2. 银行挤提理论(D-D模型)

戴蒙德和戴维格(Diamond & Dybvig,1983)将银行从金融机构中分离出来,着重剖析了银行业的内在不稳定性,建立了银行挤提理论(D-D模型)。该理论通过建立模型,对三种不同情形(不存在总体消费风险的情况、存在随机总体消费的情况和生产回报不确定情况)下银行遭遇挤提的原因,以及政府在保护银行免受挤提过程中的作用进行了分析。结论是:信息不对称是银行遭遇挤提的根本原因,挤提会造成严重的实际经济问题,因为此时"健康"的银行业会被传染,进而发生倒闭。因此,对于脆弱的金融体系的监管尤为重要。D-D模型主张重点加强对信息的管理,使信息更加透明、对称,确立社会范围内的广泛"信心",减少银行遭受挤提的机会,实现金融体系的稳定;相反,如果不能做到信息对称,那么可以由政府对提款者征税,或提供存款保险制度,降低存款人的挤提动机,减少危机发生的可能。

二、简要评述

20世纪30年代的"大危机"使人们对"看不见的手"产生了质疑,由此催生了金融监管理论。实行金融监管成为这一时期最主要的研究命题,为西方主要发达国家严格、广泛的金融监管提供了有力的注解。然而,就研究方法及思路而言,这一时期的理论存在以下局限性:① 金融监管研究的独立性不强。理论从各个角度揭示了市场失灵的原因,提出了监管的必要性,但这些理论的研究往往侧重于整体,对于金融体系的研究大多采用经济理论的简单移植,金融体系自身的特点未得到全面考虑,相应地,监管较大程度上指的也是广义的政府监管。直到后期金融脆弱的监管理论出现后,研究视角才渐渐聚焦金融。② 对金融监管必要性的研究具有浓厚的危机色彩。无论是公共利益监管理论还是金融脆弱的监管理论,都是从危机角度研究监管,而不是从金融体系研究金融监管,难免会产生"以特殊代常规"的问题,更重要的是监管本身被忽视了。

第三节 注重效率的金融监管理论

20 世纪 70 年代以后,世界经济呈现出层次化发展的特征,发达国家出现了经济滞胀现象,"看得见的手"更加遭到质疑。随着西方国家经济的日益膨胀,金融发展向纵深领域延伸,金融创新的需求日益强大,先前倡导的金融管制似乎成为时下的绊脚石。第二次世界大战后,发展中国家崛起,成为世界经济的组成部分。与发达国家不同,发展中国家面临严重的"资金瓶颈",对于资本的极度渴求使得金融自由化需求在发展中国家十分迫切。因此,20 世纪 70 年代后期,传统的金融监管理论遭到抨击,金融监管的研究开始由"危机防范"转移至"运作效率"轨道,注重效率的金融监管理论成为研究的焦点。

一、注重效率的金融监管理论的主要内容

(一) 集团利益理论

公共利益监管理论从市场不完备角度进行分析,为金融监管提供了理论依据。然而,20世纪 70 年代以后,越来越多的经济学家开始怀疑金融管制和政府解决金融体系市场不完备造成的问题的能力,提出了集团利益理论,具体包括政府掠夺理论、特殊利益论和多元利益论。

政府掠夺理论最早对传统金融监管理论提出质疑。这一理论指出,任何管制和监管都由政府推行,而政府和政治家并非像人们所想象的那样是社会利益的代表,他们有自己的利益和效用,与社会利益存在很大差异。此外,政府之所以对金融业进行管制,直接的目标非"公共利益"和"金融脆弱"理论所宣称的控制市场失灵、物价水平和投资水平,也不完全是为了保护存款者利益,防止金融风险,保证金融体系健康和提高资源效率配置,而是要实现自身收益(政治收益和经济收益)的最大化。这集中体现在三个方面:① 国家垄断货币发行权,利用多发行货币弥补财政赤字。② 实施法定准备金制度以获取潜在的存款"税收"。③ 政府实施其他管制的目的在于创造干预经济的借口以扩张权力,为获取"租金"创造机会。例如,对银行业务和经营区域的限制,以及开业资格的审查,都可以为政治家创造向银行获取额外"收益"的机会。

继政府掠夺理论以后,佩兹曼(Peltzman,1976)提出了特殊利益论和多元利益论。他认为,政府掠夺理论将分析的立足点放在"抽象的政府",无法对各种金融管制的产生过程给予更为清晰的解释,因为"政府"是一个抽象概念,由许多政党和利益集团组成。他还认为,金融监管是利益集团通过政治斗争形成的产物,不同的社会经济利益集团是金融监管的需求者,政府中的政治决策机构是金融监管和制度的供给者。管制工具和监管制度是一个需

求和供给不断变化的匹配过程,只有把握住了各方利益的结构以及政治力量的分布,才能了解这些制度变迁的过程,并在过程中确定这些工具和制度的效应。

综上所述,集团利益理论主要站在政治经济学视角重新审视了金融监管,认为金融监管是为了满足各既得利益集团的需要。这不仅开创了金融监管研究的新视角,也为金融监管有效性研究奠定了理论基础。

(二)金融监管失灵理论

继集团利益理论之后,理论界的金融监管理论研究调转方向,将金融监管的效率上升为研究重心。与其他理论不同的是,金融监管效率理论着眼于探究以政府为主的金融监管是否能够提高金融体系的运作效率,其主要内容包括管制供求理论、管制寻租理论、监管俘获理论和社会选择理论。

1. 管制供求理论

管制供求理论又称监管经济理论,起源于斯蒂格勒(1971)在《贝尔经济学与管理科学杂志》上发表的著名文章《监管的经济理论》。该理论秉承了集团利益理论的核心观点(认为金融监管是为了满足各既得利益集团的需要),运用供求规律阐释了金融监管的效率问题。这一理论认为,影响一个产业对政府监管需求的主要因素是监管可以提供多种利益,包括直接货币补贴、控制新竞争者进入、干预替代品和补充品的生产、实行固定价格等。就金融业而言,主要有市场准入管制、对业务活动的限制、利率限定以及禁止对活期存款支付利息等。在供给方面,政府部门进行监管活动时,并非毫无成本、毫不犹豫地按照"公共利益"提供产品。政府实际上是由一些有着自己利益的人组成的特殊集体,当他们按照自身利益最大化的方向行使公共职能时,难免会发生各种各样的低效率现象。在所谓的民主政治决策过程中,谋求政治权力的产业必须去找合适的"卖主",那就是政党。而政党在决定是否支持某项监管活动时,要考虑是否有助于自己当选或再当选。因此,需求管制的产业必须支付两项政党所需要的东西:选票和资源。资源包括竞选经费、筹集经费的服务以及较间接的方式,比如为政党雇用工作人员。通过一些开支很大的项目,训练、说服该产业和其他有关产业的人员,使支持票增加,反对票减少,最后的结果取决于供需双方的博弈。波斯纳(Posner)和佩兹曼(1974,1976)对该理论进行了完善,通过对公共利益理论的批判总结出:行业监管并没有建立在公共利益基础之上,而是建立在被监管集团的利益和损害消费者利益的基础上。也就是说,监管是由市场中的需求与供给进行配置的金融服务,供给者是政府或政治家,在监管的交换中他们获得金融资源或投票权;需求者是专门的利益集团,在监管中他们尽力拓展经济地位,寻求直接的资金补贴,控制进入者和相关政策等。金融机构作为一个利益集团,能够从控制市场准入权中获得利益,而限制竞争也为本应该被淘汰出局的低效率机构提供了生存的可能性。另外,波斯纳和佩兹曼还进一步阐述了监管在给被监管者带来好处的同时,也增加了他们的成本。例如,从风险与收益对称的角度来看资本充足要求,会导致资产组合的效率损失。

管制供求理论在运用供求规律阐释金融监管效率问题的同时,因缺乏对一个行业的监管进行评判的标准及预测能力而受到批评。麦克切斯尼(Fred McChesney)认为,斯蒂格勒的监管租金模型存在不足:首先,不能解释20世纪60年代以来健康、安全和环境趋向监管的巨大浪潮;其次,监管租金模型将监管者当成被动的玩家,他们通常不主动为租金进入市场。然而,经济学家通常忽略政治家要寻求选民和竞选,而要实现这些目标要通过立法来完成,他们会主动索取租金。波斯纳(1974)自己也承认,监管的需求与供给曲线似乎太难了,以至于无法计量,所以,管制供求理论无法被实证检验。

2. 管制寻租理论

管制寻租理论是寻租理论在金融监管领域的适用解释。克鲁格(Krueger,1974)将那种利用资源通过政治过程获得特许权从而损害他人利益,使自己获得大于租金收益的行为定义为寻租,进而形成了寻租理论。寻租活动造成了经济资源配置的扭曲,阻止了有效生产方式的实施。寻租本身不会创造任何社会财富,只会消耗社会资源,造成社会福利的损失。此外,寻租本身还会导致其他层次的寻租活动或"避租"活动。金融监管是政府管制的重要组成部分,因此,金融监管中同样存在寻租现象,影响金融监管的公平与效率。管制寻租理论认为,政府管制加剧了市场中的寻租机会,产生了政府及其代理人的租金创造和抽租,使市场竞争更加不完全和不公平。所以,通过政府管制来纠正市场失灵是理想化的、不现实的。越是金融管制广泛的国家,寻租问题就越普遍。寻租造成了不公平,在管制者获得利益的同时,降低了金融效率。因此,提高金融效率的直接、普遍和有效途径是放松金融管制,减少金融管制中的金融寻租土壤。

管制寻租理论在管制供求理论基础上进一步指出了政府在市场监管中的作用和负面影响,但没有提出更加有效的政策框架,忽略了信息不对称和不完全的现实,过分注重监管市场的需求面分析,轻视了供给面的研究,这些不足都较大地限制了该理论的解释能力和应用价值。

3. 监管俘获理论

监管俘获理论的主要内容是,政府建立管制起初,管制机构能独立运用权力公平管制,但在被管制者与管制者的长期共存中,管制机构逐渐被管制对象通过各种手段和方法所俘房,管制机构最终会被产业所控制,为少数利益集团谋求超额利润,使真正的守法者损失利益,结果使被监管行业更加不公平,降低整体效率。要消除由于监管造成的不公平和低效率,就必须适度放松监管,才能提高整个行业和社会的效率。

监管俘获理论是在政府掠夺理论基础上深入研究政府供给金融监管的后续结果。监管收益构成了政府实施监管的内在动力。作为被监管方,最初可能反对监管,但当他们对金融监管立法的程序非常熟悉时,就会通过各种途径影响管理者的立法程序,或利用行政机器给他们带来更高的收益。伯恩斯坦(Bernstein)的"管制机构生命周期理论"进一步揭示,公共利益监管理论是天真的,管制机构起初能独立运用管制权力,但从长期看都会逐渐被垄断企业所俘房,成为被管制者的代言人。

波斯纳(1975)对监管俘获理论提出了一些质疑:① 该理论并未与公共利益理论的某些解释划清界限;此外,所描述的管制过程可能更像是被管制者与管制机构之间的谈判,而不是谁俘获谁。② "被管制者是唯一可以影响管制机构的利益集团"的说法缺乏必要依据。因为被管制厂商的消费者利益也会明显受到管制过程的结果影响,而他们却不能同样有效地俘获管制机构。③ "一个行业只能俘获现有机构,而不能设法创造一家监管机构以促进自己的利益"的观点存在纰漏。"为什么一个行业能够强大到足以俘获对其进行监管的机构并且驯服它,却不在最初阻止这一监管机构的设立呢?" ④ 理论观点与经验证据存在矛盾。"现实中显然不是所有监管机构都可以被俘获,也不能解释一个监管机构为什么可以对不同的、利益相互冲突的行业同时实行管制。同时,由管制机构促进的利益很可能是消费者群体的,而不是管制行业本身的。"

4. 社会选择理论

在监管俘获理论基础上,瑞德(Reid,1981)提出了社会选择理论。该理论首次从动态发展角度分析了金融监管的效用,认为金融监管的发展历程是:为社会公众利益建立监管机构—管制当局被动地反映被管制集团的利益—管制机构取得自我控制和独立性,即认为管制具有很强的自我实现性,但只有在监管发展到一定程度后才会出现。因此,在社会选择理论看来,监管能够真正发挥作用是在监管机构获得自我控制与具有较强独立性之后。管制者坚持独立性,期望并拥有可相机决策的权力,努力强化自己的目标函数。这个目标函数的参数包括被管制的产业或活动、受管制产业产品和劳务的消费者以及管制者对于促进总体福利的解释。监管当局要实现的目标非常广泛,既包括特殊利益集团的利益,也包括社会公众利益,但是,这个社会公众利益不是社会的选择而是管制当局主观的意志。而且,管制当局行使职能更重要的是维持自身的存在和发展。因而,社会选择理论也认为,实行管制的一整套政策措施的结果可能与实际公众的利益相悖。

上述理论均立足于集团利益理论,分析了政府监管对于金融体系的效率的影响,不难看出,政府为主的金融监管对于自身利益最大化的追求,要远远大于对公众利益的维护。相应地,政府监管的供给并不能有效解除市场失灵问题,并且,政府监管与市场调节都存在失灵特性。然而,如何解决"市场失灵"与"监管失灵"并存的金融市场问题,在这一时期的理论研究中未被述及。

(三) 金融管制的辩证法理论

20世纪80年代以后,整个世界金融市场呈现出日新月异的发展态势。大量金融衍生产品层出不穷、各类金融机构的业务交叉以及信息网络的广泛运用,在金融领域引起了一场持续至今的革命。在此背景下,金融监管的研究也更加全面,学者开始运用博弈论研究金融监管,总结了金融监管的动态发展进程。

美国经济学家凯恩(Kane,1981、1984、1994)建立了"规避管制"理论和动态博弈模型,指出金融监管与金融创新存在密切联系,金融创新主要是由金融机构为了获得利润、回避政府管制所引起的。政府管制的性质是隐含的税收,阻碍了金融机构从事已有的盈利性活动和利用管制以外的利润机会,限制了金融机构的竞争能力和获利能力。金融机构在利益驱动下,会进行创新活动以规避监管,寻求新的盈利空间。当金融创新出现后,监管当局可能适应形势的变化放松原有的监管政策,或者当创新危及金融稳定与货币政策执行时,进行新的监管,从而形成了金融机构与监管当局之间的金融管制—金融创新—放松金融管制或再管制—再创新……的动态博弈过程。金融机构和监管当局好像跷跷板的两端,彼此不断适应,形成一个黑格尔式的辩证过程,共同推动金融深化和发展。

假定监管处于某个均衡状态,用下标 I 代表金融机构,下标 B 代表监管当局,D 代表金融机构的规避监管,R 代表监管当局的再监管,NR 代表当局不进行再监管。如果市场形势发生了变化,金融机构规避监管能获得新的获利机会时,便要考虑规避监管的收益和成本。用 $ER_I(D)$ 表示规避监管给金融机构带来的收益的期望值,$EC_I(D)$ 表示规避监管的预期成本,则规避监管的预期净收益为:$E_I = ER_I(D) - EC_I(D)$。假定 $E_B(R)$ 是再监管给监管当局带来的预期净收益,$E_B(NR)$ 是没有再监管给监管当局带来的预期净收益,那么,如果 $ER_I(D) > EC_I(D)$,则 D 发生;如果 $ER_I(D) \leq EC_I(D)$,则 D 不发生;如果 $E_B(R) >$

$E_B(NR)$,则 R 发生;如果 $E_B(R) \leq E_B(NR)$,则 R 不发生。由于金融机构和监管当局可以预期,并在此基础上选择博弈行动,那么,上述推导可以改写为:如果 $ER_1(D,R) > EC_1(D,R)$,则 D 发生;如果 $ER_1(D,R) \leq EC_1(D,R)$,则 D 不发生;如果 $E_B(R,D) > E_B(NR,D)$,则 R 发生;如果 $E_B(R,D) \leq E_B(NR,D)$,则 R 不发生。

管制辩证法理论表明,金融监管不是静态行为,而是一个动态过程。金融监管制度的设计必须根据不断变化的经济金融环境相应改变,否则,要么以延迟金融机构和金融体系的发展为代价,要么以牺牲金融稳定为成本。同时,可以从深层次看出,金融创新不仅仅是由于盈利动机驱使,更是由于金融监管理论发展的滞后阻碍了金融机构和金融体系向更高级阶段的迈进。此外,也从某种程度反映出金融监管发展与现实经济发展密切相关,"放松"与"强化"只是金融监管在不同阶段的表现形式,二者交替变迁推动了金融体系的不断发展。

二、简要评述

20 世纪 70 年代至 90 年代的金融监管理论日渐成熟,金融监管的效率成为研究的重点,大大拓展了金融监管理论的视野。金融监管的有效程度是关系到金融监管实施与否的重要问题。监管失灵理论在集团利益理论基础上揭示出,监管机构追求自身利益最大化远远大于对公共利益的维护,使得政府管制形式的金融监管存在低效率,甚至有碍于金融体系的健康快速发展。因此,有必要寻找一种真正能够保障金融体系发展的有效监管模式。这一时期的研究视角与思路更加战略化。管制辩证法理论突破了常规范式,使得金融监管的研究不再局限于阶段性的枝节分析,更具动态性与发展性。当然,该时期的理论也存在局限性,如在提出监管失灵的同时,并未就如何解决提出具体方案措施。

第四节 规则引导的金融监管理论

进入 20 世纪 90 年代,以资本自由化、金融创新化和机构集聚化为序曲的金融全球化乐章奏响。金融全球化在推动金融资源有效配置的同时,也加大了金融风险的传播范围与破坏力度,收益与风险的较量成为这一时期世界各国金融当局面临的普遍问题。相应地,在全球化浪潮中实现金融稳健发展成为金融监管的主要目标。如果说先前的理论更多的是从理论层面进行金融监管探究,那么这一时期的理论更注重金融监管的实践性研究。具体而言,主要致力于金融监管理念与方法的探索。

一、规则引导的金融监管理论的主要内容

(一)功能监管理论

全球化使金融业结构发生了巨大变化,各类金融机构之间严格清晰的界限不复存在,金融超市中商品琳琅满目,金融业混业经营成为大势所趋。在此背景下,金融监管研究发生了根本变化,金融监管已经不再是"允许"与"不允许","严格"与"放松"的问题,而是如何控制伴随混业经营而来的各种金融风险的问题。为此,一些学者开始重新审视金融监管理念,在研究中形成了功能监管理论。

功能监管理论起源于金融中介理论,依据分析方法的不同,金融中介理论分为机构观和

功能观,前者视现存的金融中介为既定的,认为公共政策目标是帮助现有机构生存和兴旺;后者视金融中介运作的功能为既定的,探索运作这些功能的最佳机构结构。功能监管理论是在后者的基础上发展起来的金融监管新理念。

莫顿和博迪(Merton & Bodie,1993、1995、2000)提出了功能监管理论(functional regulation and supervision)。其核心内容可以表述为:金融功能比金融机构更稳定,金融功能优于组织结构,金融机构的形式随功能而变化,金融机构的创新和竞争会使金融系统各项功能提高。莫顿和博迪认为,基于功能观点的金融体系比基于机构观点的金融体系更便于政府的监管:① 着重于预测未来具有中介功能的机构的组织结构。在此基础上,能够针对机构的变化设计政策和监管方案,因此,金融监管方案更具灵活性,更能适应不同国家及金融国际化的需要。② 金融体系的基本功能在本质上相同。无论是过去和现在,还是发达国家和发展中国家,所有的经济体中金融服务可以随着竞争性机构的变化采取不同形式的包装,但功能却相对稳定。因此,从功能角度进行的金融监管,法规制定与执行更稳定,也更有效。③ 降低监管者与被监管者在信息上不对称的程度。从功能的角度进行金融监管,有利于促进金融机构组织的变革,而且,不必同时修改与之相关的监管政策,或调整有关的监管机构;如果立足于机构监管观点,则监管机构的变动不可避免。因此,监管当局可以依据金融体系的基本功能设计金融监管体制,即一个给定的金融活动由同一个监管者进行监管,提高监管者的专业能力。④ 减少机构进行"监管套利"的可能性。

功能监管理论突破了传统金融监管的定义,顺应了国际金融的发展潮流,改善了机构监管在混业经营下的乏力状况,对当今世界各国金融监管实践产生了重大影响。1999年,美国国会通过了《金融服务现代化法案》,用以取代《格拉斯—斯蒂格尔法》,这是功能监管理论的一大成就。然而,需要注意的是,作为一种理论,功能监管理论目前仍处于探讨阶段,更大程度上是一种新型理念,具体的监管模式设计等操作性问题并未明确,在现实中很难找到完全与之相对应的例子(OECD,2002)。此外,还有部分学者(Giorgio and Noia,2001;Jackson,1999;Goodhart,1998)担心该理论在实践中被滥用会导致监管成本上升。

(二)激励监管理论

在一般金融监管理论中,监管制度被视为外生变量,所以,不存在激励问题。随着信息经济学的发展,激励被引入金融监管领域,拉丰(Laffont)和泰勒尔(Tirole)的"激励监管论"成为代表。该理论在监管者和被监管者的信息结构、约束条件和可行工具的前提下,运用成熟的完备合约方法(complete contracting),分析双方的行为和最优权衡,从监管内生的角度加以分析,在全面概括监管失灵原因的基础上提出了监管方法,弥补了金融监管理论的空白。

该理论对金融监管的发展历程进行了总结,揭示出金融监管从高度监管(heavy-handed regulation)到轻度监管(light-handed regulation)的演进过程。在这个过程的不同阶段,政府和被监管者面临不同的信息结构、约束条件和可行工具。由于信息不对称、缺少承诺以及监管者不完美,监管是次优(second-best)的。此外,该理论对影响金融监管有效性的因素进行了分析,指出了信息不对称造成的道德风险和逆向选择,限制了监管者对被监管者的监控能力,由于合约方面或者法律方面的原因,监管者不能对激励方案进行承诺,也降低了监管效率。监管者和政府人员可能不称职,有自己的小算盘,容易被利益集团收买,所以,难以使社会福利最大化。

在上述论断基础上,德沃特里彭(Dewatripont)和泰勒尔构造出了"最优相机监管模型"。该模型由对存款人的信息不对称且偏好"搭便车"的分析,引入了存款人集体行动失灵的问题,并将研究重点集中在金融监管的作用时间与范畴(金融活动何时何地需要监管),以及外部人监管的激励方案。按照不完全合约理论(Hart and Moore,1990;Aghion and Bolton,1992),股东对企业业绩是凸的收益结构,在公司经营良好时拥有控制权;债权人对企业则是凹的收益结构,企业经营不善时行使控制权。拥有凹收益结构的人较之拥有凸收益结构的人,更倾向于外部干预和严厉的监管。因此,债权人比股东更希望加强监管。就银行而言,银行清偿比率越低,股东越偏好风险,存款人则越规避风险。由此,他们将监管的激励方案与索取权联系起来。这样,实施最优监管政策的方式是:让监管者拥有与没有保险的存款人一样的激励。该模型揭示了当监管者既事后干预又事前监督时,如何被动干预以掩饰失败的监督,防止损害其前途。该理论较好地揭示了美国监管当局为何在20世纪80年代次贷危机中采取宽容监管态度,致使情况越来越糟的原因。

该理论还对相机监管的适用范围进行了界定,指出在实践中,一国采用相机性监管还是采用事先标准化规则(rule-based regulation)的非相机性监管,在很大程度上取决于监管机构的独立性。独立性较强且将金融消费者利益内部化的监管机构,才可以被赋予相机性监管的权力。相反,如果监管机构受政治压力及利益集团的影响较大,那么,基于规则的非相机性监管制度是一个不错的选择。

(三)资本监管理论

20世纪90年代末,与金融全球化相伴生的区域金融危机频繁爆发,使得人们再次从追捧自由发展的浪潮中调转船头,转而对金融监管的需求升温。面对原有金融监管体系的落后,欧美国家开始探寻新的监管体系与方法,以资本充足、资产业务管制为核心的监管体系日益盛行。

资本监管大致可分为最低资本充足率要求和金融机构的资产业务限制两个层面。资产业务限制起源于美国1933年的《Q条例》,目的是避免金融业务交叉感染和过度竞争。资产业务管制在初期虽然有效,但是,随着金融创新巧妙地绕过金融管制,资产管制日趋失效。这样,在新的环境下,金融监管在付出了较高的监管成本后,金融机构的经营风险和金融体系的系统风险并没有根除,约翰(John,2000)、考夫曼(Kaufman,1996)等人对该问题的研究均得出基本一致的结论。最低资本充足率的监管开始于20世纪70年代美国的"CAMEL"风险管理体系,1988年《巴塞尔协议》的推出,使最低资本充足率要求成了市场经济国家银行监管的主要工具,同时,资本充足性监管的有效性也成了理论界的热点。

当前,该领域的理论研究分为两个分支:一是以默顿将存款保险作为期权的定价模型为基础的资本风险监管有效性研究,如段(Duan,1992)的商业银行一个时期的固定存款保险与风险转嫁行为模型,考德(Cordell)和金(King,1995)的资本风险监管的市场改进模型,霍瓦基米安(Hovakimian)和凯恩(2000)的资本风险监管有效性的实证研究等。二是以基里(Keeley)的银行特许权价值模型为基础的资本充足性监管研究,如基里(1990)的竞争与银行特许权价值模型,德姆塞茨(Demsetz,1996)的银行特许权价值的实证分析,海尔曼(Hellmann,2000)的资本充足率监管与存款利率限制相结合的理论等。另外,还有对资本监管失灵的解释,凯恩(1990)提出了社会公众与中央银行之间的委托代理,分析了金融监管的激励理论;坎贝尔(Campbell,1992)等人建立了努力厌恶(effort-averse)型监管者最优激励合同静态分析模型;布特(Boot)和赛克(Thakor,1993)的监管者声誉博弈模型;沃尔什(Walsh,1995)的中央银行最优契约模型等。下面,就上述最新进展中的代表性成果做简单介绍。

1. 基于存款保险的期权定价资本监管模型

霍瓦基米安和凯恩(2000)将莫顿的单期存款保险期权模型扩展为无限展期的股东收益模型,并据此对美国1985年到1994年的商业银行风险转嫁和资本监管有效性进行了实证分析。模型的基本形式为:

$$\Delta \frac{B_{jt}}{V_{jt}} = \alpha_{0j} + \alpha_1 \Delta \sigma_{V_{jt}} + \varepsilon_{jt}$$

$$\Delta IPP_{jt} = \beta_{0j} + \beta_1 \Delta \sigma_{V_{jt}} + \varepsilon_{jt}$$

其中,B 是商业银行的存款及其他债务的价值,V 是银行资产的市场价值,$\sigma_{V_{jt}}$ 是资产收益的标准差,IPP 为1美元银行存款的存款保险金,斜率 α_1 和 β_1 分别表示为:

$$\alpha_1 = \frac{\mathrm{d}\left(\frac{B}{V}\right)}{\mathrm{d}\sigma_V}$$

$$\beta_1 = \frac{\mathrm{d}IPP}{\mathrm{d}\sigma_V} = \frac{\partial IPP}{\partial \sigma_V} + \frac{\partial IPP}{\partial\left(\frac{B}{V}\right)}\alpha_1$$

其中,α_1 被解释为风险敏感的资本监管和市场约束所产生的风险之和,β_1 被解释为能够增加资产收益流动性所带来的收益。如果 α_1 和 β_1 同时大于0,那么,可以证明银行的风险转嫁激励存在,资本监管就不是完全有效。资本监管的有效性取决于银行在增加资产风险的同时,能否降低杠杆率,即 $\mathrm{d}\left(\frac{B}{V}\right)$ 和 $\mathrm{d}\sigma_V$ 不能同时为正。

在该模型的实证分析中,IPP、V 和 σ_V 的值都是不能直接观测到的,还需要通过一年期存款保险期权模型求得:

$$\sigma_V = \sigma_E \frac{\frac{E}{V}}{\frac{\partial E}{\partial V}}$$

$$IPP = 1 + \frac{\lambda(1 - r_{21})}{(\delta + \lambda)(r_{21} - r_{12})}\left(\frac{V}{B}\right)^{r_{12}}$$

$$E = V + \frac{\lambda(1 - r_{21})B}{(\delta + \lambda)(r_{21} - r_{12})}\left(\frac{V}{B}\right)^{r_{12}}$$

$$r_{12} = \frac{-\{\Phi + [\Phi^2 + 2(r - g)\sigma_V^2]^{\frac{1}{2}}\}}{\sigma_V^2}$$

$$r_{21} = \frac{-\Phi + [\Phi^2 + 2(r - g + \lambda)\sigma_V^2]^{\frac{1}{2}}}{\sigma_V^2}$$

$$\Phi = r - \delta - g - \frac{\sigma_V^2}{2}$$

其中，E 为银行资本的市场价值，δ 为在每个派息日分配给股东的资产份额，r 为利率，g 为存款增长率，λ 为监督检查的频率。

实证结果表明，无论是一个时期的存款保险期权模型，还是无限展期模型，α_1 和 β_1 都显著地呈现正值，并且，1992—1994 年间的 α_1 和 β_1 值都比 1985—1991 年间的值有了较大程度的降低，但仍然显著地呈现正值。这说明，商业银行的资本监管并未有效阻止银行业的风险转嫁，而且，由于转嫁风险给银行业带来了大量的政府补贴，产生了风险转嫁的激励。1992 年实施的《存款保险改进法案》虽然部分地改善了银行资本监管的效率，但也未能有效地控制风险转嫁的激励。

2. 基于银行特许权价值的资本监管博弈模型

基里（1990）和德姆塞茨（1996）的实证研究发现，银行业特许权价值对银行的谨慎性监管具有显著影响：特许权价值降低将增加银行投机的激励，导致资产配置风险的增加；反之，将降低投机的可能性，减少资产的配置风险。并且，竞争加剧将导致特许权价值的降低。在此基础上，汉尔曼等人（2000）根据巴塔查亚（Bhattacharya，1982）的利率控制静态模型和罗彻（Rochet，1992）对资本要求与投机激励关系的分析，建立了资本监管的比较静态博弈模型，对资本监管的帕累托效率进行了研究。

在该模型中，一家银行提供存款利率 r_i，与其他提供利率 r_{-i} 的银行展开竞争，从存款市场中获得存款 $D(r_i, r_{-i})$。获得这些资金后，将所有资产配置到谨慎性和投机性两类资产上，其中，谨慎性资产的收益为 α，投机性资产的收益为 $[\theta\gamma + (1-\theta)\beta]$，$\theta$ 为投机成功的概率，γ 为投机成功后的资产收益，β 为投机失败后的资产收益。假定 $\alpha > [\theta\gamma + (1-\theta)\beta]$，而且资产的配置存在机会成本 ρ，$\rho > \alpha$。同时，金融监管当局对银行资本充足率要求和投资进行事后检查。设最低资本充足率要求为 k，当投机失败后，银行资产净值将小于 0，监管当局将关闭该银行，银行的特许权价值 δV_P 也随之消失。在上述条件下，T 期内银行投资于谨慎性资产获得的期望收益为：

$$V_P(r_i, r_{-i}, k) = \sum_{i=0}^{T} \frac{\pi_P(r_i, r_{-i}, k)}{1-\delta}$$
$$= \sum_{i=0}^{T} \frac{[\alpha(1+k) - \rho k - r_i] D(r_i, r_{-i})}{1-\delta}$$

投资于投机性资产获得的期望收益为：

$$V_G(r_i, r_{-i}, k) = \sum_{i=0}^{T} \frac{\pi_G(r_i, r_{-i}, k)}{1-\delta\theta}$$
$$= \sum_{i=0}^{T} \frac{\{\theta[\gamma((1+k) - r_i)] - \rho k\} D(r_i, r_{-i})}{1-\delta\theta}$$

其中，$\pi_P(r_i, r_{-i}, k)$ 和 $\pi_G(r_i, r_{-i}, k)$ 分别为每一期银行投资于谨慎性和投机性资产的利润。当 $V_P(r_i, r_{-i}, k) \geq V_G(r_i, r_{-i}, k)$ 时，银行将选择谨慎性资产，否则，将选择投机性资产。根据这一结果，可以得到银行的不投机条件：

$$\pi_G(r_i, r_{-i}, k) - \pi_P(r_i, r_{-i}, k) \leq (1-\theta)\delta V_p(r_i, r_{-i}, k)$$

要保证银行不投机，就必须使投机的租金（$\pi_G - \pi_P$）小于银行可能失去的特许权价值。从该条件还可得到银行选择谨慎性资产的均衡存款利率：

$$r^*(k) = (1-\delta)\left[\frac{\alpha - \theta\gamma}{1-\theta}\right](1+k) + \delta[\alpha(1+k) - \rho k]$$

当存款利率 $r \leq r^*(k)$ 时,银行选择谨慎性资产,否则,将选择投机性资产。同时,银行在存款市场上可实现市场竞争的纳什均衡,通过利润最大化的一阶条件,可求得银行选择谨慎性资产的均衡利率:

$$r_p(k) = \frac{[\alpha(1+k) - \rho k]\varepsilon}{1+\varepsilon}, \text{其中} \varepsilon = \frac{\frac{\partial D}{\partial r_i}}{\frac{r}{D}}, \text{为存款的利率弹性。}$$

由于 $\frac{\partial V_P}{\partial k} = \frac{-(\rho - \alpha) D(r_i, r_{-i})}{(1-\delta)} < 0$,即银行资本金的增加会减少银行的期望利润,所以,银行会将资本金最小化,使 $k \to 0$,从而使 $r_P(k) = r_P(0) = \frac{\alpha\varepsilon}{(1+\varepsilon)}$。在其他条件不变的情况下,存款市场的充分竞争将使 $\varepsilon \to \infty$,$r_P(k) \to \alpha$,这将使银行的特许权价值变得非常小,$r_P(k) > r^*(k)$ 不可避免成为现实。因而,在金融自由化和充分竞争的市场环境下,如果不对存款利率实行必要的限制,银行选择投机性资产的行为将不可避免,资本充足性监管将无法实现帕累托效率。

(四)市场纪律监管理论

随着金融监管理论的深入,人们发现金融体系中存在着双重失灵现象:市场失灵与监管失灵。除了激励监管理论提出了解决双重失灵的方法以外,市场纪律监管理论也作出了重大贡献。该理论主张将市场与政府结合起来,强调市场纪律约束对于金融监管发挥着重大的改善作用。

凯恩(1983)在对存款保险改革提出的六点建议中,特别强调市场纪律的作用,此后,金融监管三大支柱(监管、监督和市场纪律)之一的市场纪律逐渐被大家所认识,特别是1999年《美国现代服务法案》的实施,使金融监管中的市场约束受到高度重视,与此相关的研究成果不断涌现(Thomson,1990;Kane,1994;Kaufman,1996;Park,Peristiani,1998;Flannery,1998;Simon 等,1999;Maclachlan,2001;Jagtiani 和 Lemieux,2001)。这些研究主要集中于以下两个方面:

1. 市场纪律对改善金融监管效率的论证

凯恩(1983,1985)认为,以政府为主的金融监管体系,试图通过对银行和存款机构设定精美而复杂的税收和补贴机制以实现金融业的稳定,同时,监管者的主要职责在于选择最优税收和补贴组合以保持银行业的稳健。但由于监管者的能力及其代理问题,使得这一最优组合很难达到。相反,存款保险提供了存款机构将资产配置到高风险资产,然后将风险转嫁给存款保险的激励,造成了巨大的政府补贴支出和监管成本。要降低存款保险带来的政府监管高成本,就不得不充分运用市场方法来约束存款机构向政府转嫁风险的激励,对存款保险进行合理的定价。基里(1990)的实证研究表明,在固定存款保险费率下,银行及存款机构的风险激励很大程度上取决于特许权价值与资产市场价值的比较。换言之,监管的有效性很大程度上受制于市场对银行资产价值的评价。如果要改善监管的有效性,就应注重市场对银行的约束。汤姆森(1990)和考夫曼(1996)分析指出,政府监管体系和金融安全网会致使银行及存款机构的利益相关者忽视银行的具体运作和风险状况,缺乏动力对市场激励作出反应,无法使存款和资本由经营差的银行流向经营好的银行,削弱市场对金融机构制造高风险的约束。如果缩小存款保险的范围和规模,使政府监管与市场约束起来,将改善政府监管效率。帕克和波利斯悌尼(1998)的实证研究支持了这一结论,即未参加存款保险的金融机构的存款人,对市场有显著反应,而参加存款保险的金融机构的存款人对市场反应不显著,存款机构的风险与未保险存款的增长之间存在负相关。更进一步,宏舒(HonChu,1996,1999)的实证分析得出,自由(以市场约束为主)的银行体系并不比受监管的银行体系更容易失败,况且,监管要支付较高的成本,扭曲了市场信号,弱化了风险的市场约束。从解决市场信息不对称的问题来看,不仅存款保险和最后贷款人制度在防止银行危机方面不是必需的,而且资本充足要求也不必要,因为在自由银行体系中,好银行有激励保持充足的资本数量并向市场传递它们的质量信息,可以解决信息不对称问题,也有效防止了危机的传染和爆发。弗莱纳瑞(Flannery,1998)系统分析和论证了市场信息对改善监管的重要性,他发现,市场能够准确、及时地反映银行及金融机构的条件和环境,并且可以激励监管者对已出现的问题及时纠正。如果政府监管能够充分运用市场反应的信息,将会显著改善银行业的监管水平。

2. 运用市场纪律的金融监管理论

一种极端的观点就是取消金融安全网,建立自由银行体系,完全运用市场机制约束银行及存款机构的风险行为,决定机构是否应该关闭还是继续经营。政府的作用只限于信息收集与披露,推进解决合同纠纷的产权制度安排等。宏舒(1996)认为,自由银行体系中由不完全信息引起的市场失灵问题,可以通过建立"银行透明屋"(clearinghouse)和发行"透明屋贷款"方式来解决。

持上述观点的研究成果极少,目前大部分学者都倾向于政府监管与市场纪律有机结合,逐步在以政府监管为主的体系中,恢复市场约束,实现政府监管与市场纪律的最佳配合,达到保持金融体系稳定、降低监管成本和提高金融效率的目的。汤姆森(1990)认为,要恢复市场纪律,一个重要方面就是必须缩小政府金融安全网的范围和规模,如降低存款保险的限额,将银行每个存款账户的保险限额改为每个储户的保险限额,并且,剩余部分还必须准确定价,方法可用期权定价模型等。防止在任何形势下,由联邦存款保险公司承担非存款保险金融机构经营失败的结果。同时,要保证上述改革真正有效,还必须对最后贷款人制度进行改革,贴现窗口利率应该是惩罚性而不是补贴性的,避免通过贴现窗口支持本应该退出市场的金融机构。凯恩(1994)认为恢复市场纪律的核心任务,在于向社会和监管者提供金融机构、存款保险机构、监管部门的及时、准确信息。一方面,通过立法的形式要求监管者披露存款保险公司造成的纳税人的损失;另一方面,采用自报告和市场价值核算相结合的原则来衡量金融机构、存款保险机构及监管者在每一时期的运作情况及纳税人的损失等。弗莱纳瑞(1998)通过对反映银行运作条件的市场信息来源、银行负债市场、资本市场定价、市场效率及其对谨慎性银行监管的重要影响等问题的系统分析,得出市场约束发挥作用的基础是,私人投资者能够专业地对金融机构各类证券的收益和风险进行准确评价,使银行的所有者和债权人感觉到他们的行为存在风险。实证分析表明,大多数小储户能够有效甄别和控制银行风险(Calomirisand Mason,1997;Billett 等,1998),所以,弗莱纳瑞认为,政府监管中充分运用市场是必需的,其中,主要是市场信息与政府监管信息的系统结合,这样,可以缩短认识和行动的时滞,对银行经营状况和条件的变化作出更加准确的预测。政府也应当帮助市场对银行经营状况作出更加及时准确的判断。另外,可通过银行发行次级债券增强市场约束力,因为次级债券的持有人与政府监管者面临同样的风险敞口,从而形成两者在银行监管中的激励相容。

关于通过发行次级债券增强对银行经营者市场约束的观点,自 20 世纪 80 年代末已有学者提出(Wall,1989;Gorton 等,1990),1999 年美国的《现代金融服务法案》要求美联储和财政部研究银行次级债券的实施方案后,使该问题再度成为研究重点。一般认为,银行证券的风险与收益状况反映了银行的经营条件与违约风险水平,因而,债券市场信息可以作为银行风险的市场信号,为监管者和利益相关者的监督、检查提供准确、及时的信息。如果所有的银行都要求发行同样类型的次级债券,那么,监管者就可以很容易地比较每家银行的违约风险程度,并且,由于次级债券的特殊地位,收益对风险的变化更加敏感,使市场约束力更强。因而,发行次级债券可以显著提升对非保险存款机构直接和间接的市场约束。贾格悌尼(Jagtiani)和勒米克斯(Lemieux,2001)的研究发现,美国银行控股公司债券的买卖差价,将先于银行经营的失败(如融资条件和信用评级),该实证结果进一步支持了上述观点。

二、简要评述

20 世纪 90 年代以后的金融监管研究进入了全面发展阶段,呈现出如下特点:① 理论研究与经济变迁的关联度更加密切。20 世纪 90 年代以前的理论更多的是事后研究,尤其是 20 世纪 70 年代以前的理论,大都含有"危机恐惧"意味。与之相反,20 世纪 90 年代以后的金融监管理论,则更多关注未来全球化时代下的金融体系保障问题,是一种对原有理论的极大的超越。② 理论性质逐渐由"纯理论"向"操作性理论"变迁。先前理论大都倾向于理论研讨,所述观点更多的是一种学术思想,与实践操作之间存在很大差距。而 20 世纪 90 年代以后的理论则更多的是搜寻一种操作性强的理念,甚至是一种切实可行的监管方法,理论的指导意义明显提升。③ 研究思路呈现"市场调节"与"政府监管"融合的趋势。与以往理论相比,这一时期的理论研究不再强调"市场"与"政府"孰优孰劣,而是试图寻找两者的契合点,寻求市场与政府合作下的金融体系协调发展。这是对传统理论的突破,预示着未来金融监管理论研究的方向。④ 研究方法与工具更加规范化。与传统理论的逻辑推理、文字叙述相比,这一时期的理论研究更多地运用了信息经济学、数理经济学等定量化标准工具,使得金融监管理论研究的结论更具可验证性与说服力。

第五节 宏观审慎金融监管理论

与其他相对成熟的监管理论相比,对宏观审慎监管的理论研究起步较晚,直至 20 世纪 70 年代末,国际清算银行(BIS)才首先提及"宏观审慎"这一概念,"宏观审慎监管"(macro-prudential supervision)一词正式出现在了国际清算银行 1986 年的公开文献中。20 世纪 80 年代,虽然世界经济形势整体向好,但随之而来的金融市场剧烈波动也与日俱增,由此产生了理论界对于"微观审慎监管"(micro-prudentialsupervision)体系能否维护金融稳定的普遍质疑。随着一系列金融危机造成实体经济的损失成本不断攀升,对宏观审慎理论的研究也不断发展。时至 2008 年的金融危机,出于维护整个金融体系稳健运行的总体考量,学术界对宏观审慎监管理论及其政策框架的研究开始步入崭新阶段。

一、宏观审慎金融监管概念的形成背景

金融监管通常可以分为限制性监管和审慎性监管。审慎性监管是指：为了保障金融系统的安全性和稳定性，通过比率监管的模式和内部控制的方法，将风险程度的高低作为评估标准的一种监管理念。审慎原则是金融监管的核心价值，但传统的监管理念体现为微观审慎，偏重对微观金融机构的风险防控，缺乏对宏观经济状况、政策环境以及金融市场的整体关注。

在21世纪初，时任国际清算银行(BIS)行长的Andrew Crockett在一次关于银行业监管的国际会议演讲中，第一次较为系统地阐述了宏观审慎监管的概念雏形，阐明了宏观审慎监管对于金融体系整体稳定的积极意义，着重强调了宏观审慎和微观审慎应该成为金融监管安排中两个同等重要且不可或缺的并行体系。随后，国际清算银行在公开文献中对宏观审慎监管的内在含义进行了较为清晰的说明：宏观审慎监管是一种有别于传统监管理念，放眼整个金融体系安全性的金融监管机制，重点关注金融体系内部金融机构彼此间的相互联系，以及金融体系外部与实体经济之间的正向反馈作用。宏观审慎监管基于宏观视角，运用定量分析和定性判断的方法测度各种金融不稳定因素，着眼于金融体系内部的系统性风险及其主要作用下的金融失衡和共同风险敞口，及时发出风险预警，适时运用金融稳定政策实施干预，提高金融体系承受金融失衡和抵御外生冲击的能力，有效抑制系统性风险的蔓延和金融危机的传播，从而降低金融系统不稳定导致的实体经济损失成本。随着理论的不断发展，人们对宏观审慎监管的认识和理解也逐渐深入。

二、宏观审慎监管的研究现状

Crockett(2001)提出要维护金融体系的稳定，监管者必须要从宏观和微观两个层面来监控金融市场，尤其要加强宏观审慎监管。Bhattacharyay(2003)对宏观审慎监管进行了较深入的探讨，认为宏观审慎监管的目的是保持金融市场的稳定，监管者应该通过对宏观经济指标(如GDP增长率，通货膨胀率等)、加总的微观审慎指标(如加权的各大金融机构杠杆率，资本充足率等)和压力测试的结果来分析金融体系的脆弱性，从而制定相应的稳定政策。Borio(2003,2004)则进一步通过与微观审慎监管体系相比较对宏观审慎监管概念进行了很好的论述，并给出了宏观审慎监管的一个简单框架(如宏观审慎监管的指标，监管范围，监管架构等)。White(2006)研究了宏观审慎政策的实施，提出宏观审慎监管政策需要货币政策和财政政策配合。

多数相关文献并未对宏观审慎监管加以明确定义，但普遍的理论研究认为，宏观审慎监管将监管理念不仅局限于微观金融机构，而且将监管视野覆盖到整个宏观金融体系，抑制金融风险的系统冲击和金融危机的广泛传播。具有代表性的理论研究有以下几个方面：

Borio等(2004)强调，金融体系的整体稳健性取决于金融机构整体的顺周期行为。在宏观审慎角度，多数个体金融机构的有限理性有可能催生金融体系的整体非理性，进而在某种机制作用下引起金融动荡。与微观审慎监管相比，宏观审慎监管主要针对系统性风险在某一静态时点上的具体分布以及伴随时间的推移如何扩散发展。对某一静态时点上的系统性风险监控主要着眼于广泛的金融机构所共同面对的特定风险敞口，以此衡量整体金融系统的损失成本，在此基础上需要设计系统的配套监管政策，限制占据市场主体的大多数金融机

构遭受集体损失。在系统性风险伴随时间的推移不断扩散发展方面,其主要作用机制是金融体系与实体经济之间的正向反馈作用,及其对系统性风险的进一步放大。在经济上升阶段,个体金融机构集中扩张资产负债表的表内表外业务,可以为经济发展提供强劲动力;而在经济衰退期,随着资产价格泡沫的破裂,金融发展出现停滞,而正向反馈机制将进一步放大实体经济的衰退。在此基础上,宏观审慎政策设计需要为之提供足够的安全防范和风险应对手段,有效控制金融体系的天然顺周期性。

Kern Alexander 等(2006)提出,宏观审慎理念具有区别于以往监管理念的整体视角:一是关注金融集体行为而非个体行为,着重衡量金融体系的整体失败对实体经济造成的损失成本。二是强调系统性风险对于金融体系的整体依赖,金融机构的集体行为将极易造成市场震荡和对宏观经济的剧烈冲击。

Kamgna(2009)的研究显示,宏观审慎监管向监管当局提出了三个方面的主要问题:一是如何在不影响金融发展和经济周期的前提下保证监管政策的执行效力;二是如何隔离多数金融机构共同面对的特定市场风险敞口;三是如何协调政策工具以提高金融机构防范和应对金融风险的实际能力。在将系统性风险作为关注重点的条件下,监管资源将主要分布于金融体系的特定风险敞口和相应金融活动,监管政策将主要集中于限制金融机构的集体行为所可能带来的系统性影响以及对特定金融市场上的风险规避。

White 进一步对宏观审慎监管的政策框架提出了建议,他认为除了具体的金融监管工具,宏观审慎政策还需要与货币政策和财政政策实现有效配合,金融稳定涉及相关各个领域的机制协调、信息共享和彼此呼应,这需要广泛而富有联系的政策框架作为保障。同时,这种政策互动也将形成政策间的利益制衡,避免某一单边政策的过度实施,最大限度地降低金融市场的脆弱性,避免实体经济的剧烈波动。

Bernnanke(2009)认为在未来宏观审慎监管当局的职能设计上,应该包含以下方面的具体职能:一是有效弥补既有监管体系的制度漏洞,不留死角地填补监管真空,不仅服务于金融体系,还应同时建立对消费投资行为的保护机制;二是有效监测广泛而迅速发展的系统性金融风险的分布,在关注微观金融机构的同时,必须同时关注跨机构、跨市场、跨区域的金融活动和市场行为;三是有效分析金融机构内部、金融机构与金融体系、金融体系与实体经济之间的广泛联系和彼此间承担风险的具体程度,预计可能的连锁反应将会带来的系统影响;四是有效评估金融体系风险管理行为的实际功效,关注市场行为的演变对系统脆弱性产生的影响,降低金融衍生产品及杠杆率等具体变量的变化引起系统性风险的可能性。

在关于宏观审慎监管框架的具体论述中,Brouwer(2009)认为,宏观审慎政策框架应基于如下几个方面予以构建:监测和判断系统性风险的具体指向;向金融机构发出预警并具体指导宏观审慎政策的有效实施;制订全面的金融机构稳定状况评估报告制度;建立前瞻性的宏观审慎测评系统,对新兴金融模式和金融衍生产品所可能导致的系统性风险制定具体的监管措施。

三、宏观审慎金融监管的理论基础

2008 年金融危机引发了人们对金融监管理论基础的热议和思考,代表性文献为 FSA 和 Brunnermeier 的有关论述。在此次危机之前,主流金融监管思路的理论基础是新古典经济学。新古典经济的核心假设(Mas-Colell 等,1995)为"经济人假设",即每个处于经济中的个体在做出选择时的目的是个人效用的最大化。按照新古典经济学理论,市场总是有效的,投资者始终保持理性,市场永远处于瓦尔拉斯均衡状态之中,价格能够反映一切可以获取到的信息。

这一理论逻辑带给金融监管的引导是,金融市场上要尽可能减少监管或不监管,让市场机制发挥自身调节作用。首先,因为价格可以反映一切可获信息,所以市场价格信号一定是有效的,因而可以依靠市场纪律来有效控制不利的风险承担行为;其次,实行市场竞争的优胜劣汰,让存在问题的金融机构进入破产清算;最后,政府部门无需对金融创新实施监管,市场纪律和市场竞争会通过自然法则淘汰掉不能创造价值或没有存在必要的金融产品。内部风险管控水平高的部分金融机构会选择在研发中避开高风险产品,市场参与者由于信息充分所以会选择满足其自身需求的交易。另外,与市场相比,政府部门的劣势在于无法正确判断金融创新是否创造价值,因此监管可能会产生抑制效应,进而降低市场效率。

但这种理论假设在现实市场中是不存在的,正如行为金融学中指出,经济个体的行为未必满足经济人假设,套利效应的有限性可能会使资产价格无法达到理想状态中的均衡水平,因此有效市场假说并不一定成立(Barberis 和 Thaler,2003)。由于金融市场是不完善的,信息也是不完整或不完全的,因此即使单个金融机构采取了理性操作,也不能确保整个市场一定能够达到理性状态,可能会出现"集体失误"(collective failure)的情况,这是宏观审慎监管最为重要的理论基础。

1. 羊群效应与动物精神

"羊群效应"是指人们的思想容易受到多数人影响,而跟从大众的行为,也被称为从众效应。在金融市场中,面对高度的市场不确定性,个人投资者极少对特定金融产品的风险作出评估,也很少对市场前景进行判断,更多的是倾向于追随大部分市场参与者或市场知名投资者进行操作,这种现象极易产生主体行为的趋同效应,在市场行情上行时造成集体狂热或从众性乐观,在市场下行时产生集体性恐慌,从而加剧了非理性集体行为对金融体系稳定产生的影响。

"动物精神"最早由凯恩斯提出,他认为在市场充满不确定性、前景难以捉摸的情况下,人们的投资行为受心理和情绪的影响较大,此时作出的投资决策主要依赖于内在的一种本能驱动。Akedof 和 Shiller(2009)以心理学与金融行为相结合对"动物精神"的内涵与外延进行了拓展,认为"动物精神"属于行为金融学范畴,其有利的一面是可以激发市场参与者的投资热情,使投资者勇于承担风险,进行金融创新。但"动物精神"也有不利的一面,当市场进入下行通道时,受周围抛售金融资产行为的影响,投资者可能陷入过度恐慌状态,从而引发市场参与主体集体性的非理性躁动,加剧市场行情恶化。

在有效市场假设下,价格反映了市场的全部信息,也反映了金融机构的行为,但 2008 年金融危机让人们认识到市场的低效甚至无效,价格机制很难在危机到来时平滑运行,因此交易主体的行为在市场中扮演着越来越重要的角色,对于"动物精神"含义的进一步认识十分重要。

2. 信息不完全与不完整

市场主体面临巨大的信息量是现代金融市场特点之一,投资者对市场信息的收集和整合处理能力经受着很大的挑战。从信息论的角度,鉴于海量信息获取对人们吸收和管理信息能力提出的重大挑战,部分缺乏足够信息处理能力的参与者,会产生对外部评级和咨询机构的依赖。然而,中介机构的业务本身就存在顺周期性,在经济繁荣阶段,评级和咨询机构往往倾向于弱化甚至漠视风险,对市场前景充满乐观,评级结果往往越来越好;然而,一旦市场出现危机信号,评级和咨询机构自身可能会陷入行业内部的市场恐慌,盲目下调特定金融机构的评级结果,进一步加剧了市场整体的恐慌。目前,有许多市场参与主体在进行信息处理时,过度依赖穆迪、标准普尔等国际评级机构,这势必造成投资行为趋同,加大金融体系集体非理性行为的程度和范围。

3. 网络理论

处于宏观审慎监管框架核心位置的是对系统性风险的高度重视和控制。欧洲中央银行将系统性风险定义为:因金融不稳定危及金融体系运行,进而对经济增长和福利造成巨大损失的风险(ECB,2009)。英格兰银行提出空间维度网络风险(network risk)的概念,认为系统性风险主要是大型金融机构的共同行为以及它们之间的相互关联而引发的风险(BOE,2009),其实质为金融机构、市场和工具间的相互作用而引发的传染性风险,在整个金融网络中某一金融机构出现问题,其风险暴露可能通过机构间资产负债表的关联性和行为反映传导至其他机构。

基于这样的思路,越来越多的研究从网络学的角度去分析金融传染机制和传染风险工具的评估,将金融体系视为一种复杂网络,金融机构为网络中的"节点",信贷关系为网络中的"连接",机构之间的关联结构十分重要。将单个节点连接其他节点的个数称为"度"(degree),金融网络具有无标度特征(scale-free),幂分布满足幂律,向右偏倚,因此低度节点出现频率高于高度节点。Haldane(2009)认为,金融网络具有"稳健而脆弱"(robust-yet-fragile)、"长尾分布"(long-tailed distribution)和"小世界"(small world)等特征。"稳健而脆弱"是指金融网络的存在在很大程度上为金融机构提供了分散风险的渠道,能够应付部分冲击,但是当风险冲击超过一定水平,风险通过关联性的扩散会对各家金融机构产生影响;"长尾分布"是指在面对金融网络以外的随机扰动时,市场中大多数机构属于低度节点,因此市场表现稳定,但对于少数高度节点的机构来说,它们面对外在特定冲击显得十分脆弱;"小世界"是指在金融网络的区域聚集性以外,相距较远的两个节点仍然存在捷径相互关联,因此随机扰动可能发生"长跳"效应,将局部扰动拓展至全局范围内。基于这三个特点,不难看出金融网络中各节点的重要程度是存在差异的,负向溢出效用也存在较大差异,某些节点的破坏可能会迅速波及整个网络,成为风险的"超级传播者"(super spreader),事实上,这些极易成为超级传播者的节点就是所谓的系统重要性金融机构。

4. 激励约束机制

作为金融监管目标之一,金融机构的激励机制存在着收益与风险不对称的内在特征,这一特征加剧了金融机构的顺周期性和过度冒险行为。首先是责任与收益的不对称,金融危机后很多人对华尔街员工工资奖金过高表示了强烈的不满,现行激励机制会鼓励交易人员承担较大的风险,通过一些只在金融体系内部循环和增长的结构性衍生品,这脱离了金融市场服务实体经济的宗旨,在经济上行时期,类似的交易不断扩大、收益提高,但当经济形势转入下行时,这些金融衍生品的损失将由整个社会承担。其次,公允价值准则使薪酬的顺周期性进一步加大,交易人员在市场繁荣时获取高额工资奖金,但在市场逆转时却难以承担责任。

四、宏观审慎监管与微观审慎监管的区别

(一) 概念上的区别

在评论 2008 年金融危机带来的启示时,著名经济学家 Bongini 认为,并非市场体系的缺陷带来了危机的发生,而是对金融体系缺乏有效监管最终导致了市场失败。比较而言,微观审慎存在较多制度缺陷和理念局限,宏观审慎则在诸多方面具有相对比较优势,BIS 的经济学家 Claodio Borio 在监管目标、监管方法、相关风险的性质和监管手段等方面对二者进行了较为详细的对比(见表 3-1),两者的主要区别可以在以下几个方面具体体现。

表 3-1 宏观审慎监管和微观审慎监管的比较

名称	微观审慎	宏观审慎
监管对象	个体金融机构	整个金融市场
监管目标	维护个体金融机构稳定:注重保护消费者利益	维护金融市场稳定:防止 GDP 大起大落
风险性质	外生冲击	内生给定
机构共同风险暴露的相关性	无关的	重要的
审慎监管方式	从下到上	从上到下

(1) 监管的假定不同。微观审慎理念假定风险来自金融机构的外部,微观金融机构审慎行为的总和将带来金融体系的总体稳定。宏观审慎理念则否定了这种由个体到整体的安全传导路径,它假定微观金融机构的具体行为是部分风险的内生性因素。例如,在经济繁荣时期,单个金融机构扩大信贷规模是理性的,但所有金融机构都这样做,就会导致信贷快速扩张、资产泡沫集聚,乃至严重通胀和经济危机,单个金融机构的最优策略和理性行为未必能带来宏观资源的最优配置和经济稳定。

(2) 监管的标准不同。对于微观审慎监管而言,其监管策略主要构建于微观金融机构的风险程度。诸如行业内的同行评估方法,监管指标是对应金融机构的平均业绩表现,但同行评估显然忽略了个体与总体的联系及其对总体产生的效应。在具体操作上,很难要求微观审慎监管调整行业的监管指标,只能执行一贯固定的政策力度,对实体经济产生的影响则必须由实体经济自身进行内部消化。而宏观审慎的监管策略则强调监管标准的动态平衡,注重跨行业的风险分布和系统脆弱性的不同程度,根据不同类型的金融机构,衡量其系统重要性及对系统性风险的贡献比例,设定不同类别的监管指标,调整监管政策的实施力度。

(3) 监管的目标不同。微观审慎的监管目标是限制微观金融机构的个体风险,侧重危机发生后对投资人、债权人的保护作用;宏观审慎的监管目标是抑制金融动荡对金融整体和宏观经济产生的破坏作用。

(4) 监管的方式不同。微观审慎监管是一种由微观直接加总至宏观、由局部延续至整

体的自下而上的监管路径,针对微观金融机构的风险状况设计监管标准,但忽视了各个金融机构之间的广泛联系。宏观审慎监管却恰恰相反,自成一种自上而下的监管架构。在风险测度上,首先测算整个金融体系的风险损失上限,根据个体金融单位的机构规模、经营稳健程度及其业务关联性等考察因素,设定其对于系统安全性的不同影响,科学设定相关政策实施,并及时作出合理调整。

(5) 微观审慎监管与宏观审慎监管比较而言的两个关键弱点。首先,微观审慎监管不具备相关的信息系统和政策手段,无法准确监测系统性风险的发展演变过程,同时,也无法应对顺周期影响下的金融机构共同风险敞口。其次,过度强调对微观金融机构的保护有可能事与愿违,有可能导致市场纪律的削弱和市场资源的不合理配置,从而使受到过度保护的金融机构最终面临来自整体的金融困境。Goedhart 曾经指出:金融机构和金融市场之间的彼此关联性决定了金融体系的整体稳健程度,局部的失衡并不影响整体的均衡,涵盖脆弱个体机构的金融体系仍有可能在系统上实现稳定。

(二) 逻辑上的区别

(1) 诺贝尔经济学奖得主 Samuelson 关于"合成推理谬误"的理论可以很好地解释宏观审慎监管与微观审慎监管内在逻辑的不同:区别于线性系统的线性叠加原理(子系统之和总等于整体),在非线性体系中,由于体系内的各个子系统存在彼此关联和相互作用,非线性整体大于子系统的叠加之和。这可以简单理解为,考察一个完整体系,其整体状态达到最优的充分条件未必一定是其所有组成部分都达到了最优。以金融市场为例,作为一个非线性系统,尽管每个局部和个体的金融机构都达到了最优状态,但并不能就此得出"叠加之后的整体部分一定可以实现最优状态"的结论。例如,从微观审慎监管的角度看,在经济繁荣时期,单个金融机构扩大信贷规模是理性的,但所有金融机构都这样做,就会导致信贷快速扩张、资产泡沫集聚,乃至严重通胀和经济危机。所以,单个金融机构的最优策略和理性行为未必能带来宏观的资源最优配置和经济稳定运行。

(2) 美国普林斯顿大学经济学教授 Stephen Morris 设计了系统性风险的基本传递模型,该模型也很好地解释了宏观审慎监管与微观审慎监管在监管理念方面的重要区别。微观金融机构的风险累加是构成系统性风险的主要因素,系统性风险的基本传递模型通常从微观金融机构遭受信贷损失及最终破产开始构建。首先明确该案例的几个理论设定:① 若遇到风险因素,乙银行将以较大幅度收缩信贷风险敞口;② 除了乙银行,甲银行没有任何其他方式的资金来源;③ 甲银行只有以较低价格变卖自有资产一种方式弥补足够的流动性缺口。

如图 3-1 所示,甲银行向乙银行申请贷款,以满足自身资金需要。当乙银行因为某种外部因素出现信贷风险时,乙银行只能最大限度收紧信贷风险敞口,确保自身的稳定和安全。因为在这种情况下,监管部门基于微观审慎监管的理念,必定要求乙银行收缩信贷限额,实现风险规避,以实现微观审慎的监管目标。另一方面,乙银行收缩信贷限额的客观结果,势必为甲银行带来流动性短缺。由于假定除乙银行外没有其他的资金来源,甲银行只能选择以较低价格变卖自有资产。在这种形势下,乙银行收缩信贷限额实现自身风险规避的同时,也等同于对甲银行实施了挤兑,乙银行的审慎性行为却为甲银行带来了相应的流动性风险。

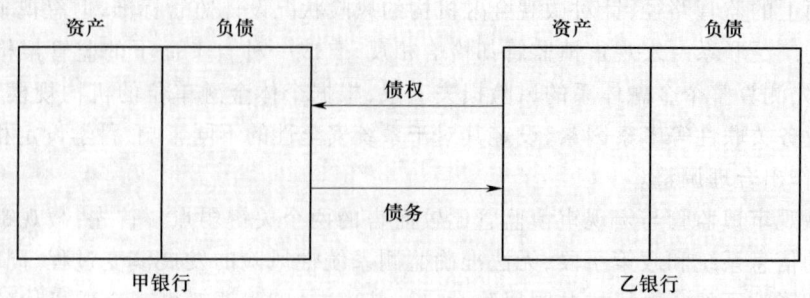

图 3-1　存在借贷关系的银行之间资产负债表示意图

如果将这一案例推及至整个金融系统,如图 3-2 所示甲银行向乙银行申请贷款,乙银行又向丙银行申请贷款……一旦甲银行遭受信贷违约风险陷入支付困境,乙银行就会受到相应冲击遭受损失,同样条件下,丙银行也将受到牵连,由于微观金融机构之间的资产负债表关联度已十分密切,一家银行的信贷风险敞口扩大会迅速波及至多家银行,于是整个金融体系中的一个又一个金融机构基于微观审慎的监管要求收缩其风险敞口,整个金融市场的流动性将受到严重影响,微观金融机构的个体风险通过多米诺骨牌效应迅速叠加并逐渐演化为整个金融体系的系统性风险。而由于实体经济对金融业的依赖程度,资金链的断裂势必影响实体经济的整体走势,造成宏观经济的剧烈震荡,乃至最终爆发经济危机。根据该案例,也可以得出相应的结论:对金融体系内的每一家微观金融机构实施微观审慎监管,并不一定成为整个金融系统整体稳定的充要条件,甚至在某种机制作用下会产生相反的效果,这也就佐证了宏观审慎监管的理论逻辑,即在实施微观审慎监管的同时,必须辅以全局视角的宏观审慎监管作为重要补充,两者的结合才能有效保证金融系统的总体稳定。

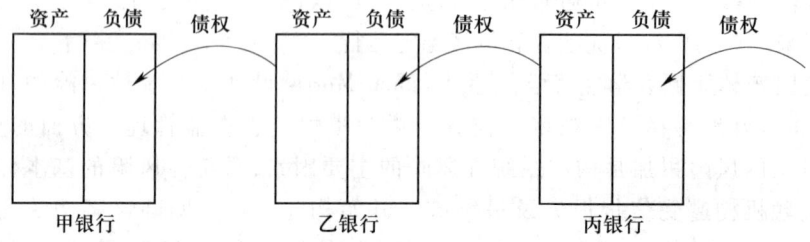

图 3-2　存在借贷关系的银行之间资产负债表关联情况示意图

第六节　金融监管理论发展的趋势

一、金融监管理论发展的启示

金融监管理论自萌芽至今已经经历了百年历史。回顾金融监管的研究,带给我们深刻的启示。

(一)金融监管理论在发展过程中愈加独立

不可否认,早期经济干预理论的思想是金融监管理论的基本核心,经济干预理论为最初金融监管理论的形成与发展奠定了坚实的理论基础,在金融发展的起步阶段具有较好的适用性,但是,随着金融的加速发展,这种凭借简单模仿而成的监管理论暴露出明显的滞后性。由于金融活动较之经济活动的日渐独立,使得金融监管理论的研究视线必然从经济体系的"普遍属性"转向金融体系自身的"内在特点"。20 世纪 60 年代后期的金融监管理论代表了这一转折。

(二) 金融监管理论发展与经济金融发展息息相关

从 20 世纪 70 年代以后的金融监管理论研究的结果看,金融监管似乎是失灵的,即金融监管的有效性面临被否定的挑战。但是,如果从动态与整体角度看待金融监管的发展,不难发现,金融监管在某些时期为经济金融发展保驾护航,而在一定时期又显得力不从心。因此,不应该简单地对金融监管的有效性加以定论。产生上述悖论的主要原因是金融监管的有效性在不同时期存在不同的表现形式,例如,强化型的监管在经济过热时期比较奏效,但在经济低迷时期则无效甚至有恶化作用。因此,必须根据不同时期经济金融发展的需求,灵活调整金融监管的幅度与力度。

(三) 金融监管理论的研究遵循从理论到实践的发展路径

纵观金融监管理论的发展进程,从早期"自由"与"监管"的争论,到强调约束金融监管,再到对金融监管效应的论证,直到金融监管模式的搜寻,金融监管理论正在由理论向实践回归。可以发现,金融监管理论的实践性明显增强,金融监管的可操作性成为理论研究的要求。

二、金融监管理论发展趋势展望

(一) 重视从金融体系内部约束

金融监管理论需要从金融的本质属性和金融体系运行的特殊性着手,不仅从外部力量介入的角度来考虑金融监管的有效性,更注重从金融机构、金融体系内部的激励相容方面探索金融机构自觉主动防范金融风险的金融监管制度安排。

(二) 由金融危机预防转向金融安全维护

金融监管理论产生之初,具有明显的危机导向性,相关研究也主要围绕如何消除金融危机爆发的可能性展开。这种研究宗旨在无形中导致了研究结果的滞后与死板,造成金融监管理论与具体实践总是存在很大差距,金融监管理论的实践指导意义不强。金融全球化发展使得金融风险的传递渠道更加广泛,金融风险的类型日趋复杂多样,其破坏力度日渐加大。这种风险累积可能会酿成危机;即使风险累积尚未达到危机爆发程度,也同样会扰乱金融秩序,危害金融发展。为此,金融安全维护已取代金融危机预防,成为全球化时代金融监管的主要任务。相应地,金融监管理论的研究也势必遵循这一时代变迁的趋势。

(三) 拓展协调监管与国际合作

随着发展中国家经济与金融的发展,金融监管与金融发展如何相适应将成为新的研究内容。此外,金融监管机构之间的分工协调监管也是重要的研究内容。发展中国家与发达国家的经济金融体制与发展路径有所不同,要求对金融监管的研究有异于现成的理论,为发展中国家的金融监管政策选择提供依据。从世界金融发展看,无国界已成为金融活动的显著特点。金融机构的跨国经营、金融资本的跨国流动在便利世界金融供给的同时,也给监管当局带来更大困难。单一国家的金融监管已无法有效抵御全球金融风险传递,各国的金融监管合作势在必行。

本章小结

1. 20世纪30年代以前,金融监管理论研究散见于对金融问题的争论,表现在两个方面:货币发行管理与"最后贷款人"制度的建立,对于金融领域的其他问题很少论及。20世纪30年代的"大萧条"催生了金融监管理论。实行金融监管成为这一时期主要的研究命题,具体形成了两大理论体系:公共利益的监管理论和金融脆弱的监管理论。这些理论为西方主要发达国家严格、广泛的金融监管提供了有力的注解,但同时存在着研究的独立性不强的特点。

2. 20世纪70年代以后,整个世界经济呈现出层次化的发展特征,相应地,金融监管的研究开始由"危机防范"转向"运作效率"。这一时期金融监管的主要理论有:集团利益理论、金融监管失灵理论和金融管制的辩证法理论,研究视角与思路更加战略化,尤其是管制辩证法理论,突破了研究的常规范式,使金融监管理论更具动态性与发展性。

3. 20世纪90年代以后,金融监管研究进入了全面发展阶段,更加注重金融监管理论的实践性。金融监管理念与方法成为这一时期理论研究的焦点,主要理论包括:功能监管理论、激励监管理论、资本监管理论、市场纪律监管理论。

4. 金融监管理论的研究日益深入,带来如下启示:金融监管理论脱胎于经济干预理论,但在发展过程中越来越显示出独立性与超前性;金融监管的有效性具有阶段性与多变性特征,与特定时期的经济金融发展息息相关;金融监管理论的可操作性成为今后理论研究的重点。

5. 金融发展使金融监管理论的发展呈现出以下趋势:金融监管理论的研究将更加重视从金融体系自身入手,从内部约束着力;金融监管理论的研究由"金融危机预防"转向"全面金融安全维护";金融监管理论的研究内容将进一步拓展至世界范围内的联合与协调监管,以及发展中国家的金融监管政策选择两个领域。

思考题

1. 简述集团利益理论的主要内容。
2. 简述监管俘获理论的主要内容及其缺陷。
3. 简述金融监管理论的变迁规律。
4. 分析金融监管理论的未来发展趋势。

即测即评

请扫描右侧二维码,进行即测即评。

第四章 金融监管体制

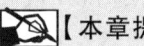
【本章提要】

本章主要介绍金融监管体制演变的历史进程及演变规律;比较不同类型的金融监管体制的优劣;分析集权型金融监管、分工型金融监管和合作型金融监管三种体制,对其进行评价,并指出各自适用的国家类型;最后介绍当前金融监管体制变迁的趋势以及我国金融监管体制的发展历程和现状。

第一节 金融监管体制的变迁

一、金融监管体制的历史演变

金融监管体制是金融监管的制度基础,是金融监管职责、权力分配的方式及组织制度,是监管集权和分权的制度安排。金融监管是否充分有效与金融监管体制密切相关。

(一) 以中央银行为主体监管的阶段

中央银行制度与古典经济学和新古典经济学所倡导的"看不见的手"的信条相悖。1844年,英国议会在对1825年、1837年两次周期性经济危机讨论的基础上,通过了具有里程碑意义的《比尔条例》,为英格兰银行行使中央银行职能奠定了基础。直到20世纪30年代之前,自由市场经济处于鼎盛时期,各国经济金融处于发展阶段,政府对金融机构经营行为的干预很少。

(二) 金融业推行分业监管的阶段

"经济大危机"的爆发打破了古典经济学"市场万能论"的神话,主张国家干预政策的凯恩斯主义取得了经济学主流地位,市场失灵理论和信息经济学的兴起为金融监管奠定了理论基础,金融领域广泛接受了管制思想,开始引入金融监管。1933年,美国出台了《格拉斯—斯蒂格尔法》,银行业与证券业务严格分离,标志着全面进入分业监管时期。1936年,意大利的银行法规定实施金融分业管理。日本也建立了分业监管的体制。随后,德国、韩国、法国等国家相继实施了分业监管。20世纪30年代至20世纪70年代,由于国家干预思想左右了官方经济学,金融监管的重要性得到了一致承认。

(三) 从分业监管到统一监管阶段

20世纪70年代,发达国家的经济"滞胀"宣告了凯恩斯主义的破产,以新古典宏观经济学、货币主义、供给学派为代表的自由主义理论复苏。金融自由化理论随之发展并不断扩大影响。由于严格的分业监管严重束缚了金融机构的自主经营和发展,在存款保险制度充分发挥稳定作用、银行倒闭逐渐减少的情况下,金融机构效率的重要性日益凸显。金融机构在利益驱动下不断创新出新产品、新业务以及新的组织形式,使得国家建立专门针对这类金融机构的监管部门。20世纪70年代至80年代末,监管主体出现从分业向集中发展的趋势。

(四) 统一金融监管广泛发展阶段

进入20世纪90年代,金融创新不断冲破市场分割,不同金融产品和服务之间的替代性增强,银行业、证券业、保险业之间的界限日渐模糊,按照传统方法严格区分金融业务已显困难。同时,全球金融风险不断升级,爆发了一系列金融危机,各国认识到了加强金融监管和推进金融监管体制改革的必要性,许多国家开始转向统一监管。丹麦于1986年、加拿大于1987年、瑞典于1991年、英国和韩国于1997年、澳大利亚于1998年、日本于2000年相继成立了统一监管机构。美国在坚持"伞式"功能监管的基础上,进行了统一监管主体的尝试。受美国政府委托,芝加哥期货交易所设计了统一美国监管主体,形成了成立联邦金融监管局(FFRS)的构想。法国则酝酿对金融监管体制进行改革,拟将四大监管部门合并为全国金融委员会。

在这一阶段,除了混业监管体制以外,还存在部分统一监管体制和牵头监管体制等。部分统一监管体制是将金融业中的一部分实施单独监管,其余实行统一监管;牵头监管体制是在银行、证券和保险三家监管机构中,确定一家主监管机构,负责协调监管机构间的关系,对金融集团的风险进行监管。目前,采取这种模式的有美国、奥地利、西班牙、瑞士等。

次贷危机后,人们更加关注监管套利,促使监管当局对统一监管体制偏好增强。监管套利的实质是降低监管成本、规避管制从而获取超额收益。实现套利的前提是存在监管差异,即对于不同的监管者,采用的监管标准不一致。分业监管使得监管机构过于庞大、严重重叠,加上各监管机构权力分散而又缺乏协调,经常会导致监管当局的监管工作陷入"监管重叠"和"监管真空"。金融机构在面临多个监管机构的不同监管标准时,很可能选择对自己最有利的监管机构开展经营活动,从而实现监管套利。在统一监管体系下,监管机构被赋予明确的监管目标和责任,实行的监管标准具有统一性,降低分业监管所导致的监管套利风险。2009年以来,美、英和欧盟的金融监管改革方案主要还是对原有监管体制进行修补,主要目的是加强统一监管,弥补监管漏洞。总体来看,次贷危机加速了全球金融监管朝着统一监管体制迈进。

二、金融监管体制的演化特点

(一) 重大金融事件是金融监管体制变迁的现实基础

各国的监管体制都有历史事件影响的痕迹。20世纪30年代的经济危机催生了分业监管,20世纪70年代普遍发生的"滞胀"对统一监管产生了巨大的影响。美国的监管体制受到"大危机"的深刻影响,其复杂的体系则受分权竞争思想的影响。韩国 1998 年以后监管体制的变迁受亚洲金融危机的影响。亚洲金融危机之后,韩国国内改革呼声较高,国际货币基金组织(IMF)也对韩国施加了压力,敦促其采取统一监管的体制。次贷危机后,大部分国家都针对自身监管暴露的问题及存在的缺陷进行了改革。针对经济、政治环境的变化进行金融监管体制的调整是适应外部环境变化、提高监管效率的结果,也体现了金融监管当局"相机抉择"、减少摩擦成本的思想。

(二) 政府经济指导思想转变是金融监管体制变迁的理论基础

20 世纪 30 年代之前,金融监管是粗放式的。之后金融监管的重要性得到了重视,维护金融安全稳定成为金融监管的首要目标,监管体制转变为分业监管。20 世纪 70 年代,新自由主义复兴,体现在金融领域就是金融自由化的发展。金融自由化的核心内容是倡导放松严格的金融管制,监管体制自此发生了显著变化。

(三) 金融体制变化是金融监管体制变迁的金融基础

在金融领域,经营模式与监管体制是相互作用的,经营模式决定了监管体制,监管体制影响着经营模式的发展。当金融经营模式发生变化时,监管体制必须进行相应变革。20 世纪 90 年代,随着金融业竞争的加剧,金融创新不断涌现,金融混业经营成为趋势。由于混业经营模式中的金融产品功能综合化,金融风险来源复杂化,统一金融监管成为金融改革的客观要求。可见,金融混业经营的发展对统一监管体制的推进起了决定性的作用。

三、金融监管体制演变的一般规律

(一) 金融监管体制变迁呈现周期性变化

金融监管体制演进的历史过程,经历了从初级阶段的混业监管到发展阶段的分业监管,再到发达阶段的统一监管,从低级向高级、由简单到复杂的渐进轨迹。这似乎体现着一种"合久必分,分久必合"的哲学规律,但并不是一种简单的回归,而是建立在金融监管体制不断完善高效、法律框架日益健全基础上的一种新的制度安排。

(二) 金融监管体制变迁反映出动态博弈的过程

金融监管体制的演变是一种动态博弈不断发展的过程,金融创新是金融监管体制变迁的内在推动力,决定了金融监管制度的内容、方式、手段等变革。"大危机"之后,美国强化了管制,建立了严格的分业监管体制,这种严格分业监管与金融机构的获利需求相冲突,导致了逃避监管的金融创新形式,如金融控股公司的大量出现。当获取高额利润的新形式被广泛接纳并运用时,分业监管的适应性就会丧失。再监管是针对不断暴露的监管问题和缺陷而被提出的,"监管—创新—再监管"的路径是监管走向高效的必经之路。

(三) 金融监管体制变迁围绕安全与效率进行

20 世纪 70 年代,随着金融自由化的兴起,监管当局注意到了由于管制过度引起的效率损失,转而提倡效率优先的金融监管。20 世纪 80 年代后,由于墨西哥、东南亚金融危机的爆发,监管当局开始强调在金融稳定基础上的金融效率,各国纷纷改革金融监管体制。美国 1999 年通过了《金融服务现代化法案》,旨在消除分业经营对金融业竞争造成的抑制。英国 2000 年的《金融服务和市场法》要求监管当局必须权衡监管收益和成本,目的是促进金融创新,提高本国金融业的效率。

四、金融监管体制的理论争鸣

监管体制在具体形式上呈现出多样化的特征,概言之,可以归结为两种模式:分业监管和集权监管。分业金融监管是设置不同的监管主体对金融机构进行分类监管;集权监管是一个金融监管主体对所有金融机构进行监管。各国根据国情衍生出了多种形式,主要包括三种类型:集权型金融监管体制、分工型金融监管体制和合作型金融监管体制。

(一) 主张集权监管的理论依据

从规模经济和范围经济的角度讲,在考虑技术条件的情况下,集权监管能有效降低成本。集权监管拥有较少的机构数目,能更有效地利用金融监管人才和共享资源,达到规模效应。同时,集权监管机构还能够以较低的成本提供多种监管服务,实现范围经济,对于人才短缺的发展中国家具有重要意义。

从监管冲突与监管疏漏的角度讲,多数情况下金融监管冲突源于不同机构的监管目标不够一致。监管部门都声称自己有管辖权,可能导致重复监管,监管冲突则可能导致监管效力下降。同一个金融机构面对多个监管者时,每个监管者都坚持各行其是,最终往往是久拖不决。同时,监管冲突也给被监管者带来不便。为了应付多个监管机构,被监管者要采取不同的措施。如果监管冲突是由于监管机构的"争权",那么,监管疏漏则是监管机构的"弃权"所导致的。产生监管疏漏的原因部分在于责权不清,部分在于对事件责任的推诿。在分工监管体制中普遍发生的问题,集权监管体制可以很好地避免。

从金融业经营体制角度讲,随着金融自由化和国际化的发展,金融创新和金融衍生品层出不穷,金融机构之间相互渗透,传统金融机构的功能边界日渐模糊。金融机构从分业经营走向混业经营,尤其是金融百货公司和金融航母的出现,使得金融体系中各要素之间的联系由宏观层面拓展到了更为深入的微观层面,证券业、保险业、银行业的经营除了受宏观因素的影响以外,还受到内部因素的干扰。金融机构间的风险因素也因为混业经营而相互交叉渗透。此时,分工监管往往不能及时、有效地发现风险,即便在发现风险后,也不能有效地进行协调沟通。鉴于此,一些经济学家提出,尽管可以通过建立多边合作机制解决混业经营问题,集权监管机构却能更好地察觉潜在的危机。

从政策的稳定性角度讲,集权监管可以最大限度地实现监管政策的连续性和稳定性。由于集权监管机构更具有一致性和协调性,所以能够保持金融监管政策的稳定性,给被监管者带来稳定的"预期"。因为没有其他机构对监管事务负责集权监管还可以提高监管者的责任心,增加公正执法的积极性。在分工监管体制下,社会公众需要解决问题、行使权利时,容易出现多方奔走而被四处推诿的现象,在集权监管体制下,可以避免上述额外的搜寻成本和识别困难。这也是金融危机爆发后,统一监管的理念得到重视和强化的主要原因。

(二) 主张分工监管的理论依据

尽管集权监管体制受到青睐,并且实施集权监管体制的国家不断增加,但仍有经济学家对此持怀疑态度,认为集权监管在某些时候会产生规模不经济,而且在消除监管冲突现象时,会产生另一个问题,即引发监管文化差异冲突。证券业、银行业、保险业在其核心业务上具有区别,监管应有所不同。如果集权监管机构集权监管,会出现重大的文化冲突,由此决定了集权监管机构不可能有明确的目标。监管者面对多元化的监管目标无从选择,导致监管处于"随机"状态,实践中的集权监管机构并不一定比多家金融监管机构更有效。例如,欧盟在制定金融机构资本充足率标准时,以德国为代表的"全能银行制"国家坚持对所有金融机构制定统一的资本充足率,而以英国为代表的分业经营国家主张资本充足率应主要适用于银行,即使对证券公司、保险公司有要求,也应有别于银行。因为任何机构都存在权力扩张的欲望,集权监管可能会带来权力的过分集中。此外,整个金融置于集权监管之下往往会使监管机构缺乏内部监督和外部约束,机构庞大还会产生严重的官僚主义,降低监管效率。

集权监管体制解决监管冲突问题通常是用内部化的手段,但是冲突意味着不同利益主体的存在,解决冲突最公正的方法是公共决策。集权监管机构一般不会采取公开化方式决策,冲突与矛盾在监管机构内部被抹杀了。更重要的是,监管者处理内部冲突时,可能并不是从社会公共利益出发,而是基于特有偏好作出不合理的决策。建立统一金融监管机构可能损失潜在的有价值信息,而不同程度的竞争和多样化监管可以从更广阔的角度获取信息,正如竞争的市场可以产生更多、更有效和真实的信息一样,集权监管体制失去对多角度、多层次信息搜集的"竞争机制",只依靠少数人的研究,信息是否完整、准确没有保证。鉴于此,一些经济学家指出,不能建立集权的监管机构,就如同不能建立行业垄断的企业一样。

金融机构多样化和分工逐渐消失,并不意味着所有金融机构都形成了综合经营的全能模式。即使少数金融集团占据金融业的绝大部分,也依然会有专门从事某一金融业的机构存在。虽然金融控股集团可从事银行、证券和保险等业务,但这些业务是由不同部门所从事的,只要集团内部建立起有效的内部风险控制制度,其效果与分业经营的情况差不多。

(三)简要评述

关于集权监管和分工监管的优劣的争论没有定论,适宜的监管模式主要取决于国家经济状况、金融环境、政治体制、历史传统甚至地理因素等。选择金融监管体制时应该考虑的因素包括:监管体制应与监管目标兼容,要减少监管体制对监管目标的干扰;监管体制的设置应减少监管运行成本,要考虑监管体制带来的其他成本;有效的监管体制应尽可能减少监管冲突和疏漏,强化对监管机构的约束;监管体制的设置应有利于监管信息的沟通,有利于监管协调;监管体制应易于识别,特别是易于被监管者识别;监管体制应防止权力过度集中或过度分散,建立有效的权力制衡机制。

第二节 集权型金融监管体制

一、集权型金融监管体制的概念

集权型金融监管体制,是指单一(统一)型金融监管设置模式,由一家金融管理机构对国内所有金融机构进行监管。这种模式分为两种情况:一是由中央银行行使监管职能;二是由专门监管机构行使监管职能。一般情况下,由中央银行实行集中监管的比较多见。世界上多数国家采用集权型金融监管体制,特别是绝大多数发展中国家选择集权型金融监管模式。

二、集权型金融监管体制形成的原因

英国是典型的采用集权型金融监管体制的国家。英国社会经济发展崇尚自由竞争、按习惯办事,成文法较少,与国土、人口相对有限和教育程度较高有一定关系。发展中国家的金融体制是在独立后为适应经济与社会发展而规划、设计和发展起来的,很自然地选择了高度集中的金融监管体制,是中央集权制和计划经济的产物。

20世纪80年代以前的集权型金融监管体制主要在计划经济体制和中央集权制国家实行。其主要优点在于金融监管集中,金融法规统一,有助于贯彻货币政策和金融监管指令,有利于克服相互推卸责任的弊端。但是,这种监管体制有可能使金融监管部门作风官僚化,滋生腐败现象;金融监管任务过重,不利于提高金融监管人员的素质,影响了其为金融机构提供更好的服务。

三、英国的集权型金融监管体制

(一) 英国金融监管体制的变迁

20世纪70年代以前,英国金融业按传统范围开展业务,形成了习惯上的分业经营和自律监管。20世纪70年代以后,英国政府放松了银行业竞争限制,使竞争日趋激烈,金融交易工具不断创新,专业分工界限越来越模糊。20世纪80年代,英国形成了多元化的金融监管体制。英国财政部在名义上负责金融监管,实则由英格兰银行与其他金融监管机构执行。英格兰银行、证券与投资委员会和英国贸易与工业部有较为明确的分工:英格兰银行负责监管银行部门,证券与投资委员会负责监管证券与投资业务,英国贸易与工业部负责监管保险公司(证券投资委员会也参与)。此外,还有一些自律组织。英国金融监管建立在相互信任合作基础上,监管谨慎原则与弹性原则并存的非正式监管体系构成了其主要风格。20世纪80年代以后,金融机构呈现相互融合趋势,使得多元化监管体制越来越不适应金融业的发展要求,不但造成监管效率低下,而且给金融机构带来许多负担。英国伦敦证券交易所"大爆炸"式改革以后,金融监管体制明显滞后于金融混业经营发展形势,以致发生了"巴林银行事件"。为了使金融监管体制适应金融创新要求,1997年5月,英国提出了金融监管改革方案,英格兰银行的监管职能被分离,投资监管职能并入证券与投资委员会。该委员会在同年10月28日与原有八家金融监管部门合并成立了金融服务监管局(Financial Services Authority, FSA)。2000年的《金融市场与服务法案》对FSA给予法律确认。FSA享有对银行、投资基金、清算机构、保险公司、住房信贷合作社、证券公司、期货交易机构等的审批注册、规范、监管和处罚的权力,成为世界上监管范围最广的金融管理者,意味着英国成为统一金融监管的典范。

全球金融危机暴露出英国金融监管体制的内在缺陷。保守党影子财政大臣奥斯本在2009年7月针锋相对地发布了影子白皮书《从危机到信心:稳健银行业的计划》,提出对金融监管体制进行更为彻底的改革,包括废除三方监管体制,赋予英格兰银行维护金融稳定和对所有银行及其他金融机构进行审慎监管的职责,强化宏观审慎监管;撤销FSA,建立全新的金融消费者保护局,负责消费者保护工作。2010年7月,英国新一届政府以此为基础,发布了《金融监管新方法:判断、焦点与稳定》的金融监管改革方案征求意见稿,启动了公开咨询程序。2011年2月,英国政府发布了新的征求意见稿《金融监管新方法:建立更强大的系统》(以下简称《2011年方案》),提出了更加详细和具体的改革方案。2011年6月16日,英国政府正式发布了包括《2012年金融服务法草案》在内的《金融监管新方法:改革蓝图》白皮书(以下简称《白皮书》),全面阐述了政府的监管改革设想。2012年1月26日,草案正式提交议会。英国政府的目标是让法案在2012年年底前获得最终批准。新的监管体制于2013年年初开始运作。具体来说,英格兰银行下新设金融政策委员会(Financial Policy Committee,FPC),作为宏观审慎监管机构,负责监控和应对系统性风险;新设审慎监管局(Prudential Regulation Authority,PRA),作为英格兰银行的子公司,负责对各类金融机构进行审慎监管;新设金融行为监管局(Financial Conduct Authority,FCA),负责监管各类金融机构的业务行为,促进金融市场竞争,保护消费者。

(二)英国监管体制的集权特征

金融服务监管局(FSA)实行董事会制,董事由财政部任命,董事会由主席及五名董事(兼部门总经理)组成。董事会下设五个部门,分别是消费、投资与保险部,存款及市场部,监管程序及风险部,运营管理部及董事会主席办公厅。五个职能部门下均有五位主管经理:消费、投资与保险部的五位主管经理分别负责消费者、投资公司、保险公司、行业标准和养老保险基金;存款及市场部下的五位主管经理分别负责大型金融集团、存款、市场与交易、评级、审核标准;监管程序及风险部下的五位主管经理分别负责开业审批、强制执行、风险评估、兑换管理、互联网及社区事务。成立FSA后,英国财政部、英格兰银行与FSA之间形成了三方小组会谈机制,定期磋商交换信息。英格兰银行的代表提供货币政策走向,FSA的代表提供银行及金融投资情况,财政部的代表提供社会情况,如果FSA对货币政策有意见,由财政大臣裁决。

2011年英国针对次贷危机进行金融监管体制改革后,原FSA的审慎监管职能和行为监管职能分别由新设立的审慎监管局和金融行为监管局承继,而后两者在宏观审慎监管方面都将接受金融政策委员会(以下简称FPC)的指导。在人员构成上,审慎监管局主席由英格兰银行行长同时担任,主管审慎监管的副行长由总裁担任,并且必须设立管治机构(governing body)。管治机构的成员必须包括主席、总裁、主管金融稳定的英格兰银行副行长、金融行为监管局总裁及其他成员。金融行为监管局也必须设立管治机构,其成员必须包括由财政部任命的主席、由财政部任命的总裁、英格兰银行负责审慎监管的副行长、国务大臣和财政部共同任命的两名成员,以及财政部任命的至少一名其他成员。

同时,金融政策委员会以英格兰银行董事会下设委员会的形式存在,由英格兰银行行长担任主席。其成员包括英格兰银行行长(同时也是审慎监管局主席)和副行长、金融行为监管局总裁、英格兰银行行长经商财政大臣后任命的两名成员(从英格兰银行执行董事中选任)、财政大臣任命的四名外部成员,以及一名不享有表决权的财政部代表。FPC成立后,英格兰银行原有的金融稳定委员会将被撤销。总之,英国新实行的金融监管体制在以集权型金融监管为核心的前提下,强化了系统性风险监管内容。

(三)英国金融监管体制的影响

1. 高度重视和强化宏观审慎监管

确立和强化宏观审慎监管是金融危机以来金融监管改革的共识,这在英国金融监管改革方案中也得到了充分体现。新设立的金融政策委员会(FPC)专门负责宏观审慎监管,在人员组成上包括英格兰银行、金融行为监管局和财政部的相关负责人和代表,以跨部门委会的形式存在和运作,使其能够拥有评估系统风险、维护金融稳定所需的必要权威和资源。为了实现金融稳定目标,FPC 将有权根据不同情况向作为微观审慎监管机构的 PRA 和 FCA 发出指示和建议,从而将宏观审慎监管与微观审慎监管有机联系起来。

2. 兼收并蓄多种监管理念

《白皮书》所构建的监管模式既不是单一监管模式,也不是基于机构监管或功能监管理念的多头监管模式,而是集权制监管下的基于目标的监管模式——即按照不同监管目标(如审慎目标和消费者保护目标)来相应设立监管机构和划分监管权限。如前所述,在 PRA 和 FCA 之上,还有英格兰银行来负责金融稳定,从而形成有英国特色的双峰模式,或者说准双峰模式。与澳大利亚的经典"双峰"模式不同,《白皮书》框架下的审慎监管机构位于英格兰银行内部(在运作上保持独立),并且审慎监管机构和行为监管机构都在英格兰银行的指导下运作。

3. 慎重设计监管协调机制

英国本来是单一监管模式的代表,由 FSA 对各类金融机构统一进行审慎监管和行为监管。在这种情况下,监管机构之间的协调问题被掩盖在了大一统的监管架构之下,或者说内化在了 FSA 之中。而此次近乎推倒重来的监管改革,让这个问题再度浮出水面并有了新的内涵。

与以往财政部、英格兰银行和 FSA 之间以非正式备忘录形式进行的自愿合作不同,《白皮书》明确规定了各种监管机构的法定协调职责,且要求其签订正式的监管备忘录对彼此之间在不同领域和事项上的合作与协调做出明确规定,并定期更新。这意味着备忘录中的条款将具有法律约束力,政府和议会可以据此向监管机构问责。当然,如前所述,《白皮书》仍然赋予监管机构较大的自主空间和自由裁量权,期望监管机构自身在实践中形成最佳作法,在追求各自监管目标与优化使用有限资源之间求得平衡。为此,《白皮书》没有对诸如"共同规则手册"或"单一联系点"这样的操作性事项做出任何规定,而只是规定了一般情况下和某些特殊情形中监管机构负有哪些协调义务。至于如何去具体履行这些义务,则留待其自行处理。

第三节 分工型金融监管体制

一、分工型金融监管体制的概念

分工型金融监管体制是指设立不同的金融监管部门对国内金融机构进行分类监管的模式,如银行监管部门主要对各类银行进行监管,保险监管部门主要对各类保险机构进行监管等。由于各国国情有别,根据中央与地方权力划分的模式,分工型金融监管体制分为两种类型:一种是单线多头式监管体制,另一种是双线多头式监管体制。

(一)单线多头式监管体制

单线多头式监管体制是指全国金融监管的立法、执法等权力集中于中央政府,在中央政府设立两个或两个以上的金融监管部门,分别负责管理国内不同金融机构的金融监管体制。通常这种多头监管模式以金融机构的行业分类进行金融监管。大部分国家采用这种金融监管模式,如法国、德国、日本、比利时、新加坡、中国等。法国由经济财政部、法兰西银行、银行管理委员会和国家信贷委员会共同负责金融体系的监督与管理。新加坡在1970年以前,进行金融管理的部门多达10个,1971年建立了金融管理局,货币局和金融管理局并立;1981年建立了投资局,形成货币局、金融管理局和投资局三足鼎立的局面。

(二) 双线多头式监管体制

双线多头式监管体制是指中央政府与地方政府都享有金融监管权力,在中央政府与地方政府分别有多个金融监督管理机构。通常这些机构分别划归中央或地方政府,中央政府和地方政府的金融监管机构互不干涉。

实行这一金融监管体制的国家主要是美国和加拿大这样的联邦制国家。美国联邦政府和州政府都有权对金融机构发照注册,这与美国的双轨银行制有密切联系。联邦政府共有8个监管机构,最主要的三个监管机构是联邦储备体系(美联储)、联邦存款保险公司和财政部货币监理署。联邦储备体系负责监管在州政府注册的联储会员银行;联邦存款保险公司负责管理在州政府注册的非联储会员银行;财政部货币监理署负责管理在联邦注册的国民银行和外资银行机构。三个金融监管机构职能以及检查方法类同,只是范围有别。50个州政府各有金融法规,设有金融监管机构。加拿大是由10个省、3个地区组成的联邦制国家,联邦政府和省政府立法机构对不同的金融机构实施不同的金融法规。加拿大联邦财政部银行检查总监负责监管特许银行(商业银行和外资银行机构);联邦和各省的保险总监负责监管信托公司;联邦保险部、加拿大保险局及各省的机构负责监管保险公司;各省政府及省证券委员会负责监管证券公司。

美国实行双线多头式监管体制的根本原因是联邦体制。联邦和各州权益的严格划分使得推行金融业集中监管步履艰难,为数众多的税收体制和独立的预算体制、各州银行法的独立制定与实施,使得金融管理体制复杂化。美国地域辽阔,不同地区的经济结构、金融状况、城镇分布等差异性很大,集中监管体制很难有效运行。美国历史上对金融权力集中于少数部门的警惕大大超过了对工商业集中的注意,也对金融监管体制产生了影响。实行双线多头式监管体制的国家对金融机构的监管方式也有差异。美国的双线多头式监管体制对一家银行(国民银行或州银行)由多头监管;加拿大的双线多头式监管体制是省级金融监管,彼此不重复,对联邦特许银行单一监管。

二、对分工型金融监管体制的评价

在单线多头式监管体制中,制约金融发展的因素比双线多头式监管体制少了许多。其最大优点在于有利于金融体系的集中监管和提高金融监管效率。同时,在采用这种监管体制的国家,人们习惯于权力机构之间的制约,金融监管部门间的协作也卓有成效。例如,德国信贷机构联邦监督局与联邦银行之间,日本银行与大藏省银行管理局之间配合默契。在法国也没有出现特殊的困难。但是,这种监管体制高效率运行的关键在于金融监管机构之间的协作沟通。在一个不善合作与立法不健全的国家中这种监管体制就难以有效运行。另外,这种监管体制面临着同双线多头式监管体制类似的问题,如机构重叠、监管冲突和对新现象监管的缺位等。

双线多头式金融监管体制适应于地域辽阔、金融机构众多且存在较大差异的国家,或者是联邦制国家。这种监管体制具有的优势包括:防止金融权力过度集中,金融机构可以选择金融监管机构；有利于金融监管的专门化，提高金融服务的能力。这种体制的缺陷在于监督管理机构设置重复、交叉重叠，易造成管理分散、重复检查和监管，增大了监管机构之间的协调难度，影响金融机构正常业务活动；金融法规不统一，使金融机构逃避监管，形成监管"真空区"，加剧了金融领域的矛盾与混乱；降低了货币政策与金融监管的效率，不利于为金融机构提供平等、公开、公正的竞争环境。在美国，对双线多头式监管体制一直在讨论，要求实施改革的呼声很高，但维护体制的势力也不小。

三、分工型金融监管体制的代表国家
（一）美国的双线多头式监管体制

美国一直实行分业监管体制，其主要监管主体包括：联邦储备体系（Federal Reserve System，FRS），负责监管会员银行和银行持股公司；联邦存款保险公司（Federal Deposit Insurance Corporation，FDIC），负责监督参加保险的非会员银行和已保险的州注册储蓄银行；货币监理署（Office of the Comptroller of the Currency，OCC），负责联邦注册银行的审批和检查；储贷监理署（Office of the Thrift Supervision，OTS），负责监管所有属于储蓄机构保险基金的联邦和州注册的储蓄机构；证券交易委员会（SEC）以及州保险监管署（SIC），分别负责监管证券机构和保险机构。1999 年 11 月，美国通过的《金融服务现代化法案》废止了实施 66 年之久的《格拉斯—斯蒂格尔法》，结束了银行、证券、保险分业经营的限制。为了适应金融业混业经营的趋势、有效防止出现金融集团化带来的监管真空，美国确立了"伞式"功能监管（umbrella supervision），如图 4-1 所示。美国联邦储备委员会被指定为主监管人，执行对整个金融控股公司的监管，同时规定按业务种类确定具体监管人。其实，被冠名"伞式"监管模式的美国监管体系，不过是对巴塞尔委员会提出的"单一——追加"监管模式的一种继承与创新。继承，是因为同样存在指定的 FRS 主监管人，是监管银行、证券、保险行业的唯一联邦机构；创新，是因为执行银行业监管的机构不止主监管人一家。采取这种监管模式的还有奥地利、西班牙、瑞士等。

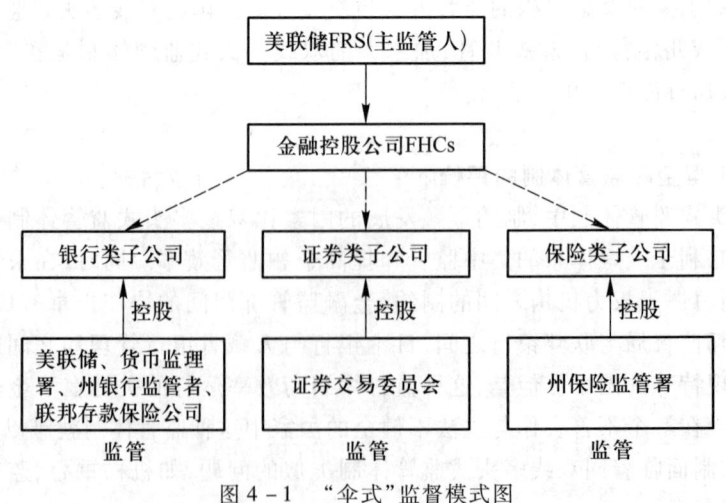

图 4-1 "伞式"监督模式图

由于历史原因，美国的金融监管体制相当复杂。由于实行国法银行和州法银行双轨银行体制，法律不仅赋予联邦政府监管职能，也授权各州政府行使监管职责。因此，除 OCC 以

外,各州政府均设立了银行监管机构,形成了联邦和州政府的双线监管体制。OCC 和州银行监管当局成为美国银行最主要的两个基本监管者,前者负责对国法银行发放营业执照,后者负责对州法银行发放执照。此外,二者还具备以下职能:贯彻执行法律法规,对银行经营活动进行跟踪研究;审批所辖银行设立分行、并购的申请,检查所辖银行;对所辖银行违法违规进行非正常金融活动进行处罚;制定、管理银行投资、借贷和其他活动的规章制度。美国的国法银行都是 FRS 成员,州法银行可以自主选择,FRS 成员称为会员银行(state member banks),否则是非会员银行。FRS 对所有成员银行都负有直接监管职能,也是金融控股公司的基本监管者。由于监管对象众多,在实际操作中,FRS 的监管重点主要是大金融机构,如花旗集团每两周与 FRS 调查官员召开一次常规会议。对众多小银行主要从清算和资金循环角度加以监管,业务监管以抽查为主。美国法律规定吸收存款必须加入存款保险,商业银行都是 FDIC 的被保险人。为了保证整个金融体系的安全,FDIC 除了存款保险外,还兼有金融检查、金融预警的职能。

在双线多头式监管体制下,即使规模不大的非会员银行,也要接受至少两家监管机构的监管——DFI 和 FDIC。由于监管机构众多,不同监管机构之间难免出现职能重叠,一些金融机构也抱怨多头监管效率低下,成本高昂。为了避免重复监管,降低监管成本,提高监管效率,近年来各个监管部门开始注意加强协调合作。对新开业的州法银行,前 3 年的现场检查由相关的监管部门联合进行,3 年后由相关监管部门轮流进行,期限为每隔 18 个月一次,检查结果通报各方。除了在现场检查方面进行配合外,非现场检查的标准及对银行报告的要求也日趋一致。

1999 年的《金融服务业现代化法案》(GLB 法案)允许金融控股公司通过设立子公司经营多种金融业务,但是金融控股公司本身并不开展业务,其主要职责是向 DFI 申领执照,对集团公司和子公司进行行政管理。在美国的"伞式"监管模式下,金融控股公司的银行类分支机构和非银行类分支机构分别保持原有的监管模式,前者仍由银行监管机构进行监管,后者中的证券部分由证券交易委员会(SEC)监管,保险部分由州保险监管署(SIC)监管。SEC 和 SIC 被统称为功能监管者(functional regulators)。一般情况下,作为主监管人的 FRS 不能对金融控股公司下属的非银行类分支机构进行检查或要求提供报告,除非 FRS 确定金融控股公司的非银行分支机构出现重大问题,危及银行类子公司的安全,并且无法有效解决问题时,才可以对其进行监管。实践中,FRS 真正实施监管的机会很少,因为 FRS 先要获知出现的问题,才能作出判断,而在功能监管者与 FRS 之间缺乏良好沟通,FRS 很难及时获得有效信息。可见,目前美国的"伞式"监管仍是一种分业监管的模式。

可以说,美国实行的这种双线多头式监管体制,是美国联邦制度高度分权、总结金融危机教训、不断修正监管体制的结果。这种纵横交错的立体监管模式从多角度监督、控制和调整着金融机构的经营行为,比较有效地防范和化解了金融风险。

但是,在这种双线多头式监管体制下,联邦监管部门与州监管部门之间在监管过程中难免出现监管冲突。对这个问题,美国政府也承认联邦和州监管当局在监管目标、监管重点等方面确实有所差别。联邦监管部门注重金融安全,以保证金融体系稳健运行为目标;州监管当局更多考虑金融机构对地区经济发展的作用,倾向于放松监管提倡创新。双方意见出现分歧时,主要依靠相互协商、相互妥协来解决问题。

针对次贷危机,美国对原有的金融监管体制进行了一系列的改革。2008 年,面对次贷危机中暴露出的风险管理的制度性缺陷,美国财政部公布了起草于次贷危机爆发前的《现代金融监管架构改革蓝图》,提出从规则导向监管向目标导向监管,从机构导向监管向业务导向监管,从监管局部性风险向监管金融市场系统性风险的转变。2009 年,为参加 20 国集团领导人峰会做准备,奥巴马政府领导下的财政部公布了《金融监管改革框架》,该法案采取严格监管的思路,提出对金融监管体系进行全面的整体改革,强调防范系统性风险、保护投资者或消费者的利益,消除监管漏洞,促进金融监管的国际合作。2009 年,美国财政部向国会递交金融监管改革白皮书《金融监管改革:新的基础》,标志着美国正式启动金融监管改革。改革包括四个部分:一是将美国联邦储备委员会打造成"超级监管者",全面加强对大型金融机构的监管;二是设立新的消费者金融保护署,赋予其超越目前监管机构的权利;三是提高国际金融监管标准并改进国际合作;四是组建新的监管机构:执行跨部门协调职能的金融服务监督管理委员会和专门负责度银行监管的部门。

(二)日本的单线多头监管体制

日本分业金融监管体制以 1948 年美国《有价证券法》为蓝本建立,其制定的《证券交易法》比美国的分业管理更为严格。第二次世界大战后初期,资金短缺,为了为产业界稳定地提供低成本资金,增强出口竞争力,促进经济增长,日本金融监管体制形成。但是,20 世纪 70 年代中后期,日本经济步入快速发展阶段,由资金短缺转变为资金过剩,20 世纪 80 年代中后期,成为世界第一大债权国。虽然日本的经济状况发生了根本性变化,但金融制度却没有进行相应改革,推动经济高速发展的各项保护性措施和金融法规成为阻碍日本经济发展的桎梏,表现在:① 金融创新开发能力减弱。在严格的分业监管体制下,未经许可金融机构不能进行新产品开发,金融业务不得相互渗透交叉,极大削弱了金融机构创新的积极性。近年来,证券化、电子金融、电子货币,复合金融产品等金融衍生工具无一出自日本。② 金融机构内部素质弱化。在日本政府长期实行"保驾护航"的管理体制下,金融机构竞争意识淡化,不思进取的惰性增强,金融机构不劳而获的寄生现象严重。③ 迫于欧美国家金融自由化压力,海外金融机构的据点不是撤离日本就是缩小规模,投资家纷纷将资本投向海外,本应在日本进行的交易也相继转移到纽约、伦敦或新加坡。相比之下,东京金融市场的地位黯然失色。

1992 年,日本通过了《金融制度改革法》,放松了严格的金融限制,允许金融机构通过建立子公司方式参与其他金融业务。在 1997 年的金融改革中,政府完全解除了金融行业限制。1997 年 3 月,提出了《金融监督厅设置法案》。1998 年 6 月,金融监督厅开始在总理府的直接管辖下运作,证券委也从大藏省划归金融监督厅管辖。1998 年 12 月,金融再生委员会成立。该委员会由国务大臣任委员长,管辖金融监督厅。此时,大藏省的监管权力已大大削弱。2000 年 7 月,金融监督厅改名为金融厅,接受了原大藏省的检查、监督和审批备案的全部职能。2001 年 1 月,在全面推行政府机构改革时,大藏省更名为财政省,撤销了金融再生委员会,将金融厅升格为内阁府的外设局,独立负责金融监管业务。这样,财政省与金融厅真正成为两权分立,分别执掌金融行政与金融监管的机构。

日本金融厅下设总务企划局、检查局、监督局三个职能部门。其中,总务企划局下设总务课(总协调机构)、政策课(联系与政策)、国际课(国际事务)、企划课(计划和立法)、市场课(金融市场)、信用课(信用系统)和企业公开参事官(合作会计和信息披露)7个课室;检查局下设总务课(检查协调)、审查课(检查机构)和检查监理官(检查评估)3个课室;监督局下设总务课(监督协调)、银行第一课、银行第二课、保险课和证券课5个课室。此外,还另设金融审议会、汽车损害赔偿责任保险审议会、公认会计审议会、企业会计审议会、股票估算委员会、证券监督交易委员会6个专门委员会。

第四节 合作型金融监管体制

一、合作型金融监管体制概述

(一)合作型金融监管体制的特征

合作型金融监管体制,又称跨国型金融监管体制,是指在经济合作区域内,对区域内的金融机构实施统一监督的一种金融监管体制。在经济合作区域内,由统一机构负责区域内所有成员国金融监管的职责,合作性是这种监管体制的最大特点。

合作型金融监管体制具有以下特征:第一,对各成员国政府保持极大的独立性,各成员国执行统一制定的金融章程,在制定货币政策时,坚持统一的银行条例,统一规定各国商业银行的贴现总量;第二,在各个成员国的代理机构负责各国的地区性业务,监督管理该国金融体系;第三,监管机构的股本为所有国家共有,不是为某一国所独有,不单独为某一国家服务。

(二)合作型金融监管体制适用的国家

合作型金融监管体制与区域性货币联盟紧密联系,是区域金融合作和金融全球化发展的结果,适用于区域集中特征明显的国家或地区,它的建立与区域型经济组织的建立具有异曲同工之处。区域型、合作型经济组织的存在是构建合作型金融监管体制的基础,履行这一职能的机构是跨国中央银行,其典型代表是西非货币联盟、中非国家银行以及欧洲中央银行。欧洲中央银行包括两个层次:一是欧洲中央银行(ECB)本身;二是欧洲中央银行体系(ESCB),包括所有欧元区成员国的中央银行。

二、合作型金融监管体制的形成

合作型金融监管体制中的跨国中央银行是一种特殊的中央银行,发展中国家的跨国中央银行是发展中国家争取民族独立、发展民族经济、开展多种经济金融协作形式的成果,是同区域性货币联盟联系在一起的,也是南南金融合作和金融国际化发展的必然结果。而1998年开始运行的欧洲中央银行与发展中国家的合作型金融监管体制中的跨国中央银行不同,它是"富人"的联合,是顺应区域经济一体化和金融全球化的产物。1999年1月1日欧元启动后,欧盟金融机构之间的竞争进一步加剧,必然要求具有高度独立的欧洲中央银行加强金融监管,促使各国金融机构之间协调发展,防止恶性竞争造成世界金融动荡。

三、对合作型金融监管体制的基本评价

合作型金融监管体制大部分是由邻近国家进行地区性联合而建立,有利于经济金融合作。在这种框架下,成员国将金融管理权交给跨国中央银行,可以带来节约和有效的优点,具有互相合作、稳定金融、稳定经济的作用。这种模式存在的首要条件是成员国密切合作,具有共同利益。但是,在合作过程中,一国的金融管理政策也可能会失去独立性。

四、欧盟国家的合作型监管体制

欧洲是国际金融监管的核心。最著名的国际监管组织,如巴塞尔银行监管委员会、证监会国际组织、全球金融体系委员会、欧盟经济和金融委员会等,每年针对全球金融监管问题发表的报告和指导性原则都对欧洲监管框架产生重要的影响。其中《新巴塞尔资本协议》和《拉穆法卢西报告》对欧洲金融监管体制所产生的作用不可低估。《拉穆法卢西报告》由欧洲证券市场监管委员会主席亚历山大·拉穆法卢西领导完成,是针对成立欧洲统一证券监管组织提出的政策建议。实际上,《拉穆法卢西报告》是在督促形成欧洲统一的监管原则,最终向建立泛欧洲证券监管联盟迈进。《拉穆法卢西报告》提出了统一欧洲金融市场游戏规则问题,如建议对证券发行者颁布统一的核准文件,制定现代化的上市标准;制定专业投资机构明确的行为准则;制定现代化投资基金和养老基金规则;要求欧洲上市公司实行统一的国际标准;对有影响力的证券交易所实行欧洲单一标准。如果按照《拉穆法卢西报告》建议的那样,统一了欧洲金融监管标准,那么关于建立执行这一统一监管标准的制度性框架的问题也就迎刃而解了。

现在,欧洲的金融监管框架正在发生变化,向统一性、合作性迈进。为此,巴塞尔银行监管委员会和国际监管机构尽最大努力统一国际银行业务的监管规则。欧盟发布的《第二号银行令》《持有基金令》和《支付能力比率令》等,都与巴塞尔银行委员会的协议、原则相一致。在对不同类型金融机构实施统一监管方面,欧洲许多国家取消了银行与非银行金融机构的区别。欧洲整体金融监管框架的发展方向基本确定,在统一监管标准的同时,向建立欧洲统一的中央监管联盟目标迈进。现在欧洲已经出现了实现这一目标的政治和经济前提条件。在欧洲范围内跨国经营银行、证券、保险业务的大型金融控股公司已经诞生,处理金融危机的合作机制逐渐完善,最终令各国放弃监管主体而修改欧盟条约的时机逐渐成熟。这些条件为各国的联合监管,以及进一步订立统一监管标准和统一监管组织提供了可能性。作为国际金融监管的核心,欧洲金融监管制度和组织的创新,必将对世界各国金融监管体制产生影响。

第五节 金融监管体制的演进趋势

一、金融监管体制与金融机构经营模式匹配度不断提高

近些年,金融机构经营模式与金融监管体制之间出现了联动效应,监管当局越来越注重经营模式与监管体制的匹配程度。表4-1中列举了部分国家(地区)金融机构的经营模式和监管体制的对应关系,相匹配的有7个,交叉对应的有5个。

表 4-1 部分国家的金融经营方式与监管体制对比表

国别（地区）	经营方式		监管体制	
	过去	现在	过去	现在
美国	分业经营	混业经营（1999年通过《金融服务现代化法案》，标志着进入综合经营时代）	分业监管	伞式监管+功能型监管
英国	分业经营	混业经营（1986）	分业监管	统一监管
日本	分业经营	混业经营（1996年11月）	分业监管	统一监管
德国	混业经营	混业经营	分业监管	向统一监管转变
法国	分业经营	逐步混业（银行可持非银行公司股份，但不超过20%）	分业监管	分业牵头监管
韩国	分业经营	逐步混业（业务范围不断放开）	分业监管	统一监管

二、从机构监管向功能监管过渡成为大势所趋

机构监管是一种按照不同金融机构设立监管主体的监管制度，在分业体制下，基本按照机构监管进行监管。功能监管在近几年兴起，由1997年诺贝尔经济学奖获得者罗伯特·默顿提出。随着金融创新浪潮的推进，金融功能已发生巨大变化。在金融自由化中，银行资源聚集和配置功能已被资产证券化方式所分化，金融功能实现主体多元化，一个金融机构承担多种金融功能，传统的机构监管显然很难实施有效监管。

相对于机构监管，功能监管有利于把不同的金融机构置于一个监管机构的监管框架中，而不拘于金融创新采取的形式。机构监管只把相同名称的金融机构置于一个监管机构下，制约了金融机构业务创新。例如，我国对资金信托业务的监管，要求受托人只能是名称上带有"信托"字样的机构，限制了其他金融机构进行信托业创新的可能性。由于金融全球化是必然趋势，对于多国合作监管来说，机构监管很难统一标准。功能监管是基于共同的金融功能进行监管，标准容易统一，对于多国监管比较方便。金融控股公司的出现使传统的机构监管力不从心，而功能监管可以解决这个难题。功能监管是按照金融功能做出的监管制度安排，尽管金融功能的实现方式千变万化，但金融功能相对稳定，因此只要监管随金融功能做出安排，就可以达到有效监管的目标。英国、日本等国家已经迈出了一大步，为实现功能监管奠定了良好基础。美国虽然尚未统一监管组织，但也在其伞式监管的基础上提出了功能监管的想法。

三、集权型监管体制成为金融监管体制的主流方向

20世纪80年代后期，为了适应金融创新与金融发展，一些国家开始注重统一监管标准。由于金融创新，尤其是金融控股公司的出现，挪威、丹麦、瑞典、匈牙利、卢森堡等部分欧洲国家最先将分散的金融监管机构合并，成立了统一监管机构。英国1997年成立了金融服务局。澳大利亚1998年成立了澳大利亚审慎监管当局。除此之外，加拿大、新加坡、韩国等也纷纷采取了集权监管的体制。美国在坚持"伞式"功能监管的基础上，也作出了统一监管

主体的尝试,由美联储授权芝加哥期货交易所设计了统一美国监管主体、成立联邦金融监管局(FFRS)的构想。这说明美国政府对金融监管机构的一体化已有所考虑。法国、意大利等欧元区国家在国内仍分业监管,但是,目前法国已在酝酿对金融监管体制的改革。在远期,法国拟将分业监管的银行委员会、证券委员会、保险委员会和金融市场委员会四大监管部门合并为统一的全国金融委员会。

四、加强对具有系统重要性金融机构的监管成为金融监管体制改革重要方向

从金融危机的教训和各国金融改革的经验及发展方向看,在金融自由化进程中,为追求高额垄断利润,金融机构存在巨型化的趋势,导致了危机爆发时,大型金融机构对整体金融系统的安全具有重大的影响而产生"大而不能倒"的问题,严重影响了政府救助资金的公平与效率。此次美国金融监管改革的沃尔克规则,提出对金融机构业务范围和经营规模的管制,削弱了巨型金融机构存续的基础,防止制造特别巨大的超级金融集团,加强对具有系统重要性金融机构的监管,避免对金融体系形成"大而不能倒"的威慑。总之,金融监管部门采取更加审慎前瞻的监管策略,加强部门监管协调,严格监督金融机构的信贷投放、证券和金融衍生品的创设,对于可能威胁到金融稳定的大型复杂金融机构制定更为严格的资本要求和杠杆水平等,是各国金融监管体制改革重要方向。

五、强化对金融机构高管人员薪酬分配制度监管和对金融消费者投资者的保护成为金融监管重要内容

金融危机的发生暴露出现行金融监管体制对高管人员薪酬分配制度监管和对金融消费者、投资者利益保护的不足,监管当局无法限制高管的短期行为和高风险经营,无法帮助市场微观主体充分理解金融产品,识别和规避金融风险。通过改革现行的金融监管体制,要求在高管薪酬分配制度中加入风险递延机制,进一步完善金融市场体系,为消费者提供优质的金融服务和产品,保障消费者和投资者利益是各国金融监管体制改革的重要方向和重要目标。次贷危机后英美金融监管体制改革都强调金融服务和产品的透明度、简单化、公平性和可得性,并提出成立独立的金融消费者保护机构,保护消费者和投资者免受不公平和欺诈行为的损害。这些表明金融监管的使命不仅是维护金融稳定,制定监管政策,保护投资者的合法利益也将成为其重要内容。

第六节 我国的金融监管体制

一、我国金融监管体制的发展历程

(一)集权型金融监管时期

1984年以后,中国人民银行专门行使中央银行的职能,逐渐成为国家金融监管机关,至20世纪90年代,一直承担着银行业、证券业、保险业的统一监管职能。1998年之前,中国人民银行内设银行司、非银行司、保险司、外资金融机构管理司及农村合作金融司五大部门。

（二）分工型监管体制的形成阶段

改革开放以来,我国金融市场有了较快发展,证券市场出现过度投机行为,市场风险增加,一些金融机构严重违规经营,特别是 1992 年 8 月 10 日,深圳发生了震惊全国的"8·10"股票争购风波,导致了 1992 年下半年出现经济泡沫。1992 年 12 月,国务院为了规范证券市场发展,决定将证券监管职能从中央银行分离,成立了证券监督管理委员会。1998 年 6 月,中国人民银行将证券监管职能移交中国证券监督管理委员会(简称中国证监会),实现了银行业与证券业的分业监管。

随着我国保险机构的飞速增加,在保险市场繁荣的同时,也出现了保险业务竞争混乱的现象,规范保险市场发展成为当务之急。1998 年 11 月 18 日,中国保险监督管理委员会(简称中国保监会)成立,保险监管职能从中国人民银行分离。

2003 年 4 月 28 日,中国银行业监督管理委员会(简称中国银监会)挂牌成立,我国银行业监管职能从中国人民银行分离。由此,形成了中国银监会、中国证监会、中国保监会三足鼎立的分业监管格局。

为防控金融风险、保障国家金融安全,解决现行监管体制存在的监管职责不清晰、交叉监管和监管空白等问题,强化综合监管,优化监管资源配置,更好统筹系统重要性金融机构监管,逐步建立符合现代金融特点、统筹协调监管、有力有效的现代金融监管框架,守住不发生系统性金融风险的底线,2018 年国务院机构改革方案提出,将中国银行业监督管理委员会和中国保险监督管理委员会的职责整合,组建中国银行保险监督管理委员会,作为国务院直属事业单位。2018 年 3 月,第十三届全国人民代表大会第一次会议表决通过了关于国务院机构改革方案的决定,设立中国银行保险监督管理委员会。2018 年 4 月 8 日上午,中国银行保险监督管理委员会正式挂牌(简称中国银保监会)。至此中国金融监管体制变为中国人民银行、中国证监会、中国银保监会三足鼎立的格局。

二、我国金融监管的主要分工

中国人民银行、中国银保监会、中国证监会均属国务院正部级事业单位。目前中国人民银行下设九个大区分行;中国银保监会、中国证监会在各省的机构分别称为银保监局、证监局。

1. 中国人民银行

中国人民银行的金融监管职能主要体现在三个方面。其一,国家金融安全监管。包括制定金融法律和法规,维持国家金融的稳定运行;制定货币政策和金融宏观调控措施,创造国家金融发展的良好环境;有序推进金融体制改革和金融对外开放,实现国家金融的健康成长;防范和化解金融危机,与国际金融组织合作打击国际金融犯罪。其二,反洗钱金融监管。包括组织协调全国的反洗钱监督管理工作;制定或者会同有关部门制定反洗钱规章制度;监督检查金融机构履行反洗钱义务的情况;设立反洗钱信息中心,负责大额交易和可疑交易的接收分析;向侦查机关报告涉嫌洗钱犯罪的交易活动;进行可疑交易的调查,以及在法定情形下行使对资金的临时冻结权;行使行政处罚权;会同国务院有关部门监督管理特定非金融机构的反洗钱工作。其三,国家外汇市场监管。由中国人民银行领导的国家外汇管理局是监督管理全国外汇市场的主管机关,负责制定统一的外汇制度,协调外汇和汇率市场方面的问题。

2. 中国银行保险监督管理委员会

中国银保监会设下列内设机构：办公厅（党委办公室）、政策研究局、法规部、财务会计部（偿付能力监管部）、普惠金融部、公司治理监管部、非银行机构检查局、重大风险事件与案件处置局（银行业与保险业安全保卫局）、创新业务监管部、消费者权益保护局、打击非法金融活动局、政策性银行监管部、国有控股大型商业银行监管部、全国性股份制商业银行监管部、城市商业银行监管部、农村中小银行机构监管部、国际合作与外资机构监管部（港澳台办公室）、财产保险监管部（再保险监管部）、人身保险监管部、保险中介监管部、保险资金运用监管部、信托监管部、其他非银行金融机构监管部、人事部（党委组织部）等。中国银保监会的主要职责是：① 依法依规对全国银行业和保险业实行统一监督管理，维护银行业和保险业合法、稳健运行，对派出机构实行垂直领导。② 对银行业和保险业改革开放和监管有效性开展系统性研究。参与拟订金融业改革发展战略规划，参与起草银行业和保险业重要法律法规草案以及审慎监管和金融消费者保护基本制度。起草银行业和保险业其他法律法规草案，提出制定和修改建议。③ 依据审慎监管和金融消费者保护基本制度，制定银行业和保险业审慎监管与行为监管规则。制定小额贷款公司、融资性担保公司、典当行、融资租赁公司、商业保理公司、地方资产管理公司等其他类型机构的经营规则和监管规则。制定网络借贷信息中介机构业务活动的监管制度。④ 依法依规对银行业和保险业机构及其业务范围实行准入管理，审查高级管理人员任职资格。制定银行业和保险业从业人员行为管理规范。⑤ 对银行业和保险业机构的公司治理、风险管理、内部控制、资本充足状况、偿付能力、经营行为和信息披露等实施监管。⑥ 对银行业和保险业机构实行现场检查与非现场监管，开展风险与合规评估，保护金融消费者合法权益，依法查处违法违规行为。⑦ 负责统一编制全国银行业和保险业监管数据报表，按照国家有关规定予以发布，履行金融业综合统计相关工作职责。⑧ 建立银行业和保险业风险监控、评价和预警体系，跟踪分析、监测、预测银行业和保险业运行状况。⑨ 会同有关部门提出存款类金融机构和保险业机构紧急风险处置的意见和建议并组织实施。⑩ 依法依规打击非法金融活动，负责非法集资的认定、查处和取缔以及相关组织协调工作。⑪ 根据职责分工，负责指导和监督地方金融监管部门相关业务工作。⑫ 参加银行业和保险业国际组织与国际监管规则制定，开展银行业和保险业的对外交流与国际合作事务。⑬ 负责国有重点银行业金融机构监事会的日常管理工作。⑭ 完成党中央、国务院交办的其他任务。⑮ 职能转变。围绕国家金融工作的指导方针和任务，进一步明确职能定位，强化监管职责，加强微观审慎监管、行为监管与金融消费者保护，守住不发生系统性金融风险的底线。按照简政放权要求，逐步减少并依法规范事前审批，加强事中事后监管，优化金融服务，向派出机构适当转移监管和服务职能，推动银行业和保险业机构业务和服务下沉，更好地发挥金融服务实体经济功能。

3. 中国证券监督管理委员会

中国证监会的主要职能部门有：发行监管部、市场监管部、机构监管部、上市公司监管部、基金监管部、期货监管部、稽查局（首席稽查办公室）、法律部（首席律师办公室）、会计部（首席会计办公室）、政策研究室、国际合作部、人事教育部和办公厅。中国证监会对派出机构实行垂直领导，总部设在北京，全国范围内设有 36 个证监局。

中国证监会的主要职责是：① 研究和拟订证券期货市场的方针政策、发展规划；起草证券期货市场的有关法律、法规，提出制定和修改的建议；制定有关证券期货市场监管的规章、规则和办法。② 垂直领导全国证券期货监管机构,对证券期货市场实行集中统一监管;管理有关证券公司的领导班子和领导成员。③ 监管股票、可转换债券、证券公司债券和国务院确定由证监会负责的债券及其他证券的发行、上市、交易、托管和结算;监管证券投资基金活动;批准企业债券的上市;监管上市国债和企业债券的交易活动。④ 监管上市公司及其按法律法规必须履行有关义务的股东的证券市场行为。⑤ 监管境内期货合约的上市、交易和结算;按规定监管境内机构从事境外期货业务。⑥ 管理证券期货交易所;按规定管理证券期货交易所的高级管理人员;归口管理证券业、期货业协会。⑦ 监管证券期货经营机构、证券投资基金管理公司、证券登记结算公司、期货结算机构、证券期货投资咨询机构、证券资信评级机构;审批基金托管机构的资格并监管其基金托管业务;制定有关机构高级管理人员任职资格的管理办法并组织实施;指导中国证券业、期货业协会开展证券期货从业人员资格管理工作。⑧ 监管境内企业直接或间接到境外发行股票、上市以及在境外上市的公司到境外发行可转换债券;监管境内证券、期货经营机构到境外设立证券、期货机构;监管境外机构到境内设立证券、期货机构、从事证券、期货业务。⑨ 监管证券期货信息传播活动,负责证券期货市场的统计与信息资源管理。⑩ 会同有关部门审批会计师事务所、资产评估机构及其成员从事证券期货中介业务的资格,并监管律师事务所、律师及有资格的会计师事务所、资产评估机构及其成员从事证券期货相关业务的活动。⑪ 依法对证券期货违法违规行为进行调查、处罚。⑫ 归口管理证券期货行业的对外交往和国际合作事务。⑬ 承办国务院交办的其他事项。

三、对我国金融监管体制新架构的设想

(一) 现阶段我国金融监管体制的发展方向

在金融开放的环境中,金融机构的经营方式会随着金融自由化和金融创新发生质的变化;金融一体化程度会伴随金融国际化、全球化和电子化进程的加快而提高;监管目标的趋向也会受国际趋势的影响而转变。从长期来看,推行统一监管成为必然。对于监管制度不成熟的我国来说,或许推行集权监管的时间会长一些。

(二) 确立我国的金融监管目标定位

我国在金融监管目标取向上更强调金融稳定,这种取向在整顿金融秩序的情况下是可行的。但随着经济环境的变化,应认识到真正的稳定只有在整个金融体系效率提高的基础上才能长久实现。因此,要确立金融监管安全与效率并重的金融监管目标,从确保每一个金融机构不破产、不倒闭的误区中走出来,建立优胜劣汰的市场机制;构造金融创新与金融监管良性互动机制,建立透明、公开的创新监管规则和程序。安全稳定不能牺牲效率和竞争,没有效率和竞争的金融体系才是最大的风险。

(三) 奠定我国集中金融监管体制的基础

在实行分业监管的情况下要加强金融监管部门之间的协调合作,加强沟通与交流,防止出现监管真空和监管冲突。2018 年进行金融体制改革后,银保监会、证监会和人民银行承担起微观调控和部分宏观调控的职能,而它们彼此间的协调和指导则由金融稳定委员会来进行。从而形成了"一委一行两会"的初步混合监备格局。

(四) 建立我国金融监管信息共享平台

为了减少信息不对称现象,确保监管机构之间有效协调,必须规范监管信息收集、整理

和传递，建立信息共享制度。中国银保监会、中国证监会要在提高信息供给的充分性、准确性、规范性制度安排方面作出协调统一。如建立统一的会计体系或制度，保证信息的准确性；规范市场中介机构发展，保证信息的客观性；建立健全信息披露制度，增强金融机构的经营透明度，保证监管部门及时发现问题，防患于未然；完善监管信息系统，在条件成熟时建立监管信息中心，专门从事监管信息的采集、整理、分析和公布等，保证信息共享的稳定性，提高金融监管效率。

（五）在金融全球化中加强金融监管国际合作

建立全球性和区域性的国际金融风险防范体系已成为国际共识。我国金融业全面开放后，外资金融机构涌入中国，仅靠一国的金融监管难以奏效，必须加强国际合作。在国际范围内有效控制金融风险要求各国监管当局开展双边和多边合作，保持经常联系与磋商，进行广泛的信息交流。要对国际资本的流动进行密切关注，建立对国际短期资本流动进行监测管理的机制。通过国际合作和监管技术借鉴提高监管能力，使我国金融业在融入金融全球化进程中减少金融风险，确保金融运行的有序化。

本章小结

1. 金融监管体制的历史演变分为四个阶段：以中央银行为主体的监管体制的兴起、分业监管的提出与推行、分业监管到统一监管的转变、统一监管的广泛发展。金融监管体制的演化特点包括：重大金融事件的发生是金融监管体制变迁的现实基础；政府经济指导思想的转变是金融监管体制变迁的理论基础；金融经营体制的变化是金融监管体制变迁的客观要求。金融监管体制的演化规律为：从低级向高级、由简单到复杂渐进发展；遵循监管—创新—再监管—再创新动态博弈过程；监管体制总是围绕着安全与效率两大目标演进。

2. 集权型金融监管体制是由一家金融管理机构进行集中监管，多数国家采用这种体制。

3. 分工型金融监管体制是指在一国内有多个履行金融监督管理职能的机构。分工型金融监管体制包括单线多头式监管体制和双线多头式监管体制。"单线"与"双线"是相对的，两者最明显的区别在于"双线"监管体制下的地方政府有监管权，"单线"则没有。单线多头式监管体制是追求各种力量相互制衡和约束的政治经济体制的结果。而双线多头式监管体制的形成原因要相对复杂。两种体制的代表国家分别是日本、美国。

4. 合作型金融监管体制是在经济合作区域内，由统一机构负责对区域内的所有成员国金融机构实施统一监管的体制。多国之间的合作性是这种监管体制的最大特点。合作型金融监管体制适用于区域集中特征较明显的国家或地区，是区域金融合作和经济金融全球化发展的必然结果。这种模式存在的首要条件是成员国密切合作，没有利益冲突。在合作过程中，一国的金融管理政策可能会失去独立性。

5. 目前，我国的金融监管体制比较合理：符合金融业经营模式与监管体制相适应的原则；符合环境因素及监管目标方面的变迁规律。但是，在金融全球化过程中，需要针对国内环境变化作出适应性调整，为实施集中监管体制奠定基础，完善信息披露制度，加强国际合作等。

思考题

1. 简述金融监管体制历史变迁过程的演变规律。
2. 比较集权型、分工型、合作型金融监管体制的异同。
3. 简述国际金融监管体制的新趋势和新变化。
4. 简述美国"伞式"功能监管的特点。
5. 论述我国分业监管体制存在的合理性及面临的挑战。

即测即评

请扫描右侧二维码,进行即测即评。

第五章　商业银行监管

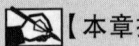【本章提要】

　　本章介绍各国金融监管当局对商业银行经营活动的监督和管理，主要内容包括商业银行市场准入监管、市场经营监管、跨国业务监管以及市场退出监管，阐述了金融监管当局在这些领域监管的一般原则和基本实践。同时，对我国在这一领域的监管实践加以介绍。

第一节　商业银行市场准入监管

　　20世纪70年代以来，各国商业银行审批制度发生了很大变化，特别是欧美国家实行了新准入规则，为统一市场准入标准奠定了基础。商业银行准入监管对一国银行业结构和规模产生重大影响，规范的市场准入是提高效率和创造富有竞争性的经营环境的前提。

一、商业银行市场准入监管的必要性

（一）预防性管理的需要

　　对商业银行市场准入监管的目的在于确保新成立的商业银行具有良好的品质，保证金融业安全、稳健发展和有效预防风险。官方注册是一种保证责任，是提高商业银行整体经营管理水平的措施，是防止不良商业银行进入金融业的第一道防线。商业银行准入监管的预防性效果，关键在于判断准入机构的素质情况，既有量的要求，也有质的标准。

　　量的要求，主要是指对注册商业银行最低资本金的要求。这一要求用来证明新建商业银行最低安全水平的资金实力。最低资本金要求虽然在理论上能阻止不谨慎的进入者，但在实践中并不能保证新进入的商业银行具有良好的经营行为，因为营业风险与最低资本金并不成正相关。

质的标准包括对申请进入的商业银行的法人资格、经营管理方式和计划审核要求。要求申请进入的商业银行应当具有合理的组织章程、严格的内控制度、经验丰富的高级管理人员和恰当的经营策略。

（二）金融规模经济的需要

商业银行的经营特点决定了规模化发展才能成本最小化。为了保证商业银行在竞争中具有优势地位，监管当局需要对商业银行规模和机构数量进行控制。如果银行数量过多，在市场需求没有相应增长的情况下，必然导致行业盈利水平下降，引起恶性竞争。因此，监督管理必须关注银行业资源的集中程度，使市场机构保持合理数量。

（三）防止市场垄断的需要

商业银行过多可能带来恶性竞争，商业银行数量过少则会导致业务垄断，不利于市场竞争，难以满足社会公众需要。当然，严格的市场准入限制对既有商业银行有利，阻止"新来者"进入银行业市场，会减轻竞争压力。如果出现这种局面，又会影响银行业的效率，保护低效率银行。因此，对商业银行市场准入的监管，既要考虑新进市场的商业银行对现存银行经营活动及金融业的影响，又要考虑银行市场结构的合理性。同时，还应当考察地区金融服务状况、地区金融市场潜力以及未来银行业的发展趋势。

二、商业银行市场准入监管的内容

（一）对商业银行设立的监管

成立商业银行涉及的内容比较复杂，各国监管部门的规定有很大差异。一般包括对资本金的要求、对管理人员的要求和对经营条件的要求。

充足的资本金是商业银行保持偿付能力、维持正常经营活动的最基本条件。由于新建商业银行资产规模较小，银行信誉尚未建立，资本金的重要性格外突出。

商业银行管理人员的道德水平和业务素质是否符合要求，是监管当局关注的焦点之一。一般来讲，监管部门要求商业银行经营管理者拥有丰富的从业经验和良好的道德纪录，防止人为原因导致商业银行的经营失败。

商业银行经营必须具有必要的安全防护设备、及时准确的通信工具以及严密的风险防范规章制度。如果这些基本要求不具备，新设立的商业银行难免会陷入经营困境。

（二）对商业银行设立分支机构的监管

对商业银行设置分支机构的监管，各国情况不一。有些国家仅要求向监管当局报告备案；有些国家则规定必须通过审批程序，使监管当局能够对商业银行的区域性活动有效控制，防止盲目扩张可能对银行体系造成的不良后果。20世纪60年代中期以来，许多国家对商业银行设置分支机构的政策进行了调整，总的趋势是越来越宽松。一般认为，只要商业银行经营状况良好，遵守法律规定，那么，是否增设分支机构，原则上属于商业银行决策范围。

竞争因素对商业银行国内分支机构的设置起着决定性作用。但如果设置境外分支机构，情况就复杂了。大多数市场经济国家的本国银行到境外设立分支机构，须经过审批程序，要求符合本国监管当局的基本要求，不仅要有资金实力，还要具备在国际市场上开展业务活动的能力，同时，总行必须按要求向本国监管当局提供境外机构的详细资料。随着银行国际化发展和国际金融业务的日趋复杂，这一领域的监管难度加大。

(三) 对商业银行经营业务的监管

目前,各国对"银行"及"银行业"的法律定义不相同,对银行业务活动范围也没有统一界定。许多国家对商业银行从事非银行业务一直持谨慎态度,有不同程度的限制。从谨慎监管的意义上讲,商业银行从事与其传统业务相差甚远、且专业化要求很高的业务时,经营观念和管理方法往往不能适应。从安全性考虑,商业银行应当将一些风险较大的业务划分出来,由附属机构去经营,有利于监管当局针对附属机构拟订专门的监管标准。不过,这种做法并不能把商业银行从附属机构的风险中完全解脱出来。在市场经济国家,商业银行业务活动范围有进一步扩大的趋势。一些国家在法律上已有松动。一些国家监管当局通过对"相关业务"这一法律概念作出变通解释,使商业银行能够通过附属机构进入融资租赁、经纪业、信托和保险等领域。也有国家正在考虑扩大商业银行业务活动领域。业务活动领域的不断扩展必然造成商业银行业务功能和组织结构复杂化,增加监督和管理难度。如何做到既不影响创新、效率和市场发展,又能维护金融体系的安全与稳定,是监管当局面临的普遍问题。

三、我国对商业银行市场准入的监管

由于金融风险的日益复杂,各国对商业银行准入条件规定得日益详细、具体和严格,减少了监管当局行为的随意性。近年来,我国通过立法为商业银行的市场准入监管提供了必要的依据和措施。

(一) 金融市场准入监管遵循的原则

2003年中国银行业监督管理委员会(简称银监会)成立后(现已合并为"中国银行保险监督管理委员会"),对商业银行的监管由银保监会承担。根据《中华人民共和国公司法》《中华人民共和国商业银行法》和《中华人民共和国银行业监督管理法》等有关法规,我国商业银行市场准入遵循以下原则:

1. 合法性原则

合法性原则是指,申请设立商业银行,必须依法经中国银保监会审查批准;必须遵循安全性、流动性和盈利性的"三性"经营原则,实行自主经营、自担风险、自负盈亏、自我约束;必须以法人财产独立承担民事责任;必须保障存款人的合法权益不受任何侵犯;必须具备经济、金融法规所规定的条件依法合规经营;必须接受监管部门的监督管理。

2. 合理性原则

合理性原则是指,审批商业银行应充分考虑经济发展需要,符合目前分业经营、分业管理的规定,符合合理布局公平竞争的要求。

(1) 符合国民经济发展需要。金融是经济发展的产物,金融是经济发展的动力,两者相互依存。毫无疑问,设立商业银行对支持经济发展是积极的,但商业银行数量一定要符合经济需要,与经济环境结合起来,符合国家金融业发展的政策和金融体系发展的方向。

(2) 符合分业经营要求。《中华人民共和国商业银行法》要求商业银行分业经营、分业管理,在境内只能经营银行业务。诚然,金融机构间业务交叉促进了竞争,在一定程度上推动了金融业的发展,但在我国金融市场还不发达的现阶段,混业经营带来了一系列问题。银

行与证券、信托、保险业的混合,增加了金融机构的经营风险,影响了正常的金融秩序。金融领域分业经营、分业管理的法律规定,是我国现阶段金融监管的必然选择。同时,也应该看到,分业经营不意味着一成不变。金融业综合化趋势是经济和金融全球化的产物,是技术革命和规模经济更高的要求。从长远看,金融业综合化一体化也应成为我国商业银行发展的趋势。

(3)符合适度竞争要求。我国地域辽阔,地区之间经济发展不平衡,金融监管部门在审批时,应考虑地区经济的差异性,遵循合理布局原则。同时考虑适度竞争,防止银行垄断。

3. 可控性原则

可控性包括两个方面,其一,金融监管部门的监管能力能够保证对管辖范围内商业银行机构的监管与控制。过多建立银行机构超出了金融监管能力,很难保证设立的商业银行能够安全运行,难以及时发现和控制金融风险。其二,商业银行制定了可行、有效的内部控制规章制度。内部控制制度是商业银行防范风险的基础,能够对内部各部门及职员的业务活动进行控制和制约。在此基础上,才能考虑经营过程中如何建立和完善良好的运行机制,如何提高银行经营的技术手段等。监管机构要检查内控制度是否合理可行,是否体现了安全与发展相结合的策略。

(二)对市场准入监管的法律规定

对金融机构的市场准入监管大体上包括资本充足标准、合格管理人员等条件。在我国,设立商业银行最低注册资本金限额是 10 亿元人民币,设立城市合作商业银行最低注册资本金限额是 1 亿元人民币,设立农村合作信用社的最低注册资本金限额是 0.5 亿元人民币。注册资本应当是实缴资本。中国银监会根据需要,可以调整注册资本最低限额。同时规定,商业银行必须有具备专业知识和业务工作经验的董事长、总经理(行长)和其他高级管理人员,以确保金融机构掌握在品德好、业务精、信誉高的管理人员手中,实现稳健运营。

(三)对商业银行市场准入监管的要求

我国对商业银行市场准入的要求,归纳起来主要包括:

1. 符合规定的本外币资本金

《中华人民共和国商业银行法》《中华人民共和国银行业监督管理法》和《金融机构管理规定》对法人金融机构准入的资本金作出了明确规定。资本金充足率是衡量商业银行抗风险能力的重要标志,也是评级最重要的指标之一。如果资本充足率比较低,抵御损失的能力就相对较弱。根据规定,商业银行货币资本金必须及时合规到位;股东资格、股东条件和股本结构要符合中国银监会的规定;资本金应是出资者有权支配的自有资金,不得以借资、债权作为资本金;金融机构设立分支机构应具有规定的营运资金,营运资金由总行从资本金中拨付,但累计拨付额不得超过总行(总公司)资本金的 60%。

2. 具有任职资格条件

商业银行的法定代表人及其他高级管理人员的任免变更,应事先按审批权限报中国银监会进行任职资格审查,未经审查或审查不合格的,董事会或上级主管部门一律不得办理任免或聘任手续。商业银行的高级管理人员,要具备较高的政策理论水平,具有丰富的金融工作经验,具备优良品质,行为端正。

3. 具有严格的内控制度

商业银行应对未来市场业务情况进行分析，制定长远发展规划和业务策略。申请机构准入者必须建立合理的组织结构，包括组织职能、职责范围、相互监督和相互制约的组织体系；制定严格的内部控制制度，包括各项业务操作程序和管理规定，对违规违纪的处理办法，劳动工资制度和考核指标等。

4. 有固定的营业场所和安全设施

银行业要求具有高度的稳定性和安全性，才能够保护存款者的利益不受侵犯。因此，设立商业银行必须要有固定的经营场所以及与之配套的安全保卫措施和防盗、消防设施。

5. 符合市场准入的申报程序

在我国，设立商业银行要经过筹建和开业两个阶段。

（1）申请筹建阶段。向中国银监会提交申请报告、可行性研究报告、筹建方案和筹建人员名单及其简历等资料。中国银监会对商业银行申请筹建的答复期为 6 个月。未获批准，申请人 6 个月内不得再次提出同样申请。筹建期限为 6 个月，期满未达到开业标准者，批文自动失效。筹建期内不得从事金融业务活动。

（2）申请开业。向中国银监会提交下列资料：开业申请报告，验资证明，资本金入账原始凭证复印件、投资者的背景资料，拟任法定代表人和主要负责人名单及履历，做过金融业务的员工占总人数的比例，营业场所所有权或使用权证明文件，章程及其他资料。开业申请的书面答复期为 30 天，未予批准应注明理由。经批准开业，应持批文办理营业许可证。领到许可证后 3 个月内必须开业。

6. 重要变更事项的事先报批

商业银行增减资本金或营运资本、调整股权结构及股本方式、转让股权、更名改制、调整业务范围、更换高级管理人员、机构分设合并、修改章程、变更营业地址等，应事先报中国银监会批准。对商业银行分支机构市场准入的要求，除上述一般要求外还包括：必须有真实足额的营运资金，该总行所拨付的营运资金总额不得超过资本金的 60%；该总行近三年来经营状况良好，没有重大违规违纪行为，各项制度比较完善，内控体系比较健全，抵御风险能力较强。

第二节　商业银行市场经营监管

银行进入金融市场之后，金融监管当局必须进行持续性监管，随时了解业务活动和经营情况，掌握市场动态，防范、抑制和化解金融风险，纠正违规行为，督促银行机构依法审慎经营。

一、对商业银行市场经营监管的内容

对商业银行的经营监管重点放在银行业务经营合规性、风险控制、资本充足性、流动性、资产质量、盈利能力、管理水平与内部控制方面。

（一）对金融业务合规性经营的监管

银行依法经营、监管当局依法监管是保证金融体系正常运转的前提条件。尽管各国立法原则不尽相同，但对商业银行可以做什么，或者在什么条件下可以做，都有明确要求，对违

法违规行为也有明确的处罚规定。商业银行业务经营合规性监管的目的在于督促其严格遵守金融法律规章,以及监管当局制定的审核标准和原则。一般来讲,在法制健全的市场经济环境中,商业银行明显违法违规行为不多见。称职的商业银行经营者,总是竭力树立守法、稳健的形象。

(二) 对金融风险控制的监管

随着金融市场结构变化、金融工具不断创新、表外业务领域逐步扩大,新的风险形式也在不断产生,各种风险之间的联系和影响更加复杂。在银行业脆弱性不断增大的情况下,金融监管当局建立有效的风险监控体系的重要性日益突出。与此同时,由于诸多因素综合作用,导致风险的不确定性增强,商业银行经营的透明度在下降,给内部管理和外部监督带来了困难。从风险管理和风险监督角度讲,仅对各种风险进行逐项控制远远不够,更重要的是关注各类风险的相互联系和相互影响。既要严格审查表内业务,也要审查表外业务;既要注意资产风险,也要防范负债风险。在新形势下,金融监管当局开始逐渐改进对商业银行风险的控制和监管策略,通过对商业银行整体业务状况深入了解,建立考核参数和分析方法,对银行风险的集中程度作出客观评价。同时,金融监管当局在确定风险集中的评价标准和监控时,还要对银行业所涉及的风险多样性和复杂性进行充分的评估和考察。

(三) 对资本充足性的监管

当商业银行经营出现亏损时,资本可以作为应付意外损失的缓冲器。经历了 20 世纪 80 年代银行资本充足率持续下降之后,西方发达国家监管当局出于保护存款人利益和维护公平竞争的需要,要求银行增加资本金。而商业银行希望减少对资本金数量的要求,以增加盈利和资产规模。这种冲突引起了监管政策与银行经营之间的摩擦。为确定资本标准,各国曾一度设计了不同的资本与银行整体业务的比例关系,总的来讲,都是由资本搭配率和风险资产率这两个基本方法演变而来。无论采取怎样的测量体系和方法,任何一项单独的比率都不能囊括银行业务的所有风险及其对资本的潜在需求。在最近几年里,市场经济国家的监管当局已经开始采取措施,防止资本充足率的进一步下降。随着银行资产负债管理技术的不断成熟,资本充足性的测量和评价方法在逐步完善之中。为解决不公平竞争的问题,监管领域一致认为,有必要采取统一的监督评价方法。

按照《巴塞尔协议》的统一标准,商业银行的资本金分为一级资本(核心资本)和二级资本(辅助资本)。一级资本包括实收资本和公开储备;二级资本包括非公开储备、资产重估储备、一般储备金、混合(债务)资本工具、次级债券。要求商业银行的核心资本充足率(核心资本总额/风险资产)不低于4%,资本总额充足率(资本总额/风险资产)不低于8%。其中,二级资本总额不得超过一级资本的100%;次级定期债券不得超过一级资本的50%。根据资产风险的程度不同,将风险权重分为 5 个权数:0%、10%、20%、50%和100%。

另外,《巴塞尔协议Ⅲ》提高了弥补资产损失的最低资本要求。将原实行的2%调整到4.5%;一级资本(包括普通股和其他建立在更严格标准之上的合格金融工具)要求由4%调整到6%;资本留存超额资本将应达到2.5%,满足扣除资本减项后的普通股要求;建立反周期资本,其比率范围在普通股或者是全部用来弥补损失的资本0%~2.5%,具体根据经济环境建立。《巴塞尔协议Ⅲ》中银行的最低资本留存标准请见表 5-1。

表 5-1　巴塞尔协议Ⅲ中银行的最低资本留存标准

高于最低资本要求的资本留存比例区间	
按资本留存比例区间计算的银行实际资本超过最低资本要求的占比	最低资本留存率（占利润的百分比）
<25%	100%
25%~50%	80%
50%~75%	60%
75%~100%	40%
>100%	0%

（四）对资产流动性的监管

流动性是指商业银行履行到期债务的能力、存款变动情况、借入资金依赖程度、可变现资产数量、资产负债管理水平和控制的能力以及紧急筹措资金的能力。从操作的角度看，在任何一个给定的时期内，流动性预期需求都不确定。因此，监管当局要在实践中恰当地评价、准确地测量银行的流动性，具有相当的难度。

目前，多数欧洲国家仍以各种流动性比率作为考核指标，这种方法简便易行，但对不同规模的商业银行使用统一比率的做法比较呆板，而且最低流动性比率的确定也很困难。如果强制商业银行保持比实际需要更大的流动性，会使过多的资产处于冻结状态，影响盈利能力。目前，争议较少的方法是以前期流动性管理的经验数据为基础确定各种比率，但是，在银行业发生迅速变革的环境下，这种方法也不尽如人意。而测量流动性的一些传统方法，只能就有关方面提供静态概况。金融监管当局适应金融环境变化，改进对银行流动性的监管方法，是提高监管有效性的需要，但由于技术上的困难致使各国在这方面的改革进展缓慢。流动性监管的总趋势是以考核银行资产负债期限和利率结构搭配为基础，对流动性进行系统评价。同时，要特别注意对每个商业银行的实际情况和特点进行考察，提高监管的针对性和灵活性。

（五）对资产质量的监管

资产质量是衡量商业银行经营状况的重要依据之一，金融监管当局把检查和评价银行的资产质量作为重要内容。检查和评价资产质量时所涉及的因素很多，主要因素有银行贷款政策、风险资产数量、逾期贷款数量、资产管理人员素质、贷款集中程度和资产状况恶化的可能性以及呆账准备金的充足情况等。

商业银行准备金政策与资产质量、资本充足性以及盈利状况等许多方面有内在的联系。因此，对资本充足性和资产质量的监督必须考虑准备金因素。资本金与准备金之间相互影响的程度取决于国家的会计及税收政策。评价资产质量以及确定适度的准备金水平，首先是商业银行管理层的责任，还必须受审计师的监督检查。监管当局的主要任务是确保商业银行在充分考虑谨慎经营和真实评价业务质量的基础上提取准备金，如果认为准备金提留不符合要求，须采取相应措施督促改进。实践证明，只有提高准备金水平，才能在长期增强银行的实力。目前,对专项和普通准备金的提留方法,由于缺乏客观标准和足够的经验,各国情况相去甚远。但是,各国监管当局已经普遍认识到准备金政策和方法的统一,是增强国际银行体系稳健性的一个重要因素,有助于银行业在国际范围内公平竞争。金融监管当局间的协商与合作,有助于在准备金问题上达成共识。

(六) 对盈利能力的监管

金融监管当局希望商业银行不断提高盈利能力,鼓励它们采取有效的政策措施,确保业务收益与风险相称,并能够按要求不断提高准备金水平。商业银行从市场上筹集资金的能力要依靠在市场上的地位,而市场的直观判断是资本实力、盈利能力和经营前景。除了优厚的红利分配,资本回报率是最能反映盈利能力的指标。在对银行收益状况进行检查评价时,不仅要考核资产收益率,还要考虑往年收益情况和未来的趋势,还要注意资产收益来源结构(有时银行的盈利并非来自营业收入,如出售固定资产)。近年来,一些银行在利润分配上的一些不审慎行为已引起了监管当局的注意,开始将银行分红政策作为监管的内容,以确保红利分配政策与经营状况相一致。

(七) 对内部控制的监管

对商业银行管理水平的考核没有专门的客观数据和指标依据,往往是以商业银行内部控制、业务政策、经营计划、管理经历和职员素质等非定量因素做参考。对管理水平的检查与评价,主要是通过考核实际经营状况,并参考资本充足率、流动性比率、资产质量、盈利水平等相关因素进行间接测评。1994年7月,巴塞尔委员会和国际证券协会组织联合公布了《衍生金融工具风险管理指导方针》,通过强化内部控制,防范金融操作的各种风险。1995年10月,德国银行管理局颁布了《信用机构金融交易业务管理基本要求》,从内控角度对资金市场交易、证券交易、外汇交易、贵金属交易和衍生产品交易,以及各种回购交易主要环节提出了明确要求。对新金融工具和新金融交易做了严格规定,明确要求在试验阶段新金融工具必须经管理人员批准。只有在取得成功、制度完善和风险控制系统健全的情况下,经管理人员批准方可全面开展交易。日本大藏省在检讨和总结银行业经营失败原因的基础上,于1995年12月提出了《今后金融监管的具体改善对策》的四条措施:一是全面开展内部稽核,包括资产状况完好性、业务活动合规性、经营管理审慎性、风险控制严密性以及计算机系统安全性等。二是健全内控制度,要求金融机构在健全制约机制的同时,建立重要岗位员工休假制度。三是加强对分支机构,特别是海外分支机构的控制。由于不同国家、法律制度和业务内容有所不同,有必要依靠所在国进行业务监督。四是健全风险管理系统,包括明确的风险管理目标,相互制约的风险管理组织形式,严密的风险测定、识别、报告和处理程序。

二、商业银行市场经营监管的主要方式

(一) 非现场检查监管

在非现场检查监管中,金融监管当局通过对商业银行的业务活动进行全面连续的监控,随时掌握其运行状况、存在的突出问题和风险因素,及时采取防范和纠正措施。

非现场检查监管的资料反映在金融监管部门要求商业银行报送的统一报表上,资料翔实可靠则能真实反映商业银行的经营状况。报表主要内容包括:① 全方位反映银行经营情况的资产负债表和损益表;② 反映资产负债表特别项目的附表;③ 资产负债表未能反映的报表,如表外项目明细表,其包括电子汇兑转账系统、非传统性信贷融资活动、备用信用证和

跟单信用证的创新应用、外汇投资活动等；④ 其他相关特别报告，如各项存款统计报告、各项贷款统计报告、内部借贷统计报告、信托业务统计报告、消费信用统计报告、现金交易统计报告等。金融监管机构通过对统一经营报表进行分析，检查资本、资产质量、盈利及流动性等，及时发现问题，提醒商业银行注意并采取预防措施。

1997 年年底，我国发布的《商业银行非现场监管报表报告书》和《商业银行非现场监管指标报表填报说明》是完善监管工作中的重要一步，标志着非现场监管走向规范化、制度化和科学化。这是在总结非现场监管的实践经验、深入分析风险和业务发展规律、借鉴发达国家监管技术的基础上制定出的重要监管规章制度。

（二）现场检查监管

现场检查监管是监管机构进入商业银行进行实地检查，通过查阅报表、账册和文件等各种资料，分析、检查和评价银行的经营管理质量。现场检查可分为全面检查和专项检查。全面检查定期进行，如一年一次，或几年一次。专项检查监管一般针对非现场检查中发现的问题进行不定期专门检查。只要非现场检查中发现问题，都可能进行专项现场检查。现场检查具有非现场检查不能替代的作用，通过现场检查能够对具体监管对象的内部控制和监管水平、业务经营合规性、资产负债情况进行深入了解，发现一些从财务报表中难以发现的问题。

现场检查监管的主要过程包括：① 起草现场检查监管备忘录。主要是确定现场检查的目标、范围、重点及所需要的检查人员。② 实施现场检查监管计划。进驻被检查商业银行，检查人员按照一定的程序调查取证，对被检查银行资本充足率、资产质量、流动性、盈利性及管理水平等进行分析。③ 现场检查监管结论。现场检查结束后，在规定的时间内给出检查总体评价，针对全面情况或特别问题写出监管报告。④ 现场检查结束后的监管。在现场检查监管后实施连续的非现场检查，对检查过程中不合格的银行采取救助性或处置性措施。

第三节 商业银行跨国经营监管

经济金融全球化发展使商业银行跨国业务发展迅速，对商业银行跨国业务风险的监管问题日渐突出，相关规则、制度和合作机制正在逐步走向完善。

一、母国对本国银行海外业务的监管

各国对本国商业银行从事海外业务有许多监管措施，主要包括：

（一）对开设分支机构的申请

商业银行计划到海外设立分支机构，先要得到本国金融监管部门的批准，必须先向本国金融监管当局提出申请，说明有足够的资金实力开展海外业务。美国 1933 年联邦储备法规定，联邦注册银行欲在国外建立分支机构，至少应有 100 万美元的资本金。

（二）对业务范围的限制

由于银行管理法规上的差异，金融监管当局在审核本国银行的海外业务时，会面临这样一个问题：如果某项业务在本国不允许经营，但在国外是允许的，管理当局此时是否应批准

本国银行开展此项业务？一般来说，为避免使本国银行在海外竞争中处于不利地位，政府通常允许本国商业银行在海外从事所在国允许经营的业务。

（三）对财务报告的检查

各国金融监管当局在对本国商业银行的定期财务检查中，要求提供海外业务资料，了解本国银行海外业务活动的情况。美国规定，跨国银行应每季度报告一次"主权风险"情况，每月报告一次外汇头寸和期限，每周报告一次外汇交易情况。各国金融监管当局定期派出检查人员，在主要国际金融中心设立常驻机构，现场检查本国银行海外分支机构的经营情况。美国货币监理署设有跨国银行处，专门负责监督海外银行业务。从1967年开始，该机构每年派出116名检查人员到近20个国家检查本国银行在当地的分支机构，还在伦敦特别设立了一个常驻机构，设有6名检查人员专门负责监督在伦敦的美国银行分支机构。到海外检查本国商业银行分支机构，必须取得东道国政府认可。《巴塞尔协议》签订后，东道国政府一般给予合作。但也有例外，如瑞士不允许外国政府进入本国进行检查。在这些国家，母国金融监管当局只能依靠信息和资料进行监管。

（四）对存款准备金的要求

对于商业银行海外分支机构的存款是否交纳准备金的问题，各国规定不同。有的规定统一执行，有的不要求交纳；有的规定外币存款不交纳，本币存款要交纳。美国联邦储备委员会规定，对于美国商业银行海外分支机构吸收的存款其总行应提留准备金。在1969年以前，美国商业银行总行从海外分行拆借的资金不需要交纳准备金。但在1969年9月以后，为控制国内银行贷款能力，美国货币当局对这类借款也要求银行提留准备金。1980年3月《存款机构放松管制和货币控制法》生效后，存款准备金率下降到3%。

（五）对外汇交易的管理

外汇交易是一项风险极高的业务，曾轰动一时的奥地利赫斯塔特银行破产，就是外汇投机失败所致。为避免本国商业银行因从事外汇交易陷入困境，各国都加强了对外汇交易的监管。主要方式为限制商业银行持有外汇即期及远期头寸，减少外汇风险暴露程度。此外，一些国家还对商业银行提供外汇业务的客户信誉以及对单一客户外汇业务占全部外汇业务的比重作了限制。

除了上述管理外，母国还有一些措施虽然并非针对海外业务制定，但有间接影响。20世纪60年代至70年代，美国采取的利息平衡税、自动贷款限制以及在80年代以前实行的Q项条例等措施，都刺激了美国银行将业务转向海外。

二、东道国对外国银行分支机构的监管

东道国对国内外资商业银行分支机构经营活动以及外国商业银行对本国居民的业务监管，各国的做法大致分为四种：① 完全禁止外国银行进入本国金融市场；② 对外国银行经营活动存在限制；③ 对外国银行实行国民待遇；④ 对外国银行采取优惠政策。目前，多数发达国家对外国银行的监管采取第三种做法。而相当一部分发展中国家出于发展本国经济和银行发展的考虑，或对外国银行采取限制，或采取优惠措施吸引外国银行。

（一）对金融市场准入的监管

多数国家对外国银行进入本国都要进行资格审查。在新加坡，外国银行在当地设立分

支机构,要求母行至少在世界排名前 300 名之列,总行资本金应在 600 万新加坡元以上。一些国家还规定,外国银行在本国开设分支机构,必须提交由总行出具的保护书,对分支机构负债提供担保。

（二）对业务经营报告的监管

外国银行分支机构同国内银行一样,必须定期向东道国金融管理部门申报经营报表,接受检查。在 20 世纪 70 年代以后,由于不断发生重大银行破产事件,几乎所有国家都加强了要求,检查日趋严格。

（三）对经营财务指标的监管

为避免外国银行分支机构不谨慎造成本国银行业遭受冲击,各国政府均设立了明确的财务指标,要求外国银行分支机构遵守。一般说来,外国银行应在东道国设立独立法人实体,遵循东道国的银行指标。这些指标主要包括：① 流动性比率。中国香港规定,银行流动资产（现金、7 天内可变现资产）应达到其存款总额的 5%。② 单一贷款比例。美国规定,单一客户的贷款比例不能超过银行自有资本和盈余的 10%。③ 外汇头寸指标。为避免承担过大风险,监管当局对外汇头寸均有限制。英格兰银行规定,银行持有一种货币的头寸总和,不能超出其资本的 10%,各种货币的头寸不能超过 15%。④ 资本充足比例。《巴塞尔协议》颁布的指标已成为国际银行业共同的指标。

（四）对金融业务范围的监管

为了本国银行业安全,各国监管当局对外国银行机构业务范围都进行一定限制。在美国,只有参加了联邦存款保险体系的银行,才能吸收非银行存款。而外国银行分支机构吸收的存款往往得不到保险,因而,无法从事零售存款（居民存款）业务,只能从事批发存款（同业拆放）业务。对银行业务范围的限制在发展中国家更为常见。这些国家还规定外国银行分支机构贷款的分配比例。1980 年,马来西亚政府规定,外国银行贷款中用于住宅的占 10%、农业占 5%、小企业占 20%,同时,还限制外国银行对当地跨国子公司的贷款,如果这种贷款超过 50 万美元时,外国银行份额不得超过 50%,其余部分应由本国银行提供。

（五）对金融机构形式的监管

对于外资银行可以在本国设立的分支机构种类,东道国进行了各种规定。加拿大曾规定,外国银行只能设立子银行,不能设立分行；新加坡规定,外国银行须先设立代表处,才能设立分行；美国许多州规定,只有外国政府允许美国银行设立某种机构,才能在该州设立此类机构。此外,为防止外国银行控制本国银行业,还对建立合资银行的参股比例作了限制。加拿大规定,外资在合资银行中的股权比例不能超过 25%,单个投资者比例不超过 10%。我国目前规定,单一机构对国内商业银行控股不能超过 20%。

（六）对存款准备金的监管

东道国对外国银行分支机构吸收的存款,通常有存款准备金和存款保险要求。美国政府规定,凡设立在美国的外国银行分行吸收的单项存款少于 10 万美元,必须参加美国联邦存款保险公司存款保险,外国子银行必须全部参加。

三、西方国家对跨国银行的监管

（一）德国对跨国银行的监管

德意志联邦银行业监督局是监管银行业的最高机构,审批银行的营业许可证,有权获取银行的详细情况,及时制止银行体制中的消极因素,负责向财政部报告。

1. 对金融市场准入的监管

德国对类型不同的外国银行分支机构的设立有不同的规定:① 代表处。代表处的设立不需要监督局颁发许可证,但开业、地址变更及停业,必须向联邦银行业监督委员会(FBSD)和德意志联邦银行报告。代表处的活动限于提供投资咨询,没有资格签订业务合同。② 分行。分行是独立核算、自负盈亏的机构,需要按法定程序领取营业许可证,方可在德国境内从事银行业务活动。③ 全资或拥有大部分股权的附属公司。法律上,这类附属机构被视作德国银行,是独立经济实体。其活动没有任何界限制约,营业许可证的申领与国内银行要求一样。

2. 对业务经营活动的监管

外国银行在德国从事银行经营,一般需要具备以下条件:① 有从事银行业务所必要的资本金,资本金须符合德国对银行业要求的统一标准。② 银行经理人员值得信赖,有良好的声誉及具备必需的专业证书。③ 一家银行至少有两名经理,才能开展工作("两双眼"原则),具备足够的德语能力。按惯例,其中一名经理通常聘用德国人担任。④ 申请银行必须向 FBSD 提交一份开展业务的计划,及组织机构情况资料。

(二) 法国对跨国银行的监管

法国银行业监管机构有三家:① 全国信贷委员会,决定银行业和金融活动的政策,公布有关银行业的一般性法规;② 银行业管理委员会,负责监控银行业活动是否符合各项法规;③ 政府委员会,代表国家管理各商业银行总行,保证每一家商业银行及其分行都遵守银行法规。此外,法兰西银行协会和同业公会也发挥一定的作用。

1. 对金融市场准入监管

外国银行代表处在法国开业,不必得到银行管理当局的授权;设立分行则必须持有全国信贷委员会颁发的许可证。按规定,申请许可证的机构,应向该委员会提供以下资料:申请机构的形式、拥有的最低资本金、总体经济效益情况、经理人员的声誉、遵守适用于外国直接投资的外汇管制规定情况。至于是否需要外国银行的总行提供担保,一般不作要求。

2. 对业务经营的监管

外国银行只要获得法国管理当局许可,从事业务时不受歧视。信贷限额控制主要是针对新开业的银行,对本国银行和外国银行一视同仁。不过也有例外,外国银行有可能被准许在短期内不执行信贷限额,这样做主要是吸引外国银行来法国经营。对于发行证券,在法国有严格规定,牵头行必须是只有少数银行组成的"发行委员会"成员之一。

(三) 美国对跨国银行的监管

1. 对金融市场准入的监管

美国实行"双重银行制度",在 1978 年《国际银行法》(IBA)颁布之前,由各州负责对外国银行的申请审批;1978 年之后,联邦政府获得了对分支机构的申请审批权,由货币监理署(OCC)负责。这样就使美国对外国银行的监管与对国内银行监管一样,出现了双重制度,外国银行可以自由选择向联邦政府或是向州政府提出注册申请。

2. 对业务经营的监管

在 IBA 颁布前,美国的外资银行能够从事较本国银行更为广泛的业务,特别是在投资业务领域。根据当时的美国法律,国内银行不能从事证券发行、买卖等投资银行业务。而欧洲许多国家允许银行经营投资银行业务,在美国的欧洲银行也从事投资银行业务。

IBA 的颁布在一定程度上缩短了双方差距。在《1987 年银行公平竞争法》之后,外国银行分支机构在业务范围方面仍具有某些特权。进入 20 世纪 90 年代以来,美国加速了银行自由化立法,打破商业银行在业务方面的界限。1999 年的《金融服务现代化法案》消除了国内银行和外国银行之间的差异,为美国跨国银行业务监管提供了法律依据。

第四节 商业银行市场退出监管

一、商业银行市场退出的表现形式

商业银行的市场退出,是指商业银行被吊销金融营业许可证、停止办理金融业务、注销法人资格的处置。

商业银行的市场退出有多种形式,从是否具有法人资格来看,商业银行市场退出可分为法人机构退出和分支机构退出。分支机构退出不意味着法人机构退出;注册法人退出后,分支机构随之退出。按照市场退出的意愿可以分为自愿退出和强制退出,自愿退出是指商业银行出现章程规定的需要解散事由时,经股东代表大会决定同意,主动向金融监管当局提出市场退出申请,请求注销法人主体资格。强制退出是指由于商业银行完全丧失流动性清偿能力、资产损失超过资本金额等原因,金融监管当局依法作出予以关闭的决定,取消法人资格、强迫退出金融市场的处理。

商业银行退出市场的类型归纳起来主要有解散、撤销和破产三类。《中华人民共和国商业银行法》明确规定:"商业银行因解散、被撤销和被宣告破产而终止。"法定退出方式只是从法律程序上对商业银行的市场退出加以界定,在复杂的经济活动中,商业银行市场退出的表现形式更加多样。

(一) 商业银行破产

商业银行破产,是指不能支付到期债务,由商业银行自行申请,经金融监管部门审核同意,法律机构作出裁定,终止商业银行法人资格的法律行为。破产是商业银行市场退出的司法程序,是在各种方法解决经营困难均告失败的情况下的最后手段。在市场退出方式中,破产在短期内对经济和社会造成的冲击和影响最明显,如果没有有效的法律措施和可靠的金融安全网作为保障,商业银行破产将给整个行业带来严重的负面影响。

(二) 商业银行收购

商业银行收购,是由于股份被其他公司购买,在收购方安排下注销该银行的法人资格,实现金融市场退出。被收购的商业银行债权债务由收购方接收,成为收购机构的一部分或分支机构。也有被收购的银行在收购方的主导下,重新注册法人资格,但新注册与被收购前的银行在法律意义上完全不同。在我国,收购过程中如果有政府干预,则被收购的商业银行先以关闭的方式退出市场。如海南发展银行先实施了行政关闭,后由中国工商银行接管。被收购商业银行的经营状况决定了在收购中是被动退出市场还是主动退出市场。

(三) 商业银行合并

商业银行合并,是指两家或两家以上商业银行在达成协议的基础上,通过某种自愿、合作和公开方式进行机构合并,最终成为一家新的单独法人资格的商业银行。商业银行合并后,通常融合两家银行的名称,有可能沿用其中一家大银行的名称,但并不说明银行在法人资格上有继承关系。合并后的银行即使沿用大银行名称,也是重新进入市场的银行。

(四) 商业银行分立

商业银行分立,是指一家具有独立法人资格的商业银行出于经营发展上的需要,或迫于法律或行政上的压力,拆分为两家或两家以上新的商业银行。原商业银行在分立后法人资格消失,自动退出市场,全部债权债务按照事先约定由新商业银行接收。

商业银行合并与分立是两种相反的组织变动方式,都涉及原商业银行法人资格注销（市场退出）和新商业银行重新注册法人资格（市场进入）两个环节。商业银行的合并和分立,是主动型市场退出。

二、商业银行市场退出的原则

即使在有效的金融监督体制下,也会有商业银行因各种难以预料的原因陷入经营困境。金融监管当局对此制定了相应的处理措施和法律制度,以确保银行体系的稳定,保护存款人利益。但是,从维护市场原则和市场效率的角度出发,监管当局没有为每一家银行"保险"的义务。

对商业银行出现的一般性问题,金融监管当局采取常规方式加以督促和检查。当出现较大问题时,监管当局有权限制或停止原有业务,有权限制或停止支付红利,有权禁止资产的转让、出售或进行收购活动,有权撤换其管理层或董事,甚至可以将某些主要责任人员永久驱逐出银行业。对问题极端严重的银行机构,监管当局对其实施强制性接管措施,以便查清问题,为综合解决问题提供依据。当个别银行机构遇到无法克服的流动性困难、有可能动摇公众信心或影响金融体系稳定时,监管当局根据需要可通过行业支持、提供再贷款等方式开展紧急救助。如果在采取了纠正措施或紧急救助后,银行仍然无法恢复生存能力时,监管当局应尽力促成有实力机构的兼并。与破产清算相比,兼并或收购被认为是一种损失较小的处理办法,能够保全银行原有的营运基础,在保护了存款人利益的同时,也避免对社会造成金融恐慌。从经济观点来看,兼并或收购也是一种好的选择,因为有问题银行尽管失去了偿付能力,但其硬件或软件都有利用价值。从近年来国际金融监管实践上看,个别银行遇到严重危机时,往往是在监管当局的促成下,由实力雄厚的机构收购,使事态得以平息。当所有努力都无济于事时,监管当局只能采取断然措施,以维护金融体系的安全与稳定。

(一) 依法退出原则

无论何种原因的商业银行市场退出,都必须在金融监管当局的直接监督控制下依法进行。在既有的法律体系框架内,金融机构的市场退出必须具有充分的透明度,通过有效方式向社会公众准确表达市场退出的原因、方式及相关安排。这样,可以有效地防止对有偿债能力债务人及其他金融机构产生负面影响。

(二) 金融稳定原则

在商业银行的市场退出中,牵涉债权人、债务人、股东、职员等多方利益,因此,通过市场退出将有问题的商业银行清除出市场时,一定要依法处理利益关系,消灭风险传染源,增进金融体系的效率,维护金融体系的稳健,保护债权人的合法权益不受损害和整个经济社会体系运行的稳定。

(三) 准市场化原则

市场退出的方式通常有两种选择，即市场淘汰处置和政府干预的处置。政府干预的处置一般是以政府承担市场退出所造成的大部分损失为代价，而市场淘汰的处置体现了市场的公平与效率原则。所以，市场经济国家对有问题商业银行市场退出的通常做法是市场手段与行政手段相结合。因此，商业银行市场退出是一种准市场化行为。

(四) 风险最小化原则

由于商业银行的特殊性，被动市场退出可以说是一种两难选择。因为市场退出不可避免地会引发一定范围、一定区域内不同程度的金融震荡。因此，对待银行市场退出问题，必须坚持风险最小化原则，把可能引发的金融震荡限制在最小范围内。

(五) 协调配合原则

商业银行市场退出涉及很多当事人，包括股东、职员、债权人、债务人、金融监管当局、财政部门、司法部门等。因此，金融监管当局、财政部门、司法部门要相互协调配合，保证商业银行市场退出能平稳顺利完成。

(六) 强制性原则

如果商业银行在丧失金融清偿能力，特别是丧失资本清偿能力后，经救助无法恢复正常经营活动，必须退出市场。问题银行的存在意味着金融风险的扩大，意味着负外部性的强化。因此，对有问题银行的市场退出具有强制性。

三、商业银行市场退出的程序

商业银行因其退出市场的原因和背景不同，市场退出的程序也存在差异，但基本程序大体相同。

(一) 解散的程序

商业银行解散必须首先由拟解散商业银行的董事会向金融监管当局提出解散申请，金融监管当局在接受申请后，要对解散的事由、财务经营情况进行稽核，根据能否顺利清盘的情况作出结论。如果金融监管当局批准解散申请，就进入了市场退出的实质阶段，必须按照《中华人民共和国公司法》《中华人民共和国中国人民银行法》或其他金融法规要求及时进行公告。公告发布后，在监管当局主持下，成立清算组进驻商业银行，进行债权登记和债务清理。金融监管当局人员作为清算组的主要成员，对清算全过程进行监管。

(二) 关闭的程序

商业银行关闭或撤销的程序主要包括：① 金融监管当局对救助和重组无望的商业银行作出关闭决定。② 由金融监管当局组织财政、审计等有关部门和被关闭银行股东代表及专业人员组成清算组，清理被关闭机构的债权债务，制订清算方案，处理剩余财产。也可指定托管机构托管被关闭机构在清算时间的全部资产和负债。③ 被关闭银行清算财产不足以偿付全部债务的，经金融监管当局同意，可以就个人储蓄存款以外的债务清偿事项进行调解。④ 金融监管当局关闭经营出现困难的商业银行时，可以指定一家或者几家银行机构，根据法定业务范围，单独或者分别受让被关闭商业银行的债权债务。⑤ 清算结束，报金融监管当局批准后，向工商行政管理部门办理注销手续，被关闭商业银行的法人资格消灭。

(三) 破产的程序

商业银行陷入破产境地，应履行的程序包括：① 陷入经营困境的商业银行经过金融监管当局同意,向司法机关提出破产申请;② 司法机关受理破产申请并进行审理;③ 司法机关经过审理并经金融监管当局同意,宣告破产;④ 进入破产清算程序后,由司法机关组织金融监管当局等成立清算组,进行清算;⑤ 对清算财产按照规定的顺序进行债务清偿;⑥ 清算结束,由司法机关和金融监管当局予以确认;⑦ 清算结果经过司法机关和金融监管当局确认后,办理破产注销手续;⑧ 金融监管当局收缴破产机构的金融机构法人许可证和金融机构营业许可证,并向社会公告。

四、商业银行市场退出的债务清理

(一)债务清偿原则

各国规定优先保护债权人特别是存款人的合法权益。我国商业银行市场退出时的债务清偿原则为:① 优先保证储蓄存款本金及合法利息的支付;② 储蓄存款清偿后,按清算剩余财产与单位存款、金融同业债务的比率按比例清偿;③ 清偿开始前,确认存款性质和金额,查实可能存在的账外经营和其他违规违法行为。

(二)债务清偿顺序

债务清偿中,应遵循的顺序是:第一,支付清算费用;第二,支付所欠工资和劳动保险费用;第三,个人储蓄存款的本金和合法利息、赔偿或给付保险金;第四,其他债务。清偿财产不足清偿同一顺序债务的,按照比例分配。

(三)债务清算方式

清算有两种方式:一是依破产程序进行清算。法人破产后,由司法机关组织有关人员成立清算组织,依破产程序进行清算。二是按非破产程序进行的清算,适用于非破产为由的法人终止,应由金融监管当局按照法律规定程序进行清算。在我国,按照《中华人民共和国民法通则》《中华人民共和国公司法》规定程序,由金融监管当局组织清算。清算内容包括:依法成立清算组、清理终止的银行的财产、处理未了结债务、通知债权人申报债权、要求银行债务人履行债务、清结应缴纳税款事项、向股东分配银行剩余财产等。

五、我国商业银行市场退出的实践

新中国成立后特别是改革开放以来,银行发展基本上相对稳定,但是,金融业本身的高风险使商业银行市场退出事件时有发生。

(一)对私营银行的接管

新中国成立前,中国金融业主要由官僚资本控制,此外,国内市场上还有数量众多的民族银行,仅在京津、江浙一带就有包括中国通商银行、信诚银行、浙江实业银行、浙江兴业银行、盐业银行、金城银行、中南银行、上海商业储蓄银行、大陆银行等数十家私营商业银行。

新中国成立后,四大银行被没收。对于民族资本银行,中央政府采取公私合营和赎买的办法,进行公有化改造。解放初期,政府对私营银行进行参股,逐步实现了公私合营。之后,对私营银行进行赎买,全部收购了私营银行的私人股份。随后,政府对私营银行进行了撤销,资产和负债完全由中国人民银行接管,我国"大一统"的金融体系建立。

(二)海南发展银行的关闭

海南发展银行是在合并5家信托公司的基础上组建的一家中等规模的地方性商业银行,这些信托公司在1993年以前的海南房地产热中,已有大量资金积压于房地产投资。因此,在诞生之初,海南发展银行被赋予了化解金融风险的重任。其成立后不久,又引入北方工业公司、中远集团等40余家省外股东,筹集资金10.7亿元,由海南省控股。注册资本金16.77亿元的海南发展银行一开始就背负了44亿元的债务。1997年12月,海南发展银行的少数大股东和部分当地行政部门为了挽救因高息揽储而陷入困境的一批城市信用社,将28家资不抵债的城市合作信用社收入旗下,托管了5家被关闭的城市合作信用社,这一行动被认为是最终导致海南发展银行关闭的导火索。被接管的这些城市信用合作社总资产137亿元,总负债142亿元。接管之后,储户很快在各营业部的门口排起了长队,加上各种传言,恐慌很快演变成挤兑风潮。1998年3月22日,中国人民银行在陆续给海南发展银行提供了40亿元再贷款后,决定不再给予资金支持。1998年6月21日,为了防止支付危机蔓延,国务院、中国人民银行决定关闭海南发展银行,同时,指定中国工商银行和中国建设银行托管债权和债务,海南发展银行退出市场。

(三)中国投资银行被接管

中国投资银行是我国政府指定向国外筹集建设资金、办理投资信贷业务的专业银行。1989年建立,国家核拨资本金40亿元,主要任务是接受国际金融机构的贷款,从国外筹集建设资金,对国内企业提供外汇及人民币投资信贷等。但是,由于经营过程中的种种问题,中国投资银行在成立后不长的时间内信誉度受到了很大影响,很难继续维持正常的经营活动。经国务院批准,1999年3月18日,中国光大银行整体接收中国投资银行债权和债务及137个营业网点。在接管中,最高人民法院特别发出通知,对接管前后的法律问题进行了解释说明。接管后,中国光大银行对中国投资银行的债权债务进行了确认。根据会计师事务所的要求,中国光大银行拨备了17.1亿港元作为其贷款损失准备。

我国商业银行市场退出的实践,既为监管部门处理类似问题积累了宝贵的经验,又暴露出了许多不足,诸如行政性干预色彩过浓,现有制度设计简单,监管部门运作难度大以及缺少法规的具体指导等,在一定程度上制约着我国商业银行市场退出的规范进行。

本章小结

1. 对商业银行监管的首要环节是市场准入监管。限制商业银行的市场准入,既是预防性管理需要,也是防止垄断的必要措施。对商业银行市场准入监管的内容主要包括:对新设机构的监管、对银行分设机构的监管、对经营业务范围的监管等。我国在对商业银行市场准入的监管中,依照合规、合理和可行原则,对商业银行市场准入作出了明确的法律规定。

2. 商业银行风险在业务活动中形成,因此,对业务运营的日常监管是重点。对商业银行市场经营监管的内容主要包括银行业务经营的合规性、风险控制、资本充足性、流动性、资产质量和准备金政策、盈利能力、管理水平与内部控制等。金融监管当局的监管,通常通过非现场检查监管和现场检查监管两种方式完成。

3. 对商业银行跨国业务进行的监管一般包括母国对本国银行海外业务的监管和东道国对外国银行分支机构的监管两方面。前者包括业务申请、业务范围限制、财会数据的报告与检查、存款准备金要求和外汇交易管理等内容;后者集中在进入管理、报告与检查、财务指标控制、业务范围限制、机构形式限制和存款准备金与存款保险规定等方面。

4. 商业银行市场退出的表现形式归纳起来主要有破产、收购、合并和分立四种。破产和被收购属于被动型市场退出,合并与分立属于主动型市场退出。商业银行在市场退出时应当遵循一定的准则,既不能危及金融体系安全,又要避免银行产生侥幸心理。市场退出的程序包括发布公告、成立清算组、确认债权债务和注销商业银行法人资格等环节。在这些环节中债务清理具有特殊意义,各方应当坚持原则,依照法定清偿顺序对债务进行确认和偿付。

思考题

1. 对商业银行市场准入监管的必要性体现在哪些方面?
2. 简述商业银行市场经营监管的主要内容。
3. 简述东道国对外国银行分支机构的监管。
4. 商业银行市场退出监管的主要内容是什么?

即测即评

请扫描右侧二维码,进行即测即评。

第六章 证券机构监管

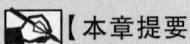【本章提要】

本章主要介绍各国金融当局对证券业监管的一般内容,包括证券机构市场准入监管、证券机构市场经营监管、证券机构的跨国业务监管、证券机构市场退出监管,并对我国证券业的监管实践进行了介绍。

第一节 证券机构市场准入监管

作为监管对象的证券机构,主要包括两类:从事证券交易的证券公司和通过证券发行筹集资金的上市公司。

一、证券发行市场准入的监管

(一)证券发行审核制度的类型

证券发行审核制度是各国对证券发行实行监督管理的重要内容之一,目的是防止劣质证券进入市场,以保护投资者利益和保证证券市场运行的高效高质。由于法律理念的差异,证券发行审核制度分为两种:一是以美国 1933 年《证券法》和日本《证券交易法》为典型的注册制;二是以欧陆国家公司法和美国《蓝天法》(部分州)为代表的核准制。

证券发行注册制是指证券发行人在发行证券前,必须先按法律规定申请注册。注册制是发行证券公司的财务公开制度,要求证券发行人提供证券发行的相关资料和信息,保证信息的完整性、真实性和及时性。证券发行人只要履行了法律规定的手续,提供了所有统计资料,经审核完全属实,就可以获得证券公开发行资格。注册制主要是基于这样一种理念,即只要信息公开、完整和真实,市场就会作出优胜劣汰的选择。政府的职责是健全制度,保证信息公开和防止信息滥用。因此,美国 1933 年《证券法》被誉为"证券真谛法",要求发行人提供反映证券价值的真实信息。

证券发行核准制是指在规定证券发行基本条件的同时,要求证券发行人报请证券主管机关批准的制度。这种制度以维护公共利益和社会安全为本,不重视行为的自由权。核准制借助法律进行国家干预,规定证券发行的具体条件,经主管机关审查批准方可发行。

(二)世界各国有关证券发行审核的内容

美国根据1933年《证券法》和1934年《证券交易法》对证券发行审核,凡是在证券交易所挂牌上市的证券,必须向证券交易管理委员会和证券交易所进行发行注册;对场外的证券发行,发行公司资产超过100万美元、股东人数超过750人的,必须向证券交易管理委员会办理发行注册;除了发行享有注册豁免的证券以外,发行未经注册批准的证券均属违法。财政部发行的国库券、政府发行的公债及其他联邦政府机构发行的债券,因严格的管理和很高的信誉,享有发行注册豁免权。

英国证券发行审核主要由英格兰银行负责审批,由于实行自律性管理,审批较为宽松,管理重点在二级市场。

日本的公司在发行证券时,须事先向大藏大臣提交有价证券申请书和计划书,其书写的内容、格式以及附件必须符合规定,必须公开一切资料,如发现记载有遗漏、故意虚构或含糊等现象,公司将负有赔偿责任。

联邦德国的股份公司发行新股,如果不上市,只属于公司法监管范围。公司法规定,只要将公司设立的章程、发起人和初始股东创设公司的报告、公司账户、审计员报告等在地方法院进行商业登记即可。根据1954年的《关于政府批准发行无记名债券的法律》,债券和其他流通票据的发行,由联邦财政部负责批准或否决。

(三)我国对证券发行审核的监管

在我国公开发行证券,必须依法报经中国证券监督管理委员会核准;未经核准或者审批,任何单位和个人不得向社会公开发行证券。公开发行股票,必须依照公司法规定,向中国证监会提交规定的申请文件,经中国证监会核准后方可发行。

二、上市公司市场准入的监管

各国对于股份有限公司股票上市都有法律规定。我国的上市公司是指所发行股票经中国证监会批准在证券交易所上市交易的股份有限公司。

(一)我国对上市公司市场准入的规定

股份有限公司股票上市需要满足以下条件:股票经中国证监会批准已向社会公开发行;公司股本总额不少于5 000万元人民币;开业时间在3年以上,最近3年连续盈利;原国有企业依法改建设立,主要发起人为国有大中型企业,可连续计算;持有股票面值达1 000元人民币以上的股东人数不少于1 000人,向社会公开发行的股份不少于公司股份总数的25%以上;公司股本总额超过人民币4亿元的,向社会公开发行股份的比例为15%以上;公司在最近三年内无重大违法行为,财务会计报告无虚假记载;国务院规定的其他条件。

(二)其他国家对上市公司市场准入的监管

1. 美国对上市公司市场准入的监管

纽约证券交易所规定的上市条件是:公司有形资产在1 800万美元以上;持有数量达到交易单位(100股)股票的股东至少2 000个,且前6个月平均每月股票交易量在10万份股票以上;公众持有的股票数量至少有110万股,市值至少有1 800万美元;最近1年税前收入在250万美元以上,过去2年每年税前收入超过200万美元,或过去3年税前利润总额至少有650万美元,最近1年税前利润达450万美元以上,过去3年都盈利。

2. 英国对上市公司市场准入的监管

伦敦证券交易所规定的上市条件中最主要的是批准要求和上市协议两个规定。批准要求规定,公司必须具备一定的盈利能力,这是基本依据。上市协议要求有合适的董事人选,保证上市证券有足够的公众参与;按市价计算的公司资产现值不低于50万英镑。

3. 日本对上市公司市场准入的监管

日本证券上市主要由东京、大阪、名古屋三个证券交易所负责,把从事国内股票交易的市场划分为市场第一部和市场第二部。上市股票原则上先作为市场第二部股票,符合"市场第一部股票指定标准"时,才成为市场第一部股票。市场第一部股票是上市股票的精华,所以,上市标准比市场第二部更严格。

4. 德国对上市公司市场准入的监管

德国证券上市申请,由从事证券交易的银行向证券商事委员会提出,根据《证券交易法》规定:必须是已完全缴纳股金的股票;股票印刷必须符合《印刷品安全规定》;指定代投资者行使权力的银行;发表一项内容完备、真实的招募章程。

三、证券公司的市场准入监管

证券公司的经营活动具有很大的风险和不确定性,经营失败会给投资者带来巨大的损失,因此,各国对于证券公司的市场准入监管有明确的法律规定。

(一) 各国对证券公司市场准入的监管

1. 美国对证券公司的市场准入监管

美国采取注册登记制度,只要符合规定条件的证券公司都可以开业,体现了"竞争原理"的思想。证券公司注册申请时要受到证券监管部门的审查,审查内容包括:证券公司是否有齐全的交易设备和足够的资本金;是否有合格的管理人员;能否遵守法规和证券监管部门的有关法规。证券监管部门应在45天内对注册申请做出答复,必要时可延长至90天。注册后,还要向证券交易所申请会员注册,只有取得证券监管部门的注册批准和证券交易所的会员资格,证券公司才能进行经营活动。

2. 日本对证券公司的市场准入监管

日本曾经对证券公司采取宽松制度,结果造成了证券市场的急剧扩张,许多质量低下的公司涌入证券市场,造成混乱。于是,日本在1965年修改了证券法,将登记制改为批准制,对原有证券公司资格进行审查。此后,证券公司数量下降,市场稳定下来。批准条件主要有:是否具备足够的财产保证和良好的前景;是否具备证券从业经验和良好的社会信誉;是否有利于当地证券业发展。

3. 英国对证券公司的市场准入监管

英国是自律型监管体制的代表,证券公司主要依靠自律组织管理,强调自我约束和自我管理。1986年之前,政府未设立专门的证券监管机构。非官方管理机构有证券交易所、证券交易所协会、证券业理事会、收购和合并专门小组。官方管理机构是贸易部和英格兰银行,但不直接参与监管。1986年,英国金融体制发生了根本的变革,根据1986年《金融服务法》确定的监管框架,成立了证券与投资委员会,负责对证券公司进行监管,自律组织如证券交易所、专门机构和清算所也进行管理。证券交易委员会是一个准政府机构,每年向财政部提交工作报告,财政部向议会汇报。证券交易委员会设董事会,由证券公司高级管理人员及客户利益代表组成,董事会主席由财政大臣与英格兰银行行长共同任命。这存在一些问题,主要是监管人员的非独立性令人缺乏信心,董事在其他公司可以担任职务,既是监管者又是被监管者,可能会影响监管行动的公正性。证券交易委员会的职责是接受或拒绝证券公司的注册申请,也有权制定和实施各种规章制度,有权约束证券公司,对违反规定者可依法惩罚等。

(二)我国对证券公司市场准入的监管

在我国,设立证券公司必须经中国证监会审查批准,未经批准不得经营证券业务。设立综合类证券公司必须具备的条件包括:第一,注册资本最低限额为 5 亿元人民币;第二,主要管理人员和业务人员必须具有证券从业资格;第三,有固定的经营场所和交易设施,有健全的管理制度,自营业务与经纪业务分业管理。设立经纪类证券公司必须具备的条件包括:注册资本最低限额为 0.5 亿元人民币;主要管理人员和业务人员必须具有证券从业资格;有固定的经营场所和合格的交易设施;有健全的管理制度。

第二节 证券机构市场经营监管

一、对上市公司经营业务的监管
(一)持续性披露制度

持续信息披露制度,又称公司信息公开制度,最早源于 1845 年英国的公司法,旨在通过完全公开公司信息,防止公司经营不当或财务制度混乱,维护股东和债权人的合法权益。信息披露制度被美国 20 世纪 30 年代的证券立法所采纳。第二次世界大战后,日本在借鉴国外先进法律制度时,也将信息披露制度作为《证券交易法》的核心内容。

依据信息经济学理论,信息决定着对证券的评价。证券市场充满了不确定性,风险的多样性和复杂性远非其他领域所能比拟,成为影响证券投资的重要因素。由于上市公司资本所有权和控制权相分离,信息在公司投资者和经营者之间非对称,加大了证券投资的风险。为了改变这种不对称分布,完整、及时的信息披露成为必然。证券持续性信息披露是相对于证券发行信息披露(初次披露)而言的,在内容上包括上市公告书、中期报告、年度报告、重大事件公告和收购公告等。随着证券市场的发展和成熟,信息披露的内容呈增多的趋势。

我国上市公司应当披露的定期报告包括年度报告、中期报告和季度报告。凡是对投资者作出投资决策有重大影响的信息,均应当披露。年度报告中的财务会计报告应当经具有证券、期货相关业务资格的会计师事务所审计,应当在每个会计年度结束之日起 4 个月内披露。中期报告应当在每个会计年度的上半年结束之日起 2 个月内,季度报告应当在每个会计年度第 3 个月、第 9 个月结束后的 1 个月内编制完成并披露。

年度报告应当记载以下内容:公司基本情况;主要会计数据和财务指标;公司股票、债券发行及变动情况,报告期末股票、债券总额,股东总数,公司前 10 大股东持股情况;持股 5%

以上股东、控股股东及实际控制人情况；董事、监事、高级管理人员的任职情况、持股变动情况、年度报酬情况；董事会报告；管理层讨论与分析；报告期内重大事件及对公司的影响；财务会计报告和审计报告全文；中国证监会规定的其他事项。

中期报告应当记载以下内容：公司基本情况；主要会计数据和财务指标；公司股票、债券发行及变动情况、股东总数、公司前 10 大股东持股情况，控股股东及实际控制人发生变化的情况；管理层讨论与分析；报告期内重大诉讼、仲裁等重大事件及对公司的影响；财务会计报告；中国证监会规定的其他事项。

季度报告应当记载以下内容：公司基本情况；主要会计数据和财务指标；中国证监会规定的其他事项。

（二）对上市公司关联交易的监管

上市公司的关联交易，是指上市公司或者其控股子公司与上市公司关联人之间发生的转移资源或者义务的事项。从制度经济学的角度来看，关联交易具有双重性：关联交易将市场交易转变为公司集团内部交易，可以节约交易成本，减少交易中的不确定性，在一定程度上保证产品的质量和标准化；从法律角度来看，关联交易双方虽然在法律上平等，但事实上并不平等，一方对另一方往往拥有控制权或重大影响力，使关联交易违背等价有偿的商业条款，损害其他利益相关者的合法权益。

上市公司董事、监事、高级管理人员、持股 5% 以上的股东及其一致行动人、实际控制人应当及时向上市公司董事会报送上市公司关联人名单及关联关系的说明。上市公司应当履行关联交易的审议程序，并严格执行关联交易回避表决制度。交易各方不得通过隐瞒关联关系或者采取其他手段，规避上市公司的关联交易审议程序和信息披露义务。关联人包括关联法人和关联自然人。

具有以下情形之一的法人，为上市公司的关联法人：直接或者间接地控制上市公司的法人；由前项所述法人直接或者间接控制的除上市公司及其控股子公司以外的法人；关联自然人直接或者间接控制的，或者担任董事、高级管理人员的，除上市公司及其控股子公司以外的法人；持有上市公司 5% 以上股份的法人或者一致行动人；在过去 12 个月内或者根据相关协议安排在未来 12 个月内，存在上述情形之一的；中国证监会、证券交易所或者上市公司根据实质重于形式的原则认定的其他与上市公司有特殊关系，可能或者已经造成上市公司对其利益倾斜的法人。

具有以下情形之一的自然人，为上市公司的关联自然人：直接或者间接持有上市公司 5% 以上股份的自然人；上市公司董事、监事及高级管理人员；直接或者间接地控制上市公司的法人的董事、监事及高级管理人员；上述人士的关系密切的家庭成员，包括配偶、父母、年满 18 周岁的子女及其配偶、兄弟姐妹及其配偶、配偶的父母、兄弟姐妹、子女配偶的父母；在过去 12 个月内或者根据相关协议安排在未来 12 个月内，存在上述情形之一的；中国证监会、证券交易所或者上市公司根据实质重于形式的原则认定的其他与上市公司有特殊关系，可能或者已经造成上市公司对其利益倾斜的自然人。

在我国，随着经济的不断发展，企业逐步由单一的产品经营向资本经营转化，通过收购兼并、参股、控股、重组等形式，快速扩展经营规模和经营领域，提高抗御风险的能力，因此产生大量的关联交易。关联双方通过明确产供销关系，可以优化资本结构和内部资源配置，提高资产盈利能力，保证生产经营的正常进行和快速发展；通过相互拆借资金，相互担保，及时筹措资金,可以有效地把握投资机会,降低机会成本,提高资金营运效率。但是,关联交易毕竟是关联方之间的交易,受利益的驱动,在交易中难免存在不公平的内幕交易。

澳大利亚公司法中对关联方、关联交易、控股公司及其负责人在关联交易中的法律责任进行了界定,将关联交易的规范纳入法制轨道,使关联交易的监管有法可依。美国纽约证券交易所在20世纪50年代,曾一度限制上市公司及其董事、高管人员以及其他关联方之间的关联交易。新加坡证券交易所对关联交易也持不鼓励态度。如果拟上市公司存在关联交易,证券交易所要求拟上市公司承诺在一段时间内(通常是2～5年)消除关联交易。对于暂时无法消除的关联交易,要求拟上市公司完善内部控制制度,保证关联交易对上市公司公平合理,交易得到股东大会的批准、交易的相关信息充分披露、独立董事定期审核评估关联交易对企业的必要性和公平性。证券交易所非常重视评价关联交易对企业上市资格的影响,要求发行申请人与集团公司之间不存在同业竞争;相互之间存在业务往来的,要求制定专门的制度规范交易;相互间没有业务往来的,要求发行申请人承诺以后不会发生非常规交易;还要求发行申请人的购销业务不过于依赖集团公司。加拿大、英国等国的证券交易所在对关联交易进行监管时,根据交易的重要性进行分类监管。对于不重要的关联交易,不需要信息披露;对于重要的关联交易,须立即公告;对于特别重要的关联交易,不仅立即公告,而且还要获得股东大会的通过。对关联交易重要性的判断,不仅制定了定性的标准,还制定了具有实际可操作性的定量标准。

在关联交易公告和征求股东意见的通函中,多数国家的证券监管部门要求充分披露关联交易的信息,如关联交易背景、条款、依据、所获利益,以及在交易进行表决时将放弃表决权的承诺等。在关联交易公告或对股东的通函中,要求审计委员会对关联交易是否遵循了一般商业条款、是否符合上市公司的利益发表意见。由于独立董事处于超然地位,对公司的经营情况了解,由多数独立董事组成审计委员会,在评价关联交易的公平性、提高关联交易信息披露的真实完整性方面能发挥作用。纽约证券交易所正是由于包括审计委员会在内的公司治理结构的逐步完善,才消除了对关联交易的完全限制。对于特别重大的关联交易,要求由独立财务顾问发表意见,消除上市公司与投资者之间的信息不对称,提高关联交易的公平性。在有些情况下,上市公司有需要发布临时报告或者需要取得股东大会批准的关联交易,而这些交易又是公司的日常业务,若频繁披露和取得股东大会批准才能实施,生产经营活动将受到影响。为了既保护投资者的合法权益,又不影响公司的生产经营,节约信息披露和召开股东大会的成本,有的国家建立了豁免披露和豁免取得股东大会批准的制度。上市公司在拟进行重大交易之前,向证券交易所提出豁免申请,由证券交易所审查该交易是否遵循了一般商业条款,如果确系公正、公平和合理,可以给予豁免。上市公司可以就某种重复发生的交易向股东大会申请一般授权。通过一般授权后,只需在年报中披露交易累计金额的明细情况,不必每笔交易经过股东大会。

几乎所有国家的证券监管部门都规定,关联董事和关联股东在表决时,实行回避制度。作为理性经济人,关联董事和关联股东有可能从自身利益出发,在对上市公司的决策是否有利或无损于其他股东利益发表意见时,出具有违客观公正的意见。

对上市公司关联交易的监管制度可以归纳如下:

1. 关联交易应纳入法制轨道

关联交易是一个中性概念,既能降低上市公司的交易成本,也是上市公司转移资金、利润、粉饰经营的重要途径,因此,公平的关联交易为各国法律法规所认可,而对非公平关联交易则严格监管,在公司法中对关联交易作出明确规定,将其纳入法制轨道。

2. 重视关联交易对企业的影响

从上市公司关联交易产生的根源看,除了关联方之间的安排之外,也有缺乏独立经营能力的客观原因。因此,美国、新加坡的证券监管部门非常重视关联交易对上市资格的影响,要求拟上市公司不得与其控股公司存在同业竞争,上市公司必须具有完整的产供销体系,具备独立的市场经营能力,从源头上减少上市公司关联交易的发生。

3. 加强对中介机构的监管

只有对关联交易的信息进行充分披露,才能消除投资者的信息弱势地位。监管部门的任务是确保上市公司按照披露规则要求,详尽披露关联交易的信息。至于所披露的信息是否真实和关联交易是否公平合理,监管部门由于受到监管资源的限制,不可能进行评判,只能依赖于中介机构的评价。可见,上市公司关联交易是否公平合理,很大程度上取决于公司内部审核和中介机构的客观公正,完善公司治理结构和加强对中介机构的监管,可以减少非公平关联交易。

4. 建立信息披露豁免和分类监管制度

为了既能节约信息披露成本,又能对关联交易实施监管,证券监管部门普遍根据关联交易的风险程度,将关联交易进行分类监管,重要的关联交易需要立即公告;特别重大的关联交易,还要获得股东批准。对于需要公告和获得股东批准的关联交易,监管部门制定了豁免制度。

二、对证券公司经营业务的监管

(一) 境外对证券公司经营业务的监管

美国对证券公司业务经营活动的监管主要包括:① 经营报告制度。证券公司必须按要求将经营活动情况向证券监管部门报告,报告分年报、季报、月报三种。② 资本比例制度。净资本由现金和可迅速变现的自由资本组成,证券公司净资本与其负债的比例最低不得低于 $1/15$,以确保足够的流动性。③ 经营收费最高限额控制。这是为了防止证券公司在证券承销、经纪和咨询业务中收费过多,提高社会筹资成本。④ 缴纳管理费制度。证券公司必须将营业收入总额按一定比例向证券监管部门缴纳管理费,用于对证券公司经营业务检查、监督等方面的行政管理费用开支。⑤ 对内幕交易的管理。内幕信息指涉及公司经营、财务或对公司证券的市场价格有重大影响的未公开信息。内幕交易会使证券市场丧失公平性。美国对"内幕人士"的界定,是指公司董事、经理人员或拥有公司股份达 10% 以上的股东,"内幕人士"必须向证券监管部门报告证券持有和交易情况,内幕交易罚金可高达 100 万美元(个人)或 250 万美元(公司),刑期可达 10 年。

次贷危机后,美国通过法案决定建立一个对系统风险监管的新框架,即通过设立一个由财政部、美联储、美国证监会、OCC、FDIC、CFTC 等机构的最高领导者组成的金融稳定监管委员会来协调和统一不同机构之间的监管标准,降低整个金融体系的系统性风险。该法案主要内容包括:

这个委员会被授权向主要金融监管者推荐制定监管标准,以应用于任何其认定为增加系统性风险的活动中。监管者被授予新的权力来限制系统性非常重要的公司的规模、增长和一些业务,包括在某些情况下,有权分拆金融机构的业务,有权限制大型银行控股公司和系统性重要的非金融公司的并购和扩张;当一个公司有"违规或者违规危险的行为"时,如果这些行为可能存在导致影响美国金融稳定的系统性风险,委员会的财政部部长有权使该公司脱离常规的破产程序,执行美国联邦存款保险公司(FDIC)负责的特别有序清算程序,从而使该公司不受当前破产制度的保护。法案设定了一些条款来提高美国证监会的管理,要求证监会定期向国会提交关于已登记法人内部管理控制效果、公司财务档案调查审查,以及内部运作架构、资金运用情况的评估报告。同时,为了控制保险行业系统性风险,财政部内部将建立一个新的联邦保险办公室,对保险行业的系统性风险进行监管。

加强对衍生品交易的监管。法案对场外衍生品市场和掉期市场的参与者和交易工具制定了更为全面监管框架,监管范围所包括交易行为以及清算过程。针对交易行为,法案要求银行将风险最大的衍生品交易业务分拆到附属公司。银行能够保留利率掉期、外汇掉期以及金银掉期等业务。新规定要求金融机构把农产品掉期、无须清算的大宗商品掉期、多数金属掉期以及能源掉期业务都划归到附属公司。针对清算过程,法案要求美国期货管理委员会和美国证监会对掉期交易商和主要的掉期参与者制定资本和保证金要求,以及商业行为准则,并要求执行其强制的清算要求,通过清算中心进行交易。法案还对接受政府救助的银行或其他机构的掉期活动做出了重要的限制。

强化对投资者和消费者的保护。为了保护投资者,法案要求证监会进行专门研究,来评估为私人投资者提供投资建议的经纪商、交易员和投资顾问的现有监管措施,决定是否需要制定新的信用标准。法案还对美国证监会的组织架构提出了一些变化,包括新设立投资顾问委员会(IAC)、投资者律师办公室和一位巡视专员来协调零售投资者和证监会的关系。为了保护消费者,法案将在美联储内部成立一个独立的消费者金融保护局,并赋予其决策权和部分执行权,对提供信用卡、抵押贷款和其他贷款等消费者金融产品及服务的银行和非银行实施监管。这一新机构可以对抵押贷款有关的业务、资本和资产规模较大的银行和信用社、小规模的短期小额贷款机构、票据兑付公司以及非银行性质的金融机构实行检查和监管,保护消费者利益,确保其存款安全。

制定沃尔克规则。法案规定银行控股公司向对冲基金和股权私募基金的投资规模不得高于银行一级资本的3%,同时禁止银行向其投资的对冲基金提供救助,这又被称为"沃尔克规则"。

日本对证券公司业务有严格规定,证券公司只能从事证券业务。随着金融自由化发展,1992年的《金融制度改革法》放松了对金融机构业务范围的限制,允许普通银行、长期信用银行、信托银行、外汇专业银行等金融机构通过建立证券子公司参与证券业务。日本对证券交易行为的监管内容包括:① 对操纵行为的管制。《证券交易法》规定,对操纵价格者将处以3年以下徒刑或300万日元以下罚金,承担赔偿损失的责任。② 对内幕交易行为管制。与欧美国家相比,日本对内幕交易行为的处罚较轻,罚金仅为50万日元,服刑期仅6个月。

(二) 我国对证券公司经营业务的监管

根据中国证监会2006年7月25日颁布的《证券公司管理办法》的规定,我国证券公司分为经纪类和综合类,综合类证券公司可以经营证券经纪业务和自营业务。

经纪类证券公司可以从事下列业务：证券的代理买卖、代理证券的还本付息、分红派息、证券代保管、鉴证、代理登记开户。

综合类证券公司除可以从事经纪类证券公司从事的各项业务外，还可以从事下列业务：证券的自营买卖、证券的承销、证券投资咨询（含财务顾问）、受托投资管理、中国证监会批准的其他业务。

证券公司不能从事 B 股的自营买卖，中国证监会另有规定的除外。

设立经纪类证券公司还应当符合以下要求：具备证券从业资格的从业人员不少于十五人，并有相应的会计、法律、计算机专业人员；有符合中国证监会规定的计算机信息系统、业务资料报送系统；中国证监会规定的其他条件。

设立专门从事网上证券经纪业务的证券公司应当符合以下要求：证券公司或经营规范、信誉良好的信息技术公司出资不得低于拟设立的网上证券经纪公司注册资本的 20%；有符合中国证监会要求的网络交易硬件设备和软件系统；有十名以上计算机专业技术人员并能确保硬件设备和软件系统安全、稳定运行；高级管理人员中至少有一名计算机专业技术人员。

设立综合类证券公司除应当具备证券法规定的条件外，还应当符合以下要求：有规范的业务分开管理制度，确保各类业务在人员、机构、信息和账户等方面有效隔离；具备相应证券从业资格的从业人员不少于五十人，并有相应的会计、法律、计算机专业人员；有符合中国证监会规定的计算机信息系统、业务资料报送系统；中国证监会规定的其他条件。

第三节 证券机构跨国业务监管

证券市场开放已经成为一种国际趋势，大多数发展中国家也在不同程度上向外资开放了证券市场。投资者和证券经营机构日益频繁的跨国活动给市场的规范带来了新的问题，对跨国证券业务的监管成为各国金融监管当局的工作重点之一。

一、国内法对跨国证券发行与交易行为的直接监管

20 世纪 70 年代以来，各国证券市场走上了开放之路，但政府在证券市场国际化的发展中，均采取过临时性或是较长久的不同程度的管制措施。大多数国家均依法逐项审批或以行政法规的形式规定进入的条件。澳大利亚、芬兰、德国、意大利、爱尔兰等国的监管当局规定，本国证券要在国外市场发行和交易，必须经过本国证券监管部门的审批程序。西班牙规定，电影和信息产业的国内股票不允许在海外发行。比利时证券监管部门曾以禁止性政策，表明了反对以比利时法郎作为在海外发行的股票的计价币种的态度。

在本国居民购买外国证券方面，许多国家采取了限制性措施。在意大利，监管当局通过对本国居民购买国外证券实行抵押金制度，限制资金外流，保护国内证券。法国甚至曾一度下达了禁令，禁止居民购买外国证券。在外国居民购买本国证券方面，绝大部分国家监管重点在于对外国居民持有本国公司股份的比例规定上限。根据澳大利亚《银行持股法》规定，外国投资者单独或联合持有澳银行的股份不得超过 60%，在无线电和电视转播行业的外国投资的直接或间接控股不得超过 20%。菲律宾对于外国投资参股限制的具体项目有：银行

机构（70%）、储蓄和信贷机构（60%）、公共事业（60%）、金融公司（60%）、沿海贸易（75%）。

二、国内法对跨国证券业务监管的扩展

（一）通过司法互助协定进行的扩展

司法互助协定（MLATs）是各国通过外交途径签订的，是具有法律效力的双边协议，能够在一定程度上使国内法律具有域外效力。世界上第一个有关证券的 MLATs 由美国和瑞士在 1973 年签订。目前，美国已同瑞士、土耳其、荷兰、意大利、加拿大、英国、墨西哥、巴哈马、阿根廷、西班牙等十几个国家签署了 MLATs，其他国家之间也相继签署了有关对证券跨国发行和交易进行规制的 MLATs。这些协定为缔约国一方证券法在域外使用时获得外国有关当局的协助带来了极大的便利，使监管当局的监管能力突破了主权地域限制，有利于缔约国之间携手打击跨国证券违法犯罪活动和过度投机行为。

（二）通过谅解备忘录进行的扩展

各国证券监管当局将监管能力扩展到海外的另一个主要方式是签订双边谅解备忘录（MOUs）。谅解备忘录是双方就某些特定类型的案件所作的一种无法律约束力的意向声明，大多数针对内幕交易。由于这些谅解备忘录在各国对证券市场负有直接监管责任的监管部门之间达成，因此，在获取有关证券违法和犯罪的情报方面比司法互助协定更为有效，更具有预见性。虽然谅解备忘录不能直接使国内法的强制力扩展到域外，但作为国内证券监管当局的行动准则，国内法还是能够通过这种方式对跨国证券业务进行监管。世界上最早的跨国证券监管谅解备忘录是美国与瑞士在 1982 年达成的。目前，美国证券监管当局已与 41 个国家签订了双边谅解备忘录。20 世纪 90 年代初期以来，一些新兴市场国家也开始谈判和签署有关证券信息共享、适用法律、技术合作等方面的谅解备忘录。作为跨国证券业务监管未来发展的一个重要方向，近来证券监管的备忘录合作开始向跨地区的新兴市场之间发展，信息共享是其中主要的合作内容。

一般来说，谅解备忘录中关于信息共享的内容主要包括：

1. 应对方要求提供的信息的深度、广度与程序的合法性

应对方要求提供信息是谅解合作备忘录框架下合作监管机制中的重要内容。签字各方在决定信息提供的深度和广度时须考虑本国市场对另一国投资的依赖性，本国监管对另一国合作、配合所要求的程度，本国企业进入另一国资本市场融资的愿望及可行性，某一特定信息对于本国特定利益集团、政策制定、政治环境或其他非常规因素的影响，以及一般对等关系下应作出的各种平衡等。信息提供程序的合法性是信息交换机制的重要方面，对外程序包括提出信息要求的方式、渠道、范围、所涉人员等；对内程序包括对接收信息的报告、对发出信息的审批等。其中，把对书面文件和书面记录的要求作为监管行动的主要依据，具有极为重要的意义。

2. 信息的主动提供、对机密信息的提供和限制条件

一国证券监管部门主动提供信息，对于提高合作监管的效率和增加信任具有极大的好处，所提供信息的深度、广度与方式完全取决于提供者，双方的个人关系与信任程度十分重要。同时，双方对信息提供和接收程序的严格性要求可能有所下降，但无论如何书面记录必不可少。在应另一方要求提供可能涉及机密的信息时，为了免去中间程序上的麻烦，要求者

通常会事先言明使用范围,将可能接触到信息的人数限制在最小的范围内,或在有必要扩大接触范围时,将事先征得信息提供者的书面许可。这就要求双方增强了解,尊重对方制度,不滥用对方信任的善意。

3. 其他部门信息的获取与提供

证券业内潜在违法行为涉及面很广,相关信息往往不仅限于一国证券监管部门所能管辖的领域之内。谅解备忘录的签字双方一般均承诺,将努力获得本国其他部门的支持与配合,完成监管执行和信息提供方面的义务。

4. 各国(地区)对于所提供信息用途的限制性规定

根据各国(地区)之间签订的谅解备忘录的规定,信息要求方将欲获取的信息的用途和使用范围向信息提供方以书面形式说明。中国香港的证券监管机构要求信息接收方"事先言明用途"。日本对信息用途有特别要求,即不得将双方互向双方提供的信息用于司法程序,也就是说,在监管合作机制下所获取的任何信息,只能用于证券部门的调查和至多是行政性处罚,不能在法庭上作为给任何人定罪或确定民事损害的证据。

三、跨国证券市场监管的合作

在证券市场开放程度越来越高,交易越来越复杂的情况下,国内法律无法有效监管跨国证券行为,单边提高或放宽监管标准也不利于全球证券市场的发展,反而容易滋生投机行为,所以需要通过相互协助对国际证券市场进行有效监管,保证国际证券市场的公平、公正和公开。国际合作成为跨国证券监管的重要内容。

(一)国际证券市场监管多边合作的主要形式

国际证监会是一个专业性国际组织,作为常设性国际性组织,其宗旨是"通过收集信息交流,执行共同标准以促进证券市场共同发展"。国际证监会现已通过的正式协议涉及证券监管的目标与原则、证券公司资本充足率标准、结算和清算、国际会计和审计标准、信息披露、信息分享、证券公司风险管理与控制、金融集团的监管、金融衍生工具及金融中介的监管、跨国证券与期货欺诈监管(相关协议包括《国际商业行为准则》《国际审计标准》《金融合并监管》《清算和结算》《国际会计标准》《现金和衍生产品市场间的协调》和《跨国证券与期货欺诈》)。虽然国际证监会的决议对成员不具有强制约束力,但国际证监会所确立的证券监管的原则与标准,对促进全球证券市场的良性发展有着重要的作用。中国证监会于1995年成为该组织的正式成员。

多边性监管合作协议大多以联合声明的形式出现。1995年5月,16个国家的监管机构在英国的温莎召开会议,发出了跨境监管世界各主要期货及期权市场的联合声明,即《温莎宣言》,一致同意加强交易合作,努力保护客户头寸资金和资产;澄清和加强违约过程管理;在紧急情况下加强监管合作。1996年3月15日,49个交易所和清算所、14个监管机构在期货产业协会的年会上签署了《国际信息共享协议》和《国际期货交易所和清算组织合作与监管宣言》,该协议和宣言允许交易所、清算所和监管当局共享成员的市场和信息,以达到合作监管和处理证券市场上的风险和各种违法行为的目的。

(二)国际证券市场监管多边合作的主要内容

1. 资本充足率标准

国际证券监管委员会曾就确定证券商的国际资本标准展开过热烈的讨论,虽最终未达成正式协议,但已形成加强国际证券监管协调、统一资本标准的共识。国际监管的发展趋势是由对机构的监管转向对业务的监管,对同种业务实施统一监管标准,为不同机构从事证券业务提供平等的平台,建立证券业的最低国际资本标准。

2. 统一的信息披露会计标准

随着证券市场的国际化,许多公司希望股票能跨境上市,但往往遭遇各国的信息披露会计标准壁垒,如美国证券监管委员会一般不接受与美国信息披露会计标准不一致的报表。为促进跨境募集资本,国际间建立统一的信息披露会计标准是当务之急。目前要达到这一目标有三种途径:① 使用国际会计标准。国际会计标准委员会是旨在协调全球范围财务报告的国际组织,已通过多个国际会计标准,许多国家将这些标准作为股票上市交易的基础,对外国公司在境内进行公募也适用统一标准。国际证券监管委员会对国际会计委员会标准非常重视,其技术委员会多国披露和会计工作组在国际会计委员会标准基础上,起草了一系列适合于跨境募集和多重上市发行人使用的国际会计标准。② 使用国家间相互承认的协定。为消除各国监管壁垒,促进跨境证券交易,国家间签订相互承认协定,允许发行人使用本国证券市场的招股说明书等母国文件进入东道国市场,无须证券市场指令(多边协议)。通过相互承认,间接使一国会计标准成为另一缔约国承认的会计标准。③ 使用美国会计标准。美国会计标准已在某种程度上成为世界性会计语言。越来越多的外国发行人和投资者熟悉了美国的会计标准。在美国募集资本必须按美国会计标准进行说明,客观上导致美国会计标准备受青睐,并在一定程度上具有了国际标准的地位。

第四节　证券机构市场退出监管

对证券机构的市场退出监管主要包括对上市公司市场退出监管和对证券公司市场退出监管两部分。

一、上市公司市场退出监管

通过法定程序将已经不符合上市条件的公司退出证券市场,是各国上市公司退出制度的基本要义。但是,由于各国证券市场的发展程度不同,没有统一的标准。

（一）上市公司市场退出的一般原因

从理论上说,当上市公司出现以下情况时,股票应终止上市交易:① 股票失去价值。股票是一种虚拟资本,其价值是公司未来现金流量的贴现值,如果公司预计未来没有现金流入,股票本身已没有价值,则应予以摘牌。② 股票失去流动性。股票上市是通过资本流动促进资源的优化配置,如果股票高度集中,或者有行无市无人问津,实质上已经失去了融资功能,就应退出市场。③ 公司严重违反上市规则。股票交易遵循"公平、公开、公正"原则,上市规则是确保"三公"原则实现的基本条件。如果上市公司不按规定进行信息披露,或在信息披露中弄虚作假,可能导致股票交易陷入混乱,应终止上市交易。

（二）发达国家或地区的相关规定

美国上市公司退市的主要标准包括:股权分散程度、股权结构、经营业绩、资产规模和股利的分配情况。上市公司出现以下条件之一,将终止上市:① 股东少于600个,持有100股以上的股东少于 400 个;② 社会公众持有股票少于 20 万股或其总市值少于 100 万美元;③ 过去 5 年经营亏损;④ 总资产少于 400 万美元,过去 4 年亏损;⑤ 总资产少于 200 万美元,过去 2 年亏损;⑥ 连续 5 年不分红利。

日本东京证交所规定上市公司出现以下情形之一,必须退市:① 上市股票股数不满 1 000 万股,资本额不满 5 亿日元;② 社会公众股东数不足 1 000 人(延缓一年);③ 营业活动处于停止或半停止状态;④ 最近 5 年没有发放股息;⑤ 连续 3 年资不抵债;⑥ 上市公司有"虚伪记载",且影响很大。

中国香港联交所规定,公司出现以下情况将被暂停交易:① 公司出现财务困难,严重损害持续经营能力,或导致部分或全部业务中止经营;② 公司资不抵债。上市公司出现下列情况之一时,将被联交所终止上市:① 公司已被清算或被勒令停业;② 公司资产接受人或管理人已被任命;③ 公司停止营业;④ 公司应交纳的行政费用未如数上交;⑤ 公司已与债权人达成妥协或计划安排;⑥ 公司有董事已被判定触犯法律,判决中提及该人有贪污或欺诈行为;⑦ 公司所有董事中有人违反证券法;⑧ 依照证券法必须进行登记,如董事、秘书及其他有关管理人员的登记未获批准,或已被撤销或暂停。

归纳三大证券交易所的退市标准,主要涉及以下方面:① 公众股东数量达不到交易所规定的标准;② 股票交易量极度萎缩,低于交易所规定的最低标准;③ 公司因资产处置、冻结等因素失去持续经营能力;④ 法院宣布公司破产清算;⑤ 财务状况和经营业绩欠佳;⑥ 不履行信息披露义务;⑦ 违反法律;⑧ 违反上市协议。

(三) 我国对上市公司市场退出的监管

1993 年的《中华人民共和国公司法》(以下简称《公司法》)和 1998 年的《中华人民共和国证券法》对上市公司的退市标准作出了原则性规定。2001 年 11 月 30 日,证监会发布了《亏损上市公司暂停上市和终止上市实施办法(修订)》(以下称《实施办法》),2003 年 3 月 28 日中国证监会发布了《关于执行〈亏损上市公司暂停上市和终止上市实施办法(修订)〉的补充规定》(以下称《补充规定》),规定了暂停和退市的标准,为我国上市公司的退出提供了依据和操作标准。

《公司法》对上市公司的退出标准作出了规定,上市公司有下列情形之一的,终止股票上市:① 公司股本总额、股权分布等发生变化不再具备上市条件,在限期内未能消除;② 公司不按规定公开财务状况,或者对财务会计报告作虚假记载,经查实后果严重;③ 公司有重大违法行为,经查实后果严重;④ 公司最近三年连续亏损,在限期内未能消除;⑤ 公司决议解散、被行政主管部门依法责令关闭或者被宣告破产。

公司有下列情形之一的,由证券监督管理机构决定,终止公司债券上市交易:① 公司有重大违法行为,经查实后果严重;② 公司情况发生重大变化不符合公司债券上市条件,在限期内未能消除;③ 公司债券所募集资金不按照审批机关批准的用途使用,在限期内未能消除;④ 未按照公司债券募集办法履行义务,经查实后果严重的;⑤ 公司最近两年连续亏损,在限期内未能消除;⑥ 公司决议解散、依法被责令关闭或者被宣告破产。

根据《实施办法》的规定,公司在法定期限结束后仍未披露暂停上市后第一个半年度报告的,证券交易所应当在法定披露期限结束后十个工作日内作出公司股票终止上市的决定;公司在法定期限内披露了暂停上市后的第一个半年度报告,但未在披露后的五个工作日内提出恢复上市申请,或提出申请后证券交易所未予以受理的,证券交易所应在披露后十五个工作日内作出终止上市的决定;证券交易所受理公司恢复上市申请后,经审核认为不符合恢复上市条件的,应在受理申请后三十个工作日内作出终止上市的决定;公司股票暂停上市后,股东大会作出终止上市决议的,公司应当在两个工作日内通知证券交易所,证券交易所应在接到通知后的五个工作日内作出公司股票终止上市的决定;公司股票恢复上市后,在法定期限结束后仍未披露恢复上市后的第一个年度报告的,证券交易所应在法定期限结束后十个工作日内作出公司股票终止上市的决定;公司股票恢复上市后,在法定期限内披露了恢复上市后的第一个年度报告,但公司出现亏损的,证券交易所应在其披露年度报告后的三十个工作日内作出终止上市的决定。

根据《补充规定》,因财务会计报告存在重大会计差错或虚假记载,公司主动改正或被责令改正,对以前年度财务会计报告进行追溯调整,导致最近两年连续亏损的,如公司追溯调整行为发生当年继续亏损,证券交易所应自公司发布该年度报告之日起十个工作日内,作出暂停其股票上市的决定;公司股票终止上市的,主办证券公司应当在证券交易所做出终止上市决定后五个工作日内,在中国证监会指定的上市公司信息披露报刊和互联网网站登载《代办股份转让有关事项公告》,公告以下内容:① 办理股份终止上市的情况;② 办理股份重新确认手续的时间和方式;③ 代办股份转让的条件和安排。主办证券公司应当在证券交易所做出公司股票终止上市决定后的二十个工作日内,完成终止上市的股份退出登记等前期准备工作,为股东办理股份重新确认手续及开立非上市公司股份转让账户;上市公司在法定期限内未依法披露年度报告或者半年度报告的,或者在规定期限内未对虚假财务会计报告进行改正的,证券交易所应依照有关法律法规及《股票上市规则》的规定,作出公司股票暂停上市、恢复上市或者终止上市的决定;证券交易所依法作出上市公司股票暂停上市或恢复上市决定后,应当向中国证监会作出报告;作出股票终止上市的决定后,应当向中国证监会备案。

处理不符合上市条件的上市公司有两个步骤:一是暂停上市;二是终止上市。暂停上市是给予上市公司整顿经营的机会,是退市的缓冲阶段。如果在暂停上市期间达到规定的标准,可以重新上市,否则将被退市。

二、证券公司市场退出监管
(一) 证券公司市场退出

证券公司的中介服务,包括上市辅导、保荐、承销、经纪、投资咨询等,是发行人和投资者进入市场的桥梁,也是证券市场重要的机构投资者。证券公司和上市公司被比喻为证券市场的两只轮子。由于证券公司在整个证券市场运作中担任着组织者的角色,所以,证券公司自身经营的合规情况、风险状况对整个证券市场的参与者都可能产生系统性的影响,直接牵涉到投资者的切身利益。证券公司风险的"外部性"和"系统性"特征,是确立证券公司监管制度的出发点。从我国的实践看,在证券公司监管实务中存在着"准入易、退出难"的问题。市场退出的监管是所有监管工作中最复杂、最敏感、最困难的环节,强制退出是最具有震慑力的监管手段。

关于证券公司退出机制,狭义的理解是证券公司被取消证券业务资格,不再经营证券业务。广义上的证券公司退出机制,应包括强制退出和商业退出两种情况。强制退出是指证券公司因严重违法违规经营或财务风险严重,被证券监管机关责令关闭,或者因不能清偿到期债务,被法院宣告破产,从而丧失证券业务资格乃至公司法人资格。商业退出,指证券公司在市场化条件下自行解散,或者因公司合并或分立而解散等情况。这里的市场退出监管,主要是证券公司强制退出的监管,主要是与证券公司被停业整顿和被责令关闭相关的监管。

(二)加强证券公司的市场退出监管

证券公司由于违法违规经营形成的巨额不良资产和债权债务,对持续经营和发展构成巨大威胁,因此,少数严重违法或高风险的证券公司需要被实施强制市场退出。证券公司的风险主要有以下三个特点:

1. 社会性

证券公司从事证券业务,与投资者关系密切。一家证券营业部往往有数万名投资者开户,涉及几万甚至几十万股民。除机构投资者外,自然人投资者在数量上占据多数,证券公司的风险处置和退出工作,稍有不慎就会影响社会稳定。

2. 复杂性

一般说来,高风险证券公司的风险成因多样,资产构成和负债构成错综复杂,合法与非法的界限难以界定。对外投资情况盘根错节,营业部违规经营情况难以把握。

3. 系统性

一家证券公司资金链条断裂,会产生连锁反应,包括对整个证券交易结算系统的透支无法弥补、各项资产负债连续性的断裂等,可能导致对证券行业及证券市场的稳定产生冲击。

无论采取有限公司还是股份公司的形式,证券公司都是一种"公众性公司"(public companies),不仅在于是证券服务的提供者,更因为是投资者资金的管理者。证券公司有很强的外部性和公众性,是证券监管部门监管的立足点,也是监管的界限。高风险证券公司的风险转嫁和风险外溢效应,对证券市场形成了巨大的系统性风险。证券监管部门有理由、也有必要基于合规监管和审慎监管两大监管支柱,启动高风险证券公司的退出机制。

(三)证券公司市场退出监管的主要措施

我国目前对证券公司的市场退出监管主要采取以下两种制度:

1. 证券公司停业整顿制度

对证券公司停业整顿,是指当证券公司从事严重违法违规行为或者存在严重财务风险,对投资者利益造成重大损害或者有重大损害之时,证券监督管理部门责令其停业,组成停业整顿工作组进驻该公司,审计其资产负债情况,清查违法违规行为,控制风险的行政处罚措施。停业整顿是证券监管部门为了防范高风险证券公司可能引发的系统性风险,采取的强制市场退出的执法手段。

我国《证券公司管理办法》规定:"证券公司因突发事件无法达到财务风险监管指标规定的要求时,应在一个工作日内报告中国证监会,并说明原因和对策。中国证监会可以根据不同情况,暂停其部分证券业务直至责令停业整顿。"另外,根据《行政处罚法》的规定,国务院部委以及经国务院授权直属机构制定的规章,可以在法律、行政法规规定的给予行政处罚的行为、种类和幅度的范围内作出规定;尚未制定法律、行政法规的,部门规章可以设定警告或者执行一定数量罚款的行政处罚,罚款的限额由国务院规定。

2. 责令关闭制度

证券公司停业整顿终结后,可能产生多种后果,并不必然导致证券公司的退出。与此不同,责令关闭证券公司必然导致证券公司法人资格的消灭。责令关闭证券公司,是指对证券公司实施行政处罚,终止其经营活动,吊销其经营证券业务许可证。从概念上看,责令关闭与我国《金融机构撤销条例》中所说的"撤销"类似。两者的区别在于,撤销是主管部门的措施,主管部门承担较大的责任,包括清理资产、负债,甚至排除司法程序,直到完成公司的解散、注销。责令关闭是监管部门对被监管者的行政处罚措施,监管部门的责任是化解社会风险和保障投资者利益。因此,证券公司被责令关闭后,监管部门应当采取必要措施,维护证券市场的稳定,偿还被挪用的客户交易结算资金、兑付个人柜台债务本息。之后,监管部门可不再参与证券公司的退出程序,交由司法机关依据司法程序处理其他债权债务。如果建立了投资者保护专项补偿基金,监管部门在证券公司退出过程中的角色可以更超脱,由专项补偿基金管理委员会处理投资者补偿,以市场化的手段处置社会风险。

本章小结

1. 证券发行审核制度是对证券发行实行监督管理的重要内容,目的是防止不良证券进入市场,以保护投资者利益,保持证券市场运行的高效高质。证券发行审核制度分为两种:一是注册制,二是核准制。对证券公司的市场准入包括两种制度:注册制和登记制。

2. 证券持续信息披露制度是公司上市前后,将经营状况和财务信息予以充分、完整、准确和及时披露,供证券投资者做价值判断的制度,旨在通过完全公开公司信息,防止公司经营不当或财务制度混乱,维护股东的合法权益。上市公司关联交易往往成为操纵利润、粉饰业绩的惯用手段,加强对关联交易的监管,目的在于保护投资者的合法权益和维护证券市场的繁荣稳定。对证券公司经营业务的监管主要包括:经营报告制度、资本比例制度、经营收费最高限额控制、缴纳管理费制度、对内幕交易的管理等。

3. 对证券机构的跨国业务监管,主要是通过司法互助协定和谅解备忘录进行扩展。通过外交途径签订的具有法律效力的双边协议,在一定程度上使国内法律具有域外效力,使监管当局的监管能力突破了主权地域限制,有利于携手打击跨国证券违法犯罪活动和过度投机行为。在获取有关证券违法和犯罪的情报方面,通过谅解备忘录比司法互助协定更为有效,更具有预见性。跨国证券市场监管多边合作的主要机构是国际证监会,其对促进全球证券市场的良性发展有重要作用。中国证监会于1995年成为该组织的正式成员。国际证券市场监管合作的主要内容,包括资本充足率标准和统一的信息披露会计标准。

4. 证券业的市场退出监管,主要是指证券业监管当局针对上市公司、证券公司等证券业经营机构,由于经营不善或违规经营导致无法维持公司日常经营活动,从证券市场退出所采取的监管措施。对证券业的市场退出监管,包括对上市公司和证券公司市场退出监管两部分。上市公司退出是指上市公司由于不能继续经营,必须进行拯救或破产清算的过程。证券公司退出机制,狭义的理解是证券公司被取消证券业务资格。广义的理解包括强制退出和商业退出两种情况。

思考题

1. 证券发行审核制度包括哪些类型?
2. 关联交易对证券市场的影响表现在哪些方面?
3. 证券公司经营风险的特点有哪些?
4. 为什么要加强对证券公司市场退出的监管?

即测即评

请扫描右侧二维码,进行即测即评。

第七章 保险机构监管

【本章提要】

保险机构是与客户长期利益密切相关的特殊金融企业,对保险机构的监管是对公众利益的重要保障措施。本章主要介绍金融监管当局对保险机构市场准入、市场经营、跨国业务及市场退出等方面的监管;阐述金融监管当局在监管活动中的规定和基本准则;并对我国的保险监管做了介绍。

第一节 保险机构市场准入监管

一、保险机构设立的监管

由于各国政治制度、法律制度、经济环境和文化背景不同,在对保险机构的设立审批上存在差异。有的国家实行严格审批制度,设立保险公司和保险公司分支机构、代表机构需经过保险监督管理部门的批准。有的国家审批管理相对宽松,如欧盟国家的保险公司只要在一个国家被批准设立,即可在欧盟其他国家设立分支机构经营保险业务。各国对保险公司设立的程序、申请文件、设立条件、最低资本金限额、保证金交付、业务范围界定等也有不同的规定。

(一)对设立保险公司的监管

1. 保险公司设立的方式

保险公司组织形式在世界各国有很大的差异,有的国家设立保险股份有限公司、保险有限责任公司、相互保险公司等,有的国家还有个人保险人、保险交易所等。保险公司组织形式的不同,导致了设立方式上的差异。从各国审批监管来看,保险公司的设立方式主要有两种。

(1)发起设立保险公司。发起设立是指公司发起人认足公司全部资本而设立的保险公司。保险有限责任公司因其股东的封闭性,只能采取这种方式。《中华人民共和国保险法》(以下简称《保险法》)规定,保险公司的组织形式是股份有限公司和国有独资公司,保险公司在设立时必须认足全部资本。

(2) 募集设立保险公司。募集设立是指发起人只认购公司资本的一部分,其余向社会公开募集而设立的保险公司。出于保险公司的特殊性,不少国家规定保险公司设立时先采用发起方式设立,公司成立后可上市募股。美国、英国和德国等发达国家均采用这种设立方式。

2. 保险公司设立的要件

设立新保险公司,各国法律均规定有一定条件。概括起来有以下主要方面:

(1) 要有符合规定的发起人。发起人是从事公司设立活动的人,一般不得少于2人,参与筹建工作的工作人员不一定是发起人。自然人作为发起人,应具备完全行为能力,在法律上不受特别限制。法人作为发起人应当不受法律特别限制。由于在公司设立中的特有作用,发起人应具备一定的资格:① 发起人须有完全的行为能力。② 发起人国籍和居住年限。大部分国家公司法对发起人国籍没有限制,部分国家对外国发起人的股份限额和居住年限有规定。③ 对发起人数量的限制。如法国规定发起人最低人数为7人。④ 受法律禁止的人不能作为发起人。我国未对保险公司的发起人作特别的规定,但在实际操作中,党政机关、部队、团体和国家支付经费的事业单位,不得作为保险公司发起人,一般不同意自然人作为保险公司的发起人。

(2) 要有公司章程草案。公司章程是设立活动中不可或缺的文件,由发起人起草,股东大会通过。但发起人准备的公司章程要经过保险监管机关核准后方能生效。从这个意义上说,公司设立提交的只是公司章程草案。

(3) 资本金和资本公积金。资本金是指发起人认缴的股金总额,是公司的一种资金准备。保险公司设立有最低资本金规定,美国除对最低资本有规定外,还要求有一定金额的盈余,即资本公积金。

(4) 公司名称和注册地。新设保险公司名称不能与现有保险公司相同。例如,1996年,我国新华人寿保险股份有限公司原申报名称为民生人寿保险股份有限公司,泰康人寿股份有限公司申报名称为南山人寿保险股份有限公司。由于分别与民生银行和台湾地区的南山人寿保险公司名称相同或相似,所以改用现名。公司注册地通常可以自由选择,但美国由于保险监管权归属各州,不同州对设立条件、最低资本金要求不同,所以注册地选择有较大影响。

(5) 业务范围与产品设计。保险公司业务范围由保险法律规定,选择一类业务或一类业务中的一部分业务作为公司的业务范围。各国保险监督管理法规规定,一些产品的条款和费率须经过保险监督管理部门批准或备案。对于这部分产品,发起人必须向保险监督管理部门报送附件,批准或备案后方能销售。

(6) 市场调查与再保险安排。保险公司须对市场进行调查,研究市场定位。同时,要与其他保险公司商谈,制订再保险计划,以分散风险。

(7) 合格的董事和高级管理人员。保险公司是一种特殊金融机构,监管当局对保险公司的董事和其他高级管理人员均有任职资格规定。发起人设立保险公司时,必须具备要求的资格,否则,难以获得保险监督管理部门的批准。另外,美国还要求发起人雇用外部顾问处理有关设立事宜。

（二）我国保险公司的设立程序

在我国申请设立保险公司,应当向国务院保险监督管理机构提出书面申请,并提交下列材料:① 设立申请书,申请书应当载明拟设立的保险公司的名称、注册资本、业务范围等;② 可行性研究报告;③ 筹建方案;④ 投资人的营业执照或者其他背景资料,经会计师事务所审计的上一年度财务会计报告;⑤ 投资人认可的筹备组负责人和拟任董事长、经理名单及本人认可证明;⑥ 国务院保险监督管理机构规定的其他材料。

国务院保险监督管理机构应当对设立保险公司的申请进行审查,自受理之日起六个月内作出批准或者不批准筹建的决定,并书面通知申请人。决定不批准的,应当书面说明理由。设立保险公司应当具备下列条件:① 主要股东具有持续盈利能力,信誉良好,最近三年内无重大违法违规记录,净资产不低于人民币二亿元;② 有符合本法和《中华人民共和国公司法》规定的章程;③ 有符合本法规定的注册资本;④ 有具备任职专业知识和业务工作经验的董事、监事和高级管理人员;⑤ 有健全的组织机构和管理制度;⑥ 有符合要求的营业场所和与经营业务有关的其他设施;⑦ 法律、行政法规和国务院保险监督管理机构规定的其他条件。申请人应当自收到批准筹建通知之日起一年内完成筹建工作;筹建期间不得从事保险经营活动。筹建工作完成后,申请人具备法律规定的设立条件的,可以向国务院保险监督管理机构提出开业申请。国务院保险监督管理机构应当自受理开业申请之日起六十日内,作出批准或者不批准开业的决定。决定批准的,颁发经营保险业务许可证;决定不批准的,应当书面通知申请人并说明理由。经批准设立的保险公司及其分支机构,凭经营保险业务许可证向工商行政管理机关办理登记,领取营业执照。

设立保险公司的申请人在取得经营保险业务许可证后,才可以凭借该文件向工商行政管理部门办理注册登记手续,领取营业执照,从事经营活动。在我国,申请人向工商行政管理机关办理注册时,应提交下列文件:国务院保险监督管理机构颁发的经营保险业务的许可证;公司董事长签署的设立申请书;保险公司的章程;投资机构或者部门的证明;董事长、监事长、总经理的聘用证明;保险公司法定代表人的任职文件;公司名称核准通知书;营业场所证明。设立保险股份有限公司,除了应当提交上述文件外,还应当提交:保险股份有限公司创立大会记录;财务审计报告;验资证明;批准设立文件。募集设立的股份有限公司,还应当提交中国证监会的批准文件。工商行政管理部门收到上述文件,经审查无误,发给法人营业执照,保险公司正式成立。自取得经营保险业务许可证之日起6个月内无正当理由未正式开业的,保险业务许可证自动失效。

保证金是保险公司设立后按照注册资本总额的一定比例,向指定单位缴存的用于担保偿付能力的资金。我国保险公司保证金的缴存比例为注册资本的20%,存入国务院保险监督管理机构指定银行,除非保险公司在清算时用保证金清偿债务外,不得以任何形式动用。

（三）对保险公司设立分支机构的监管

保险公司设立分支机构,是对区域性市场的进入。我国按本国保险公司和外国保险公司分支机构的不同,规定了不同的设立标准。

1. 本国保险公司分支机构的设立

根据《保险公司分支机构市场准入管理办法》,保险公司设立省级分公司,向中国保监会(现已合并为中国银行保险监督管理委员会,下同)提出设立申请。设立省级分公司以外分支机构的,由保险公司总公司,或者省级分公司持总公司批准文件向当地保监局(银保监局)提出申请。保险公司注册资本为2亿元的,在其住所地以外每申请设立一家省级分公司,应当增加不少于2 000万元的注册资本。注册资本在5亿元以上的,可不再增加。保险公司在注册地所在省域以外设立分支机构的,应当开业满2年。专业性保险公司除外。保险公司申请设立省级分公司,应当符合以下条件:① 符合自身发展规划。其中,成立3年以内的保险公司设立省级分公司,如与该公司成立时提交的发展规划不一致的,应当说明理由。② 上一年度及提交申请前连续两个季度偿付能力均达到充足Ⅱ类。③ 上一年度及提交申请前连续两个季度分类监管类别均不低于B类。④ 具备良好的公司治理,内控健全。⑤ 具备完善的分支机构管理制度。⑥ 最近2年内无受金融监管机构重大行政处罚的记录。⑦ 不存在申请人或者其管理人员因工作行为涉嫌重大违法犯罪,正在受到金融监管机构或者司法机关立案调查的情形。⑧ 已设立的省级分公司运转正常,最近2年内没有发生省级分公司市场退出情形。⑨ 有符合省级分公司高级管理人员任职条件的筹建负责人。⑩ 中国保监会规定的其他条件。申请设立省级分公司以外分支机构的,应当符合以下条件:① 符合申请人自身发展规划。② 保险公司上一年度及提交申请前连续两个季度偿付能力均达到充足Ⅰ类。③ 保险公司上一年度及提交申请前连续两个季度分类监管类别不低于B类,且省级分公司上一年度及提交申请前连续两个季度分类监管类别不低于C类。④ 保险公司具备良好的公司治理,内控健全。⑤ 申请人具备完善的分支机构管理制度。⑥ 在保险公司住所地以外的省、自治区、直辖市申请设立的,当地省级分公司已经开业。⑦ 拟设机构的上级直接管理机构开业满3个月。省级分公司在其所在地市设立分支机构不受此限制。⑧ 拟设机构的上级直接管理机构内控健全。⑨ 有符合拟设机构主要负责人任职条件的筹建负责人。申请设立省级分公司以外分支机构的,不得有以下情形:① 申请人或拟设机构所属省级分公司最近2年内受到金融监管机构重大行政处罚的。② 申请人或者其管理人员因工作行为涉嫌重大违法犯罪,正在受到金融监管机构或者司法机关立案调查的。③ 在拟设机构所在地保监局辖区内的其他分支机构最近6个月内受到重大保险行政处罚的。④ 在拟设机构所在地保监局辖区内,最近1年内有3家次以上分支机构受到保险行政处罚的。⑤ 拟设机构的上级直接管理机构最近6个月内受到保险行政处罚的。申请设立省级分公司以外分支机构的,在拟设机构所在地保监局辖区内的其他分支机构运营情况不得有以下情形:① 无主要负责人或者临时负责人超期的。② 无稳定、规范的营业场所的。③ 自行停业连续3个月以上的。停业情形已向保险监管机构报告的除外。④ 存在重大内部控制缺陷,尚未整改到位的。⑤ 最近1年内撤销分支机构3家以上的。⑥ 最近1年内同一分支机构变更营业场所两次以上或者变更主要负责人3次以上的。⑦ 最近6个月内发生过50人以上群访群诉事件,或者100人以上非正常集中退保事件,影响较为恶劣的。⑧ 保险监管机构认定的其他情形。

2. 外国保险公司分支机构的设立

根据《外资保险公司管理条例实施细则》,外资保险公司可以根据业务发展需要申请设立分支机构。外国保险公司分公司只能在其所在省、自治区或者直辖市的行政辖区内开展业务。合资保险公司、独资保险公司在其住所地以外的各省、自治区、直辖市开展业务的,应当设立分公司。合资保险公司、独资保险公司以最低注册资本人民币2亿元设立的,在其住所地以外的每一省、自治区、直辖市首次申请设立分公司,应当增加不少于人民币2千万元的注册资本。合资保险公司、独资保险公司注册资本达到人民币 5 亿元,在偿付能力充足的情况下,设立分公司不需要增加注册资本。外资保险公司申请设立分支机构,应当具备下列条件:① 上一年度偿付能力充足,提交申请前连续 2 个季度偿付能力均为充足;② 保险公司具备良好的公司治理结构,内控健全;③ 申请人具备完善的分支机构管理制度;④ 对拟设立分支机构的可行性已进行充分论证;⑤ 在住所地以外的省、自治区、直辖市申请设立省级分公司以外其他分支机构的,该省级分公司已经开业;⑥ 申请人最近 2 年内无受金融监管机构重大行政处罚的记录,不存在因涉嫌重大违法行为正在受到中国保监会立案调查的情形;⑦ 申请设立省级分公司以外其他分支机构,在拟设地所在的省、自治区、直辖市内,省级分公司最近 2 年内无受金融监管机构重大行政处罚的记录,已设立的其他分支机构最近 6 个月内无受重大保险行政处罚的记录;⑧ 有申请人认可的筹建负责人;⑨ 中国保监会(现已合并为中国银行保险监督管理委员会)规定的其他条件。

二、保险机构的资本金监管

资本金是保险公司偿付能力的最终保障,充足的资本金能够在保险公司出现经营困境的情况下,保障客户的利益。在保险机构市场准入的监管中,资本金监管更具有非常重要的意义。

(一) 资本金与资本公积金

1. 对资本金的监管

以投资主体为标准,资本金可以划分为国家资本金、法人资本金、个人资本金以及外商资本金四种。国家资本金是国家投资或者机构以国有资金投入保险公司形成的资本金;法人资本金是法人单位以合法资产投入保险公司形成的资本金;个人资本金是个人或本公司内部职工以合法财产投入保险公司的资本金;外商资本金是外国投资者以及我国港、澳、台地区投资者以资产投入保险公司的资本金。以职能为标准,资本金可以分为两种:设立保险公司最低资本金;匹配风险资本金。

我国《保险法》第六十八条规定,设立保险公司应当具备下列条件:① 主要股东具有持续盈利能力,信誉良好,最近三年内无重大违法违规记录,净资产不低于人民币二亿元;② 有符合本法和《中华人民共和国公司法》规定的章程;③ 有符合本法规定的注册资本;④ 有具备任职专业知识和业务工作经验的董事、监事和高级管理人员;⑤ 有健全的组织机构和管理制度;⑥ 有符合要求的营业场所和与经营业务有关的其他设施;⑦ 法律、行政法规和国务院保险监督管理机构规定的其他条件。同时,第六十九条补充规定:"设立保险公司,其注册资本的最低限额为人民币二亿元。国务院保险监督管理机构根据保险公司的业务范围、经营规模,可以调整其注册资本的最低限额,但不得低于本条第一款规定的限额。保险公司的注册资本必须为实缴货币资本。"

各国还对保险公司资本金的筹集方式进行监管,规定不论采取哪种筹资方式,必须用货币资本向保险公司投资。目前,我国保险公司筹集资本金的方式主要采取国家投资和发起人出资。资本金的真实性通过注册会计师验资证明,并对验资行为负责。保险公司所需开业资本金必须在公司设立前交足。匹配风险资本金可以根据业务发展需要分次筹集,也可一次筹集。

2. 对资本公积金的监管

资本公积金是指所有者共有的,非收益转化而形成的资本。包括:① 股本溢价,即投资者实际缴付的出资额超过其资本金的差额。股份有限公司的股本溢价主要表现为发行股票的溢价净收入。② 公司法定财产重估增值,重估价值大于账面价值的差额作为资本公积金。③ 接受捐赠的财产。④ 资本汇兑收益。由于资本公积金可以按照法定程序转化为资本金,所以,对于资本公积金的管理是资本金管理的主要内容之一。

我国法规对保险公司的资本公积金有详细规定,主要有:① 国有保险公司不能因股本溢价产生资本公积金。这是因为国有公司不发行股票,不会产生股票溢价发行收入。② 保险公司财产重估需满足下列条件:国有资产产权变动、股份制改革、吸收外资、资产重组等。在资产重估时溢价计入资本公积金;在重估时资产减少计入当期损益;但如果重估价值的减少是由于与过去重估增值有关,且重估增值已记入股东权益的,则将后来重估发生的减少冲销,记入股东权益的增值。冲销后仍未完全冲销的减值计入损益。③ 保险公司接受的非现金资产捐赠,按同类资产的市价或有关凭据确认价值。附有发票的,按发票所列金额扣除公司负担的有关费用后入账。④ 资产账户的外汇,按照保险公司收到出资时当日或当月 1 日外汇牌价折价入账;资本账户的外汇,有协议的按协议汇率折价入账;没有协议的按收到外汇之日的外汇牌价入账。

(二) 对资本金监管的措施

1. 对资本金及资本公积金的检查

对资本金的监管主要是对资本金真实性、合法性的检查,包括以下内容:检查验证保险公司实收资本内控制度的健全性和有效性;检查实收资本的合法性;检查实收资本的正确性;检查实收资本入账的完整性;检查实收资本的真实性和存在性;检查实收资本在资产负债表上表现的充分性和恰当性。

对资本金的检查分两步:对内控制度评审和实质性检查。对内控制度进行评审主要调查了解实收资本内控制度,包括:① 申报审批。保险公司成立时的实收资本和以后发生的增资、减资以及合并、分立、解散和清算所引起的资本金的变化,都应经过保险监督管理部门的批准。② 核准授予权。保险公司吸收资本、转移资本、股权转让、股利分配、提取留存损益等须经董事会批准,按法律规定执行。③ 评估审核。资本金的投入、增减和退还,以及资本盈余分配须经评估审核后办理。④ 登记入账。保险公司必须建立相应的会计科目和明细账,登记资本金的投入、增减、分配活动。⑤ 检查清理。对资本金的存留、增减和股利的分配发放,以及不同投资人的留存权益都必须定期检查清理。

由于内控制度的各个环节都会在保险公司会计核算中详尽记录,因此,资本金检查中可以抽取凭证,检查和评价资本金。对资本金的实质性检查,主要运用审阅法、复核法、盘点法等方法进行:① 编制和取得实收资本明细账,验证与总账、明细账是否一致;② 检查实收资本的实存性,确认资本投入的币种、汇率和投入日期等经济事项是否存在;③ 检查实收资本业务的合规合法性,通过审阅账册和凭证,查明注册资本金额是否符合规定,借入资金与资本有无混淆,有无抽取资本的情况。

2. 我国对保险公司资本金及资本公积金的监管

由于资本金是股东对保险公司承担法律责任的最高限额,因此,对资本金的检查格外重要。我国保险业正处于发展时期,保险公司不断通过扩股或股东增资追加资本金。因此,对于新成立的公司,应侧重检查实收资本金的真实性和时效性。对于原有公司,应侧重检查新增资本金的合法性。目前,较为突出的问题是资本金不能足额及时到位。主要有两种情况,一是实际到位资金少于应到位资金;二是实际到位资金不但小于应到资金,而且少于监管部门规定的最低资本金要求。后一种违规行为对社会危害性更大,潜藏较大的经营风险。由于注册会计师事务所在我国发展时间不长,有关注册会计师事务所管理的法律法规不完善,有时个别注册会计师事务所的验资报告难免有欠公正。因此,保险监督管理部门应加强对新保险公司法定资本金的检查,确保真正足额到位。对于原有公司新增资本的监管,在今后的保险监管工作中要进一步加强。

对资本公积金的监管重点是检查其来源的合法性、金额的真实性、核算的科学性和手续的完整性。在监管对象上,应重点体现在对经营时间在一年以上的保险公司资本公积金的监管。由于我国不允许获准筹建保险公司的发起人以发行股票的方式筹集资本金,因此,经营时间不足一年的保险公司,一般没有因溢价发行股票形成的资本公积金。

第二节 保险机构市场经营监管

一、保险业务监管

(一)对保险条款的监管

保险业是一个专业性较强的行业,没有受过专业训练的人很难对保险业有足够的了解。同时,保险合同是一种定式合同,在保险人与投保人协商之前,保险条款一般已由保险人拟就,投保人只能通过对保险条款说"是"或"否"来表达签订保险合同的意愿。基于这些特点,各国保险监督管理部门对于保险条款都进行比较严格的监管。

1. 保险标的

保险标的是保险合同的客体,在不同的保险险种中,保险标的不同。在财产保险中,标的物一般包括物质财产、派生的经济利益以及损害赔偿责任等。对于财产保险标的,各国采用标的所在地原则,即标的只能向所在国有权经营此项业务的保险公司投保。我国《保险法》规定,在境内的财产如需保险,只能向境内保险公司投保。

2. 保险责任与责任免除

保险责任是指约定的保险事故发生后,保险人所承担的保险赔款或保险金给付责任。责任免除是保险人不予承担的风险项目,是保险条款中的重要构成要素,责任免除通过除外责任条款在保险合同中加以明确。保险责任与责任免除是保险条款的核心内容,监管主要结合保险条款的审批或备案进行。我国《保险法》规定,主要险种的基本保险条款由国家保险监管机关制定,这些险种的保险责任和责任免除亦由国家保险监管机关制定。中国保监会还规定,其他保险条款必须向中国保监会备案后方可执行。

3. 保险价值与保险金额

保险价值是保险标的本身的实际经济价值,保险标的的保险价值可由投保人和保险人约定,在合同中载明,也可以按照保险事故发生时保险标的的市场价值来确定。保险金额是保险合同中确定保险保障的货币额度,是计算保险费的依据,也是保险人履行赔偿责任的最高限额。保险价值和保险金额都是保险合同的重要内容。我国规定,保险金额不得超过保险价值,超过保险价值部分的保险金额无效。

4. 保险费及缴费方式

保险费是投保人为了请求保险人对于保险标的及其利益承担风险而支付的与所需要保障的保险责任相适应的货币支出。我国《保险公司会计制度》规定，保费收入的成立必须同时满足下列条件：① 保险合同成立并承担保险责任；② 与保险合同相关的经济利益能够流入公司；③ 与保险合同相关的收入能够可靠地计量。支付保险费是保险合同生效的基本条件，有些国家保险监管机关规定，未按约定交付保险费的，保险合同自始失效。缴费方式：趸缴、分期缴付。

5. 违约责任和争议处理

违约责任，是合同当事人因过错致使合同不能履行，或不能完全履行时所应承担的法律后果。违约责任是民事责任，是所有合同的必备基本条款。保险合同是最大诚信合同，违约责任在其中的作用更加重要，因此，违约责任在保险合同中必不可少。争议处理，是对合同当事人对合同事项及保险责任的不同意见的处理。一般包括诉讼条款和仲裁条款，对于违约责任和争议，可以采取诉讼方式，也可以用仲裁解决，还可以由保险监管机构调解。

对于保险条款的监管，主要是通过保险条款的审批和备案进行。具体方式有：① 由保险监督管理部门制定，经营该项保险业务的保险公司必须执行条款；② 由保险公司自行拟定，报经保险监督管理部门审批或备案后的条款；③ 由保险公司拟订并使用，但在使用后的一定时间内，报保险监督管理部门备案，保险监督管理部门如发现条款中有法律禁止项，有权要求保险公司修改或终止该条款；④ 法律允许的，由保险同业公会依法制订的条款。从保险监管趋势看，除个别与社会公众有十分紧密关系的险种，如劳工保险条款和汽车第三者责任保险条款外，其他绝大部分保险条款由保险公司自行制定，保险监督管理部门仅要求保险公司事后报备所制定的保险条款。

（二）保险费率监管

1. 保险费率监管的特点

费率是特定保险险种中每个危险单位的保险价格，是单位保险金额收取的保险费。确定保险价格或费率是一个科学的计算与预测过程，建立在对实际风险发生率的精确统计基础上，具有一定的复杂性。这种复杂性要求在厘定保险费率时，要使主观预测与客观实际达到完美的结合。

费率监管，是保险监督管理部门依法对费率的合理性、公平性和适当性进行的监管。费率监管的目标是：① 不致使保险费率过低或过高；② 相同危险不得有差别费率；③ 不得具有非法费率折扣行为。世界上不少国家把费率监管列为保险监管的重要内容，具有国际性且情形特殊的保险业务，应于出单前报主管部门备查。但有的国家如英国，主张费率通过市场形成，保险监督管理部门不对费率的制定进行监管。

保险费率监管具有以下四个独特性：

（1）保险费率的厘定先于保险产品实际成本的确定。保险产品不同于其他制成品，其损失成本经常在保单签发后相当长的时间内才显现，因此，保险实际成本需要多年才能确定。保险费率主要是靠对以往统计资料和经验进行分析测算得到。保险成本的滞后性和预测性，要求费率监管要具有科学性。

（2）对于保险公司经营的费率监管环境，各国法律规定各种各样。一些国家监管环境较宽松，保险公司可以收取认为恰当的费率，如英国；也有一些国家政府对保险公司提出具体要求,否则不能获准出售保险商品,如美国。

（3）保险公司之间形成了各种信息共享和共同开发产品的机制。这种机制如果存在于其他行业中,会被视为违反反垄断法律,但在保险业中,由于经营的是风险,大数法则是理论基础,因此,保险费率不适用反垄断法。

（4）监管费率的方式与公用事业监管强调的资产回报差别很大。在费率监管方式上,有审批方式和备案方式。在备案方式中,有事先备案和事后备案。由此可见,费率监管比较灵活。

2. 保险费率监管的程度和方法

并非所有各种保险的费率都受到严格监管。从险种特点看,各险种费率的监管宽严程度有明显的区别。虽然一些险种费率由法律强制规定或者政府充分参与制定,但是,也有些险种费率由于特有的性质未受到严格监管。总的来说,费率与公众和经济关系越密切,监管程度越严。

近年来,保险监管者将费率监管重点放在三方面:一是费率分类体系是否恰当;二是有关利润方面的条款对消费者是否公平;三是巨灾处理是否恰当。围绕这三个重点,保险监督管理部门制定了监管方法:① 事先批准。是指有关保险费率及相关法则在使用前,必须经保险监督管理部门批准。但在某些情况下,法规中有些条例规定若保险公司从上报之日起,在某一时段内（通常 30 至 90 天）没有收到监管部门的批文,视做批准。② 先备案后实施。在该体制下,保险公司在实施费率和费率确定前,在某时段内必须向保险监督管理部门备案。在这段时间内,保险监管部门可以制止使用该费率或要求保险公司修订。③ 先实施再备案。在该条法规下,保险公司可以用任何希望的费率,然后在费率执行后规定的时间内向监管部门备案。④ 公开竞争。即允许保险公司在执行费率前,不必经上级同意或上报监管部门。⑤ 制定费率。有些国家根据特殊险种需要,为保险公司厘定该险种保险费率。如果保险公司不执行该费率,则不得经营该险种。有时上述方法可混合使用。

3. 关于费率监管的思考

费率监管强调保险监管部门在费率制定过程中的作用,目的在于保护被保险人的利益,防止出现不合理的歧视性费率。但市场经济高度发达,怎样监管保险费率才能使保险费率活而不乱,成为一个值得研究的课题。

一般监管者较保险公司距离市场远,对市场信息的反应速度不及保险公司。从风险特点看,由于保险标的五花八门,不同的保险标的有不同特点。而且,保险标的的风险程度随着时间、地点不同而各异。因此,由保险监管部门审订或制定的费率,往往与实际情况有一定的距离。

（三）保险合同监管

1. 对合同形式的监管

保险合同的形式主要包括投保单、暂保单、保险单、批单和保险凭证五种形式。在上述合同形式中,投保单只是投保人的投保申请,是投保意愿,各国一般不对投保单进行监管。对于其他四种单证,国家采取不同的监管方式,如美国大部分州规定,各种保险合同在销售前,必须经过州保险监管部门批准或备案。有五种情况:① 事先批准。指保险合同在销售前必须经过事先批准,适用于常规业务,如汽车保险。② 先备案后使用。保险合同向州保险监管部门报备,监管部门在规定时间内不提出异议的,被认为同意。③ 先使用后报备。合同形成后的一定时间内,必须向州保险监管部门备案,监管部门在规定期限内可以修改或废止。④ 不需备案或批准。有些保险公司完全由保险当事人双方约定,不需要监管部门批准。⑤ 州保险监管部门制定的合同形式。对于由州保险监管部门制定的合同,各保险公司必须使用。

由于保险业务种类、合同形式多种多样,哪些保险合同形式必须经过事先批准,哪些保险合同形式应先备案后使用或先使用后备案等,保险公司难以区分,必须由保险监管部门详细规定。一般分类标准有两种:一是按险种划分,如美国大部分州规定,私人财产保险单必须经过事先批准方可销售;二是按标的风险金额划分,如美国得克萨斯州规定标的金额在 1 000 万美元以下的财产保险单形式,不需要批准或备案。对于各种保险合同中使用的字体,美国各州也有规定,一般要求使用规范的印刷字体。对于字体大小,也有规定,给 60 岁以上投保人的保险合同,应该比正常合同字体大一号,便于阅读。

欧洲主要采用合同自由原则,所有保险合同形式均由保险人与被保险人协调确定,保险监管部门不加干涉。我国除航空人身意外伤害保险和机动车辆保险的主要单证外,其他保险合同形式由各保险公司制定。航空人身保险单、机动车辆保险单、批单、暂保单及拖拉机/摩托车单额保险单一律由中国保监会监制。

2. 对合同当事人、关系人的监管

保险合同中的当事人包括保险人和投保人,关系人主要指被保险人和受益人。各国保险监管当局对合同当事人和关系人的监管,主要是对资格、基本权利和义务的确定。

(1) 对当事人的监管。对于保险人,各国均采取许可证原则,除依法设立的保险人外,其他个人或企业不能经营保险业务。对于投保人,可以是自然人和法人。自然人必须具有行为能力。寿险投保人可以本人生命为保险标的,也可用他人生命为标的,但以他人生命为保险标的时,英国、美国等要求投保人对于被保险人具有保险利益,日本要求投保人须征得被保险人的同意。有的国家要求投保人和被保险人同意,目的在于防止发生道德风险。

《保险法》第十二条规定:"人身保险的投保人在保险合同订立时,对被保险人应当具有保险利益。财产保险的被保险人在保险事故发生时,对保险标的应当具有保险利益。人身保险是以人的寿命和身体为保险标的的保险。财产保险是以财产及其有关利益为保险标的的保险。"第十六条规定:"投保人故意或者因重大过失未履行前款规定的如实告知义务,足以影响保险人决定是否同意承保或者提高保险费率的,保险人有权解除合同。前款规定的合同解除权,自保险人知道有解除事由之日起,超过三十日不行使而消灭。自合同成立之日起超过两年的,保险人不得解除合同;发生保险事故的,保险人应当承担赔偿或者给付保险金的责任。投保人故意不履行如实告知义务的,保险人对于合同解除前发生的保险事故,不承担赔偿或者给付保险金的责任,并不退还保险费。投保人因重大过失未履行如实告知义务,对保险事故的发生有严重影响的,保险人对于合同解除前发生的保险事故,不承担赔偿或者给付保险金的责任,但应当退还保险费。保险人在合同订立时已经知道投保人未如实告知的情况的,保险人不得解除合同;发生保险事故的,保险人应当承担赔偿或者给付保险金的责任。"

(2) 对关系人的监管。被保险人是指接受保险合同,并对保险标的的存在与否具有财务利益,享有保险金请求权的自然人或法人。投保人与被保险人在保险合同中的主体位置上有区别,下述四种关系可以为他人申请投保业务:投保人与被保险人存在行政隶属或雇佣关系;投保人与被保险人存在法律承认的继承、赡养或监护关系;投保人与被保险人存在债权和债务关系;在被保险人同意并接受的情况下投保人与被保险人所形成的赠予关系。

受益人由被保险人或投保人在投保时指定。受益人规定是人身保险特有的。在财产保险中,享有保险金请求权的人是被保险人本人,不存在指定受益人。在人身保险中,特别是在死亡保险中,被保险人死亡后给付保险金。这就必须指定受益人。由于受益人在经济利益上的特殊地位,保险监管当局有诸多规定和限制,最主要的监管内容包括受益人指定、受益权性质、受益权的内容、受益权存在的时间以及受益人顺序等。

3. 对保险合同的全过程监管

按照订立保险合同的规定,只要投保人填具投保单、交付保险费并经保险人签章承保后,保险合同关系即告成立。当保险人拒绝投保人投保申请时,监管部门一般要求保险人必须在一定的时间内书面通知投保人,并注明原因。美国国家保险委员联盟(NAIC)规定,保险公司拒保时,应在接到投保申请起21天内书面通知投保人。

保险合同关系成立以后,如果保险标的的所有权发生转移,就会改变原有的保险合同关系。若要继续保持保险合同关系,被保险人必须事先将保险标的所有权转移的情况书面通知保险人,经保险人同意继续承保后,通过由保险人背书或加批单的形式批改原保险合同,更换被保险人。但是,在货物运输保险或保险合同另有约定的情况下,保险标的所有权发生转移时,可以不经过保险人同意。保险人背书后,保险合同的变更即可生效。

保险合同中止,是指保险合同生效后,如果被保险人违反保险合同的某些条件,保险人根据保险合同的约定暂时中止保险合同效力的一种方式。如果被保险人在规定的期限内恢复履行保险合同的这些条件,保险合同继续有效。但是,如果在规定的期限内被保险人仍没有恢复履行,保险合同的中止将终止,由保险人根据保险合同的规定,解除合同关系。

保险公司终止保险合同必须提前通知被保险人,美国 NAIC 规定,终止财产保险合同时,如果该合同生效不到 60 天,应提前 14 天通知;超过 60 天,应提前 30 天通知。终止车险合同时,如果该合同因未付保费而被终止,应提前 10 天通知;因其他原因被终止,应提前 20 天通知。水险合同一旦生效,各国均规定不许终止执行。

各国保险法对保险合同免责条款均进行了规定。我国《保险法》第十七条规定,对保险合同中免除保险人责任的条款,保险人在订立合同时应当在投保单、保险单或者其他保险凭证上作出足以引起投保人注意的提示,并对该条款的内容以书面或者口头形式向投保人作出明确说明;未做提示或者明确说明的,该条款不产生效力。第二十四条规定,保险人作出核定后,对不属于保险责任的,应当自作出核定之日起三日内向被保险人或者受益人发出拒绝赔偿或者拒绝给付保险金通知书,并说明理由。订立保险合同,采用保险人提供的格式条款的,保险人向投保人提供的投保单应当附格式条款,保险人应当向投保人说明合同的内容。

二、保险资金运用监管

(一) 对保险资金运用监管的必要性

如果保险资金运用不合理、缺乏流动性、不能随时变现,被保险人就不可能及时得到保险赔款或保险金。由于保险业具有较强的公众性和社会性,涉及各行各业,直接影响着广大公众的利益,因而,政府对保险资金运用进行较严格的管理。保险基金是保险人对投保人的负债而不是盈利,只能用作补偿或给付,这种补偿或给付具有时间上的不确定性和数额上的不一致性。如果不能及时赔付或不能足额赔付,实际上是不履行偿债义务,最终会导致保险企业发生财务危机,影响被保险人的利益。为了确保资金运用的安全和资金运用的收益性和流动性,保险监管部门从不同角度对保险资金运用加强管理,规定投资方向、限制投资规模等。

保险基金中的主要组成部分是各种准备金,不管来自何方、采取何种具体形式,最终都将用于对被保险人的补偿或结付,具有返还性。尤其是长期性寿险业务,约定期限届满时保险公司不仅要还本,而且要付息。但是,收益与风险是对应的,为了防止保险投资过于冒险,必须加强监管,遏制保险公司的投机意识和投机行为。保险基金是固定的,各类险种和险别的承保对象、保险责任、赔付方法和赔付数额等都有特殊规定,这些特殊规定要求在基金运用中,为不同险种和险别形成的保险资金选择适宜的投资项目,规定合理的投资比例和额度,防止各种准备金混合使用。

(二) 对保险资金运用监管的内容

各国政府对保险资金运用的监管内容包括两方面:一是规定资金运用的方式;二是规定资金运用的限额。监管手段是通过立法实现对保险资金运用的管理,通过政府规定或政策来调整保险资金的运用方向。在世界各国中,英国属于宽松型管理,有比较健全的、各种协会形式的行业管理组织,如保险人协会和保险经纪人协会等。英国规定,只要保险人具备规定的偿付能力,年终将财务报表按规定格式呈交公布,那么,对责任准备金的运用不做具体规定。只是对寿险公司的特别资金的运用作出规定,至于投资项目、投资范围等完全自行决定。美国为典型的严格型管理的国家,通过立法规定保险资金运用,各州对保险资金运用以立法限制,规定资金运用的种类。有些州只规定可运用的种类,有些州在立法中列明允许运用的和禁止运用的种类。除种类与比例管理外,还有一种特殊条款,即"自由投资条款",该条款允许各寿险公司在总资产的2%以内自由开展投资业务。

2010年2月1日,中国保险监督管理委员会主席办公会审议通过《保险资金运用管理暂行办法》2010年8月31日起施行。具体内容见表7-1。我国对保险公司资金运用主要依据上述条例执行。上述办法对我国保险资金运用形式,资金运用模式,组织结构与职责,资金运用流程,风险管控和监督管理等方面进行了系统规定。办法规定,保险资金运用限于银行存款,买卖债券、股票、证券投资基金份额等有价证券;投资不动产和国务院规定的其他资金运用形式。保险集团(控股)公司、保险公司从事保险资金运用,不得有下列行为:① 存款于非银行金融机构;② 买入被交易所实行"特别处理""警示存在终止上市风险的特别处理"的股票;③ 投资不具有稳定现金流回报预期或者资产增值价值、高污染等不符合国家产业政策项目的企业股权和不动产;④ 直接从事房地产开发建设;⑤ 从事创业风险投资;⑥ 将保险资金运用形成的投资资产用于向他人提供担保或者发放贷款,个人保单质押贷款除外;⑦ 中国保监会禁止的其他投资行为。同时为了控制风险,规范市场行为,办法对资金运用比例方面进行了详细规定,具体如下。

表7-1 我国保险公司资金运用比例要求

项　目	最高比例
投资于银行活期存款、政府债券、中央银行票据、政策性银行债券和货币市场基金等资产的账面余额	本公司上季末总资产的5%
无担保企业(公司)债券和非金融企业债务融资工具的账面余额	本公司上季末总资产的20%

续表

项　　目	最高比例
股票和股票型基金的账面余额	本公司上季末总资产的20%
未上市企业股权的账面余额(A)	本公司上季末总资产的5%
未上市企业股权相关金融产品的账面余额(B)	本公司上季末总资产的4%，A+B两项合计不高于本公司上季末总资产的5%
不动产的账面余额(C)	本公司上季末总资产的10%
不动产相关金融产品的账面余额(D)	本公司上季末总资产的3%，C+D两项合计不高于本公司上季末总资产的10%
基础设施等债权投资计划的账面余额	本公司上季末总资产的10%
其他企业实现控股的股权投资	累计投资成本不得超过其净资产

注：前款(一)至(六)项所称总资产应当扣除债券回购融入资金余额、投资连结保险和非寿险非预定收益投资型保险产品资产；保险集团(控股)公司总资产应当为集团母公司总资产。

三、保险机构偿付能力监管

偿付能力监管一直是各国保险监管的主要内容，主要包括三方面内容：一是偿付能力计算方法，包括保险公司资产和负债的谨慎评估标准、风险资本评估标准和法定最低偿付能力标准等；二是真实水平的检查方法，包括财务报告和精算报告制度、监管部门的现场检查以及非现场监管制度等；三是偿付能力不足的处理，包括监管部门根据公司偿付能力实际水平采取整顿、接管、清算等监管措施。其中，技术性较强的内容主要是保险监管信息指标的制定和对保险公司的检查。

(一) 保险监管信息指标

为了及时掌握保险公司偿付能力变动状况，各国都在探索快速反应办法。美国的NAIC根据本国法律的特点以及保险公司多、监管力量有限等实际情况，在1970年的保险早期预警系统的基础上，制定了保险公司保险监管信息指标体系，即保险监管信息系统。在这一系统中，财产保险公司与寿险公司所用的指标不完全相同。根据这一系统，保险监管部门可以及时了解保险公司偿付能力状况，根据实际情况及时采取防范措施。

保险监管信息系统包括两个阶段。第一个阶段是统计阶段。保险监管部门按照保险公司的年度报表计算财务比率。这些比率分成四类：综合比率、盈利比率、流动性比率和后备比率。监管机关根据近年来丧失偿付能力或经历财政困难的公司的情况建立一个正常范围。这些范围定期修订，以保证适应保险公司的财务状况。在指标体系中，只有一个比率在正常范围之外，并不代表保险公司财务肯定有问题。但如果有多个比率超值，就会引起监管部门的注意。第二个阶段是分析阶段。保险监管部门聘用有经验的财务检查人员，对保险公司年度报表比率进行分析。从1990年以后，所有保险公司的比率(包括正常范围和不正常的数值)都会由保险监管部门向社会公布。检查人员在分析阶段所作的检查报告是保密的。

1. 财产保险公司和责任保险公司的监测指标

(1) 毛保费与盈余比率、纯保费与盈余的比率

$$毛保费与盈余比率 = 毛保费收入/盈余$$

指标值正常范围<900%。

$$纯保费与盈余比率 = 纯保费收入/盈余$$

指标正常范围<300%。

这两个比率衡量一个公司的盈余是否足够用来对付不好的经营结果。比值越高,公司不能支付损失的可能性就越大。

（2）纯保费收入变动率

$$纯保费收入变动率 = (当年纯保费收入 - 上年纯保费收入)/上年纯保费收入$$

指标正常范围是为 -33% ~ 33%。

（3）再保险救济比率

$$再保险救济比率 = 盈余助金/盈余$$

指标正常范围≤25%。

在这一指标中,盈余助金是指未得的(出让给再保险公司的)年再保险费的佣金。

（4）两年综合营业比率

$$两年综合营业比率 = 综合营业比率之和 - 保费投资收益率之和$$

$$综合营业比率 = 损失率 + 费用率$$

$$损失率 = 赔款支出/已赚保费$$

$$费用率 = 费用支出/保费收入$$

$$保费投资收益率 = (利息净收入 + 红利净收入 + 不动产投资净收入)/已赚保费$$

$$已赚保费 = 保险费收入 + 上年转未到期责任准备金 - 当年提取未到期责任准备金$$

指标正常范围≤100%。

很明显,用这个比率衡量保险公司的盈利情况时, <100%说明公司在赚钱,>100%则说明公司在亏损。

（5）投资收益率

$$投资收益率 = 净投资收入/平均投资额$$

指标正常范围为4.5% ~ 10%。

使用这一比率的原因在于一个公司投资收益的好坏是决定其盈利程度的一个重要因素。这一比率也大致反映了一个公司投资结构的质量。

（6）盈余变化率

$$盈余变化率 = 调整后的盈余变化/前一年调整后的盈余$$

指标正常范围为10% ~ 50%。

盈余变化率是衡量一个保险公司财务在一年里改进或变坏的最根本的标准。任何盈余的大量减少都必须引起注意。

（7）负债与流动资产的比率

$$负债与流动资产比率 = 负债/流动资产$$

指标正常范围≤105%。

这一比率用于衡量一个保险公司按期偿还客户债务的能力,它也反映了(可能的)企业清算对保单持有人的影响。

(8) 代理人应上交保费与盈余比率

$$代理人应上交保费与盈余比率 = 代理人拖欠保费金额/盈余$$

指标正常范围≤40%。

这一比率用来衡量公司盈余对代理人拖欠保费这一不确定资产的依赖程度,它代表了公司的偿付能力对这项清算时一般不能转换成现金的资产的依靠程度。

(9) 准备金变化与盈余比率

$$准备金变化与盈余比率 = (当年准备金 - 上年准备金)/上年盈余$$

指标正常范围≤20%。

这一比率是衡量上年度对损失准备金估计的精确程度。它充分利用时间差异的好处来分析上年对盈余过高或过低估计的程度。

(10) 两年准备金变化与盈余比率

$$两年准备金变化与盈余比率 = 两年准备金变化值/两年盈余$$

指标正常范围≤20%。

该指标主要考核保险公司准备金稳定性。

(11) 对目前准备金缺乏的估计与盈余比率

$$对目前准备金缺乏的估计与盈余比率 = 对目前准备金缺乏的估计/盈余$$

指标正常范围≤25%。

2. 寿险公司的监测指标

(1) 净盈余变化率及毛盈余变化率

$$净盈余变化率 = (当年净盈余 - 上年净盈余)/上年盈余$$

指标正常范围为 -10% ~ 50%。

这一指标主要考核寿险公司所有者权益变化情况,也是衡量一个寿险公司财务状况在一年里改进或变坏的最根本标准。任何盈余的大量减少都必须引起注意。

$$毛盈余变化率 = (当年盈余 - 上年盈余)/上年盈余$$

指标正常范围为 -10% ~ 50%。

(2) 净收入与总收入比率

$$净收入与总收入比率 = 净收入/总收入$$

指标正常范围 > 零。

净收入与总收入比率主要考核寿险公司的获利能力,包括经营保险业务利润、资金运用资本所得与资本损失。

(3) 佣金及费用比率

$$佣金及费用比率 = 佣金及费用/保费收入$$

本指标未规定正常范围。1994 年该指标平均水平为 13.9%。

(4) 投资收益充足率

$$投资收益充足率 = 投资收入/保险产品所需利息支出$$

指标正常范围为 125% ~ 900%。

(5) 非认可资产与认可资产比率

$$非认可资产与认可资产比率 = 非认可资产/认可资产$$

指标正常范围 < 10%。

非认可资产过多,表明保险公司资产结构不合理,清偿能力低下。

(6) 不动产投资比率

$$\text{不动产投资比率} = \text{不动产投资金额} / \text{盈余}$$

指标正常范围 <30%。

(7) 附属公司投资比率

$$\text{附属公司投资比率} = \text{附属公司投资金额} / \text{盈余}$$

指标正常范围 <100%。

(8) 再保险救济比率

$$\text{再保险救济比率} = \text{盈余助金} / \text{盈余}$$

指标正常范围为盈余 >500 万美元者,−99% ~ 30%;<500 万美元者,−10% ~ 10%。

(9) 保费收入变化率

$$\text{保费收入变化率} = (\text{当年保费收入} - \text{上年保费收入}) / \text{上年保费收入}$$

指标正常范围为 −10% ~ 50%。

(10) 单类保险产品保费收入变化率

$$\text{单类保险产品保费收入变化率} = (\text{该产品当年保费收入} - \text{上年保费收入}) / \text{上年保费收入}$$

指标正常范围 <5%。

本指标主要考核单个产品的稳定性。

(11) 单类资产变化率

$$\text{单类资产变化率} = (\text{该项资产当年占有金额} - \text{上年占有金额}) / \text{上年占有金额}$$

指标正常范围 <5%。

本指标主要考核单项资产占有量,以及公司资产结构的变化。

(12) 准备金变化率

$$\text{准备金变化率} = (\text{当年准备金} - \text{上年准备金}) / \text{上年准备金}$$

指标正常范围为 −20% ~ 20%。

本指标主要考核寿险公司业务经营与准备金提取的稳定性。

(二) 对保险公司的检查

保险监督管理部门检查保险公司的目的,是保证保险公司的偿付能力,纠正不符合法律法规的业务活动,维护被保险人的利益,保证保险业的健康发展。检查的主要方式有两种:一种是非现场检查,主要是根据保险公司报送的各种报告、报表和文件,检查保险公司经营活动是否合法、合规,风险性如何等;另一种是现场检查,主要是保险监督管理部门的人员根据需要对保险公司进行实地现场检查,以判断保险公司所提供数据的准确性,检查保险公司的各项财务指标是否符合有关法规的规定。两种方式各有其优点,相互配合,使保险监管更加完善。

现场检查的程序,是指在实施现场检查过程中所应遵循的工作规范和工作步骤。一般分为如下几个阶段:① 检查准备阶段,包括资料准备、制订方案、确定人员及下发检查通知书;② 检查实施阶段,包括出示授权检查文件,说明检查目标,听取汇报,查阅有关账册、报表、文件或其他材料,整理检查记录及与被检查单位交换意见,核对事实材料等;③ 报告与处理阶段,包括编写检查报告、起草检查结论与决定、送领导审批报告和决定等;④ 执行决定与申诉阶段,包括监督决定执行,处理申诉工作;⑤ 后续检查阶段。

为了对保险公司的偿付能力进行监督和管理,保险监管部门在检查保险公司时,主要检查事项有:① 保险公司的保险经营活动。保险公司是否在批准的业务范围及地域范围内开展业务;是否按照批准的保险条款和保险费率开展业务;有无不正当竞争行为;是否依法办理法定保险及法定再保险业务。② 保险公司机构设置是否合法或合规。是否按照批准文件设立保险公司总公司、分支机构或代表机构;保险公司负责人是否符合任职资格;办公场所是否符合规定;保险公司证照是否齐备。③ 保险业务活动的形式、内容。保险公司及其工作人员的业务活动不得损害投保人、被保险人或者受益人的利益,不得从事不正当竞争。④ 是否依法提取和结转各项准备金。准备金包括财产保险及意外保险、健康保险未到期责任准备金,未决赔款准备金,信用保险长期责任准备金,再保险业务长期责任准备金,人寿保险业务责任准备金、费用准备金和巨灾准备金等。除此以外,还有坏账准备金等非保险业务准备金,提取和结转方法必须符合法律规定。⑤ 保险公司提取的公积金、公益金。保险公司应当依照法律、行政法规及财务会计制度的规定提取公积金和公益金。⑥ 是否足额提取保险保障基金。保险公司应当按照保险监督管理部门的规定提存保险保障基金,并集中管理和统筹使用。⑦ 是否足额提存保证金。保险公司应当依法提存保证金,保证金除非用于清偿债务,不得以任何形式加以动用。⑧ 最低偿付能力状况。保险公司应当具有与其业务经营规模相适应的最低偿付能力;当最低偿付能力低于国家规定时,应当增加资本金补足差额。在经营活动中,应当通过再保险转嫁巨灾风险,确保偿付能力。⑨ 资金运用的形式、规模及保值增值、亏损情况。保险资金运用必须稳健,保证资产的保值增值,不得运用于风险极大的投资。

第三节　保险机构跨国业务监管

一、跨国保险业务经营的监管原则

为了指导各国保险监管当局监管保险机构的国外业务经营,增强保险监管的有效性,国际保险监督官协会于1999年12月颁布了保险集团跨国业务的监管原则。

(一) 全面监管原则

在注意避免重复监管的同时,监管机构有义务确保辖区内外国保险机构均受到有效监管。对子公司和分支机构的监管有不同之处,子公司一般由东道国辖区监管,并受到东道国对资本充足性和偿付能力规章的约束。分支机构通常由东道国辖区实施日常监管,但分支机构的偿付能力既可由母国辖区,也可由东道国辖区适用的条款来评估,东道国辖区的监管当局可以借助母国辖区监管当局的评估得出判断。

(二) 有效监管原则

在决定是否给辖区内外国保险机构授予许可证或延长许可证时,东道国辖区监管当局需要对国外保险机构在母国辖区被监管的有效性进行评估,必要时须向母国监管当局咨询。这种评估应考虑国际保险监督官协会的一般监管原则和标准,以及母国监管当局应用处罚条款限制并有效监管冲突的保险机构的能力。传统的保险监管方式把重点放在对保险公司的单独监管上，因为与银行相比，保险机构不容易受到风险传染，也不容易造成系统风险。保险监管当局尽量对辖区内的单个保险公司筑起一道"篱笆"，以便与同一集团的其他机构隔离开来。然而，当保险机构的母公司对其他保险机构或金融机构有实质性参股时，在评估母公司和整个集团的财务能力时，把由于集团存在而可能造成的潜在风险加以考虑非常重要。关于如何谨慎对待这种情况的讨论，一直在巴塞尔银行监管委员会、国际证券监管委员会以及国际保险监督官协会等论坛上展开。

（三）协商监管原则

当保险机构提出建立国外机构申请时，东道国和母国监管当局之间进行的最初合作就开始了。批准许可证的过程为东道国和母国监管当局提供了良好的合作机会，也为未来合作打下了基础。东道国监管当局需要就许可证申请向母国监管当局咨询，在授予许可证之前应该进行必要的核实工作，以确保申请者的总部或母公司所在国的监管当局同意。这一过程为母国监管当局提供了机会，使它能够把不同意其所监管的保险机构跨国设立子公司或分支机构的理由告知东道国监管当局，并可以建议东道国监管当局拒绝颁发许可证。东道国监管当局在没有得到母国监管当局的肯定答复，或在收到有保留的答复时，应考虑选择拒绝许可证申请、加大监管力度或对授予许可证提出附加条件等，东道国监管当局应该将所采取的措施通报给母国监管当局。东道国监管当局在对那些偿付能力在母国辖区没有受到谨慎管理的国外保险机构，或者没有明确的母公司对其负责的合资公司进行审查时，应特别谨慎。是否授予许可证的决定，应由东道国监管当局根据非歧视性标准作出。同时，母国监管当局也应当掌握保险机构所属的所有跨境机构情况。

（四）谨慎监管原则

是否允许国外保险机构在某一辖区提供跨境保险服务，通常涉及该辖区的法律问题。当消费者不受任何约束，自愿寻求国外保险服务时，他们应对自己的行为负责。然而，当允许积极推销跨境保险产品时，东道国监管当局通常需要了解该国外保险机构在其辖区内推销保险产品的真实动机，以确保该保险机构的偿付能力在母国辖区受到了谨慎监管。另一种方式是通过专门的许可证审核程序，或采用具体的安全措施保护本国投保人的利益。如果允许积极推销跨境保险产品，母国监管当局对确保保险机构的偿付能力负有主要责任，东道国监管当局应非常认真地考虑母国监管当局对保险机构拟开展的跨境经营活动提出的保留或反对意见。母国监管当局如果认为辖区内保险机构没有充足的财务能力或者没有对业务进行有效管理，应该阻止其到境外推销保险产品。

二、保险监管当局之间的信息交流

如果监管当局之间相互信任，监管信息就可以实现双向流动。在不断改进对国际保险机构和国际保险集团的监管的同时，必须加强保险监管当局之间的信息交流。这样做不仅是交流一般的日常信息，而且是实质性的监管措施。

（一）母国监管当局的信息需求

母国监管当局希望能够及时、充分地得到保险机构总部或母公司的信息。为此，需要建立一个完善的报告体系，要求任何一个境外的子公司或分支机构都应向总部或母公司报告，有满足特别信息需求的可行办法。为了实现这一目标,母国监管当局应要求保险机构健全内控制度,设在国外的机构向总部或母公司定期提交报告,使母国监管当局能够对保险机构的财务状况及内控制度的有效性进行准确的评估。如果东道国监管当局有理由怀疑某一外国保险机构出现比较严重的问题,应主动通报母国监管当局,母国监管当局也应向东道国监管当局通报详细检查结果。东道国监管者通常容易首先发现问题,因此,应该主动采取措施。

母国监管当局有可能希望对国外保险机构上报的资料进行独立核实,当母国监管当局需要跨境检查时,东道国监管当局应当允许。如果母国监管当局暂时不能进行跨境检查,或者不拟启动跨境检查程序,可以向东道国监管当局提出咨询,请求对该保险机构跨境活动的情况进行核实。东道国和母国监管当局最好都能得到彼此所获得的信息,一旦国外保险机构出现严重问题,东道国监管当局可以向其总部或母公司查询,也可以寻求母国监管当局的支持,以便提出补救方案。当东道国监管当局决定撤销某国外保险机构的许可证或采取类似行动时,应事先向该机构的母国监管当局发出预警。东道国监管当局在征得母国监管当局同意的情况下,双方可以协调监管活动。东道国监管当局应该向母国监管当局通报任何由于提供跨境保险业务活动引起的问题。

(二) 东道国监管当局的信息需求

如果母国监管当局对母公司或整个集团的审慎监管能力和政策措施有充分了解,那么,东道国对国外保险机构实施监管的效果就会更好。为此,母国监管当局应向东道国监管当局通报对保险机构跨境经营活动有重大影响的监管措施,让东道国监管当局根据判断行事。母国监管当局应积极回复东道国监管当局提出的各种信息要求,如当地机构的业务活动范围、集团内内控情况,以及东道国监管当局进行有效监管的其他信息要求。当母国监管当局对某一特定辖区的监管标准有疑问,并因此而准备采取可能对该辖区国外保险机构产生重要影响的措施时,应事先与东道国监管当局沟通协商。母国监管当局应尽可能让东道国监管当局对跨境保险机构保持信心。即使在敏感时期,如某一保险机构将发生产权变化时,母国监管当局与东道国监管当局之间的充分沟通也会对双方有利,母国监管当局应积极回复东道国监管当局提出的有关在东道国提供跨境保险服务的保险机构的各种信息要求。

(三) 监管信息交流的保密

监管信息的交流可以增强监管者之间的有效合作,当然,这种信息交流要受到一些旨在保护信息提供者和接收者的条件限制。不同辖区有不同程度的保密规则,对监管信息的传递可能造成一定障碍。如果辖区的保密要求限制了不同保险监管当局之间的信息共享,或者有的监管当局不能对其他监管当局提供的信息予以保密,那么,监管当局应考虑着手审查其保密要求。总的原则是信息只能用于与监管金融机构有关的目的。应允许信息双向流动,但不能要求信息的形式和详细特点严格对等。所传递信息的秘密性应受到法律保护。所有保险监管当局都应遵守职业保密制度,对活动过程中包括进行现场检查时所获得的信息保密。获得信息的监管当局如果准备根据所获得的信息采取行动,应在可能的情况下与提供信息的监管当局协商。至于被监管机构的信息经监管当局之间交流以后,是否应把监管当局之间沟通的情况通报给被监管机构,仍是讨论中的问题,在监管中往往要视具体情况而定。

第四节 保险机构市场退出监管

保险机构在经营过程中,可能面对因各种原因发生的市场退出。保险机构市场退出的种类包括保险机构被兼并收购、因法定原因解散、因无法支付到期债务发生破产等。对于保险机构因各种原因发生的市场退出,监管机构都有相应的监管措施。

一、保险公司兼并的监管

从国外立法来看,保险公司的兼并在原则上是自由的,但法律对兼并有一定限制。

(一) 公司组织形式上的限制

有的国家规定,只有股份有限公司相互之间及有限责任公司之间可以兼并,相互保险公司与其他形式的保险公司一般不能兼并。相互保险公司如若兼并,必须先改组为保险股份有限公司。

(二) 股东利益上的限制

有的国家规定,对于可能严重侵害股东和社员利益的兼并不予批准。美国法律规定,保险公司接受兼并时必须进行保单持有人投票,同意被兼并的票数过半,公司方可兼并。这样做的目的在于保护被保险人利益,防止保险公司通过兼并逃避债务。此外,各国保险监管部门还比较注意对敌意收购的监管。

(三) 反垄断法的限制

公司兼并后如可能形成垄断,保险监管部门不予批准。

二、保险公司解散及清算的监管

保险公司的解散,是指依法设立的保险公司因法定原因或者法定事由的出现,经保险监管部门批准关闭营业机构的行为。对于保险公司解散的缘由,各国保险法规定不同。英国《保险公司法》规定,当发现保险公司无法履行义务时,保险监管部门有权要求公司采取适当的措施保护被保险人的合法权益,可以要求有欺诈行为的保险公司解散。

(一) 保险公司解散的条件

尽管各国对保险公司解散的原因规定不同,但保险公司解散必须具备两个条件:

1. 具备解散的事由

保险公司解散事由主要分为三种情况:① 保险公司分立。保险公司分立须成立两个或者两个以上的新保险公司,分立前的保险公司解散;原保险公司的债权债务以及保险业务,由分立后的保险公司分别承继。② 保险公司合并。两个或者两个以上的保险公司合并为一个新的保险公司,合并前的保险公司解散;原保险公司的债权债务以及保险业务由合并后的保险公司承继。③ 公司章程规定的事由。公司解散的事由很多,章程可以对保险公司解散的事由加以规定,符合规定的事由发生时,保险公司解散。

2. 经监管部门的批准

保险公司的解散很大程度上由保险公司的股东控制,如果解散不经过保险监管部门的批准而由保险公司自行决定,不利于保险市场的健康发展,不利于保护被保险人的权益。因此,保险公司的解散须经保险监管部门批准。在保险公司解散事由出现时,保险公司应提出申请,经保险监管部门审查批准其解散的,保险公司才能解散。

(二)对保险公司解散后的清算

保险公司经批准解散,根据规定应成立清算组。逾期不能成立清算组的,债权人可以申请法院指定人员组成清算组进行清算。依法成立的清算组,应当负责了解已解散保险公司的债权债务,在保险公司清算期间,行使包括清理公司财产、通知或者公告债权人或利害关系人、处理公司清偿债务后的剩余财产等在内的一系列职权。清算组制订的清算方案经保险监管部门确认后,方可以执行。公司清算结束后,清算组应当制作清算终结报告,报保险监管部门确认,并向公司注册登记部门注销登记,对外发布公告。

三、保险公司撤销及清算的监管

(一)保险公司撤销的原因

保险公司违反法律、行政法规,包括保险法、公司法及有关法律、法规等,情节严重的,由保险监管部门吊销其经营保险业务许可证,保险公司宣告撤销。保险公司撤销的原因一般有:超出保险监管部门核定的业务范围从事保险业务,情节严重的;不按规定提存保证金或者违反规定动用保证金,情节严重的;不按规定提取或结转责任准备金或者提取未决赔款准备金,金额巨大的;不按规定提取保险保障基金、公积金,情节严重的;不按规定办理再保险分出业务,情节严重的;违反规定运用保险资金等,损失巨大的。我国《保险法》规定:"保险公司违反法律、行政法规,被金融监管部门依法吊销其经营保险业务许可证的,依法撤销。由金融监管部门依法组织清算组进行清算。"

(二)对保险公司撤销后的清算

保险监管部门依法撤销保险公司后,应当指定人员组成清算组进行清算。保险监管部门指定成立的清算组在清算期间行使的职权与前述大体一致。清算过程中,若发现保险公司的财产不足以清偿债务,应当向保险监管部门报告,经保险监管部门同意后,向法院申请宣告保险公司破产;宣告破产后,应将清算事务移交法院处理。如在处理有关债务后,还有多余资产,由清算组报保险监管部门依法处理。

四、保险公司破产及清算的监管

保险公司不能支付到期债务,是指保险公司对于已到清偿期限的债务,经债权人请求而因为缺乏清偿能力、客观上不能支付的行为。保险公司停止支付到期债务并呈连续状态时,推定为不能清偿到期债务,可以由法院宣告其破产。但是,由于保险公司属于金融业,对于国民经济和公众生活有重大影响,因此,法院在宣告破产前,须经保险监管部门同意。

(一)保险公司破产程序

破产程序一般由当事人申请开始。保险公司债权人和债务人,以及保险公司的接管组等都有权向法院申请保险公司破产。国外保险法规定,法院可以直接宣布保险公司破产。我国《保险法》有不同规定:"保险公司不能支付到期债务,经金融监督管理部门同意,由人民法院依法宣告破产。"我国保险公司申请破产必须事先经保险监管部门同意,人民法院才能宣布破产。破产人提出破产申请时,必须提交有关材料,说明已经具备破产条件。破产案件一般由保险公司所在地法院审理。

法院受理破产申请后,经过审理确定具备下列条件者,可宣告保险公司破产:① 申请人确实具有破产申请权;② 保险公司具备法定的破产原因;③ 债务人与债权人不能依法达成和解。有时,虽然没有破产申请,但法院在行使职权时,发现债务人不能履行偿债义务,也可宣告破产。

法院宣告保险公司破产后应发布公告宣布下列事项:破产宣告的主要内容;由法院选任的破产管理人姓名、住址;申报债权的日期;第一次债权人会议日期等。过期不申报债权者,视为自动放弃债权。所申报的债权被确认为破产债权后,有权参加财产的分配。破产财产分配完毕后,未能清偿的债务宣告豁免,债务人不再承担清偿责任,破产程序终结。

(二) 保险公司破产财产清偿顺序

破产财产是指保险公司在破产宣告时所有的全部财产、在破产宣告后至破产程序终结前所取得的财产以及应当由保险公司行使的其他财产权利。主要包括:① 应当由保险公司行使的所有权、经营权、使用权等具有排他性特征的财产权利;② 应当由保险公司行使的债权;③ 应当由保险公司行使的证券权利;④ 保险公司享有的知识产权;⑤ 保险公司可以行使的其他财产权利。

我国《保险法》规定破产财产按如下顺序处理:① 破产费用,包括破产财产的管理、变卖、分配费用,破产案件的诉讼费用,为债权人的利益支付的其他费用;② 所欠工资和劳动保险费用;③ 赔偿或给付保险金;④ 所欠税款;⑤ 普通公司债务。若破产财产不足以清偿同一顺序清偿要求的,按照比例分配。

(三) 保险公司破产清算

保险公司被宣告破产后,法院指定成立清算组行使以下职权:接管保险公司的全部财产、文件、印章和资料;清理、调查保险公司的资产,编制财产清单;处理与清算有关的公司未了结的事务;估价和变卖保险公司财产;支付所欠工资和社会保险费用;清缴所欠税款;清理债权债务;处理清理债权债务后的剩余财产;申请法院终结破产程序;办理保险公司的注销登记;代表保险公司从事诉讼、仲裁和其他清算范围内的民事活动。清算组依照保险公司的破产财产分配方案,完成财产分配的,应当制定破产财产分配完毕的报告,提请法院终结破产程序。

本章小结

1. 为保证在进入市场时具备一定的质量,各国的保险法都对保险公司的设立以及外资保险公司进入本国市场制定了详细的标准和规则。其中,对保险机构的设立方式、设立程序及相关要件都有明确的规定,最为重要的一项量化考核指标是保险机构的资本金数量。在对保险机构市场准入的监管上,机构设立监管和资本金监管两项内容是监管的核心。

2. 保险机构的特殊地位要求其在经营活动中尽可能规避风险。监管机构对保险公司业务活动、资金运用、偿付能力等进行监管,从外部控制保险机构的市场经营风险。对业务活动监管的注意力主要集中在保险条款、保险费率和保险合同方面。对资金运用的监管,主要是规定资金的运用和限额。对保险机构偿付能力的监管具有较强的技术性,通过建立能够准确、及时反映财险和寿险偿付能力变化的信息指标体系来对保险公司加以检查实现。

3. 由于各国具体经济环境不同,对保险机构的跨国业务监管难以采用一致的措施。因此,各国应当基于对保险机构监管的广泛性原则,建立适合本国经济特点的监管体系。对保险机构跨国业务的监管,需要各国之间进行信息交流与合作,保险机构的母国和东道国对监管信息的需求各有侧重。在交流的过程中,应当注意信息交流的保密性。

4. 由于各种原因保险机构会出现市场退出。市场退出形式包括:被收购兼并、解散、撤销和破产等。各国监管当局通过立法方式对保险机构市场退出的事由、程序及事后清算作严格的规定,维持保险业的整体信誉,避免发生对公众利益的严重损害。

思考题

1. 保险机构市场准入监管中的资本金监管对确保保险公司的正常经营活动有何意义?
2. 试述保险机构偿付能力监管指标体系的结构及其构建基础。
3. 简要叙述保险机构跨国业务监管中监管信息交流的内容。
4. 简述保险机构市场退出的主要形式和程序。

即测即评

请扫描右侧二维码,进行即测即评。

第八章　其他金融机构监管

【本章提要】

本章主要介绍对政策性金融机构、信托投资公司、金融租赁公司、集团财务公司、汽车金融公司等金融机构的市场准入、业务范围以及经营风险的监管措施;同时介绍了国外的监管经验和方法。

第一节　政策性金融机构监管

为了促进经济均衡发展,各国建立了政策性金融体系。其中,政策性银行是政策性金融体系的主体。由于政策性银行是银行的一种,监管原理与商业银行有些相同之处。加之我国目前的四家政策性金融机构中,三家是政策性银行(还有中国进出口保险公司),因此,本节主要介绍我国对政策性银行的监管,其原理适用于其他政策性金融机构。

一、对政策性银行机构的市场准入监管

中国银保监会审批设立政策性银行遵循的原则包括:① 符合国民经济发展的需求;② 符合金融业发展的政策方向;③ 符合分业经营、分业管理的原则;④ 符合合理布局、公平竞争的原则;⑤ 符合经济核算原则。

在我国,政策性银行的建立,要向中国银保监会提出申请,中国银保监会审核同意后上报国务院,经国务院批准后,中国银保监会批复给申请人。1994 年,经国务院批准,组建了国家开发银行、中国进出口银行和中国农业发展银行。

政策性银行建立后,增设分支机构的程序包括:政策性银行总行将增设分支机构的申请报请财政部;财政部将批复意见反馈到政策性银行总行;政策性银行总行在获得批准后,向中国银保监会提出申请;中国银保监会将批复意见反馈政策性银行总行;政策性银行获得中国

银保监会同意后,再向拟设分支机构所在地的中国银保监局申请具体事项;当地中国银保监局将所有材料和意见上报中国银保监会;当地中国银保监局批复意见答复申请行。

审批政策性银行业务的基本原则为:支持国家产业政策和地区经济的协调发展;完善政策性银行功能;属于政策性金融范畴;不与商业银行竞争。政策性银行基本业务的经营范围在国务院批准政策性银行成立时一并审批。申请开办新业务时,向中国银保监会申请。对批准的新业务,中国银保监会发出批准文件。分支机构增开上级行授权的人民币业务品种,应报中国银保监会地方银保监局备案。

二、对政策性银行高级管理人员的市场准入监管

中国银保监会依据《金融机构高级管理人员任职资格管理办法》审核政策性银行高级管理人员任职资格,采用核准制和备案制。对于政策性银行高级管理人员的一般要求是:能正确贯彻执行国家的经济、金融方针政策;熟悉并严格遵守有关经济、金融法律法规;具有与担任职务相适应的学历与经历;具备与担任职务相称的专业知识、组织管理能力和业务能力;无违法违规、违纪等不良记录。表8-1列出了详细的政策性银行高级管理人员的任职资格。

表8-1 政策性银行高级管理人员任职资格

高级管理人员	从业经验	学历
董事长、副董事长、行长、副行长	金融从业8年以上,或从事经济工作15年以上(其中金融从业3年以上)	本科以上(含本科)
总行营业部总经理(主任)、一级分行行长、副行长,境内代表机构办事处主任、副主任、首席代表	金融从业6年以上,或从事经济工作12年以上(其中金融从业3年以上)	本科以上(含本科)
一级分行营业部总经理(主任)、二级分行行长、副行长	金融从业6年以上,或从事经济工作9年以上(其中金融从业3年以上)	大专以上(含大专)
支行行长	金融从业6年以上,或从事经济工作9年以上(其中金融从业3年以上)	高中、中专以上(含高中、中专)

适用备案制的政策性银行高级管理人员包括:董事;总行行长助理、总稽核、总会计师,信贷、会计、内部审计部门总经理;一级分行行长助理、总稽核、总会计师;支行副行长。

中国银保监会对政策性银行高级管理人员实行"属地化管理"原则。国务院直接任免的政策性银行的董事长、副董事长、行长、副行长等高级管理人员资格情况,由中国银保监会审核或备案。政策性银行总行在任命营业部总经理、一级分行行长、副行长,境内代表机构办事处主任、副主任、首席代表时,需要先获得当地中国银保监局的核准。政策性银行总行在正式任命一级分行营业部总经理(主任)、二级分行行长、副行长、支行行长时,需要先获

得当地中国银保监局的核准。

三、对政策性金融机构的监管措施

（一）非现场监管指标

针对三家政策性银行的风险特征，中国银保监会分别设置了相应的非现场监管数据和指标。针对国家开发银行和中国进出口银行设有贷款投向指标、安全性指标、流动性指标、效益性指标和总量控制指标；针对中国农业发展银行设有资金封闭运行指标、安全性指标、效益型指标和总量控制指标。2015年3月20日，国务院批复国家开发银行的深化改革方案，明确其开发性金融机构定位及相关政策支持和制度安排。此后，根据2017年《国家开发银行监督管理办法》，开发银行应当坚守开发性金融定位，根据依法确定的服务领域和经营范围开展业务，以开发性业务为主，辅以商业性业务。因此，国家开发银行在原有政策性银行的基础上具备商业性特征。为保证读者学习的流畅性，本书将其划归为政策性金融机构。

1. 对国家开发银行非现场监管指标体系

针对国家开发银行的非现场监管指标体系如表8-2所示。

表8-2 国家开发银行非现场监管指标体系

指标类别	指标名称	计算公式
贷款投向指标	中长期贷款比率	中长期贷款期末余额÷各项贷款期末余额×100%
	贷款行业投向比率	"两基一支"行业贷款期末余额÷各项贷款期末余额×100%
	新发放贷款行业投向比率	"两基一支"贷款新发放额÷各项贷款新发放额×100%
	大中型项目贷款比率	大中型项目贷款期末余额÷各项贷款期末余额×100%
安全性指标	资本充足性指标	
	资本充足率	资本净额÷表内、外风险加权资产期末总额×100%
	核心资本充足率	核心资本÷表内、外风险加权资产期末总额×100%
	贷款方式指标	
	保证贷款率	保证贷款期末余额÷各项贷款期末余额×100%
	抵押贷款率	抵押贷款期末余额÷各项贷款期末余额×100%
	质押贷款率	质押贷款期末余额÷各项贷款期末余额×100%
	信用贷款率	信用贷款期末余额÷各项贷款期末余额×100%
	贷款质量指标（期限分类）	
	逾期贷款率	逾期贷款期末余额÷各项贷款期末余额×100%
	呆滞贷款率	呆滞贷款期末余额÷各项贷款期末余额×100%

续表

指标类别	指标名称	计算公式
安全性指标	呆账贷款率	呆账贷款期末余额÷各项贷款期末余额×100%
	不良贷款率	不良贷款期末余额÷各项贷款期末余额×100%
	贷款质量指标(五级分类)	
	正常贷款率	正常贷款期末余额÷各项贷款期末余额×100%
	关注贷款率	关注贷款期末余额÷各项贷款期末余额×100%
	次级贷款率	次级贷款期末余额÷各项贷款期末余额×100%
	可疑贷款率	可疑贷款期末余额÷各项贷款期末余额×100%
	损失贷款率	损失贷款期末余额÷各项贷款期末余额×100%
	不良贷款率	不良贷款期末余额÷各项贷款期末余额×100%
	贷款履约率	本期新到期贷款本金收回额÷本期新到期贷款本金额×100%
	贷款集中度指标	
	单一客户贷款比率	对同一借款客户贷款期末余额÷资本净额×100%
	贷款余额最大十家客户占比	对最大十家客户发放的贷款总额÷资本净额×100%
	单一行业贷款比率	对同一行业发放的贷款总额÷贷款总额×100%
	单一地区贷款比率	对同一地区发放的贷款总额÷贷款总额×100%
	特定项目贷款比例	对特定项目发放的贷款总额÷贷款总额×100%
流动性指标	人民币资产流动性比率	人民币流动资产期末余额÷人民币流动负债期末余额×100%
	外币资产流动性比率	外币流动资产期末余额÷外币流动负债期末余额×100%
效益性指标	资本利润率	利润总额÷资本总额×100%
	资产利润率	利润总额÷资产季度平均期末余额×100%
	利润率	利润总额÷营业收入总额×100%
	利息回收率指标	
	本期贷款利息收回率	本期实际收回贷款利息÷本期应收回贷款利息收入×100%
	本期已结束贷款项目累计收息率	本期已结束贷款项目累计收息实收额÷本期已结束贷款项目累计利息应收额×100%
	本期未结束贷款项目累计收息率	本期未结束贷款项目累计收息实收额÷本期未结束贷款项目累计利息应收额×100%
	人均管理费用	年末业务管理费用总额÷职工人数

续表

指标类别	指标名称	计算公式
总量控制指标	表内、外风险加权资产比例	表内、外风险加权资产期末总额÷资产期末总额×100%
	拆借资金指标	
	人民币资金拆入比率	拆入人民币资金期末余额÷负债余额×100%
	人民币资金拆出比率	拆出人民币资金期末余额÷(市场发债余额+各项存款余额)×100%
	固定资产比率	固定资产期末净值÷实收资本×100%
	呆账准备金率	呆账准备金期末余额÷各项贷款期末余额×100%
	坏账准备金率	坏账准备金年末余额÷应收账款年末余额×100%
	国际商业借款比例	(出口信贷+境外短期借款+境外资金拆入+境外发债等)期末余额÷资本净额×100%
	对外担保与外汇资本金比例	(对外担保+境内外汇担保+外汇债务)期末余额÷外汇资本金×100%
	对最大一家客户的外汇授信与外汇资本金比例	对一家企业法人的外汇放款余额、外汇投资余额、50%的外汇担保期末余额之和÷外汇资本金×100%

2. 对中国进出口银行非现场监管指标体系

针对中国进出口银行的非现场监管指标体系如表8-3所示。

表8-3 中国进出口银行非现场监管指标体系

指标类别	指标名称	计算公式
贷款投向指标	资本性货物出口信贷比例	资本性货物出口信贷期末余额÷出口信贷期末余额×100%
	一般机电产品出口信贷比例	一般机电产品出口信贷期末余额÷出口信贷期末余额×100%
	高新技术产品出口信贷比例	高新技术产品出口信贷期末余额÷出口信贷期末余额×100%
	其他产品出口信贷比例	其他产品出口信贷期末余额÷出口信贷期末余额×100%

续表

指标类别	指标名称		计算公式
安全性指标	资本充足率指标	资本充足率	资本净额÷表内、外风险加权资产期末总额×100%
		核心资本充足率	核心资本÷表内、外风险加权资产期末总额×100%
	贷款质量指标（期限分类）	逾期贷款率	逾期贷款期末余额÷各项贷款期末余额×100%
		呆滞贷款率	呆滞贷款期末余额÷各项贷款期末余额×100%
		呆账贷款率	呆账贷款期末余额÷各项贷款期末余额×100%
		不良贷款率	不良贷款期末余额÷各项贷款期末余额×100%
	贷款质量指标（五级分类）	正常贷款率	正常贷款期末余额÷各项贷款期末余额×100%
		关注贷款率	关注贷款期末余额÷各项贷款期末余额×100%
		次级贷款率	次级贷款期末余额÷各项贷款期末余额×100%
		可疑贷款率	可疑贷款期末余额÷各项贷款期末余额×100%
		损失贷款率	损失贷款期末余额÷各项贷款期末余额×100%
		不良贷款率	不良贷款期末余额÷各项贷款期末余额×100%
	贷款集中度指标	单一客户贷款比例	最大一家客户贷款期末余额÷资本净额×100%
		最大十家客户贷款比例	最大十家客户贷款期末余额÷资本净额×100%
	贷款担保方式指标	保证贷款比例	保证贷款期末余额÷各项贷款期末余额×100%
		抵押贷款比例	抵押贷款期末余额÷各项贷款期末余额×100%
		质押贷款比例	质押贷款期末余额÷各项贷款期末余额×100%
		信用贷款比例	信用贷款期末余额÷各项贷款期末余额×100%
	出口信贷收汇风险指标	信用证收汇比例	信用证收汇贷款项目期末余额÷出口信贷期末余额×100%
		保函收汇比例	保函保证贷款项目期末余额÷出口信贷期末余额×100%

续表

指标类别	指标名称		计算公式
安全性指标	出口信贷收汇风险指标	电汇汇款收汇比例	电汇收汇贷款项目期末余额÷出口信贷期末余额×100%
		其他方式收汇比例	其他方式收汇贷款项目期末余额÷出口信贷期末余额×100%
	履约指标	还贷履约率	本期新到期贷款本金收回额÷本期新到期贷款本金额×100%
		银行承兑汇票履约率	到期实际收回银行承兑汇票本金额÷到期应收回银行承兑汇票本金额×100%
	表外业务风险指标	担保项下垫款比例	担保垫付款期末余额÷(担保垫付款期末余额+担保期末余额)×100%
	出口信用保险风险指标	出口信用保险赔付率	出口信用保险实际赔付金额÷出口信用保险保费收入总额×100%
		出口信用保险待决赔款率	出口信用保险待决赔款额÷出口信用保险保费收入总额×100%
流动性指标	人民币资产流动性比率		人民币流动资产期末余额÷人民币流动负债期末余额×100%
	外币资产流动性比率		外币流动资产期末余额÷外币流动负债期末余额×100%
效益性指标	资本利润率		利润总额÷资本总额×100%
	资产利润率		利润总额÷资产季度平均期末余额×100%
	利润率		利润总额÷营业收入总额×100%
	人均利润		利润总额÷职工总数
	综合费用率		业务管理费÷营业收入×100%
	人均管理费用		业务管理费÷职工总数
	利息收回率		实收贷款利息收入÷到期应收贷款利息收入×100%

续表

指标类别	指标名称		计算公式
总量控制指标	表内、外风险加权资产比例		表内、外风险加权资产期末总额÷资产期末总额×100%
	拆借资金指标	人民币资金拆入比率	拆入人民币资金期末余额÷市场发债期末余额×100%
		人民币资金拆出比率	拆出人民币资金期末余额÷市场发债期末余额×100%
	固定资产比率		固定资产期末净值÷实收资本×100%
	呆账准备金率		呆账准备金期末余额÷各项贷款期末余额×100%
	坏账准备金率		坏账准备金期末余额÷表内应收未收账利息期末余额×100%
	国际商业借款比例		国际商业借款期末余额÷资本净额×100%
	对外担保与外汇资本金率		（对外担保＋境内外汇担保＋外汇债务）期末余额÷外汇资本金×100%
	对最大一家客户的外汇授信与外汇资本金率		对一家企业法人的外汇放款期末余额、外汇投资期末余额、50%的外汇担保期末余额之和÷外汇资本金×100%

3. 对中国农业发展银行非现场监管指标体系

针对中国农业发展银行的非现场监管指标体系如表 8-4 所示。

表 8-4　中国农业发展银行非现场监管指标体系

指标类别	指标名称		计算公式
资金封闭运行指标	信贷资金运用率指标	信贷资金运用率（1）	各项贷款月末平均余额÷（向中央银行借款月末平均余额＋各项存款月末平均余额＋发债月末平均余额）×100%
		信贷资金运用率（2）	各项贷款月末平均余额÷（向上级行借款月末平均余额＋各项存款月末平均余额）×100%
	库贷比例	新增库贷比	（考核期累计农副产品新收购值＋调入值）÷（考核期累计农副产品购储销贷款－用于收购的存款和现金的净增额－调入结算资金占用净增额）×100%

续表

指标类别	指标名称		计算公式
资金封闭运行指标	库贷比例	原值库贷比	粮棉油库存原值/粮棉油贷款期末余额×100%
		净值库贷比	粮棉油库存净值/粮棉油贷款期末余额×100%
	销售货款回笼率		{考核期累计回笼销售货款－[(期初合理结算资金占用－期末回笼结算资金占用)－(期初调入结算资金占用－期末调入结算资金占用)]}÷考核期累计销售收入×100%
	粮油回笼销售货款归行率		考核期累计回笼粮油销售货款归行额÷考核期累计回笼粮油销售货款额×100%
	棉花回笼销售货款归行率		考核期累计回笼棉花销售货款归行额÷考核期累计回笼棉花销售货款额×100%
	农副产品贷款收贷率		考核期累计收回贷款÷考核期销售收入应收回贷款额×100%
	不合理资金占用率指标	不合理资金占用率	不合理资金占用期末余额÷各项贷款期末余额×100%
		财务挂账占用率	各项贷款期末余额×100%
		其他不合理资金占用率	不合理资金占用÷各项贷款期末余额×100%
安全性指标	资本充足率指标	资本充足率	资本净额÷表内、外风险加权资产期末总额×100%
		核心资本充足率	核心资本÷表内、外风险加权资产期末总额×100%
	贷款质量指标(期限分类)	逾期贷款率	逾期贷款期末余额÷各项贷款期末余额×100%
		呆滞贷款率	呆滞贷款期末余额÷各项贷款期末余额×100%
		呆账贷款率	呆账贷款期末余额÷各项贷款期末余额×100%
		不良贷款率	不良贷款期末余额÷各项贷款期末余额×100%
	贷款质量指标(五级分类)	正常贷款率	正常贷款期末余额÷各项贷款期末余额×100%
		关注贷款率	关注贷款期末余额÷各项贷款期末余额×100%
		次级贷款率	次级贷款期末余额÷各项贷款期末余额×100%
		可疑贷款率	可疑贷款期末余额÷各项贷款期末余额×100%
		损失贷款率	损失贷款期末余额÷各项贷款期末余额×100%
		不良贷款率	不良贷款期末余额÷各项贷款期末余额×100%

续表

指标类别	指标名称		计算公式
安全性指标	履约率指标	还贷履约率	本期新到期贷款本金收回额÷本期新到期贷款本金额×100%
		银行承兑汇票履约率	到期实际收回银行承兑汇票本金额÷到期应收回银行承兑汇票本金额×100%
	粮棉陈化率指标	粮食陈化率	陈化粮期末余额÷粮食贷款期末余额×100%
		棉花陈化率	陈化棉期末余额÷棉花贷款期末余额×100%
效益性指标	资本利润率		利润总额÷资本总额×100%
	资产利润率		利润总额÷资产季度平均期末余额×100%
	利润率		利润总额÷营业收入总额×100%
	人均利润		利润总额÷职工总数
	人均管理费用		业务管理费用总额÷职工人数
	综合费用率		业务管理费用总额÷营业收入×100%
	本期贷款利息回收率		考核期实际收回贷款利息÷考核期应收回贷款利息收入×100%
	财政补贴资金到位率		本期财政补贴贷款本息和收入÷本期应收财政补贴贷款本息和收入×100%
总量控制指标	固定资产比率		固定资产期末净值÷实收资本×100%
	呆账准备金率		呆账准备金期末余额÷各项贷款期末余额×100%
	坏账准备金率		坏账准备金期末余额÷表内应收利息期末余额×100%
	拆入外汇资金比例		拆入外汇资金期末余额÷外汇资本金期末余额×100%
	国际商业借款比例		（境外发债期末余额＋自借国外商业借款期末余额）÷资本净额×100%

对政策性银行的安全性指标、流动性指标、效益性指标和总量控制指标的分析，主要采用历史比较分析法，即将政策性银行当期数值和指标值与历史同期水平进行比较，判断其风险发展趋势是不断改善还是恶化，同时，辅助以水平分析法。如本期不良贷款率比上年同期下降2个百分点，说明贷款质量在好转。参照中国银监会有关商业银行资产负债比例管理规定的不良贷款率，如果该行的不良贷款率低于规定的比率，可以判定该行的不良贷款率仍处于较低水平；反之，说明仍然很高。

（二）现场检查

对政策性银行的常规性全面现场检查应至少一年或一年半进行一次。

1. 对业务经营合规性检查

业务经营合规性检查主要是检查经办的各项资产、负债业务是否在中国银保监会批准的范围之内,有无超范围经营的问题,主要是将政策性银行实际办理的业务与中国银保监会、国家外汇管理局有关批文进行核对。对政策性银行分支机构的检查,还需核对其上级行的授权书。

2. 对资产合规性检查

资产合规性检查主要是检查有无违反国家政策性贷款规定发放贷款的问题。如国家开发银行是否存在擅自向不属于国家基础设施、基础产业和支柱产业的大中型基本建设和技术改造等政策性项目及其配套工程的项目发放政策性贷款的问题;中国进出口银行是否存在擅自向从事非机电产品和成套设备等资本性货物进出口业务的客户发放贷款的问题;中国农业发展银行是否存在擅自向非政策性收储企业发放贷款、向政策性收储企业发放其他贷款等问题。

3. 对负债合规性检查

负债合规性检查主要是检查是否违反规定拉存款,如国家开发银行是否存在吸收与贷款项目无关的本外币存款;中国进出口银行是否存在违规吸收存款;中国农业发展银行是否存在吸收业务范围以外开户企事业存款的问题。

4. 对结算合规性检查

结算合规性检查主要是检查是否违规开展结算业务,如国家开发银行是否存在开办与贷款项目无关的本外币结算业务的问题;中国进出口银行是否存在开办结算业务的问题;中国农业发展银行是否存在办理开户企事业单位以外的结算,以及粮棉油政策性贷款企业进出口贸易项下以外的国际结算业务等。

其中,对中国农业发展银行资金运行的检查,包括是否贯彻"库贷挂钩、钱随粮走、购贷销还、封闭运行"的原则;检查贷款发放时收购的农副产品价值与实际发放的贷款是否一致;分析收购资金与粮棉收储方向是否一致、价值是否相符;查看收购资金是否按规定及时、足额供应。

对国家开发银行的项目检查,包括项目是否遵守立项、可行性研究、设计和实施等程序以及各环节是否有效;查看贷款发放后信贷管理人员检查项目的频率、报告及相应措施;检查项目从决策、建设实施、生产经营、财务状况、贷款质量和国民经济效益等方面的评价结论,及相应的措施。

四、对政策性金融业务风险的监管及风险处置措施

对政策性金融业务风险的监管是指通过对政策性银行的风险性检查,获得综合信息,确认存在风险的机构应及时采取风险处置措施。

金融监管当局通过非现场监管、现场检查、中介机构审计和其他渠道,获得有关政策性金融机构资金运行、资产质量、内部控制有效性、盈利性情况及财务状况等大量信息,监管当局将这些数量化和非数量化的信息加以整理分析,转换成相关的风险监测评价指标。在对这些指标进行水平、历史和行业的综合分析比较的基础上,对政策性金融机构风险作出综合评价。

监管当局通过对政策性金融机构的风险性检查,如果发现政策性银行信贷政策违背了政策性投向,或在具体信贷活动中未执行现行政策,应责令政策性银行立即采取纠正性措施,并作出书面解释。如果不良贷款率逐年上升且一直偏高,建议政策性银行反映项目行业特征和地区特征。如果不良贷款比率较高属于内部管理因素,应要求信贷委员会和信贷部门加强信贷项目的审核与管理,提出改进措施和实施步骤。如果属于借款人还款意愿淡漠,应要求资产保全部门加强贷款催收,同时建议信贷业务部门将借款人列入内部黑名单。如果内部控制制度薄弱,应要求政策性银行采取改进和加强管理内部控制制度的措施,加强高级管理层对内控的重视,加强内部稽核和审计;要求其按照财政部有关财务管理规定,规范财务制度,加强财务收支计划、控制、考核与分析工作。监管当局机构管理部门也应加强对该机构高级管理人员的任职资格审核。

第二节 信托投资公司监管

我国的信托业发展经历了许多挫折,监管法规制度也在完善过程中。当前的信托业监管主要体现在《中华人民共和国信托法》和《信托公司管理办法》中。

一、信托机构市场准入监管
(一)我国信托机构设立的条件

根据我国《信托公司管理办法》,设立信托投资公司,必须经中国银保监会批准,并领取信托机构法人许可证。信托投资公司的设立应当具备下列几个方面的条件:

1. 有健全的公司章程及合格的出资人

我国目前对信托机构在组织形式上做了限定性的规定,设立信托投资公司,应当采取有限责任公司或者股份有限公司形式。必须是以我国《公司法》中的公司形式建立信托机构,要求出资人必须是具备入股资格的股东。

2. 具有法定的最低限额的注册资本

根据最新《信托公司管理办法》(原银监会令〔2007〕年第2号)规定,信托投资公司的注册资本不得低于3亿元人民币或等值的可自由兑换货币。按照新的《信托公司管理办法》,信托机构变更注册资本金,须报请中国银保监会批准。

3. 具有合格的金融管理人员和从业人员

信托投资公司应具备中国银保监会规定任职资格的高级管理人员和与其业务相适应的信托从业人员,中国银保监会对信托投资公司的高级管理人员实行任职资格审查制度,审查考核不合格的,不得任职。对信托投资公司的信托从业人员实行信托业务资格考试制度。

4. 具有健全的组织机构和风险控制制度

信托投资公司应当具有结构完整、组织健全的组织机构,按规定制定本公司的信托业务及其他业务规则,建立本公司的各项业务管理制度和内部控制制度,报中国银保监会备案。对于信托机构的内部和外部风险控制,中国银保监会有专门的条款对此进行规范,信托投资公司应严格按照规定建立相应的控制制度。

5. 具有符合要求的营业场所和其他设施

从事信托业务首先要有固定的营业地点且相关设施健全,才能满足信托业务正常开展的需要。信托机构是经营金融业务的特殊企业,对安全防范措施的要求较高,必须建立相应的安保制度,防患于未然。同时,良好的营业场所与环境,也为争取客户创造了条件。

(二)信托机构的设立、变更和终止程序

凡符合上述信托机构设立条件的,均可按一定程序提出申请,设立信托机构。如需变更和终止现有机构,亦应遵循相应的程序。

申请设立信托机构,应由筹建发起人向信托监督管理部门提交资料,由信托监督管理部门按规定审核批准。所提交材料包括:申请报告书、可行性研究报告、筹建单位意见书、机构组织章程、法定验资机构出具的验资证明、拟任职的高级管理人员简历和资格证明、出资单位的资信情况以及信托监督管理部门要求提交的其他文件资料。

经中国银保监会批准成立的信托机构,在领取信托机构法人许可证后,须向工商行政管理机关申请办理注册登记手续,获得批准并领取企业法人营业执照后,方可成立营业;同时,应到当地税务部门办理税务登记手续。信托机构的分支机构可领取营业执照,但不具有法人资格,其民事责任由信托机构承担。经批准成立的信托机构在批准之日起6个月内无正当理由,未开业或停办经营业务者,视同停业,原批准文件自动失效。信托机构设立后,信托监督管理机关发现原申请事项有悖法律、行政法规的,可以撤销批准。

凡批准设立的信托投资公司若发生如下机构变更,须报经中国银保监会批准。具体内容包括:变更名称、变更注册资本金、变更公司住所、改变组织形式、调整业务范围、更换董事或高级管理人员、变更股东或者调整股权结构(持有上市股份公司流通股份未达到公司总股份5%的除外)、修改公司章程、合并或者分立和中国银保监会规定的其他变更事项。

信托公司出现分立、合并或者公司章程规定的解散事由,申请解散,经中国银保监会批准后解散,并依法组织清算组进行清算。信托公司不能清偿到期债务,且资产不足以清偿债务或明显缺乏清偿能力的,经中国银保监会同意,可向人民法院提出破产申请。中国银保监会以向人民法院直接提出对该信托公司进行重整或破产清算的申请。信托公司终止时,其管理信托事务的职责同时终止。清算组应当妥善保管信托财产,作出处理信托事务的报告并向新受托人办理信托财产的移交。信托文件另有约定的,从其约定。

二、信托投资公司业务监管

信托投资公司要顺利开展各种信托业务,应当具有最基本的功能性组织结构,通过这一组织结构,才能够在金融监管当局的规范和监督下正常开展业务。

按规定,从保护受益人利益的角度,信托业务应遵循的基本规则包括:忠诚于受益人,以受益人的最大利益为宗旨,谨慎管理信托财产;将信托财产与信托机构的固有财产分别管理,将不同客户的信托财产分别管理;信托公司自己处理信托事务;防范利益冲突,不得将信托资金运用于关系人;信托管理应具有延续性。除信托文件另有规定外,信托公司解散、破产、被撤销或者解除受托人职务,信托不终止,信托财产及信托事务应当移交其他信托公司继续处理。

信托公司开展关联交易,应以公平的市场价格进行,逐笔向中国银保监会事前报告,并按照有关规定进行信息披露。其经营信托业务,应依照信托文件约定以手续费或者佣金的方式收取报酬,中国银保监会另有规定的除外。信托公司收取报酬,应当向受益人公开,并向受益人说明收费的具体标准。信托公司违反信托目的处分信托财产,或者因违背管理职责、处理信托事务不当致使信托财产受到损失的,在恢复信托财产的原状或者予以赔偿前,信托公司不得请求给付报酬。信托公司因处理信托事务而支出的费用、负担的债务,以信托财产承担,但应在信托合同中列明或明确告知受益人。信托公司以其固有财产先行支付的,对信托财产享有优先受偿的权利。因信托公司违背管理职责或者管理信托事务不当所负债务及所受到的损害,以其固有财产承担。

信托公司违反信托目的处分信托财产,或者管理运用、处分信托财产有重大过失的,委托人或受益人有权依照信托文件的约定解任该信托公司,或者申请人民法院解任该信托公司。受托人职责依法终止的,新受托人依照信托文件的约定选任;信托文件未规定的,由委托人选任;委托人不能选任的,由受益人选任;受益人为无民事行为能力人或者限制民事行为能力人的,依法由其监护人代行选任。新受托人未产生前,中国银保监会可以指定临时受托人。

信托公司经营信托业务,有下列情形之一的,信托终止:信托文件约定的终止事由发生;信托的存续违反信托目的;信托目的已经实现或者不能实现;信托当事人协商同意;信托期限届满;信托被解除;信托被撤销;全体受益人放弃信托受益权。

根据信托公司的业务特点,监管当局设计了新的风险监管指标:规定了信托资金总额的最高比例,存放银行和购买政府债券的最低比例,投资于股票、公司债券和不动产总额的最高比例,以及单项投资的最高比例等指标;规定了拨付分支机构营运资金的最高比例,投资股票、公司债券和非自用不动产总额的最高比例,对单个非金融企业股权投资的最高比例,提供担保的最高比例及同业拆入的最高比例等指标;针对信托公司经营信托业务中可能发生的风险,规定每年应从税后利润中提取5%作为信托赔偿准备金,并明确赔偿准备金只能存放于国有商业银行或者用于购买国债。

三、信托投资公司财务监管

信托投资公司的财务管理可分为出纳管理、资金管理、财产管理等三方面,其中,日常出纳管理和财产管理在很大程度上依赖于信托投资公司自我监督和约束。在资金管理方面,监管当局作出了严格明确的规定。

财产管理的主要目标是节约采购资金,使信托财产在运用过程中保值增值。财产管理的范围包括自有财产和信托财产。由于资金和有价证券已列入资金管理的范畴,因此,财产管理中的信托财产仅包括动产、不动产和其他财产及财产权。为了实现财产管理的目标,信托投资公司的财产管理应有明确的职责划分,特别是对信托财产的管理,业务部门和财务部门应当紧密配合,严格按照信托契约的要求和金融法规的限定保管和运用信托财产。当信托投资公司将无形资产向外投资时,应采取适当的方式对其进行评估。

资金管理的目标是保证资金的安全性、流动性和盈利性;使资金调度和控制做到集中统一;满足公司的融资需求;严格区分信托资金和自有资金,禁止混用;严格遵守规定的资金运用限制。资金管理的范围包括库存现金、银行存款以及可迅速变现的有价证券。自有资金业务由公司的投资部负责;信托资金业务由个人信托管理部或团体信托管理部负责;董事会是资金管理的最高决策机构,对每一涉及资金管理的业务部门和财务部门,设定包括拟、审、核、决、知等各级核决权限的资金管理权限明细表。

监管当局对信托投资公司的资金管理作出了具体规定,规定了公司资金管理应遵循相关的比例指标:信托资金总余额不得超过注册资本金的10倍;信托期限不得少于1年;单笔信托资金不得低于人民币5万元;授权信托资金存放于银行和购买政府债券的余额,不得超过授权信托资金总余额的10%;授权信托资金投资于股票、公司债券和不动产的余额,不得低于授权信托资金总余额的50%;授权信托资金投资于单项股票、公司债券和不动产的余额,不得低于授权信托资金总余额的25%;拨付分支机构营运资金总额不得超过公司注册资本的60%;自有资金投资于股票、公司债券和非自用不动产的余额不得超过注册资本的30%;对单个非金融企业的股权投资额不得超过被投资企业注册资本金的25%;包括自用固定资产在内的长期累计投资余额不得超过自有资金的80%。

信托公司开展固有业务,不得有下列行为:向关联方融出资金或转移财产;为关联方提供担保;以股东持有的本公司股权作为质押进行融资。信托公司的关联方按照《中华人民共和国公司法》和企业会计准则的有关标准界定。信托公司开展信托业务,不得有下列行为:利用受托人地位谋取不当利益;将信托财产挪用于非信托目的的用途;承诺信托财产不受损失或者保证最低收益;以信托财产提供担保;法律法规和中国银行保险监督管理委员会禁止的其他行为。

第三节　金融租赁公司监管

金融租赁公司是以经营融资租赁业务为主的非银行金融机构,2000年我国颁布《金融租赁公司管理办法》,对金融租赁公司进行监督管理。2007年和2013年先后对其修订。最新修订稿于2014年3月颁布实施。

一、金融租赁公司市场准入的监管
(一) 设立金融租赁公司的基本要求

申请设立金融租赁公司应当具备以下条件:有符合《中华人民共和国公司法》和银保监会规定的公司章程;有符合规定条件的发起人;注册资本为一次性实缴货币资本,最低限额为1亿元人民币或等值的可自由兑换货币;有符合任职资格条件的董事、高级管理人员,并且从业人员中具有金融或融资租赁工作经历3年以上的人员应当不低于总人数的50%;建立了有效的公司治理、内部控制和风险管理体系;建立了与业务经营和监管要求相适应的信息科技架构,具有支撑业务经营的必要、安全且合规的信息系统,具备保障业务持续运营的技术与措施;有与业务经营相适应的营业场所、安全防范措施和其他设施;银保监会规定的其他审慎性条件。

金融租赁公司的发起人包括在中国境内外注册的具有独立法人资格的商业银行,在中国境内注册的、主营业务为制造适合融资租赁交易产品的大型企业,在中国境外注册的融资租赁公司以及银保监会认可的其他发起人。银保监会认可的其他发起人是指除上述发起人以外的符合本办法相关条款规定的其他境内法人机构和境外金融机构。

在中国境内外注册的具有独立法人资格的商业银行作为金融租赁公司发起人,应当具备以下条件:满足所在国家或地区监管当局的审慎监管要求;具有良好的公司治理结构、内部控制机制和健全的风险管理体系;最近1年年末总资产不低于800亿元人民币或等值的可自由兑换货币;财务状况良好,最近2个会计年度连续盈利;为拟设金融租赁公司确定了明确的发展战略和清晰的盈利模式;遵守注册地法律法规,最近2年内未发生重大案件或重大违法违规行为;境外商业银行作为发起人的,其所在国家或地区金融监管当局已经与银保监会建立良好的监督管理合作机制;入股资金为自有资金,不得以委托资金、债务资金等非自有资金入股;承诺5年内不转让所持有的金融租赁公司股权、不将所持有的金融租赁公司股权进行质押或设立信托,并在拟设公司章程中载明;银保监会规定的其他审慎性条件。

在中国境内注册的、主营业务为制造适合融资租赁交易产品的大型企业作为金融租赁公司发起人,应当具备以下条件:有良好的公司治理结构或有效的组织管理方式;最近1年的营业收入不低于50亿元人民币或等值的可自由兑换货币;财务状况良好,最近2个会计年度连续盈利;最近1年年末净资产不低于总资产的30%;最近1年主营业务销售收入占全部营业收入的80%以上;为拟设金融租赁公司确定了明确的发展战略和清晰的盈利模式;有良好的社会声誉、诚信记录和纳税记录;遵守国家法律法规,最近2年内未发生重大案件或重大违法违规行为;入股资金为自有资金,不得以委托资金、债务资金等非自有资金入股;承诺5年内不转让所持有的金融租赁公司股权、不将所持有的金融租赁公司股权进行质押或设立信托,并在拟设公司章程中载明;银保监会规定的其他审慎性条件。

在中国境外注册的具有独立法人资格的融资租赁公司作为金融租赁公司发起人,应当具备以下条件:具有良好的公司治理结构、内部控制机制和健全的风险管理体系;最近1年年末总资产不低于100亿元人民币或等值的可自由兑换货币;财务状况良好,最近2个会计年度连续盈利;遵守注册地法律法规,最近2年内未发生重大案件或重大违法违规行为;所在国家或地区经济状况良好;入股资金为自有资金,不得以委托资金、债务资金等非自有资金入股;承诺5年内不转让所持有的金融租赁公司股权、不将所持有的金融租赁公司股权进行质押或设立信托,并在拟设公司章程中载明;银保监会规定的其他审慎性条件。

金融租赁公司至少应当有一名上述符合条件的发起人,且其出资比例不低于拟设金融租赁公司全部股本的30%。

其他境内法人机构作为金融租赁公司发起人,应当具备以下条件:有良好的公司治理结构或有效的组织管理方式;有良好的社会声誉、诚信记录和纳税记录;经营管理良好,最近2年内无重大违法违规经营记录;财务状况良好,且最近2个会计年度连续盈利;入股资金为自有资金,不得以委托资金、债务资金等非自有资金入股;承诺5年内不转让所持有的金融租赁公司股权,不将所持有的金融租赁公司股权进行质押或设立信托,并在公司章程中载明;银保监会规定的其他审慎性条件。其他境内法人机构为非金融机构的,最近1年年末净资产不得低于总资产的30%;应当符合与该类金融机构有关的法律、法规、相关监管规定要求。其他境外金融机构作为金融租赁公司发起人,应当具备以下条件:满足所在国家或地区监管当局的审慎监管要求;具有良好的公司治理结构、内部控制机制和健全的风险管理体系;最近1年年末总资产原则上不低于10亿美元或等值的可自由兑换货币;财务状况良好,最近2个会计年度连续盈利;入股资金为自有资金,不得以委托资金、债务资金等非自有资金入股;承诺5年内不转让所持有的金融租赁公司股权、不将所持有的金融租赁公司股权进行质押或设立信托,并在公司章程中载明;所在国家或地区金融监管当局已经与银保监会建立良好的监督管理合作机制;具有有效的反洗钱措施;所在国家或地区经济状况良好;银保监会规定的其他审慎性条件。

有以下情形之一的企业不得作为金融租赁公司的发起人:公司治理结构与机制存在明显缺陷;关联企业众多、股权关系复杂且不透明、关联交易频繁且异常;核心主业不突出且其经营范围涉及行业过多;现金流量波动受经济景气影响较大;资产负债率、财务杠杆率高于行业平均水平;其他对金融租赁公司产生重大不利影响的情况。

(二)设立金融租赁公司的基本程序

目前的金融租赁公司设立,须经过筹建和开业两个阶段。申请筹建金融租赁公司,须向中国银保监会提交下列文件:筹建申请书、可行性研究报告、拟设立金融租赁公司的章程、筹建负责人名单及简历以及监管当局要求提交的其他文件。中国银保监会对金融租赁公司筹建申请的答复期为3个月。如获批准,筹建期限为6个月,筹建期内不得从事经营活动。

金融租赁公司筹建工作完成后,筹建者应向中国银保监会提出开业申请。开业申请经批准后,由中国银保监会颁发金融机构法人许可证,凭该许可证到工商行政管理机关办理注册登记,领取企业法人营业执照。金融租赁公司自领取营业执照之日起,无正当理由3个月不开业或开业后自行停业连续6个月的,由中国银保监会吊销其许可证,并予以公告。

二、金融租赁公司的日常业务监管

经银保监会批准,金融租赁公司可以经营下列部分或全部本外币业务:融资租赁业务;转让和受让融资租赁资产;固定收益类证券投资业务;接受承租人的租赁保证金;吸收非银行股东3个月(含)以上定期存款;同业拆借;向金融机构借款;境外借款;租赁物变卖及处理业务;经济咨询。

经银保监会批准,经营状况良好、符合条件的金融租赁公司可以开办下列部分或全部本外币业务:发行债券;在境内保税地区设立项目公司开展融资租赁业务;资产证券化;为控股子公司、项目公司对外融资提供担保;银保监会批准的其他业务。金融租赁公司开办前款所列业务的具体条件和程序,按照有关规定执行。金融租赁公司业务经营中涉及外汇管理事项的,需遵守国家外汇管理有关规定。

(一)金融租赁公司的业务范围

金融租赁公司可以根据市场发展和竞争的需要开展下列本币业务:① 直接租赁、回租、转租赁、委托租赁等融资性租赁业务;② 经营性租赁业务;③ 接受法人或机构委托租赁资金;④ 接受有关租赁当事人的租赁保证金;⑤ 向承租人提供租赁项下的流动资金贷款;⑥ 有价证券投资、金融机构股权投资;⑦ 经批准发行金融债券;⑧ 向金融机构借款;⑨ 外汇借款;⑩ 同业拆借业务;⑪ 租赁物品残值变卖及处理业务;⑫ 经济咨询和担保;⑬ 中国银保监会批准的其他业务。

(二)对金融租赁公司的业务监管

金融租赁公司应当遵守以下监管指标的规定:资本充足率。金融租赁公司资本净额与风险加权资产的比例不得低于银保监会的最低监管要求。单一客户融资集中度。金融租赁公司对单一承租人的全部融资租赁业务余额不得超过资本净额的30%。单一集团客户融资集中度。金融租赁公司对单一集团的全部融资租赁业务余额不得超过资本净额的50%。单一客户关联度。金融租赁公司对一个关联方的全部融资租赁业务余额不得超过资本净额的30%。全部关联度。金融租赁公司对全部关联方的全部融资租赁业务余额不得超过资本净额的50%。单一股东关联度。对单一股东及其全部关联方的融资余额不得超过该股东在金融租赁公司的出资额,且应同时满足本办法对单一客户关联度的规定。同业拆借比例。金融租赁公司同业拆入资金余额不得超过资本净额的100%。经银保监会认可,特定行业的单一客户融资集中度和单一集团客户融资集中度要求可以适当调整。

金融租赁公司应当建立以股东或股东(大)会、董事会、监事(会)、高级管理层等为主体的组织架构,明确职责划分,保证相互之间独立运行、有效制衡,形成科学高效的决策、激励和约束机制。应当按照全面、审慎、有效、独立原则,建立健全内部控制制度,防范、控制和化解风险,保障公司安全稳健运行。根据其组织架构、业务规模和复杂程度建立全面的风险管理体系,对信用风险、流动性风险、市场风险、操作风险等各类风险进行有效的识别、计量、监测和控制,同时还应当及时识别和管理与融资租赁业务相关的特定风险。应当合法取得租赁物的所有权。

三、金融租赁公司的市场退出监管

根据金融租赁公司所出现问题的性质和严重程度,监管当局可以作出整顿、变更、解散和破产的决定。

(一) 对金融租赁公司的整顿

对金融租赁公司实施整顿可以分为内部整顿和停业整顿两种方式,实施整顿的先决条件包括:① 当年亏损超过注册资本的30%,或连续3年亏损超过注册资本的10%;② 出现严重支付困难;③ 经营活动违反了国家有关法律或规章;④ 监管当局认为其他必须整顿的情况。

金融监管当局责令金融租赁公司整顿后,采取整顿措施加以整改,这些措施主要包括:① 要求更换或禁止更换金融租赁公司高级管理人员;② 暂停其部分或全部业务;③ 要求在规定期限内增加资本金;④ 责令改变股权结构;⑤ 责令金融租赁公司重组;⑥ 监管当局认为必要的其他措施。整顿时间一般不超过一年,经过整顿可以恢复正常营业,但必须符合以下条件:① 已恢复支付能力;② 亏损得到弥补;③ 违法违规行为得到纠正。

(二) 金融租赁公司的变更

金融租赁公司有下列变更事项之一的,须报经银保监会或其派出机构批准。变更公司名称;变更组织形式;调整业务范围;变更注册资本;变更股权或调整股权结构;修改公司章程;变更公司住所或营业场所;变更董事和高级管理人员;合并或分立;银保监会规定的其他变更事项。金融租赁公司变更股权及调整股权结构,拟投资入股的出资人需符合《金融租赁公司管理办法》第八条至第十六条规定的新设金融租赁公司发起人条件。

(三) 金融租赁公司的解散

金融租赁公司有以下情况之一的,经银保监会批准可以解散:公司章程规定的营业期限届满或者公司章程规定的其他解散事由出现;股东决定或股东(大)会决议解散;因公司合并或者分立需要解散;依法被吊销营业执照、责令关闭或者被撤销;其他法定事由。

(四) 金融租赁公司的破产

金融租赁公司有以下情形之一的,经银保监会批准,可以向法院申请破产:不能支付到期债务,自愿或债权人要求申请破产的;因解散或被撤销而清算,清算组发现财产不足以清偿债务,应当申请破产的。金融租赁公司不能清偿到期债务,并且资产不足以清偿全部债务或者明显缺乏清偿能力的,银保监会可以向人民法院提出对该金融租赁公司进行重整或者破产清算的申请。金融租赁公司因解散、依法被撤销或被宣告破产而终止的,其清算事宜,按照国家有关法律法规办理。金融租赁公司设立、变更、终止和董事及高管人员任职资格核准的行政许可程序,按照银保监会相关规定执行。

第四节　企业集团财务公司监管

在我国,企业集团财务公司以加强集团内资金管理和提高资金使用效率为目的,为企业集团成员单位提供财务管理服务,受到中国银保监会的监督管理。外资投资性公司在中国境内设立的财务公司,受中国银保监会监管。

2000 年中国人民银行制定《企业集团财务公司管理办法》。2004 年 9 月 1 日和 2006 年 12 月 28 日由原中国银行业监督管理委员会进行修订,并于公布之日起施行。

一、集团财务公司市场准入监管

在我国境内设立财务公司,应当报经中国银保监会审查批准。未经批准,任何单位不得使用"财务公司"字样。

(一) 财务公司的设立条件

根据《企业集团财务公司管理办法》,申请设立财务公司的企业集团应当具备下列条件:① 符合国家的产业政策;② 申请前一年,母公司的注册资本金不低于 8 亿元人民币;③ 申请前一年,按规定并表核算的成员单位资产总额不低于 50 亿元人民币,净资产率不低于 30%;④ 申请前连续两年,按规定并表核算的成员单位营业收入总额每年不低于 40 亿元人民币,税前利润总额每年不低于 2 亿元人民币;⑤ 现金流量稳定并具有较大规模;⑥ 母公司成立 2 年以上并且具有企业集团内部财务管理和资金管理经验;⑦ 母公司具有健全的公司法人治理结构,未发生违法违规行为,近 3 年无不良诚信纪录;⑧ 母公司拥有核心主业;⑨ 母公司无不当关联交易。外资投资性公司除适用上述第①、②、⑤、⑥、⑦、⑧、⑨项的规定外,申请前一年其净资产应不低于 20 亿元人民币、申请前连续两年每年税前利润总额不低于 2 亿元人民币。

申请设立财务公司,母公司董事会应当作出书面承诺,在财务公司出现支付困难的紧急情况时,按照解决支付困难的实际需要,增加相应资本金,并在财务公司章程中载明。设立财务公司,应当具备下列条件:① 确属集中管理企业集团资金的需要,经合理预测能够达到一定的业务规模;② 有符合《中华人民共和国公司法》和《企业集团财务公司管理办法》规定的章程;③ 有符合本办法规定的最低限额注册资本金;④ 有符合中国银行业监督管理委员会(现为中国银行保险监督管理委员会)规定的任职资格的董事、高级管理人员和规定比例的从业人员,在风险管理、资金集约管理等关键岗位上有合格的专门人才;⑤ 在法人治理、内部控制、业务操作、风险防范等方面具有完善的制度;⑥ 有符合要求的营业场所、安全防范措施和其他设施;⑦ 监管机构规定的其他条件。

设立财务公司的注册资本金最低为 1 亿元人民币。财务公司的注册资本金应当是实缴的人民币或者等值的可自由兑换货币。经营外汇业务的财务公司,其注册资本金中应当包括不低于 500 万美元或者等值的可自由兑换货币。监管机构根据财务公司的发展情况和审慎监管的需要,可以调整财务公司注册资本金的最低限额。财务公司的注册资本金应当主要从成员单位中募集,并可以吸收成员单位以外的合格的机构投资者的股份。合格的机构投资者是指原则上在 3 年内不转让所持财务公司股份的、具有丰富行业管理经验的战略投资者。外资投资性公司设立财务公司的注册资本金可以由该外资投资性公司单独或者与其投资者共同出资。

财务公司从业人员中从事金融或财务工作 3 年以上的人员应当不低于总人数的三分之二,其中从事金融或者财务工作 5 年以上人员应当不低于总人数的三分之一。曾任国际知名会计师事务所查账员、电脑公司程序设计师或系统分析员,或在国际知名资产管理公司、基金公司、投资银行、证券公司相关业务和管理岗位上工作过的专业人员,如果具有 2 年以上工作经验,并经国内相关业务及政策培训,则视同从事金融或财务工作 3 年以上。

(二) 财务公司的设立程序

设立财务公司应当经过筹建和开业两个阶段。申请筹建财务公司,应当由母公司向中国银行保险监督管理委员会提出申请,并提交下列文件、资料:① 申请书,其内容应当包括拟设财务公司名称、所在地、注册资本、股东及其股权结构、业务范围等;② 设立财务公司的可行性研究报告,其内容包括:母公司及其他成员单位整体的生产经营状况、现金流量分析、在同行业中所处的地位以及中长期发展规划,设立财务公司的宗旨、作用及其业务量预测,经会计师事务所审计的最近两年的合并资产负债表及损益表;③ 成员单位名册及相关证明资料;④《企业集团登记证》、申请人和其他出资人的营业执照复印件及其资信证明、出资保证;⑤ 设立外资财务公司的,需提交外资投资性公司及其投资企业的外商投资企业批准证书;⑥ 母公司法定代表人签署的确认上述资料真实性的证明文件;⑦ 中国银行保险监督管理委员会要求提交的其他文件、资料。

筹建财务公司的申请,经中国银行保险监督管理委员会审批同意筹建的,申请人应当自收到批准筹建文件起三个月内完成财务公司的筹建工作,并向中国银行保险监督管理委员会提出开业申请,同时提交下列文件:① 财务公司章程草案;② 财务公司经营方针和计划;③ 财务公司股东名册及其出资额、出资比例;④ 法定验资机构出具的对财务公司股东出资的验资证明;⑤ 拟任职的董事、高级管理人员的名单、详细履历及任职资格证明材料;⑥ 从业人员中拟从事风险管理、资金等中管理的人员名单、详细履历;⑦ 从业人员中从事金融、财务工作两年及五年以上有关人员的证明材料;⑧ 财务公司业务规章及风险防范制度;⑨ 财务公司营业场所及其他与业务有关设施的资料;⑩ 中国银行保险监督管理委员会规定的其他文件、资料。

财务公司的开业申请经中国银行保险监督管理委员会核准后,由中国银行保险监督管理委员会颁发《金融许可证》并予以公告。财务公司凭《金融许可证》到工商行政管理机关办理注册登记,领取《企业法人营业执照》后方可营业。

二、财务公司经营业务监管

(一) 财务公司的业务范围

财务公司及其分公司经过审批正式成立后,即可开展正常的金融业务。财务公司可以经营的业务分为两类,一类是财务公司在达到最基本的设立条件的情况下,一经成立就可以从事的业务;另一类业务对财务公司有更高的业务资质要求,需要另外向中国银保监会提出申请。

按照现行规定,财务公司经营的业务范围主要包括:① 对成员单位办理财务和融资顾问、信用鉴证及相关的咨询、代理业务;② 协助成员单位实现交易款项的收付;③ 经批准的保险代理业务;④ 对成员单位提供担保;⑤ 办理成员单位之间的委托贷款及委托投资;⑥ 对成员单位办理票据承兑与贴现;⑦ 办理成员单位之间的内部转账结算及相应的结算、清算方案设计;⑧ 吸收成员单位的存款;⑨ 对成员单位办理贷款及融资租赁;⑩ 从事同业拆借;⑪ 中国银保监会批准的其他业务。

如果财务公司成立在一年以上,并且经营状况良好,在经过股东大会同意并经董事会授权,在符合条件的情况下,可以申请开展更高层次的业务。应符合的条件包括:① 财务公司设立一年以上,且经营状况良好;② 注册资本金不低于三亿元人民币,从事成员单位产品消费信贷、买方信贷及融资租赁业务的,注册资本金不低于五亿元人民币;③ 经股东大会同意并经董事会授权;④ 具有比较完善的投资决策、风险控制制度和操作规程以及相应的信息系统;⑤ 具有相应的合格的业务人员;⑥ 中国银行保险监督管理委员会规定的其他条件。符合以上条件的财务公司,可以向中国银行保险监督管理委员会申请从事下列业务:① 经批准发行财务公司债券;② 承销成员单位的企业债券;③ 对金融机构的股权投资;④ 有价证券投资;⑤ 成员单位的消费信贷、买方信贷及融资租赁。

财务公司不得办理实业投资、贸易等非金融业务,不得从事离岸业务,除非承销成员单位的企业债券,不得从事任何形式的资金跨境业务。财务公司分公司的业务范围,由财务公司在其业务范围内根据审慎经营的原则进行授权,报中国银保监会备案。财务公司分公司不得办理担保、同业拆借及需要进一步申请的业务。

(二)财务公司的风险控制

根据中国银保监会的监管要求,财务公司经营业务,应当遵守下列资产负债比例的要求:财务公司经营业务,应当遵守下列资产负债比例的要求:① 资本充足率不得低于10%;② 拆入资金余额不得高于资本总额;③ 担保余额不得高于资本总额;④ 证券短期投资与资本总额的比例不得高于40%;⑤ 对金融机构的股权投资与资本总额的比例不得高于30%;⑥ 自有固定资产与资本总额的比例不得高于20%。中国银行保险监督管理委员会根据财务公司业务发展或者审慎监管的需要,可以对上述比例进行调整。

(三)业务监管的制度安排

财务公司应当按照审慎经营的原则,制定本公司的各项业务规则和程序,建立、健全本公司的内部控制制度。财务公司应当分别设立对董事会负责的风险管理、业务稽核部门,制订对各项业务的风险控制和业务稽核制度,每年定期向董事会报告工作,并向中国银行保险监督管理委员会报告。董事会应当每年委托具有资格的中介机构对公司上一年度的经营活动进行审计,并于每年的4月15日前将经董事长签名确认的年度审计报告报送中国银行保险监督管理委员会。

财务公司应当按规定向中国银行保险监督管理委员会报送资产负债表、损益表、现金流量表、非现场监管指标考核表及中国银行保险监督管理委员会要求报送的其他报表,并于每一会计年度终了后的一个月内报送上一年度财务报表和资料。公司法定代表人应当对经其签署报送的上述报表的真实性承担责任。

财务公司应当每年的4月底前向中国银行保险监督管理委员会报送其所属企业集团的成员单位名录,并提供其所属企业集团上年度的业务经营状况及有关数据。对新成员单位开展业务前,应当向中国银行保险监督管理委员会及时备案,并提供该成员单位的有关资料;与财务公司有业务往来的成员单位由于产权变化脱离企业集团的,财务公司应当及时向中国银行保险监督管理委员会备案,存有遗留业务的,应当同时提交遗留业务的处理方案。

财务公司发生挤提存款、到期债务不能支付、大额贷款逾期或担保垫款、电脑系统严重故障、被抢劫或诈骗、董事或高级管理人员涉及刑事案件等重大事项时,应当立即采取应急措施并及时向中国银行保险监督管理委员会报告。企业集团及其成员单位发生可能影响财务公司正常经营的重大机构变动、股权交易或者经营风险等事项时,财务公司应当及时向中国银行保险监督管理委员会报告。财务公司应当按规定缴足存款准备金,并按有关规定提取损失准备,核销损失。

中国银行保险监督管理委员会根据审慎监管的要求,有权依照有关程序和规定采取下列措施对财务公司进行现场检查:① 进入财务公司进行检查;② 询问财务公司的工作人员,要求其对有关检查事项作出说明;③ 查阅、复制财务公司与检查事项有关的文件、资料,对可能被转移、藏匿或者毁损的文件、资料予以封存;④ 检查财务公司运用电子计算机管理业务数据的系统。

财务公司对单一股东发放贷款余额超过财务公司注册资本金50%或者股东对财务公司出资额的,应当及时向中国银行保险监督管理委员会报告。对存在股东财务公司的负债逾期一年以上未偿还的,中国银行保险监督管理委员会可以责成财务公司股东大会转让该股东出资及其他权益,用于偿还其对财务公司的负债。中国银行保险监督管理委员会根据履行职责的需要和日常监管中发现的问题,可以与财务公司的董事、高级管理人员进行监督管理谈话,要求其就财务公司的业务活动和风险管理等重大事项作出说明。

办法对财务公司董事,高级管理人员任职均有条件,有下列情形之一的,不得担任财务公司的董事、高级管理人员:① 因犯有贪污、贿赂、侵占财产罪或者破坏社会经济秩序罪,被判处刑罚,或者因犯罪被剥夺政治权利的;② 曾经担任因经营不善破产清算的公司、企业董事或者厂长、经理,并对公司、企业的破产负有个人责任的;③ 担任因违法被吊销营业执照或者经营许可证的公司、企业的法定代表人,并负有个人责任的;④ 个人所负数额较大的债务到期未清偿的。财务公司的董事、高级管理人员在任职前应当按规定报中国银行保险监督管理委员会进行任职资格审查,未经任职资格审查或者经审查不具备任职资格的,不得担任财务公司的董事、高级管理人员。财务公司的董事、高级管理人员离任,应当由母公司依照有关规定进行离任审计,并将离任审计报告报国银行保险监督管理委员会报告。

当财务公司违反审慎经营规则的,中国银行保险监督管理委员会应当依照程序责令限期改正;逾期未改正的,或者其行为严重危及该财务公司的稳健运行、损害存款人和其他客户合法权益的,中国银行保险监督管理委员会可以依照有关程序,采取下列措施:责令暂停部分业务、停止批准开办新业务;限制分配红利和其他收入;限制资产转让;责令控股股东转让股权或者限制有关股东的权利;责令调整董事、高级管理人员或者限制其权利;停止批准增设分公司。

三、财务公司市场退出监管

（一）财务公司的整顿和接管

处于市场竞争中的财务公司会遇到各种困难，当出现下列情形之一时，中国银保监会为避免风险进一步扩散，将责令其进行整顿：① 出现严重支付危机；② 当年亏损超过注册资本金的 30%，或者连续三年亏损超过注册资本金的 10%；③ 严重违反国家法律、行政法规或者有关规章。对财务公司的整顿时间最长不超过 1 年。

在中国银保监会对财务公司实施整顿的过程中，财务公司应当暂停经营部分或者全部业务。经过整顿，在符合下列条件的情况下可以恢复正常营业：① 已恢复支付能力；② 亏损得到弥补；③ 违法违规行为得到纠正。

当财务公司经营出现困难，已经或者可能发生支付危机，严重影响债权人利益和金融秩序的稳定时，中国银监会可以依法实行接管或者促成其机构重组。接管或机构重组工作由中国银保监会组织实施。

（二）财务公司的解散和撤销

当财务公司出现下列情况时，经中国银保监会核准后准予解散：① 组建的企业集团解散，不能实现合并或改组；② 章程中规定的解散事由出现；③ 股东会议决定解散；④ 因分立或者合并不需要继续存在的。如果在业务经营中，财务公司出现违法经营、经营管理不善等情形，其程度非常严重，不撤销会对金融秩序构成危害并损害到公众利益时，中国银保监会将行使权力，将其撤销。

（三）财务公司市场退出的其他监管措施

财务公司被接管、重组或者被撤销的，中国银监会有权要求该财务公司的董事、高级管理人员和其他工作人员按照中国银监会的要求履行职责。当财务公司解散或者被撤销时，母公司应当依法成立清算组，按照法定程序进行清算，并由中国银监会予以公告。在必要时，中国银保监会可以直接委派清算组成员并监督清算全过程。清算组在清算过程中发现财务公司的资产不足以清偿其债务时，应当立即停止清算，并向中国银保监会报告，经核准，依法向人民法院申请该财务公司破产。

第五节　信用合作联合社监管

我国的信用合作社分为城市信用合作社和农村信用合作社两类。目前，多数城市信用合作社已改组为城市商业银行。农村信用合作社以县为单位建立信用联合社，并受各省级信用合作联合社的指导。因此，本节主要介绍对省级农村信用合作联合社（简称省联社）的金融监管，其基本原则和内容适用县级信用联合社的监管。对省联社监管目前主要依据 2003 年原中国银监会发布的《农村信用社省（自治区、直辖市）联合社管理暂行规定》。

一、省级信用合作联合社的市场准入、变更和市场退出监管

（一）省级农村信用合作联合社的市场准入申请

省联社以发起方式设立，发起人认购省联社发行的全部股份。设立省联社至少应当具

有规范的章程、健全的组织机构、管理制度,以及符合任职资格条件的高级管理人员和符合要求的从业人员,省联社的注册资本金不应低于500万元人民币。

申请设立省联社,应先向省银监局提出申请,经审核同意后报中国银保监会批准。省联社以所在省名称命名为"××省(自治区、市)农村信用社联合社"。

(二)省级农村信用合作联合社的筹建和开业

筹建省联社应当向省银保监局提交下列文件资料:申请书、筹建方案、筹建领导小组成员名单、发起人协议书、省政府同意意见、发起人出资入股决议及中国银保监会规定提交的其他文件资料。经中国银监会批准,开始筹建。

省联社筹建工作结束后,向省银保监局提出开业申请,提交下列文件:开业申请书,筹建工作报告,章程草案,拟任职高级管理人员的资格证明,法定验资机构出具的验资证明及进账单复印件,发起人名单及其出资额、出资比例,理事会成员简历和资格证明,从业人员和内设机构基本情况,创立大会和理事会通过的相关决议,基本管理制度及中国银保监会规定提交的其他文件资料。

经批准开业的省联社,由中国银保监会省监管局颁发金融许可证,凭金融许可证向工商行政管理部门办理登记,领取营业执照。已开业的省联社经中国银保监会省监管局审批,可以在辖内设立办事处。办事处是省联社的派出机构,不具有法人资格,不颁发金融许可证,在省联社授权范围内依法履行有关职责,民事责任由联社承担。

(三)省级农村信用合作联合社的变更和终止

省联社在经营过程中,部分事项可以变更,但须经中国银保监会批准,主要包括:联社名称、章程、注册资本金、高级管理人员和业务范围等。联社终止是指省联社解散、接管、撤销和宣告破产。具体的监管操作适用《中华人民共和国公司法》《中华人民共和国商业银行法》和《金融机构撤销条例》及有关法律规定。

二、省级信用合作联合社的股权设置和组织结构

(一)省级农村信用合作联合社的股权设置

作为农村金融的主要基层单位,信用合作社市(地)联合社、县农村信用(市、区)联合社,可向省联社入股,省联社不吸收其他法人和自然人入股。单个社员社出资比例不得超过省联社股本10%,社员社入股不超过实收资本的30%。必须以货币资金入股,股金必须一次募足。股金募足后,省联社需印发记名股权证书,以人民币标明面值,作为所有权凭证和分红依据。省联社股权证书依法可以继承和转让。股份过户手续在年终决算之后、社员大会之前办理。

(二)省级农村信用合作联合社的组织结构

省联社的权力机构主要包括社员大会和理事会,监管当局对省联社会员大会和理事会的产生、职责以及高管人员的资质有明确的规范。

1. 社员大会

社员大会是省联社权力机构,由社员社代表组成,每年召开一次,必要时可召开临时社员大会。社员大会中每个社员社的代表数量相同,代表每届任期三年,可连选连任。

社员大会主要行使下列职权:① 制定和修改省联社章程;② 审议批准农村信用社行业自律管理制度办法;③ 审议批准理事会的工作报告;④ 审议批准省联社发展方针和工作计

划;⑤ 选举理事,决定有关理事的报酬;⑥ 审议批准省联社年度财务预算方案、决算方案、利润分配方案和亏损弥补方案;⑦ 对省联社增加或减少注册资本金作出决议;⑧ 对省联社合并、分立、解散和清算等事项作出决议;⑨ 聘任或解聘为省联社审计的会计师事务所;⑩ 听取理事会关于监管部门提出的监管意见和整改落实情况的报告;⑪ 听取理事会履行职责情况的报告;⑫ 省联社章程规定的其他职权。

社员大会由理事会负责召集,由理事长主持。理事会应当将会议审议的事项于会议召开十日以前,书面通知各社员社。临时社员大会不得对通知中未列明的事项作出决议,社员大会必须由二分之一以上的社员社代表出席时方可召开,社员大会实行社员社代表一人一票表决制度。社员大会作出决议,须经出席会议的社员社代表半数以上通过;修改章程、合并、分立及解散等重大事项,必须经出席会议的社员社代表三分之二以上通过。

2. 理事会

省联社设理事会,是社员大会的执行和监督机构,由九至十五名理事(奇数)组成,设理事长一名,副理事长一名,理事长为省联社法定代表人。理事长、副理事长由全体理事三分之二以上选举产生。在理事会中,每个社员社担任理事的人数不得超过一人,省联社职工中担任理事的人数,不得超过理事人数的20%。理事每届任期三年,可连选连任,理事候选人名单应以提案方式提请社员大会决议。选举理事采取无记名差额投票方式,候选人人数须多于应选人数20%。

理事会会议每年至少召开四次,由理事长召集和主持。经理事长、三分之一以上理事和主任提议,可召开临时理事会会议。每次会议应当于会议召开十日前,书面通知全体理事。理事会会议应由二分之一以上的理事出席方可举行,理事会实行一人一票表决制度。理事会作出决议,必须经全体理事的过半数通过,重大事项须经全体理事三分之二以上通过。

3. 高管人员职责和任职资格

(1) 省联社理事会理事长行使的职权主要包括:主持社员大会,主持、召集理事会会议;检查理事会决议的实施情况,并向理事会报告;签署省联社股权证书和签发理事会决议;省联社章程规定的其他职权。

(2) 省联社高级管理层由主任和副主任组成,其中主任一名,副主任二至四名。主任、副主任的聘任由全体理事三分之二以上通过。主任、副主任任期三年,期满后可以连任。主任不得由理事长兼任,主任对理事会负责,行使的职权包括:组织实施理事会决议,并向理事会报告工作;组织实施省联社的年度工作计划;拟订省联社内部机构和派出机构设置方案;拟订省联社基本管理制度;提请理事会聘任或解聘副主任、财务和审计(稽核)负责人;聘任或解聘除应由理事会聘任或解聘的省联社工作人员;省联社章程规定和理事会授予的其他职权。省联社主任可以列席理事会会议。

(3) 省联社理事的任职资格,除需要符合《中华人民共和国公司法》相关规定外,还应具备的条件有:无违法、严重违规行为记录;具有大专及以上学历;从事经济、金融管理工作五年以上;熟悉银行经营管理的相关法律法规。

省联社的理事长、副理事长、主任和副主任的任职资格管理,适用金融机构高级管理人员任职资格管理的有关规定。其学历和经济金融工作年限的具体条件为:具备本科及以上学历,金融工作年限八年以上,或从事经济工作十二年以上(其中金融工作五年以上)。省联社的高级管理人员拟任人选未经中国银保监会核准任职资格,不得到任履行职责。省联社高级管理人员不得在党政机关任职,不得从事除本职工作以外的任何以盈利为目的的经营活动。

三、省级农村信用合作联合社的职能范围及监管
(一) 对省级农村信用合作联合社的职能限定
1. 省联社的经营原则

根据中国银保监会的相关监管条例,农村信用社省联社主要履行行业自律管理和服务功能,承担对辖内农村信用社(含农村合作银行,下同)的管理、指导和协调,省联社在经营过程中需贯彻执行国家的金融方针政策,依法自主经营,自负盈亏,自担风险,自我约束,以为社员社提供服务、促进社员社的发展为宗旨。省联社不对公众办理存贷款金融业务。

2. 省联社的职能范围

具体来说,农村信用社省联社所需履行的职能包括:① 督促农村信用社贯彻执行国家金融方针政策,落实支农工作;② 制定行业自律管理制度并督促执行;③ 指导农村信用社健全法人治理结构,完善内控制度;④ 对农村信用社业务经营、财务活动、劳动用工和社会保障及内部管理等工作进行辅导和审计;⑤ 督促农村信用社依法选举理事和监事,选举、聘用高级管理人员;⑥ 指导、防范和处置农村信用社的金融风险;⑦ 指导、协调电子化建设;⑧ 指导员工培训教育;⑨ 协调有关方面关系,维护农村信用社的合法权益;⑩ 组织农村信用社之间的资金调剂;⑪ 参与资金市场,为农村信用社融通资金;⑫ 办理或代理农村信用社的资金清算和结算业务;⑬ 提供信息咨询服务;⑭ 省联社章程规定的其他职能。

(二) 对省级农村信用合作联合社的业务监督

省联社应当依照相关监管法规建立行业审计制度,配备专职审计人员,定期对农村信用社进行审计,审计结果应报送监管机构。省联社必须按照法律、法规和规章的规定,及时报送省联社及社员社汇总会计报表、统计报表及其他资料,省联社对所报报表、资料的真实性、准确性、完整性负责。但同时,省联社应当尊重农村信用社的法人地位和经营管理自主权,维护其合法权益,不得无偿调动资金。

第六节　汽车金融公司监管

对汽车金融公司监管主要依据 2007 年修订的《汽车金融公司管理办法》。

汽车金融公司的主要业务,是向境内汽车购买者和销售者提供贷款,所从事的信贷业务虽然没有银行范围广泛,但也有风险性,必须受到外部的监督和约束。

一、对汽车金融公司市场准入、变更和市场退出的监管
(一) 汽车金融公司的市场准入

汽车金融公司名称中应标明"汽车金融"字样。未经中国银保监会批准,任何单位和个人不得从事汽车金融业务,不得在机构名称中使用"汽车金融""汽车信贷"等字样。中国银保监会及其派出机构依法对汽车金融公司实施监督管理。设立汽车金融公司应具备下列条件:① 具有符合本办法规定的出资人;② 具有符合本办法规定的最低限额注册资本;③ 具

有符合《中华人民共和国公司法》和中国银保监会规定的公司章程;④ 具有符合任职资格条件的董事、高级管理人员和熟悉汽车金融业务的合格从业人员;⑤ 具有健全的公司治理、内部控制、业务操作、风险管理等制度;⑥ 具有与业务经营相适应的营业场所、安全防范措施和其他设施;⑦ 中国银保监会规定的其他审慎性条件。

汽车金融公司的出资人为中国境内外依法设立的企业法人,其中主要出资人须为生产或销售汽车整车的企业或非银行金融机构。汽车金融公司出资人中至少应有 1 名出资人具备 5 年以上丰富的汽车金融业务管理和风险控制经验。汽车金融公司出资人如不具备前款规定的条件,至少应为汽车金融公司引进合格的专业管理团队。非金融机构作为汽车金融公司出资人,应当具备以下条件:① 最近 1 年的总资产不低于 80 亿元人民币或等值的可自由兑换货币,年营业收入不低于 50 亿元人民币或等值的可自由兑换货币(合并会计报表口径);② 最近 1 年年末净资产不低于资产总额的 30%(合并会计报表口径);③ 经营业绩良好,且最近 2 个会计年度连续盈利;④ 入股资金来源真实合法,不得以借贷资金入股,不得以他人委托资金入股;⑤ 遵守注册所在地法律,近 2 年无重大违法违规行为;⑥ 承诺 3 年内不转让所持有的汽车金融公司股权(中国银监会依法责令转让的除外),并在拟设公司章程中载明;⑦ 中国银保监会规定的其他审慎性条件。非银行金融机构作为汽车金融公司出资人,除应具备上述规定外,还应当具备注册资本不低于 3 亿元人民币或等值的可自由兑换货币的条件。

汽车金融公司注册资本的最低限额为 5 亿元人民币或等值的可自由兑换货币。注册资本为一次性实缴货币资本。中国银保监会根据汽车金融业务发展情况及审慎监管的需要,可以调高注册资本的最低限额。

汽车金融公司的设立须经过筹建和开业两个阶段。申请设立汽车金融公司,应由主要出资人作为申请人,按照原《中国银监会非银行金融机构行政许可事项申请材料目录和格式要求》的具体规定,提交筹建、开业申请材料。申请材料以中文文本为准。未经中国银保监会批准,汽车金融公司不得设立分支机构。中国银监会对汽车金融公司董事和高级管理人员实行任职资格核准制度。

(二)汽车金融公司的变更和市场退出

汽车金融公司有下列变更事项之一的,应报经中国银保监会批准:① 变更公司名称;② 变更注册资本;③ 变更住所或营业场所;④ 调整业务范围;⑤ 改变组织形式;⑥ 变更股权或调整股权结构;⑦ 修改章程;⑧ 变更董事及高级管理人员;⑨ 合并或分立;⑩ 中国银保监会规定的其他变更事项。

汽车金融公司有以下情况之一的,经中国银保监会批准后可以解散:① 公司章程规定的营业期限届满或公司章程规定的其他解散事由出现;② 公司章程规定的权力机构决议解散;③ 因公司合并或分立需要解散;④ 其他法定事由。

汽车金融公司有以下情形之一的,经中国银保监会批准,可向法院申请破产:① 不能清偿到期债务,并且资产不足以清偿全部债务或明显缺乏清偿能力,自愿或应其债权人要求申请破产;② 因解散或被撤销而清算,清算组发现汽车金融公司财产不足以清偿债务,应当申请破产。

汽车金融公司因解散、依法被撤销或被宣告破产而终止的,其清算事宜,按照国家有关法律法规办理。公司设立、变更、终止和董事及高级管理人员任职资格核准的行政许可程序,按照原《中国银监会非银行金融机构行政许可事项实施办法》执行。

二、对汽车金融公司的业务监管

经中国银保监会批准,汽车金融公司可从事下列部分或全部人民币业务:① 接受境外股东及其所在集团在华全资子公司和境内股东 3 个月(含)以上定期存款;② 接受汽车经销商采购车辆贷款保证金和承租人汽车租赁保证金;③ 经批准,发行金融债券;④ 从事同业拆借;⑤ 向金融机构借款;⑥ 提供购车贷款业务;⑦ 提供汽车经销商采购车辆贷款和营运设备贷款,包括展示厅建设贷款和零配件贷款以及维修设备贷款等;⑧ 提供汽车融资租赁业务(售后回租业务除外);⑨ 向金融机构出售或回购汽车贷款应收款和汽车融资租赁应收款业务;⑩ 办理租赁汽车残值变卖及处理业务;⑪ 从事与购车融资活动相关的咨询、代理业务;⑫ 经批准,从事与汽车金融业务相关的金融机构股权投资业务;⑬ 经中国银保监会批准的其他业务。汽车金融公司发放汽车贷款应遵守《汽车贷款管理办法》等有关规定。汽车金融公司经营业务中涉及外汇管理事项的,应遵守国家外汇管理有关规定。

三、汽车金融公司的风险管理体系

汽车金融公司应当按照全面、审慎、有效和独立的原则,建立健全内部控制制度,并报所在地中国银保监局备案。

(一) 对资本金的监管要求

汽车金融公司应遵守以下监管要求:① 资本充足率不低于8%,核心资本充足率不低于4%;② 对单一借款人的授信余额不得超过资本净额的15%;③ 对单一集团客户的授信余额不得超过资本净额的50%;④ 对单一股东及其关联方的授信余额不得超过该股东在汽车金融公司的出资额;⑤ 自用固定资产比例不得超过资本净额的40%。中国银保监会可根据监管需要对上述指标做出适当调整。

汽车金融公司的资本充足率计算公式为:资本/风险加权资产,资本充足率不得低于8%。汽车金融公司的资本包括核心资本与附属资本。核心资本包括实收资本、资本公积、盈余公积、未分配利润,附属资本包括重估储备、一般准备。其中核心资本不得低于资本的50%。汽车金融公司风险加权资产的计算及各类资产风险权重如下:

$$\begin{aligned}风险加权资产 = &\ 对商业银行的债权 \times 20\% \\&+ 有商业银行提供保证的债权 \times 20\% \\&+ 其他担保形式担保的债权 \times 50\% \\&+ 其他形式资产 \times 100\% \\&+ 担保业务余额 \times 100\%\end{aligned}$$

其他担保形式是指商业银行提供保证以外的担保;其他形式资产不包括现金。

计算各项贷款的风险资产时,应当首先从贷款账面价值中扣除专项准备,其他各类资产的减值准备也应当从相应的资产项目账面价值中扣除。

(二) 对业务风险性的控制指标

汽车金融公司应按规定编制并向中国银保监会报送资产负债表、损益表及中国银保监会要求的其他报表。公司应建立定期外部审计制度,并在每个会计年度结束后的 4 个月内,将经法定代表人签名确认的年度审计报告报送公司注册地的中国银保监会派出机构。

中国银保监会及其派出机构必要时可指定会计师事务所对汽车金融公司的经营状况、财务状况、风险状况、内部控制制度及执行情况等进行审计。中国银保监会及其派出机构可要求汽车金融公司更换专业技能和独立性达不到监管要求的会计师事务所。汽车金融公司如有业务外包需要，应制定与业务外包相关的政策和管理制度，包括业务外包的决策程序、对外包方的评价和管理、控制业务信息保密性和安全性的措施和应急计划等。汽车金融公司签署业务外包协议前应向注册地中国银保监会派出机构报告业务外包协议的主要风险及相应的风险规避措施等。

汽车金融公司违反法律规定的，中国银保监会将责令限期整改；逾期未整改的或其行为严重危及公司稳健运行、损害客户合法权益的，中国银保监会可区别情形，依照《中华人民共和国银行业监督管理法》等法律法规的规定，采取暂停业务、限制股东权利等监管措施。

汽车金融公司已经或可能发生信用危机、严重影响客户合法权益的，中国银保监会将依法对其实行接管或促成机构重组。汽车金融公司有违法经营、经营管理不善等情形，不撤销将严重危害金融秩序、损害公众利益的，中国银保监会将予以撤销。

（三）风险管理的制度体系

汽车金融公司应按照中国银保监会有关银行业金融机构内控指引和风险管理指引的要求，建立健全公司治理和内部控制制度，建立全面有效的风险管理体系。汽车金融公司应按照有关规定实行信用风险资产五级分类制度，并应建立审慎的资产减值损失准备制度，及时足额计提资产减值损失准备。未提足准备的，不得进行利润分配。

本章小结

1. 政策性金融机构的市场准入包括三个方面：机构准入、业务准入和高级管理人员准入。业务监管主要是通过非现场监管和现场检查。国家开发银行和中国进出口银行的非现场监管指标体系主要包括：贷款投向指标、安全性指标、流动性指标、效益性指标和总量控制指标。中国农业发展银行的非现场监管指标体系包括：资金封闭运行指标、安全性指标、效益性指标和总量控制指标。现场检查主要包括：业务经营合规性检查、资产负债合规性检查和结算合规性检查。

2. 对信托投资公司的监管，主要是机构的市场准入、变更和市场退出，以及业务的开展等方面的监管。由于信托投资公司业务的特殊性，监管当局督促其建立严密的财务内控制度，对出纳、资金和财物加强自我约束，自我管理。

3. 对金融租赁公司的监管主要集中在机构和业务两方面。在机构市场准入上，金融租赁公司不以自然人作为股东，经营涉外业务的必须有一定的外币资本金。在业务上，对金融租赁公司的业务范围有严格的规定，要求建立严格的内部和外部财务审计制度。

4. 企业集团财务公司有特殊性，因此，监管措施也有所不同。在财务公司的市场准入上，对财务公司自身有严格的要求，对所属企业集团也有限制。在业务上，主要限制其为企业集团成员单位服务。为了便于监管，设置了非现场监管指标体系，要求财务公司在指标限定的范围内开展业务。

5. 对信用合作社的监管主要是针对农村信用合作联合社的监管。省联社由社员单位出资入股成立,职能主要是贯彻执行国家的金融方针政策,为社员社提供服务,促进社员社发展。在省联社的组织机构和人员任职资格上,有严格的要求。对市、县农村信用合作联合社的监管,参照执行。

6. 对汽车金融公司的监管,主要体现在对业务范围的限定以及风险管理体系中对资本金与业务风险性的控制指标方面。

思考题

1. 简述我国政策性金融机构监管的业务重点。
2. 简述我国对信托投资公司监管的主要内容。
3. 如何通过金融监管提高金融租赁公司的作用?
4. 对企业集团财务公司的监管应当有哪些改进?
5. 汽车金融公司的主要风险表现在哪些方面?

即测即评

请扫描右侧二维码,进行即测即评。

第九章 涉外金融机构监管

> **【本章提要】**
> 本章主要介绍对境内外资金融机构、对本国境外金融机构以及对我国海外金融机构的监管;同时,概括介绍了国际金融业跨国并购、外资参股我国金融机构的现状、我国对外资控股收购监管的政策;并介绍涉外金融风险的种类及对涉外金融风险的监管。

第一节 境内外资金融机构监管

一、境内外资金融机构监管的主要内容

对境内外资金融机构监管的主要内容包括金融市场准入监管、金融业务监管、金融风险监管和市场退出监管四个方面。

(一) 金融市场准入监管

对境内外资金融机构的金融市场准入监管,是指东道国对进入本国的外资金融机构作出审查、评估和结论,以保证合格的外国金融机构进入本国金融市场。它是各国对外资金融机构监管的第一关。金融市场准入监管的内容主要包括:外资金融机构应具备的条件、对外资金融机构进入的限制以及金融机构的形式要求等。

对外资金融机构进入的资格要求和限制主要包括:① 最低资本金和总资产要求,只有达到一定金融实力的金融机构才可进入本国市场;② 经营管理水平要求,包括金融机构的发展历史、业务记录、在国际金融业中的地位及其高层管理人员的能力和影响;③ 规定金融机构的服务范围;④ 完善的内部管理和专业技术人才;⑤ 母国监管当局提供的高级别信誉证书,或总部有约束力的保证书;⑥ 有潜力对东道国社会服务提供更多的便利;⑦ 申请开业金融机构的海外总部在其母国受到有效的金融监管。

大多数国家对外资金融机构进入本国都有一定控制,只是程度上

的差别。发达国家、自由贸易区和避税型金融中心控制相对宽松,如美国、英国、开曼等国家和地区。少数发达国家和发展中国家对外资金融机构准入控制较严,如葡萄牙银行法规定,禁止外资银行在葡萄牙开设分行。我国对外资金融机构进入要严格审查。

(二) 金融业务监管

金融业务监管主要是对外资金融机构的经营范围、经营品种、经营合规性进行的监督与管理。在实行国民待遇原则的国家,对外资金融机构允许经营的业务范围与本国金融机构相同。美国大部分州对外资银行经营贷款、投资业务与国内商业银行一视同仁。我国香港地区,对外国银行与本地银行业务范围的规定相同,外国银行允许经营所有本地银行从事的业务。韩国和法国对外资金融机构的业务范围,基本没有什么限制。从大多数国家的监管来看,对外资金融机构的业务监管都比较严格,主要通过限制外资金融机构的业务范围和业务量来保护国内银行的发展。主要包括:① 业务币种管理。有些国家限制外资银行经营本币业务,如秘鲁禁止外资银行吸收本币定期存款,而我国从 2007 年开始允许外资银行经营人民币业务。② 业务范围管理。在限制或禁止外资金融机构经营的行业或业务方面通常对外资商业银行的限制最严格,因为商业银行可以吸收公众存款,对社会稳定有很大的影响。相对而言,对外资保险机构的限制比较宽松。韩国规定,外资银行不能经营信托业务和投资银行业务,不能参与投资短期信贷金融公司,不能从事地区信用证开证业务。新加坡规定,一般外资银行只能办理岸外业务,不能参与本地银行的业务经营,不能拥有任何其他金融机构,在工业、商业或其他企业中只能占有不超过资本总额 40% 的股权。新加坡《银行法》还对外资银行贷款总金额作出了限制,即个人或团体的贷款不得超过资本金的 30%,大宗贷款总额不得超过放款总额的 50%。③ 业务对象限制。有些国家对外资银行顾客群体作出限制。马来西亚的外资银行不可接受政府存款。④ 分支网络限制。许多国家规定外资银行可以设立分支机构的地区和数量,限制外资银行的扩张。韩国规定外资银行只能在同一城市开设一家机构,分行不能超过两家。孟加拉国将外资银行分行限制在港口城市。⑤ 资产规模控制。加拿大规定外资银行在本国金融市场所占市场份额不得超过 12%(美国银行除外)。

(三) 金融风险监管

国家经济金融与国际接轨越密切,越需要加强金融监管。金融机构变化、金融工具创新、表外业务逐步增加,各种风险之间的联系更加紧密复杂,给金融监管带来了较大的困难,也反映出加强风险监管的重要性和艰巨性。目前,各国对外资金融机构风险监管,主要包括以下内容:

1. 资本充足率监管

金融机构的资本金,一是保证金融机构正常营业,维持机构在公众中的信心,减少发生挤提危机,使金融机构能够赢得足够时间抵御风险;二是用来冲销损失,作为亏损的缓冲地带,起到一定的保护作用。在《巴塞尔协议》以前,各国对资本的规定不同,资本充足率主要取决于金融机构的类别和各国的情况。如 1983 年美联储将跨国银行的资本充足率定为 5%,把持股公司和其他非银行子公司未经担保的长期负债包括在二级资本里。1985 年,美联储统一将一级资本与总资产比率定为 5.5%,资本与总资产比率定为 6%。从 1986 年开始,则使用风险权数测量资产。由于外资金融机构跨国经营,所以对资本充足性一般有更严格的要求。1988 年巴塞尔协议要求商业银行的核心资本与风险资产比率不低于 4%,附属资本与风险资产比率不低于 8%,已被世界各国所接受,成为银行监管中资本充足率最基本的标准。目前在国际上,若商业银行资本充足率达不到 8% 的标准,会受到业务歧视,包括被信用评级机构降级,管理当局对其采取限制性措施,如限制在当地的业务范围、分支机构的设置等。对证券公司和保险公司虽然还没有国际统一要求,但总的发展趋势将是至少有一个参照性的资本金要求。金融监管资本充足率的适度性,是保证金融机构正常营运和发展的基本条件,是测定和评价其抵御风险能力的重要标志之一。

2. 资产质量监管

金融机构资产质量监管的重点是金融机构资产安全性及有风险贷款的占比,目的是确保金融机构具有足够的清偿能力、承担风险能力和正常的运转能力。资产质量监管指标一般要求:已收利息/到期利息$\geq 95\%$;已收本金/到期本金$\geq 95\%$;贷款损失准备金/贷款总额$\geq 1\%$;贷款损失准备金/拖欠的贷款$\geq 50\%$。

3. 流动性监管

流动性反映金融机构履行到期债务的能力,用来评估金融机构支付能力是否充足。考虑的主要因素是:存款与贷款的比例、借入资金的比例、可变现资产的数量、对资产负债的管理和控制、从外部借入资金的频率、紧急筹措资金能力。对跨国银行流动性监管的主要指标要求:各项放款/各项存款$\leq 70\%$,流动资产/各项存款$\geq 25\%$。其中,各项存款数据为各项存款与信托存款计算期余额之和。

4. 盈利能力监管

金融机构有盈利,股东才能分得红利,金融机构才有积累。金融监管当局鼓励金融机构不断提高盈利能力,采取有效措施确保业务收益与所承受的风险相称。对收益状况检查评价时,监管当局不仅考核资产收益率,而且要考虑过去几年收益的变动以及未来发展趋势等因素。

对跨国银行的金融风险监管采取两种基本方式:一是报送稽核。受监管的跨国银行将报表送交监管部门审核,主要包括:资产负债表、损益表、贷款明细表、存款结构表、表外科目明细表、呆账损失表、收回呆账表、备付金及上缴总行资金表。稽核重点为经营状况和财务状况。二是现场检查。由监管部门专家进入机构进行检查,检查内容包括:经营方针是否与经营环境相符;是否有明确的业务流程制度、业务实施方案以及执行目标;是否有完善的内部控制体系,运转情况是否良好;管理人员素质和管理水平。

(四)市场退出监管

由于金融业在社会经济中的特殊作用和影响,各国对外资金融机构的市场退出监管持谨慎态度。一般情况下,当外资金融机构出现不审慎行为时,监管当局要求其采取相应措施加以改正;当问题比较严重时,采取诸如限制业务、停止业务、禁止资产转让与出售等措施;当问题极为严重时,实施强制性接管措施,或通过与母国协调紧急援助,或促成有实力的金融机构的兼并、收购等。只有在所有努力都无法奏效时,监管当局才采取关闭手段。

二、我国对外资金融机构的监管

目前,我国对外资金融机构实施监管主要依据 2001 年 12 月 20 日的《中华人民共和国外资金融机构管理条例》(以下简称《外资金融条例》)、2006 年 11 月 11 日的《中华人民共和国外资银行管理条例》(以下简称《外资银行条例》)、2002 年 2 月 1 日的《中华人民共和国外资保险公司管理条例》(以下简称《外资保险条例》)的规定。

依照《外资金融条例》规定,外资金融机构是指依照中华人民共和国有关法律法规的规定,经批准在中国境内设立和营业的下列金融机构:① 总行在中国境内的外国资本的银行(简称外资银行);② 外国银行在中国境内的分行(简称外国银行分行);③ 外国的金融机构同中国金融机构在中国境内合资经营的银行(简称合资银行);④ 总公司在中国境内的外国资本的财务公司(简称外资财务公司);⑤ 外国的金融机构同中国的金融机构在中国境内合资经营的财务公司(简称合资财务公司)。依照《外资保险条例》的规定,外资保险公司是指依照中华人民共和国有关法律规定,经批准在中国境内设立和营业的下列保险公司:① 外国保险公司同中国公司、企业在中国境内合资经营的保险公司(简称合资保险公司);② 外国保险公司在中国境内投资经营的外国资本保险公司(简称独资保险公司);③ 外国保险公司在中国境内的分公司(简称外国保险公司分公司)。目前,我国对外资银行、外资保险公司、外资财务公司等外资金融机构的监管主要集中在以下方面。

(一) 金融市场准入监管

根据《外资金融条例》和《外资银行条例》的规定,外商独资银行、中外合资银行的注册资本最低限额为 10 亿元人民币或者等值的自由兑换货币。注册资本应当是实缴资本。

外商独资银行、中外合资银行在中华人民共和国境内设立的分行,应当由其总行无偿拨给不少于 1 亿元人民币或者等值的自由兑换货币作为营运资金。外商独资银行、中外合资银行拨给各分支机构营运资金的总和,不得超过总行资本金总额的 60%。外国银行分行应当由其总行无偿拨给不少于 2 亿元人民币或者等值的自由兑换货币作为营运资金。国务院银行业监督管理机构根据外资银行营业性机构的业务范围和审慎监管的需要,可以提高注册资本或者营运资金的最低限额,并规定其中的人民币份额。

拟设外商独资银行、中外合资银行的股东或者拟设分行、代表处的外国银行应当具备下列条件:① 具有持续盈利能力,信誉良好,无重大违法违规记录;② 拟设外商独资银行的股东、中外合资银行的外方股东或者拟设分行、代表处的外国银行具有从事国际金融活动的经验;③ 具有有效的反洗钱制度;④ 拟设外商独资银行的股东、中外合资银行的外方股东或者拟设分行、代表处的外国银行受到所在国家或者地区金融监管当局的有效监管,并且其申请经所在国家或者地区金融监管当局同意;⑤ 国务院银行业监督管理机构规定的其他审慎性条件。拟设外商独资银行的股东、中外合资银行的外方股东或者拟设分行、代表处的外国银行所在国家或者地区应当具有完善的金融监督管理制度,并且其金融监管当局已经与国务院银行业监督管理机构建立良好的监督管理合作机制。

拟设外商独资银行的股东应当为金融机构,除应当具备上述规定的条件外,其中唯一或者控股股东还应当具备下列条件:① 为商业银行;② 在中华人民共和国境内已经设立代表处 2 年以上;③ 提出设立申请前 1 年年末总资产不少于 100 亿美元;④ 资本充足率符合所在国家或者地区金融监管当局以及国务院银行业监督管理机构的规定。

拟设中外合资银行的股东除应当具备外商独资银行规定的条件外,其中外方股东及中方唯一或者主要股东应当为金融机构,且外方唯一或者主要股东还应当具备下列条件:① 为商业银行;② 在中华人民共和国境内已经设立代表处;③ 提出设立申请前 1 年年末总资产不少于 100 亿美元;④ 资本充足率符合所在国家或者地区金融监管当局以及国务院银行业监督管理机构的规定。

拟设分行的外国银行除应当具备外商独资银行规定的条件外,还应当具备下列条件:① 提出设立申请前1年年末总资产不少于200亿美元,并且资本充足率不低于8%;② 资本充足率符合所在国家或者地区金融监管当局以及国务院银行业监督管理机构的规定;③ 初次设立分行的,在中华人民共和国境内已经设立代表处2年以上;④ 申请人所在国家或者地区有完善的金融监督管理制度,并且申请人受到所在国家或者地区有关主管当局的有效监管。

独资保险公司、合资保险公司注册资本最低限额为2亿元人民币或等值自由兑换货币;注册资本最低限额必须为实缴货币资本。外国保险公司的出资,应当为自由兑换货币。外国保险公司分公司应当由总公司无偿拨给不少于2亿元人民币等值的自由兑换货币营运资金。中国保监会(现已合并为中国银行保险监督管理委员会)可以提高上述规定的外资保险公司注册资本或者营运资金的最低限额。申请设立外资保险公司的外国保险公司,应当具备下列条件:① 经营保险业务30年以上;② 在中国境内已经设立代表机构2年以上;③ 提出设立申请前1年年末总资产不少于50亿美元;④ 所在国家或者地区有完善的保险监管制度,并且该外国保险公司已经受到所在国家或者地区有关主管当局的有效监管;⑤ 符合所在国家或者地区偿付能力标准;⑥ 所在国家或者地区有关主管当局同意其申请;⑦ 中国保监会规定的其他审慎性条件。

外资财务公司、合资财务公司的最低注册资本为2亿元人民币等值的自由兑换货币;其实收资本不低于其注册资本的50%。设立外资财务公司,应当具备下列条件:① 申请者为金融机构;② 申请者在中国境内已经设立代表机构2年以上;③ 申请者提出设立申请前1年年末总资产不少于100亿美元;④ 申请者所在国家或者地区有完善的金融监督管理制度,并且申请人受到所在国家或者地区有关主管当局的有效监管;⑤ 申请人所在国家或者地区有关主管当局同意其申请;⑥ 中国银监会(现已合并为中国银行保险监督管理委员会)规定的其他审慎性条件。

(二)金融业务经营监管

根据规定,外资银行、外国银行分行、合资银行按照中国银保监会批准的业务范围,可以部分或者全部经营下列业务:吸收公众存款;发放短期、中期和长期贷款;办理票据承兑与贴现;买卖政府债券、金融债券,买卖股票以外的其他外币有价证券;提供信用证服务及担保;办理国内外结算;买卖、代理买卖外汇;从事外币兑换;从事同业拆借;从事银行卡业务;提供保管箱服务;提供资信调查和咨询服务;经批准的其他业务。

外资金融机构必须遵守以下规定:外资金融机构的存款、贷款利率及各种手续费率,由外资金融机构按照中国人民银行的有关规定确定;外资金融机构经营存款业务,应当向所在地区的中国人民银行分支机构缴存存款准备金,其比率由中国人民银行制定,并根据需要进行调整;外国银行分行的营运资金的30%应当以中国人民银行指定的生息资产形式存在,包括在中国人民银行指定的银行的存款等;独资银行、合资银行、独资财务公司、合资财务公司的资本充足率不得低于8%;独资银行、合资银行、独资财务公司、合资财务公司对1个企业及其关联企业的授信余额,不得超过其资本的25%,但是经中国人民银行批准的除外;独资银行、合资银行、独资财务公司、合资财务公司的固定资产不得超过其所有者权益的40%;独资银行、合资银行、独资财务公司、合资财务公司资本中的人民币份额与其风险资产中的人民币份额的比例不得低于8%；外国银行分行营运资金加准备金等之和中的人民币份额与其风险资产中的人民币份额的比例不得低于8%；外资金融机构应当确保其资产的流动性，流动性资产余额与流动性负债余额的比例不得低于25%；外资金融机构从中国境内吸收的外汇存款不得超过其境内外汇总资产的70%，对此比例，中国人民银行按照有关规定逐步调整；外资金融机构应当按照规定计提呆账（坏账）准备金；外资金融机构应当聘用中国注册会计师，并经所在地区的中国人民银行分行认可。

外资保险公司按照中国银保监会核定的业务范围，可以全部或者部分依法经营下列种类的保险业务：① 财产保险业务，包括财产损失保险、责任保险、信用保险等保险业务；② 人身保险业务，包括人寿保险、健康保险、意外伤害保险等保险业务。

外资保险公司经中国银保监会按照有关规定核定，可以在核定的范围内经营大型商业风险保险业务、统括保单保险业务；同一外资保险公司不得同时兼营财产保险业务和人身保险业务；外资保险公司可以依法经营《外资保险条例》规定的保险业务的下列再保险业务：① 分出保险；② 分入保险。在经营过程中，中国银保监会有权检查其业务状况、财务状况及资金运用状况，有权要求在规定的期限内提供有关文件、资料和书面报告，有权对违法违规行为依法进行处罚、处理。外资保险公司应当接受中国银保监会的监督检查，如实提供有关文件、资料和书面报告，不得拒绝、阻碍和隐瞒。

（三）金融市场退出监管

根据《外资金融条例》，外资金融机构市场退出的主要规定如下：① 外资金融机构自行终止业务活动，应当在距终止业务活动30日前以书面形式向国内金融监管部门提出申请，经审查批准后予以解散并进行清算。② 外资金融机构无力清偿到期债务，国内金融监管部门可以责令停业，限期清理。在清理期限内，已恢复偿付能力、需要复业的，须向国内金融监管部门提出复业申请；超过清理期限，仍未恢复偿付能力的应当进行清算。③ 外资金融机构因解散、依法被撤销或者宣告破产而终止的，清算的具体事宜，参照中国有关法律、法规的规定办理。外资金融机构清算终结，应当在法定期限内向原登记机关办理注销登记。

依照《外资保险条例》，对外资保险公司市场退出监管的规定如下：① 外资保险公司因分立、合并或者公司章程规定的解散事由出现，经中国银保监会批准后解散。外资保险公司解散时，应当依法成立清算组，进行清算。② 经营人寿保险业务的外资保险公司，除分立、合并外不得解散。③ 外资保险公司违反法律、行政法规，被中国银保监会吊销经营保险业务许可证的，依法撤销，由中国银保监会依法及时组织成立清算组进行清算。④ 外资保险公司因解散、依法被撤销而清算的，应当自清算组成立之日起60日内在报纸上至少公告3次。公告内容应当经中国银保监会核准。⑤ 外资保险公司不能支付到期债务，经中国银保监会同意，由人民法院依法宣告破产。外资保险公司被宣告破产的，由人民法院组织中国银保监会等有关部门和有关人员成立清算组，进行清算。⑥ 外资保险公司解散、依法被撤销或者被宣告破产的，未清偿债务前，不得将其财产转移至中国境外。

第二节 本国境外金融机构监管

一、本国境外金融机构监管的原则

1975年9月,巴塞尔委员会发表了《关于银行海外机构的监管原则》,是金融监管国际合作的重要基石。1983年《巴塞尔协议修订本:银行海外机构的监管原则》(简称《原则》)、1992年《关于监管国际性银行集团及其跨国分支机构最低标准的建议》(简称《最低标准》)和1997年《银行业有效监管核心原则》(简称《核心原则》)文件中,针对本国境外金融机构的监管有诸多论述,虽然这些原则针对跨国银行监管设计,但是,对于非银行跨国金融机构的监管有借鉴之处。2009年12月发布的《增强银行业稳健性(征求意见稿)》中提出从四个方面应对顺周期性:一是通过对内部评级模型的输入参数,减少最低资本要求产生的顺周期性;二是建立前瞻性贷款损失准备金制度;三是建立高于最低资本要求的资本留存缓冲制度;四是建立与信贷增长有关的逆周期资本缓冲制度,将逆周期的宏观审慎机制写入巴塞尔协议Ⅲ。2010年9月,巴塞尔委员会提出加强资本监管和流动性监管建议。

(一)充分性原则

充分性原则,是指不应有任何金融机构的海外机构逃脱监管,监管是充分的。充分性原则是母国监管当局和东道国监管当局合作的基础,为了达到对跨国金融机构的充分监管,东道国监管当局应确保母国监管当局能够及时掌握母国境外金融机构中所发生的任何重大问题。同样,当母行发生的问题有可能波及海外机构时,母国当局也应及时向东道国监管当局通报情况。充分性原则还要求母国监管当局有责任掌握东道国当局是否有能力充分监管。如果东道国的监管不充分,母国监管当局需另外采取措施加强监管力度,通过现场检查或要求金融机构总部或其外部审计师提供额外的信息。如果这些方法都不能收到令人满意的效果,考虑到其中的风险,母国监管当局可要求母国金融机构总部终止该海外机构的经营。充分性原则的实施有赖于东道国和母国当局的积极参与,东道国当局将其管辖范围内的外国金融机构视为一个单独机构进行监管,母国当局则将其视为整个金融集团的一部分。因而,监管也是母国当局对整个金融集团全球业务综合监管的一部分,东道国和母国当局的职责相互补充和相互交错。

(二)合并监管原则

对跨国银行的有效监管,不仅需要在母国和东道国之间合理分配监管责任,而且需要密切接触和合作。在1997年的《核心原则》中,强调了母国与东道国监管者的合作关系。由于跨国银行分支机构庞大,与之相比,任何单一国家的监管当局获取银行经营信息的手段和渠道,都是有限和不充分的。信息的不对称会导致许多不稳定因素的产生,这就要求母国与东道国之间建立长期联系并相互交换信息,实现对跨国银行的有效监管。

(三)母国监管为主原则

巴塞尔委员会的《原则》和《最低标准》规定,原则上由母国对跨国银行承担统一监管责任,得到了许多国家的采纳。母国监管的一个主要责任是保证母行有效监控其海外机构,对其内部控制制度的执行情况进行有效监督。为了贯彻实施这个原则,巴塞尔委员会又规定:

母国应在统一监管的基础上,对跨国银行的全球业务进行控制;母国当局有获取跨国分支机构信息的权力。

从理论上讲,由母国对跨国银行进行统一监管具有优势。根据主权原则,东道国监管当局无法控制外国母行和其他国家分支行的经营行为,而跨国银行总部所在的母国,有权通过对银行总部的监管,实现对该行整体运作的控制。母国之所以无法很好地实现对跨国银行的全面有效控制,主要是由于获得银行海外机构的信息的能力有限。这就决定了东道国在合并监管中的主要任务是:积极控制境内分支机构运作,向银行母国提供有用的监管信息,协助母国完成监管。东道国在这种以母国监管为主的方式下,可以采取保护自身利益的一项主要手段,即严格外国金融机构的市场准入。《最低标准》规定,东道国可依据审慎经营的原则,对母国监管能力未达到令人满意程度的银行实行禁止进入。由于东道国无法对跨国银行实施统一监管,那么,可以实行统一监管的母国的监管能力就显得尤为重要。当某一银行的母国监管不足时,准许该银行进入的国家将面临很大风险。以国际商业信贷银行(BCCI)为例,BCCI在卢森堡开业注册了银行持股公司——国际商业银行信贷银行,又在离岸金融中心开曼群岛注册成立了海外国际商业信贷银行,这时,BCCI就出现了两个母国。两个母国的监管能力本身就不足,更何况又没有任何一个母国可以对其实行统一监管,于是,BCCI所进行的各种违法活动就被长期隐蔽下来,直至最后风险爆发而倒闭。

(四)并表监管原则

并表监管原则要求母行和母国监管当局除了根据银行或银行集团全球业务规模控制资本充足率外,还应当在合并资产负债表的基础上,按照审慎原则对银行或银行集团在世界范围内的所有业务进行风险和资本充足性管理。对母国监管者来说,在实施全球性并表监管时,银行监管者必须对银行在世界各地的所有业务进行适当监测,并执行审慎监督原则,包括其外国分行、附属机构和合资机构。母国银行监管者的一项主要责任,是确保母国银行有效控制其海外机构内控制度的遵守情况,定期收到足够的信息并核对信息。在许多情况下,银行海外机构从事的业务可能与其国内的业务完全不同,因而,监管者必须要求银行具有专业技能。目前,主要发达国家基本实现了并表管理,法律要求银行集团的所有成员和跨国银行的所有分支机构,必须联合制定统一的业务报表,以便监管当局对银行进行统一有效监管。但某些国家的银行保密法规有可能构成对母国方面实施全面综合并表监管的障碍。因此,综合并表监管的一项关键内容是与各国的监管者,特别是东道国监管当局建立联系、交换信息。这种联系应表现为在东道国监管当局发照之前,要征求母国监管当局的意见。有些监管当局已经达成了双边协议,可以帮助确定分享信息的范围和在一般情况下分享信息的条件。除非能就获取信息达成满意协议,否则,银行监管当局应当考虑禁止国内银行在其法规不提供给监管者所需信息的国家内建立机构与开展业务。

二、本国境外金融机构监管的内容

由于对本国境外金融机构遵循共同监管原则,母国在实施监管的过程中,需要东道国的支持与配合。根据被监管机构类型的不同,母国监管当局对境外金融机构监管内容也随之调整。对本国境外银行监管的主要内容,包括偿付能力监管、流动性监管和外汇交易头寸监管。

母国对银行海外机构偿付能力监管的责任划分,取决于被监管机构的类型。对于分行,其偿付能力与母行的整体偿付能力分不开。因此,尽管东道国当局对国外分行财务状况负有一般管理责任,但其是否有偿付能力主要是母国金融监管当局的责任。对于附属行,偿付能力监管是东道国和母国当局共同的责任。东道国当局有责任对其管辖范围内所有外国附属行的偿付能力进行监管。与此同时,负责对母行进行综合监管的母国当局,也需要了解母国机构的偿付能力是否受到海外附属行经营业绩的影响。这主要基于两个原因,一是如果不考虑所有海外机构,就不可能对母行的偿付能力作出准确的判断;二是母行不可能对海外附属行的状况漠不关心。对于合资银行,偿付能力的监管主要是注册国当局的责任。但是,股东银行同样不可能对其合资银行漠不关心。根据合资银行的持股方式,尤其是当某个银行处于多数股东地位时,对合资银行的监管应是注册国和多数股东行母国当局的共同责任。

母国监管当局对银行海外机构流动性监管的责任划分,也取决于所监管的机构类型。东道国当局有责任对境内外国银行机构的流动性进行监管,母国当局有责任对整个银行集团的流动性进行监管。对于分行,流动性监管主要是东道国监管当局的责任。东道国监管当局通常都具备监管流动性的能力。因为流动性问题关系到当地法规、惯例及其国内货币市场的功能。同时,母国当局也有责任对整个银行集团的流动性进行监管,海外分行的流动性也是母国当局所关心的问题。因为,一个分行的流动性通常要受到母行的直接控制,不能孤立于母行之外。母国监管当局需要了解母行的控制系统,考虑海外分行的依赖性。如果东道国和母国监管当局在彼此职责划分的某些具体问题上存有疑问,双方应协商一致。对于附属行,流动性监管的主要责任也应由东道国监管当局承担,母国监管当局应对母行与附属行之间的约定以及其他措施加以考虑。东道国监管当局应将这些措施和约定中的重点通知母国监管当局,以确保母国监管当局在对母行的监管中充分考虑这些问题。当东道国监管当局对外国附属行的流动性实施监管遇到困难时,应通知母国监管当局并及时采取相应措施,以保证监管的充分性。对于合资银行,流动性监管的主要责任由注册国监管当局承担。合资银行股东行的母国监管当局,应对股东行与合资行之间的约定,以及其他措施加以考虑。合资银行注册国监管当局应将这些措施和约定的重点通知股东行的母国监管当局,确保股东行的母国监管当局在对股东行实施监管过程中,能够充分考虑到这些问题。在并表综合监管模式中,母国当局通常有责任对所监管银行集团的流动性控制系统进行管理,确保银行集团的控制系统和流动性总头寸充分。但是,要认识到,作为监管流动性的一种技术手段,由于各地法规、市场状况、经营银行业务的复杂性等差别,完全并表有时不可行。母国当局和东道国当局应通过协商,确保后者了解外国机构的整个营运机制,东道国当局也有责任确保母国当局随时了解到母行海外机构中出现的流动性问题。

外汇交易和头寸监管,同样是母国和东道国当局的共同责任。尤为重要的是,母行对集团外汇总敞口应有现场控制,母国当局必须对这些控制系统进行管理。东道国当局应了解母国当局对海外机构进行监管的程度和范围,以更好地对辖内外国机构的外汇敞口进行管理。

三、我国对境外金融机构的监管

随着我国金融机构,尤其是商业银行纷纷在海外开设分支机构,加入跨国经营的行列,金融监管当局加强对境外金融机构的监管的需要越来越强烈。

(一)严格境外设立分支机构的审批制度

金融监管机构对提出申请的金融机构进行全面评估,确认其是否具备经营海外业务的条件,以及应对各种突发事件和控制、化解风险的能力。同时,对东道国的金融、经济、法律和政治状况进行详尽了解,充分估计不利因素和潜在风险,确保我国海外金融机构的平稳运营。

(二)加强对海外分支机构总行的监管

各总行对境外机构的风险进行充分评估,总行及其境外分支机构建立风险防范机制,对海外业务进行全面风险监测,协同分支机构对发现的风险隐患及时化解。通过各种途径评估与掌握海外机构的运营状况,定期检查所有海外机构内部制度的执行情况。此外,金融监管机构加强全面监控,从中分析有可能对海外业务产生不利影响的各种隐患。

(三)完善境外监管制度,保证监管基础

根据《核心原则》,结合我国境外监管实践,健全境外监管制度。在对境外金融机构实行有效统一监管制度的基础上,针对境外金融机构所在东道国的具体情况,采取富有针对性的监管措施,坚持例行监管制度,如定期报表报送制度、监管档案制度、信息通报制度、现场检查制度等。

(四)加强与各国监管机构的合作

在遵循国民待遇和平等互惠原则的基础上,与东道国监管当局建立联系制度,经常交换信息,主动为东道国监管机构提供我国金融机构的信息资料。东道国监管有困难时,我国监管机构予以积极配合,必要时通过现场检查、外部审计等途径协助东道国加大监管力度。

第三节 跨境金融机构收购监管

收购是以获得被收购公司的绝对或相对控股权为目的的购买行为。一般意义上的收购,指通过在证券市场上公开买进上市或非上市公司的股票,取得一定股份的购买行为。金融机构的控股收购,是指一个金融机构取得了另一个金融机构的控制权,被收购金融机构的法人地位可能消失,也可以继续保留。当收购一家公司的全部资本或股票时,最终成为兼并。由于兼并通常和收购同时进行,因此,统称"并购"。在下述中,不严格区分收购与并购概念。

一、全球金融业的跨国并购

20世纪80年代的10年间,全球只有1 000件左右的金融业并购重组案,总金额约500亿美元;20世纪90年代的10年间,全球金融业的并购总值相当于1.4万亿美元。1995年世界金融业并购案高达4 100件,涉及金额2 500亿美元。1997年后,国际金融业并购浪潮迅猛发展,在规模上趋向大型化;在区域上,从美、日等国家扩展到拉美和东南亚。1998年美国花旗银行与旅行者集团合并,组建了花旗集团,成为当时世界最大的金融"航空母舰",从规模和经营上,创下了国际金融业并购的最高纪录。合并后的花旗集团资产总额近7 000亿美元,市值达到1 660亿美元,雇员超过16万人,业务范围涉足银行业、保险业和证券投资业等几乎所有金融领域,成为当时全球业务范围最广的国际金融服务集团。在欧洲,1997

年 12 月 8 日,瑞士三大银行中的瑞士联合银行和瑞士银行宣布合并,合并后的瑞士联合银行拥有 6 700 亿美元资产,成为当时仅次于日本东京三菱银行的世界第二大银行和欧洲第一大银行。在亚洲,日本、韩国、印度尼西亚、马来西亚和泰国等国家将金融业并购作为金融体制改革的重要举措,用以提高金融机构的资本实力。在拉丁美洲,金融业并购热潮遍及巴西、阿根廷、委内瑞拉、智利等国家。

为了扩大海外市场份额,越来越多的金融机构采取跨国并购方式扩张海外业务。与海外新设分支机构相比,跨国并购的方式是一条捷径。加之世界各国尤其是西方国家普遍放松了对金融业的管制,开放国内金融市场,为金融业的跨国并购亮起了绿灯。美国把跨国并购作为占领世界金融市场的重要途径,大举投资于东南亚等国金融机构。这些国家为了发展本国经济金融,接受了世界货币基金组织的建议开放本国金融市场,允许外国金融机构收购或持有本国金融机构股份,对美国金融业的跨国并购起到了推波助澜的作用,进一步促进了美国金融业跨国并购深入发展。当美国银行业把跨国并购的重点放在日本、韩国以及东南亚国家的时候,欧洲金融业抓住有利时机,开始向美国进军。1998 年 11 月 30 日,德意志银行宣布动用 101 亿美元,收购当时总资产在美国占第八位的信孚银行,收购后德意志银行的总资产超过 8 200 亿美元,成为当时以资产排名的全球最大的银行和金融服务性公司,这是横跨大西洋的最大一次跨国并购事件,引起了全球关注。1999 年,通过兼并法国 AGF 集团成为全球最大的保险公司的德国安联保险公司,又兼并了美国皮姆科资产管理公司,迅速发展成为世界第六大资产管理公司。2000 年,安联通过收购美国尼古拉斯·阿普雷格特金融管理公司,使总资产从原来不足 4 000 亿欧元,迅速升至近 7 400 亿欧元。著名咨询集团毕马威的调查显示,1999 年前 9 个月跨国并购达到创纪录的 6 080 亿美元,比 1998 年同期增长了 58%;其中,欧洲走在最前列,大部分欧洲跨国并购案集中在美国,收购美国公司的交易金额达 2 420 亿美元。欧洲各国之间的金融业并购也非常频繁,如英国资格最老的巴林银行在衍生工具交易发生巨额亏损后,被荷兰银行收购;英国最大的商人银行瓦堡银行被瑞士银行兼并;英国克兰沃特·本森银行被德国德累斯顿银行兼并,等等;

在亚洲,1999 年 5 月 10 日,香港汇丰控股有限公司耗资 103 亿美元收购美国纽约共和公司及其欧洲姐妹机构 SRH 的股份。美国纽约共和公司的主要附属公司是美国利宝银行,SRH 则是一家银行控股公司,旗下银行分布于欧洲多个国家。收购完成后,汇丰公司增添了 100 万名美国和欧洲客户,极大地扩展了个人银行、商业银行及外汇市场业务,巩固了庞大的全球银行业务体系,促进了业务和利润增长。同时,英国渣打银行继取得印度尼西亚巴厘银行(Bali Bank)的控股权后,注资 1.72 亿美元买下了泰国那利银行 68.4% 的股权,开拓了泰国市场。在东亚和东南亚地区,一些有实力的金融机构也加入了并购大军,新加坡发展银行收购了泰国的达努银行和兴业银行,扩大了亚洲业务。

二、外资金融机构对我国金融机构的收购

在金融服务领域市场准入方面,"参股进入"和"新设进入"均是外资银行进入我国的合法形式。加入 WTO 后的实践表明,许多外资银行对参股进入比新设进入表现出更浓厚的兴趣,参股中资银行成为外资金融机构进入及扩大在华市场份额的便捷途径。2001 年 11 月 29 日,国际金融公司(IFC)注资 2 700 万美元,持有南京商业银行 15% 的股权;2002 年,IFC 和加拿大丰业银行在西安市商业银行(现已更名为"西安银行")增资扩股后,分别持有西安市商业银行12.5%和12.4%的股份;2003年7月,汇丰银行收购了上海银行8%的股权;2003年12月17日,恒生银行、新加坡投资有限公司、IFC参股兴业银行,合计持有兴业银行总计24.98%的股本,成为仅次于福建财政厅的第二大股东。

对外资金融机构而言,参股进入我国金融市场,比新设机构更能满足在短期内的发展要求。体现在四点:第一,参股进入可绕过信息壁垒。金融是集信息、信用和信心为一体的"三信经济"。在银行业,信息问题主要反映在两个方面:银行对客户信息的掌握和银行对信息的理解。这都是银行业建立客户关系、拓展市场的必备条件,需要通过长期本土化方可获得。外资银行新设机构进入难以越过信息障碍,短时无法与中资银行展开竞争。因此,多数外资银行通过收购中资银行,绕过信息壁垒进入金融市场。这样,外资银行不仅容易得到地理位置和机构设置的优势,而且可以降低信息成本,克服新设机构进入的弱势。第二,参股进入更加迅捷。根据我国现行法规政策,外资银行在中国境内开设分行,从开设办事处、提出申请到正式开始营业,一般需要2~3年时间;参股中资银行,双方经过谈判协商,一般只需花费最短几个月时间。第三,控股收购有利于海外市场的拓展。通过收购中资银行的股份,可以突破业务经营范围的限制,在业务领域可以开展全方位合作,可直接参与对中资银行的经营管理。无疑更加有利于外资银行在华业务发展。第四,通过对中资银行的控股收购,将大大降低外资银行的经营成本。中资银行目前拥有大量分支银行网络,外资银行要建立一个可以与之相当的网络,要花费很高的成本。即便参股银行有大量坏账,外资银行也无须承担全部亏损,只需承担与参股份额相应的一部分,同时,由于股权的流动性高,参股外资银行可以出售股份退出。

总之,控股收购中资银行,利用中资银行广泛的营业网点、资源优势以及与客户的渊源关系,扩大业务和产品范围,实现本土化经营,提高在中国金融市场的份额,已成为外资银行在华竞争的战略性选择。

三、境外金融机构在国内的控股收购监管

对境外金融机构控股收购本国金融机构的监管,是东道国为了确保本国银行业安全和金融主权,对并购活动及外国股权份额作出的一定限制和程序要求。在美国,外国银行在购买美国银行5%~25%股份前,必须获得美联储的批准。在英国,英格兰银行允许外国银行持有某家存款机构或银行15%以下股权,不必事先征得同意,超过15%则无论本国银行或外国银行都需经过英格兰银行的许可。新加坡规定,未经当局批准,任何银行(包括外资银行)不能合并或被接管,外资银行拥有本地银行40%以上的股权必须得到批准。

2003年12月8日,原中国银监会(现已更名为"中国银行保险监督管理委员会")发布了《境外金融机构投资入股中资金融机构管理办法》(简称《办法》),根据《办法》规定,境外金融机构,包括国际金融机构(指世界银行及其附属机构、其他政府间开发性金融机构等)和外国金融机构(指在外国注册的金融控股公司、商业银行、证券公司、保险公司、基金等),中资金融机构(在中国境内设立的中资商业银行、城市信用社、农村信用社、信托投资公司、企业集团财务公司、金融租赁公司等)适用该办法。合格境外机构投资者购买上市中资金融机构流通股不适用该办法。《办法》的出台,对规范外资金融机构控股收购我国金融机构提供了依据。对外资金融机构控股收购的监督管理主要体现在以下几方面。

（一）境外金融机构主体资格规定

《办法》规定，投资入股中资金融机构的境外金融机构应当具备下列条件：① 投资入股中资商业银行的，最近一年年末总资产不少于 100 亿美元；投资入股中资城市信用社或农村信用社的，最近一年年末总资产不少于 10 亿美元；投资入股中资非银行金融机构的，最近一年年末总资产不少于 10 亿美元；② 中国银监会认可的国际评级机构最近两年的长期信用评级为良好；③ 最近两个会计年度连续盈利；④ 商业银行资本充足率不低于 8%；非银行金融机构资本总额不低于加权风险资产总额的 10%；⑤ 内部控制制度健全；⑥ 注册地金融机构监督管理制度完善；⑦ 所在国（地区）经济状况良好；⑧ 符合中国银监会规定的其他审慎性条件。中国银监会根据金融业风险状况和监管需要，可以调整境外金融机构投资入股中资金融机构的资格条件。

（二）境外金融机构控股比例规定

《办法》规定，单个境外金融机构向中资金融机构投资入股比例（出资额或者所持股份占中资金融机构实收资本总额或者股份总额的比例）不得超过 20%。多个境外金融机构对非上市中资金融机构投资入股比例合计达到或超过 25% 的，对该金融机构按照外资金融机构实施监督管理。多个境外金融机构对上市中资金融机构投资入股比例合计达到或超过 25% 的，对该金融机构仍按照中资金融机构实施监督管理。

（三）其他规定

《办法》规定，境外金融机构投资入股中资金融机构，应当经中国银监会批准。境外金融机构向中资金融机构入股，应当基于诚实信用并以中长期投资为目标。已向中资金融机构投资入股的境外金融机构增加持股比例的，适用该办法规定。《办法》对停止持股的退出和停止未作规定，同时，也欠缺如惩罚或法律责任的规定，对损害中资金融机构利益的违法收购行为如何制裁，《办法》也未作明确规定。这是收购中资金融机构监管中尚待完善的方面。

2018 年 8 月 23 日，中国银行保险监督管理委员会发布《关于废止和修改部分规章的决定》，决定废止《境外金融机构投资入股中资金融机构管理办法》。

第四节　涉外金融机构风险监管

涉外金融风险，包括国内金融机构在涉外金融业务的经营过程中所面临的风险，以及国内金融市场受国际金融市场冲击所遭受的风险。涉外金融风险的产生机制与一般风险的产生机制一样，是风险因素、风险事件和风险损失三者相互作用的结果。金融机构在涉外金融业务的经营中所面临的风险因素很多，既有金融机构的一般风险，又有涉外金融业务所引起的特殊风险。

一、涉外金融风险的种类

（一）国家风险

国家风险是指银行及其他金融机构在从事跨国信托、投资与金融交易时，由于国家主权的原因，造成某一国借款人不能偿付债务导致的损失风险。在国际信贷业务中，作为信用风险深层次的国家风险，与借款人所在国家的政治、经济和社会环境密切相关。一般认为，以本国货币融通的国内信贷,所发生的风险属于国内商业风险。凡是跨国境信贷,不论其接受信贷的对象为该国政府、私人企业或个人,都有可能会程度不同地遭受国家风险,因而,国家风险比主权风险或政治风险概念更广。主权风险只是对某一主权国家政府贷款可能遇到损失的不确定性,这是国家风险的一部分。国家风险必须是政府导致且无法被个人或企业控制的因素造成的风险。根据性质划分,国家风险可分为政治风险、社会风险和经济风险;根据借款形态划分,可分为主权风险、部门风险、公司风险、个人风险等。

(二) 外汇风险

从事外汇交易业务的金融机构一般面临以下风险:一是汇率风险,指从交易达成后到债权债务清偿这段时间内,由于汇率波动可能带来的风险。二是信用风险,主要表现在国外交易对方或客户破产倒闭等原因,造成的交易无法履约带来的风险。三是流动性风险,即金融机构持有的外汇资产及负债到期日不匹配所引起的风险。如果持有超买头寸,国际资本市场游资充斥,利率下滑将承担利息亏损;如持有超卖头寸,如果国际资本市场资金供应不足,将承担流动性风险。四是操作风险,指金融机构在外汇交易业务中,由于内部控制机制以及员工职业道德方面原因引起的风险。

(三) 信用风险

国际信贷业务要求银行对国外借款人信用水平作出判断,这些判断并非总是正确的。因此,银行面临的一个主要风险是信用风险。信用风险不仅存在于贷款业务中,也存在于其他表内与表外业务中,如担保、承兑和证券投资。国际借款人发生的信用风险,往往给金融机构带来巨额经济损失,如美国长期资本管理公司(LTCM)的倒闭,使瑞士、德国的银行损失惨重。涉外金融业务的国际性,使金融机构在经营中面临不同的法规体系、政治风险和外债清偿中断的可能性。最重要的是,涉外金融特殊的经营背景和独特的业务特征,使金融机构的活动具有更为复杂的风险。据穆迪投资公司1998年发表的一份研究报告,全球12大银行体系都受到亚洲金融危机的影响,其中,日本银行业所受的影响最大,涉及贷款额1 820亿美元,德国银行业涉及贷款额620亿美元,比利时银行业涉及贷款额150亿美元。

二、涉外金融风险预警与监管

(一) 金融风险预警制度

由于金融机构从事涉外金融业务使金融机构面临的风险更加复杂,建立一套有效的预警指标体系,科学地预测风险是风险管理的重要内容,得到了监管当局的高度重视。英国的金融机构预警制度的主体是英格兰银行,英格兰银行以资本充足率、外汇持有风险及资产流动性的测定作为预警制度的指标,金融预警制度侧重于资本充足性考核。此外,也采取类比方式,将某个金融机构的业绩与资本、规模及性质相类似的金融机构进行比较,作出分析判断。在英国,除了日常报表监控外,对超过资本金一定比例的大额国际贷款要审查,如果认为银行贷款国家风险太大,有权责令其相应增加资本金。其他一些国家也在考虑,对银行的国际贷款风险提出单独的资本充足率要求。

美国的金融机构预警制度是最完善也最复杂的,包括联邦存款保险公司的预警系统、联邦储备体系的预警系统、国民信用合作社管理局的预警系统和美国财政部金融司的预警系统。尽管美国的预警制度很复杂,但预警系统的运作机理基本相似,均以获取金融机构的各种财务报表和其他资料为基础,借助于各种财务比率指标,对金融风险进行测定和预警。各个预警系统中最常用的预警工具是"骆驼评级系统"(CAMEL),即以资本充足率(capital adequacy)、资产质量(assets quality)、管理水平(management)、获利能力(earnings)及流动性(liquidity)作为预警测试范围,利用统计评估指标赋以权数,计算出指标得分和综合得分,依次为 A、B、C、D、E 五级。依综合得分高低,评定每个金融机构的等级,对评定等级较低或单项指标得分异常的金融机构提出警示。

(二) 国家风险的监管

国家风险成为金融风险监管的重要内容,各国对国家风险的监管采取的措施主要是确定国家贷款限额和分散国家风险。

国家贷款限额是商业银行承担向任何一国贷款的最高限额。国家贷款限额的设定,以国家风险评估为基础。对外资产的构成应反映分散风险的要求,避免对某个国家的集中贷款。贷款银行应经常监视国家贷款限额执行情况,使风险资产保持在限度内。一般采用以下五种方法建立信贷限额:① 对信贷国家设定放款的最大百分比。对任何国家的信贷,均依其可供贷款的资本确定一个固定的百分比,对任一国家的信贷不超过该百分比。② 依资本额设定放款百分比。按照资本总额确定贷款给任一国家的最高百分比,通常是按各国的风险程度设定不同的百分比。优点是可将银行信贷导向信用较强的市场,使信用资本得到最为有效的配置使用,提高国际范围内的资本效率。③ 按外债状况确定信贷百分比。依一国的偿债能力就所承受的外债能力分别确定最高信用限额,实际信贷额不得高于此最高信贷限额。④ 依国家信用评级而授予不同的信用额度。对某一国家的信贷限额按国家风险评级的差异加以个别设立,对信用评级低的国家给予较低的信贷额度;反之亦然。按市场信用种类逐渐递减信贷百分比,如对信用最优的市场分配 50% 的信用限额,信用次优的市场分配 25% 的信用额度,依此类推。⑤ 不预先设定信贷限额。依交易性质个案决定信贷额度,不预定限额,对信用的授予最具弹性。美国摩根信托公司在确定国家贷款限额时的程序是:总行国际部的高级信贷官员(包括地区经理、贷款官员及经济学家)召开会议,讨论借款国的经济情况,评价银行在该国所处的地位,预计未来的发展战略,由国际部的高级信贷官员确定对借款国国家贷款的最高限额,上述情况和变化及时送交银行的信贷政策委员会主席。

分散国家风险的主要方式有:① 寻求第三者保证。金融机构在从事跨国贷款时,为减少风险损失,一般要求借款人对贷款提供保证。在实际操作中,是借款国的政府或中央银行或有实力的金融机构提供担保。在借款国政府担保的情况下,债权银行所面对的国家风险便转化为主权风险,风险程度相对减轻。如美国的进出口银行在对发展中国家提供信贷时,通常要求由借款国的财政部或中央银行出面保证。如果债权银行对政府担保仍存有疑虑时,会要求借款人寻求第三国银行进行担保,使风险转移。此外,当贷款对象为跨国公司的子公司时,亦可经由第三国的母公司或其他关系机构予以保证,以转移国家风险。② 采用银团贷款方式。当国际贷款金额巨大、不易得到第三者保证时,可采用银团贷款方式进行,由参加银团贷款的银行共同承担信贷风险,减少个别银行单独放款的风险。由于银团贷款金额巨大,往往有世界著名大银行参与,借款国家为维护在国际金融市场的信誉,通常不敢轻易对此类贷款违约,使银行的风险相对减轻。③ 充分的审计程序。包括由总行审计员对所有国外贷款实行审计,银行常驻借款国的审计员对可贷性进行个别审计,独立的有担保会计师事务所检查银行的账目,银行所属国的官方监督机构对所有国外贷款实行检查,东道国官方监督机构对在该国的分行和附属机构的贷款进行检查。

（三）外汇风险的监管

金融机构从事外汇交易要承担诸多风险，许多国家对金融机构从事外汇交易业务加以限制。美国、法国、加拿大等国家对银行从事外汇交易没有限制，但大部分国家对银行的外汇交易有不同程度的监管。德国规定，任何一家银行的外汇交易净总额不超过资本的30%。英国监管当局根据外币的结构和交易状况的差异，限制货币净交易额不能超过资本量的10%，一切货币的总计交易额不得超过资本量的15%。

对金融机构而言，应在金融监管当局的规定范围内，根据资本实力、风险承受能力和管理成本高低等，决定采取风险管理的措施。总的目标是既要避免汇率风险，又要敢于冒可以控制的风险，获取交易利润。对外汇风险的管理的主要措施有：① 根据汇率变动，对汇率变动方向作出预测；② 根据外汇买卖情况，通过设立各种头寸限额，包括对缺口头寸的额度、现汇和期汇的敞口头寸等进行管理，保证敞口头寸在限额控制的范围内；③ 灵活调整资产负债货币结构，降低货币结构的不对称汇率风险，使资产负债在货币结构上匹配；④ 利用金融市场工具进行保值，采用货币调期、外币期货交易、货币期权等金融工具。

（四）信用风险的监管

信用风险监管一般包括信用风险评级、风险管理信息系统和设立信用限额。

信用风险评级，是金融机构应对每个国外借款人和每笔授信业务进行评级。对每笔授信的评级不仅在国际贷款后定期进行，即使在提供贷款前，也应根据国外借款人的资信状况、授信种类和数额、担保条件等因素，对可能发放的授信事先评级，以便决定是否发放授信以及利率、费用和担保方式等。对每笔授信的评级要动态调整，准确反映授信质量，最少为每年或每季度进行一次。

风险管理信息系统通常根据要求及时收集、汇总在某国、某地区、某行业以及某个风险级别等方面的授信情况，以随时获取信贷敞口的分布情况。管理信息系统提供的这些信息，在审批具体交易或者贷款时可供参考，为贷款组合管理提供了数据支持，为风险评价模型的准确设立提供了充分的历史统计数据。

设立信用限额，是对客户设定最大限额，这一最大限额不应超过权益的一定百分比；对某行业的限额也不应超过总信用组合的某一百分比。

本章小结

1. 对境内外资金融机构监管的主要内容包括：金融市场准入监管、金融风险监管、金融业务监管和市场退出监管。其中，金融风险监管包括资本充足率监管、资产质量监管和流动性、盈利性监管。

2. 对本国境外金融机构监管的原则包括：充分性原则、合并监管原则、母国监管为主原则和并表监管原则。监管内容主要包括对金融机构偿付能力、流动性及外汇头寸的监管。对我国而言，需要依照《核心原则》加强对海外金融机构监管；应严格境外设立分支机构的审批制度；完善境外监管制度；加强对海外分支机构总部的监管；加强与各国监管机构的合作，实现有效的监管。

3. 金融机构的控股收购，是指一个金融机构取得了另一个金融机构的控制权或经营权。金融业的并购在金融业的发展中占据着重要地位，在20世纪90年代中期以后，国际金融机构出现并购浪潮。在我国,越来越多的外资金融机构通过控股收购金融机构,扩大在中国的金融市场份额。因此,需要在开放金融市场的基础上,加强对外资金融机构控股收购国内金融机构的监管。

4. 涉外金融风险的种类主要包括国家风险、外汇风险和汇率风险。涉外金融风险的特点是:涉外业务的国际性使金融机构在经营中面临不同法规体系、政治风险和外债清偿中断的可能性;涉外业务货币多元化,使得金融机构在经营中涉及多种货币,汇率风险比较大;涉外金融特殊的经营背景和业务,使金融机构的业务风险更为复杂。对涉外金融风险的监管包括:建立预警制度、对国家风险的监管、对外汇风险的监管、对信用风险的监管。

思考题

1. 简述对境内外资金融机构监管的主要内容。
2. 简述对本国境外金融机构监管的原则。
3. 如何加强对我国海外金融机构的监管?
4. 简述对境外金融机构控股收购我国金融机构的监管内容。
5. 简述涉外金融风险的类型与特点。

即测即评

请扫描右侧二维码,进行即测即评。

第十章 金融衍生品监管

【本章提要】

金融衍生品在美国芝加哥商品交易所(CME)产生以前,理论界主要探讨金融创新与金融监管的关系。20世纪70年代,伴随着金融自由化和金融全球化的浪潮,开始了对金融衍生品的监管探索。本章主要介绍金融衍生品监管的发展与规范;金融衍生品监管的原则;金融衍生品监管的主要内容;金融衍生品监管的国际借鉴以及金融衍生品的联合监管。

第一节 金融衍生品监管的规范

根据公共选择理论,监管者会寻找管制的新手段,制定新的游戏规则;被监管者则从游戏规则里寻找破绽、规避管制,实现利益最大化,这就是经济学家所称的管制的"辩证法"。霍兰德(Holland,1975)定义了两种类型的创新——规避性创新和先验性创新,两种创新其实没有本质的区别,都与金融管制有关。西勒(Siller,1983)认为,金融创新更多的是对外部约束(政府监管)的一种反应,是为了追求利润最大化的"逆境求解"。凯恩(Kane,1994)研究提出了"规避管制"理论,运用"斗争模型"动态博弈模型,描述了监管者和被监管者之间的关系。

一、金融衍生品监管的争论阶段
(一)支持加强对金融衍生品监管的观点

20世纪90年代初期,金融衍生品在带来效率的同时,对金融安全产生了冲击,引起了对衍生品监管的重视,金融效率与安全兼顾的金融监管目标成为主流,对金融衍生业务的监管正式提上了日程。费斯克(Fiske)、韩赛尔(Hansell)、穆克林(Muchring)等人(1992)担心银行参与衍生品交易带来危机,呼吁加强对金融衍生品交易的管制。冈萨雷斯(Gonzalez,1994)极力主张利用法律限制金融衍生品的交易,认为金融衍生品交易的急剧增加，以及负责监管的政府部门没有掌握全部情况，可能导致金融系统的不稳定。杜冈（Duogan,1994）要求禁止吸收存款的金融机构进行衍生品交易。勒芝（Leige,1994）主张加强证券交易委员会的监督权限，提出设立联邦衍生品委员会，统一金融衍生品的风险管理基准。

（二）支持放松对金融衍生品监管的观点

许多学者基于监管与创新的关系，认为监管不一定能起到理想的作用，应该更强调交易机构的行业自律与监管协调的结合。默顿·H. 米勒（Merton. H. Miller,1992）指出，金融衍生品能够稳固金融体系，政府对金融衍生品的管制不能实现金融安全，应该加强对金融衍生品的内部控制。亨利·T. C. 胡（Henry T. C. Hu,1993）总结认为，银行参与金融衍生品交易的复杂性、交易的隐蔽性等，决定了监管者与参与交易者之间的信息不对称，认为监管金融衍生品交易不是一件容易的事情，应该逐渐找到一个可行的方向。30 集团（The Group of Thirty,1994）发表了一份研究报告，对 17 个国家 125 家银行和 149 家企业的大规模调查表明，对期权、期货、互换等业务的风险控制得到了明显的改善，并试图阻止美国金融监管当局对衍生业务实施更严厉的监管措施。鲁索（Russo,1994）认为，成文的法律管制不利于金融技术发展，政府不易识别出问题，也就难以进行改进。库普里诺夫（Kuprianov,1995）通过对金融衍生品事件的详细研究，指出金融衍生品交易出现的事件不是由衍生品本身引起的，金融衍生品交易的问题在于对交易员管理不严，如巴林银行给交易者的双重权力，才使得其可能长期欺骗上级。阿兰·格林斯潘（Alan Greenspan,1994、1995）针对金融衍生品的限制性法律，认为单一的金融衍生品事件不能否定整个交易，现行的监管体制足以进行监管。考虑到金融衍生品的复杂性，吉弗里 B. 高德曼（Geoffrey B. Goldman,1995）认为，谁承担决定投资的责任才是关键。在他的思想中，应以行业自律为主要监管方式。亨茨什尔（Hentschel）、史密斯（Smith,1997）的研究发现，金融衍生品对货币政策的执行并没有明显的负面影响，使用者和交易者的内部控制，才是最好的防范风险办法。哈特（Hart,1998）指出，管制只会使得金融衍生品"合约"更加技术化、复杂化，导致监管无效。大卫斯（Davies,1999）指出，如果没有金融监管体系对金融合同条约、金融资产的安全性、金融服务的质量等问题提供担保，储蓄和投资活动会受到阻碍，影响经济的发展。索·皮西图（Sol Picciotto）、杰森·海恩斯（Jason Haines,1999）认为，巴林银行之类金融衍生交易事件，看似是交易人员的个案，实质是监管的操作问题。随着对资本市场管制的放松和资本市场之间的竞争，以及对资本跨国流动的解禁，一个机构涉足几个金融市场，即使是监管技术和监管程序的改进，也跟不上交易的步伐。因此，他们强调对资本市场进行全球性监管协调。弗里姆·博伊尔（Phelim Boyle）、菲德里姆·博伊尔（Feidhlim Boyle,2001）指出，金融衍生品交易导致的巴林银行等事件应归因于"人为疏忽"，只要加强内控就可以防范。法耶曼（Faerman）、麦克凯弗里（McCaffrey）和斯里克（Slyke,2001）认为，应该进行监管机构与行业协会之间的合作，才能更好地进行金融衍生品市场的监管，国际监管协调是关键。按照麦克凯弗里、法耶曼和哈特（1995）的观点，这种合作监管安排能否成功，取决于各合作方的诚意、合作积极性、领导者以及参与合作组织的代表性。格雷戈·卡扎（Greg Kaza,2004）对美国各州关于金融衍生品的法规进行了归纳分析，认为最主要是交易原则问题。帕努夫（Panov）、阿莫索夫（Amossov,2005）建立了一个"KINETIC"模型，用来对金融衍生品交易的风险（特别是外汇期货交易风险）进行测量，为金融衍生品市场监管和交易机构内部控制提供了工具。

二、金融衍生品监管的规范阶段

金融衍生品具有相当的复杂性和技术性,业务大多跨市场、跨国境发生,因此,单一目标、分业监管的模式遇到前所未有的困难,联合监管成为热门话题。泰勒(1995)提出了"双峰"论(twin peaks),认为监管应着重于两大目标:系统稳定的确保(审慎监管)和消费者权益的保障(正常的商业营运)。从目标出发,成立独立的统一监管机构,不必按市场功能区分监管构架。古德哈特(Goodhart,1998)认为对不同监管目标、不同监管责任以及不同监管机构之间存在的冲突,由政府直接进行调节和解决比成立单一目标监管机构去解决更合适。诺格伦(Norgren,1998)认为,多个监管机构的模式下,各监管机构采取的监管方法可能不相同,条例和规则也不一致,可能会造成被监管机构之间的不平等竞争,而单一目标的监管机构可以避免这一问题。布里奥特(Briault,1999,2000,2002)认为,联合监管有金融监管的规模经济,例如监管者可以利用部门信息作为一个整体授权、跟踪犯罪等。姆温达(Mwenda,2001,2002)对联合监管的优缺点进行了很好的论述,姆乌拉(Mvula,2003)在对德国、英国等国家的联合金融监管进行考察后,为各国提供了一个联合监管的框架,认为虽然各国的监管模式不同,但是在联合监管或监管协调过程中各监管决策者之间的信息共享最为关键。克里默斯(Kremers)、斯科梅恩克(schoenmaker)和惠特茨(Witerts,2003)通过把具体国家跨部门联合监管模式的运用进行分析,认为并没有一个最好的联合监管模式,各国还是要根据自身特点选择合适的联合监管模式。达温德·森(Dalvinder Singh,2003)认为,在"一个统一的监管"体系中,外部审计、会计报告起到了重要的作用。巴克斯特(Baxter),罗杰斯(Rogers)等人(2004)在阿兰德国际年度联合会议(Annual International Bar Association conference in Auckland)上发表演说,鼓励各国进行监管部门之间以及国际间的监管协调,以利于全球金融体系的稳定。马斯散达罗(Masciandaro,2004)利用模型以69个国家作为样本对不同的金融监管模式进行了比较研究,证明了存在一种从单一目标、分业监管向联合、混业监管发展的趋势。

第二节 金融衍生品监管的原则

国际证券监管委员会组织(IOSCO)根据监管理论和各国监管实践,提出了证券市场和金融衍生品监管的30条原则,其中,适用于衍生金融市场监管的原则有23条,简单归纳为以下几点:

一、监管责任明确的原则

监管责任明确即监管机构的责任必须明确具体。监管机构只有在以下条件满足的情况下才能负责、公正、有效地开展工作:① 责任范围定义明确,最好是以法律形式制定出来;② 衍生市场监管机构和其他监管机构通过合适的途径密切合作;③ 对监管机构及其工作人员进行恰当的立法保护,使其能够真正行使监管责任。由于衍生品交易常常会同时涉及多个金融机构,在监管责任分配上就要避免出现空白或不足,而且还要避免监管条例不一致情况的出现。

二、监管措施综合的原则

监管措施综合即监管当局应当拥有综合实施监管的权力。由于衍生品交易的复杂性，以及现代金融欺骗活动的高度精密性，使得投资者很容易因金融机构和其他中介机构行为不当而遭受损失，这要求监管当局必须实施有关法规。监管当局应当拥有全面综合的调查和监管实施权力，包括：① 从当事人或知情者处获取数据资料、信息、文件记录；② 有权命令或采取其他行动确保监管的实施；③ 实施行政制裁或寻求法庭及仲裁解决；④ 有权提出犯罪起诉；⑤ 有权命令暂停交易或采取其他相应措施，例如，对交易活动加以限制，制定头寸限额等。一般来说，这些权力实施不应当影响投资者个人采取相应措施的权力，投资者个人应当有权寻求损失补救办法。衍生市场法规的监督实施的责任未必要全部落在一个监管机构身上。各国的经验证明，适应不同国情的不同模式都可能很有效，如几个政府或准政府监管机构之间或自律组织之间共同承担责任等模式。

三、监管信息共享的原则

监管信息共享即所有监管者应当建立一套信息共享机制，明确分享公共和非公共信息。国际监管机构间的合作形式和范围根据具体情况各有不同，监管机构之间的相互协助不仅在具体案件调查中必要，在避免违法行为的出现和一般的信息交流中也不可缺少。监管机构之间需要交流金融和其他监管信息、技术专长、监督技术，以及对众投资者的教育等。

IOSCO 的技术委员会曾就合作备忘录的范围于 1991 年发表于"谅解备忘录原则"报告。报告提出，国际间合作应具有的基本特征包括：① 确认在何种情形下需要求助于国外监管机构；② 确认需要何种类型的信息协助；③ 确保所交流信息的保密性；④ 允许使用信息的说明。在监管机构信息分享机制上应考虑的因素包括：① 监管当局或监管机构能够提供的信息协助；② 在现行法律制度下，如何得到这些信息；③ 对信息的保密性和使用限制；④ 监管协助和信息分享的形式和时间。IOSCO 技术委员会 1994 年发表过专门报告，指出监管协助的形式包括协助获得公共和非公共信息，协助获得知情者的自愿配合以及监管程序和法庭程序等方面的信息。

四、监管程序规范的原则

监管当局应当拥有全面检查、调查和监督的权力。通过检查和监督对金融机构的行为进行指导，有助于保护投资者利益和维护金融稳定。这些防御性措施是监管不可缺少的补充手段。监管者有权随时要求被监管机构提供信息。金融检查可以由监管当局亲自承担，也可以由其他有能力的机构完成。监管当局可以将检查任务委托给自律组织或第三方，这些组织必须遵守信息披露和保密规定。从事金融检查需要有充分的技术能力，对交易所交易活动的监督必须依赖先进的计算机和通信设备，对金融机构商业行为的检查方式包括现场检查和面谈，以及金融机构需要不时提供信息以便监管者进行场外检查。出于有效利用有限资源的考虑，监管当局在进行检查时既要涵盖市场各方面，又必须对高风险、产生威胁的领域有所侧重。

五、监管组织合作的原则

监管当局应当有权与国内国际监管机构合作分享信息。国内各监管部门以及监管机构之间的合作具有很重要的意义,对金融欺诈活动的调查常常会涉及多个国内监管机构,分享信息很有必要。国内金融监管合作除了信息分享、监管实施等问题,还包括分担监管责任、降低系统风险。由于金融活动的日益国际化和市场全球化,监管当局决定授权时所需信息常常超出监管辖区,如注册于别国的公司会申请在本国的营业执照,对系统风险造成的威胁不限于国内因素,有可能取决于外国金融机构的行为。因此,各国监管当局必须考虑是否有足够的信息分享机制能够确认这些问题。而且,许多衍生合同的基础证券或参考价格都在海外市场。依赖现代通信技术,金融欺诈、市场操纵、内部交易以及其他形式的非法行为越来越多地出现于国际金融市场。将犯罪资金调出国外、金融罪犯逃亡国外、频繁的交易活动以及利用国外账户隐瞒持有人身份等违法活动,如果没有足够的国际监管机构间的信息交流,有效的国内监管不可能真正实现。

六、监管自律约束的原则

监管自律约束原则即监管体系必须合理利用自律组织(SROs)来行使直接监管职能。自律组织在实现衍生市场监管目标方面是监管机构的有益补充。由于各国监管模式不同,自律组织在监管体系中的运用范围存在很大差异。但有一点是共同的,即自律组织与政府监管当局属不同机构,自律组织的运用由企业、行业及投资者共同参与。监管体系必须合理利用自律组织来行使某些直接监管职能。自律组织必须接受监管当局的监督,在行使其权力时必须遵守公正和保密的原则。利用自律组织有很多优势,由于自律组织由从业人员和金融机构组成,对市场条件和状况的变化以及相应的反应比政府监管当局更快更灵活,而且,出于维护行业声誉和安全的考虑,可以制定超出政府监管范围的自我监管条例(如伦理道德标准)。

第三节 金融衍生品监管的内容

针对衍生品交易的高风险性,中国银监会(现已更名为"中国银行保险监督管理委员会")在调研和征求意见的基础上,于2004年3月发布了《金融机构衍生产品交易业务管理暂行办法》(以下简称《办法》),对金融机构从事衍生品交易业务提出了一系列审慎监管的要求,使得该项业务有章可循。2007年7月原中国银监会通过了关于修改《金融机构衍生产品交易业务管理暂行办法》的规定,对《办法》进行了修改,2011年再次修订。本节结合该《办法》,对金融衍生品的监管内容予以介绍。

一、对金融衍生品市场准入的监管

市场准入是防范整个衍生金融市场风险的第一道屏障,是进入这个市场的每一个交易主体都必须达到最低要求的基本保障。对市场参与主体进行严格的资格审查和严格标准,从源头把好准入关,有利于增加市场主体的理性,降低衍生金融市场的信用风险。在向市场中介机构颁发特许证时应设立最低标准,对所有类似的中介机构一视同仁。应尽量减少因市场中介机构的疏忽或非法行为,或者资本不足给投资者造成损失的风险。

严格并统一限定金融机构衍生品交易业务的市场准入资格和报批程序以及对开办衍生品交易业务的资格审定,是控制交易风险的重要环节。开办业务的金融机构应具备良好的内控机制和风险管理能力,交易人员应熟练掌握衍生品交易的技能并严格遵守有关操作规程。因此,对申请开办衍生品交易业务的金融机构"硬件"和"软件"作出严格要求:"硬件"主要包括交易系统、场所和设施;"软件"主要包括人员资格和制度建设。同时,要求拟开办衍生品交易业务的金融机构,必须通过一定的程序向监管部门申请报批。

在向市场中介机构颁发特许证时,应对申请者以及可以控制申请者或对申请者有重大影响力的所有人进行全面评估。颁发特许证的机构应有权否决不符合条件的申请。当获得特许的中介机构不再符合准入条件时,特许机构应有权吊销特许证;当获得特许的中介机构的控制权或重大影响力发生变化时,必须及时通知监管机构。当控制权的变化使中介机构不再符合有关要求时,监管机构应有权吊销其特许证。

为了保证特许的连续有效,应要求中介机构定期更新信息,并在影响特许条件的环境发生重大变动时及时通知监管机构。为了使投资者可以更好地保护自己的利益,应确保投资者可以获得市场中介机构的信息,包括特许的种类、获准的业务范围等。

二、对衍生品市场交易风险的监管

对衍生品市场交易风险的监管,包括以下方面的内容:

(一) 交易所与交易系统的监管

交易系统的建立(包括交易所的成立)应由监管当局授权并受到监督。对交易所和交易系统的监管取决于该市场的特点,包括市场组织结构、市场参与者的结构和进入市场的权利、交易的金融产品类型等。在有些情况下,交易市场只接受监管当局的认可和批准,这比对交易系统进行直接监管更为有效。

在必须对交易所和交易系统进行直接监管时,有些问题需要列入监管,包括:① 对市场运营者(operator)(主要指交易所及其服务机构)能力的审核。监管当局要对上述交易市场中市场运营者的能力进行即时审核。② 对市场运营者进行监督。市场运营者应当向监管当局负责。交易所在结算和担保等方面应当符合审慎行为的监管要求,以降低未完成交易出现的可能性。③ 对吸纳新交易产品的监管。作为最低要求,交易所应将要在交易系统进行交易的衍生品的有关信息向监管当局通报。监管当局对管理交易活动的规则进行审核和批准。恰当地制定与衍生品交易有关的条例和条件,可以减少市场操纵和其他不良行为。交易原则和条件的正确制定,是确保市场公平、有序、高效、透明和流动性的关键环节。④ 对交易系统参与者准入资格的监管。监管当局应当监督交易所制定的有关准入的条件和程序,确保准入程序的公平性和客观性。⑤ 对交易信息披露的监管。监管当局应当确保地位相似的市场参与者拥有相同的使用交易信息的权利。对市场参与者进行的分类应当建立在合理的基础上,任何不同的信息使用权利都不应当成为特定市场参与者的优势或劣势。⑥ 对交易指令执行程序的监督。交易系统的交易指令执行程序,必须向监管当局和市场参与者明确披露、公平运用,并且不与有关的证券监管条例(如不得先于客户指令为自我进行交易)相冲突。⑦ 对交易后报告的监督。已完成交易的信息应在平等基础上向所有市场参与者提供,完整的文件和审计记录必须随时备查。⑧ 对自律组织程序的监管。由于交易所作为自律组织对交易系统和市场参与者拥有监管权力,监管当局应当审核这些监督程序和条例的可靠性,确保监督的公平、高效、透明以及遵从相关法规要求。交易所应当向监管当局提供争议处理程序、上诉程序、技术系统的标准、运作失效处理程序、有关簿记系统的信息、对可疑违纪行为的报告、持有客户资金和证券的处理程序以及交易如何结清等方面的信息。⑨ 对干扰交易的监管。交易所应当将有关交易暂停、交易限额、交易受干扰等详细信息,提供给监管当局。

(二) 对交易系统的持续即时(on going)监督

对交易所和交易系统的监督应当旨在维护交易的公正性和平等性,在不同的市场参与者的众多利益中寻求合理平衡。监管当局应对交易系统进行持续和即时的监督,可以对已批准的交易系统进行重新审核。如果监管当局认为现有交易系统不符合有关法规和监管条例,可以撤销对交易系统的认可。

(三) 加强交易透明度的监管

对市场的监管应当促进和提高交易的透明度。交易透明度可以定义为,在实时基础上有关交易前后的信息在多大程度上向公众开放。交易前信息涉及买卖报价的公布,这些报价必须是确定报价,以便投资者可以比较确定地知道是否可以交易、在何种价位交易。确保市场参与者对这些信息的及时了解是交易市场监管的关键,有助于投资者保护自身利益,减少操纵行为和其他不公正交易行为。在某些市场,实时透明度可以有所放松,但有关条件必须明确定义。在这种情况下,交易所和监管当局应当了解全面信息,以确定这种放松的必要性,或者可以寻求其他替代途径代替实时披露。

(四) 禁止操纵市场和其他不公平交易的监管

监管当局应当及时发现和阻止操纵市场的行为以及其他不公正的交易活动。对交易市场监管应当禁止市场操纵、误导投资者、内部交易和其他会扭曲市场定价的活动,制止对投资者的欺骗行为。这些不正当行为可以通过直接的监督检查、报告、对衍生品设计的特殊要求、头寸限制、清算规则以及市场暂停等措施加以控制,同时,配合以严格的实施立法和交易规则。

监管当局应当确保对交易活动的连续监督,一旦有异常情况出现应立即进行质询。对跨市场的交易活动,监管当局必须加倍警惕。如对股票市场的价格进行操纵,以利于该股票的衍生市场交易获利的不正当行为。当证券现货交易和衍生交易属不同的市场或同一衍生品在不同市场同时交易,欺骗行为更容易出现,监管当局又很难对辖区外的市场进行直接监督和全面调查,这就要求有关监管机构之间要有足够的信息交流,确保监管的有效。

(五) 对大型风险暴露、违约程序和市场动荡的监管

监管当局应当确保金融机构对大型风险暴露、违约风险以及市场干扰等风险因素的恰当管理。所谓大型风险暴露,是指金融机构的开口头寸(open position)规模很大,所含风险足以对市场和清算公司构成威胁的风险。监管当局和交易所应当对大型风险暴露密切监视,及时沟通信息,以利于对风险的判断,同时,还应当推动和改善信息交流机制。引爆点是用来确定大型风险暴露的数量和质量指标,市场当局(包括交易所和监管当局)应当确定适合于市场情况的引爆点指标,持续监督市场中头寸的规模。为了行使监督功能,当局应当获得有关头寸规模和持有人情况等信息,从而可以采取适当措施,如要求头寸持有人降低头寸

规模或增加保证金。如果头寸持有人不向市场当局提供有关信息,市场当局就可以采取一些限制措施限制交易规模,要求将头寸清仓、增加保证金、甚至剥夺交易权利。对违约行为,监管当局和交易所应当确保市场参与者了解违约程序和程序的有效性及透明度。在出现市场动荡的情况下,监管当局和交易所应当尽快彼此协商,尽可能将市场动荡的负效应降至最低。

(六) 对清算和结算体系的监管

金融衍生品交易的清算和结算系统应受到监督,确保公正、高效和安全运行。清算和结算系统是用以提供和交换信息,计算合同各方的义务,进行资金过户或证券转让的系统。管理清算和结算系统的各项规则和程序应当告知市场参与者,对清算和结算系统及其运营者进行直接监督。对清算和结算系统的监管应当有一个框架,以利于监管当局监督、预测和避免清算和结算出现问题。这个框架包括监管当局有权对清算和结算系统机制和运作标准进行复审,提高清算和结算体系的效率和安全性。监管当局还应当有权对清算和结算机构的行为方向提出要求。清算和结算机构应当向监管当局提交报告,在必要时应提交特殊审计和检查报告。

(七) 对清算系统交易活动的监管

清算和结算系统应当对交易活动提供及时的核实,应当尽可能进行实时核实。交易活动的记录应当随时备查,作为结算的基础。交易系统和结算系统之间的全自动连接,有助于核实的进行,在不具备连接的情况下,市场参与者应当有特殊的程序安排,确保交易信息及时准确地传送到清算系统。

(八) 对清算系统中风险的监管

交易市场监管者应设法降低风险,对市场参与者的风险转移要严格管理。交易市场监管者应当有一套即时确认和监督风险的程序,对清算和结算系统中的市场参与者的经营稳定性、财务状况以及业务活动进行监督,以降低市场参与者个体的失败风险和控制清算和结算系统的失败风险。清算成员及时补足准备金的能力和违约情况下的处理程序等信息,都应当随时备查。保证金要求可以与其他的风险控制机制混合使用,以便管理市场参与者、清算行和交易所所面临的风险。这些风险控制机制包括:头寸限额、价格波动限制、暂停交易、资本充足要求、风险管理系统、运作标准、借贷限额、保险范围、后备系统以及担保基金等。缩短清算和结算时间有助于降低清算和结算中的风险。应有一套交割—支付系统,标的物所有权转让与资金划拨同时进行,减少市场参与者交货收不到钱的风险。衍生交易的结算应当对称进行,支付和收取应当同时进行,减少流动性风险。

三、对衍生品市场中介机构的监管

中国银监会(现已更名为"中国银行保险监督管理委员会")为了避免出现金融衍生品危机,规范管理和有效控制金融机构从事衍生品交易的风险,于2004年3月1日颁布实施了《金融机构衍生产品交易业务管理暂行办法》。对市场中介机构的监管包括以下内容:

(一) 资本充足性原则

市场中介机构应当根据业务所承担的风险,具有相应规模的初始和营运资本金以及其他审慎措施。资本充足性标准支撑着金融市场的信心,使中介机构足以吸收损失(特别是在市场发生重大不利变动的情况下),保证中介机构可以在不使客户或其他中介机构的客户遭受损失、不破坏金融市场正常发挥功能的前提下,在短时间内恢复业务的正常。资本标准的设计应给监管机构留下足够的干预时间,以保证市场的平稳过渡。市场中介机构应保证维持足够的财力以满足业务需要,并承受业务风险。这种风险可能来自未获特许或表外的分支机构,监管机构应对这些分支机构的活动有充分的了解。

(二)商业行为与审慎要求

市场中介机构应当遵守内部管理和运作行为准则,恰当控制风险,保护客户利益。管理市场中介机构的行为应有利于保护客户利益,有助于维护市场的完整性。中介机构的高级管理人员应承担首要责任,保证整个企业遵循行为标准和对风险的管理。定期评价风险管理程序,充分发挥自律组织和外部审计作用。

四、对行业的协调自律监管

自律功能的完备是规范衍生金融市场运作的必不可少的环节,是对衍生金融交易活动实行有效监管的重要防线。行业自律组织的基本职责为:① 制定场内及场外交易运作规则,提高衍生交易透明度,防止非法操纵市场,保护客户利益;② 对市场参与者的道德准则、执行水平、补偿措施等统一标准,防止过度投机;③ 对会员提供非法律约束和非正式的业务咨询,协调会员间的纠纷;④ 强化对会员及监管人员的培训,向社会宣传和普及衍生金融市场规则条例,提高识别交易中欺诈行为的能力。行业自律的主要内容包括:① 拟订行业协会的宗旨,制定职业道德准则和管理措施,通过政府监管部门批准后实施;② 确定协会的组织结构,明确各级机构的职责分工;③ 负责会员资格审查和会员登记工作,监管会员的财务经营状况;④ 协调会员间的关系,对交易过程中发生的纠纷,本着顾全客户利益、减少损失的原则进行调解;⑤ 宣传衍生工具交易知识,增强市场的透明度和公众抵御风险的能力。

五、对市场退出的监管

对市场退出的监管应制定市场退出标准,建立相应的惩戒机制,体现市场经济原则。对于经营管理不善、出现亏损的市场主体,必须及时进行妥善处理,必要时应当将其清理出局,终止其参与金融衍生品交易的资格,防止其增加对整个金融体系的不利影响。监管体系中应当有处理市场中介机构破产的程序。中介机构破产可能会导致系统性风险,监管机构应有对付不测事件的计划。由于破产事件的发生难以预测,因此,该计划应有灵活性。监管机构应设法使中介机构破产对投资者所造成的损害和损失最小化。

第四节 金融衍生品监管的借鉴

下面介绍部分发达国家和地区金融衍生品监管政策的现实操作,以从中获得启示和借鉴。

一、美国对金融衍生品的监管

美国1974年修订的《美国证券交易法》,赋予商品期货交易委员会(CFTC)对包括所有期货、期权在内的唯一管辖权,保留了证券交易委员会(SEC)对证券交易的管辖权,引起SEC和CFTC对管辖权的激烈争论。为了明确管辖权,1981年达成《沙德—约翰逊管辖权协议》,1983 年该协议成为法律。根据该法,SEC 负责管辖证券类期权,CFTC 负责管辖豁免证券和股价指数期货。对于在证券交易所和期货交易所同时交易的单个股票和某些股票期货,由 SEC 和 CTFC 联合监管。1992 年《期货交易实践法》赋予 CFTC 豁免权力,1997 年参议院推出 257 号法案,旨在通过使互换豁免法律化,并把豁免互换范围扩大到包括证券类互换,从而提供了更强的法律条款。2000 年通过了《期货现代化法案》,建立了对衍生品结算组织的监管构架,通过建立市场法律,降低了系统性风险。这项法案增加了美国金融衍生品在国际金融市场上的竞争地位。

美国对金融衍生品采取政府监管与行业自律相结合的联合监管体制。政府对金融衍生品行使法定监管权,行业自律接受政府监督;政府监管重在宏观管理,行业自律侧重微观管理;在业务上两者分工协作。政府对金融衍生品监管的机构主要是 SEC 和 CFTC,行业自律主要由全国证券交易商行业协会(NASD)及交易所组成,其他联邦机构如联邦储备委员会和财政部有时也参与监管。在金融衍生品市场上,SEC、NASD 和证券交易所联合监管。SEC 监管货币期权、股票期权和股票指数期权等所有交易,监管内容包括透明度、价格报告制度、反操纵规定、成交量限制、审计跟踪制度和保证金要求;证券交易所和 NASD 负责对证券交易的日常监管,并受到 SEC 的监督。在期货衍生品市场上,由 CFTC、期货交易所和美国全国期货协会(NFA)对期货衍生品市场联合监管。CFTC 对所有在交易所交易的衍生品享有专属法定管辖权,该委员会监管所有全国性期货交易所。

随着金融衍生品的发展及引发的风险升级,美国立法及监管机构展开了激烈的争论。1993 年,G30 全球衍生品研究组提出,高级管理层应确保衍生工具的使用符合总体风险管理策略。1994 年财务会计准则委员会(FASB)颁布了《披露草案》,要求披露报告期内衍生品的价值及交易目的,美国审计总署则建议 FASB 正式颁布衍生工具会计及披露标准。1994 年 5 月,参议员亨利·冈萨雷斯和詹姆斯·里奇共同提出了《衍生工具安全及稳健监管法案》,要求加强衍生工具监管。同年,拜伦·多根和芭芭拉·密库斯基共同提出了《衍生工具限制法案》,旨在限制参加联邦保险的存款机构从事自营衍生业务。1994 年 5 月 17 日,多甘参议员提交了《衍生品交易安全性与稳健性法案》。1994 年 5 月 18 日,美国审计总署向国会提交了金融衍生工具的报告,列出了确保金融系统安全的监管措施。1994 年 7 月的《衍生工具监管法案》,明确提出限制交易对手,终止与破产存款机构的衍生合约进行净额结算的契约权。1994 年 7 月 13 日,马奇议员和里格议员分别提交了《衍生品经济商法案》和《衍生品交易监督法案》,要求对从事金融衍生品交易的资格进行限制。1995 年 1 月 4 日,美国众议院银行委员会主席里奇提交了《风险管理改进与衍生品观察法案》,提出设立由美联储、美国审计总署、联邦存款保险公司、储蓄机构监管局、SEC 和 CFTC 的最高负责人和财政部部长组成的联邦衍生品委员会,采用统一的风险管理基准。2004 年证券经销商国家协会(NASD)计划推出新的规则,最终可能会强迫证券公司披露更多信息。这些提案分别从参与交易的人员对交易风险的认知程度、会计披露和报告、衍生业务的资本充足率要求、监管层的监督体制、监管者的能力要求以及监管协调等角度,建议加强对金融衍生品的监管,但提案都没有被国会通过。

虽然加强金融衍生品监管的提案没有通过,但美国在会计披露、监管人员素质、资本充足率及监管协调等方面存在的问题都进行了不同程度的改进。2002 年 2 月 13 日,SEC 提出了《上市公司信息披露规则修改建议》,从三个方面修改现有规则:① 修改内部人买卖股票报告制度;② 修改各种公告的披露要求;③ 披露重要会计政策。总体来说,美国对金融衍生品的监管更加注重效率。为了防止资金外流,美国不主张加强对金融衍生品的监管,CFTC 的行动印证了这一点。1997 年 4 月,CFTC 简化了对期货交易所上市期货合约的审批手续,还考虑把期货合约审批的权力下放到期货交易所,不需要 CFTC 的批准(此前,除了豁免规定外,所有交易必须在指定交易所进行)。CFTC 根据市场的变化,放松了对大户报告的要求,将要求报告的持仓水平上调,降低了大户报告制度的相关成本。2000 年 6 月 8 日,针对期货及其衍生品行业提出了新的管理框架,是 1974 年成立期货交易委员会以来最重大的基础性变革。指出要改变目前"一个规范适合一切"的做法,按类别重新设计期货市场的管理框架,提出更加宽泛和更加灵活的"核心原则"。新的监管思路是:把交易所分为期货交易所、衍生交易机构和豁免多边交易执行机构,分别进行管理。新的监管框架包括对多种交易实施的监管框架,对结算机构的监管框架,对双边交易的赦免交易媒介的规定。

二、英国、德国和法国对金融衍生品的监管

英国对金融衍生市场的监管,主要是在《1979 年银行法》《1986 年金融服务法》"法典框架下的自律监管"。20 世纪 90 年代,随着金融衍生品层出不穷,金融风险传递与扩散更为便利。1997 年 10 月,英国金融监管局(FSA)成立,根据《2000 年金融服务和市场法》,2001 年 12 月 1 日起,FSA 对银行、证券期货和保险实行集中监管,取代了多元监管模式。为了防止单一监管形成的监管垄断,英国政府通过加强金融监管局的立法责任制加以约束。在该监管模式下,原有的自律监管组织如证券期货局(SFA)、投资管理监管组织(IMRO)和个人投资局(PLA)处于 SFA 的组织机构监管下,原有的名称和监管权力不变。由多元向一元的转变是对金融衍生品联合监管的重要举措。SFA 作为一个综合监管机构,对金融衍生品进行动态化监管,形成金融衍生品监管的两大支柱:政府监管与自律组织合作。《2000 年金融服务和市场法》对金融衍生品监管的主要内容有三项:① 市场准入监管;② 持续性监管;③ 对洗钱和内幕交易的监管。此外,为了实行国内联合监管,国内各监管方进行了如下制度安排:英国财政部、英格兰银行和金融服务局(SFA)之间建立监管谅解备忘录,明确在联合监管中的责任分工:财政部制定监管立法框架,金融监管局有责任在该框架内行使有效监管。英格兰银行的副行长是金融服务局的董事会成员,金融服务局的主席成为英格兰银行的委员会成员,二者间建立监管信息共享制度安排。目前,FSA 除了行使监管外,还执行以下新规则:共同协会注册、客户合约中的不平等条款处理、海外投资交易认可。2005 年 2 月,FSA 就金融衍生品市场的风险管理,出台了条例、规则和指引。

德国对金融衍生品实行单一监管。2002 年 5 月 1 日,金融监管局(BAFin)成立,取代了之前的三个监管机构,负责银行、保险和证券(金融衍生品)监管。BAFin 金融衍生品监管相关的职责是证券监管与资产管理。BAFin 要确保证券与衍生市场交易严格遵循证券交易法(WpHG)。BAFin 与德国联邦银行保持密切的监管联系。《第三金融市场推进法》是德国金融衍生品监管的主要法律;此外,《交易所法》对金融衍生品的交易所监管制度作出了安排。1998 年,德国期货和期权交易所(DBT)与瑞士期权和金融期货交易所(SOFFEX)合并,组成了欧洲交易所(Eurex)。从此,德国与瑞士在金融衍生品交易方面实施联合监管,以促进欧洲交易所金融衍生品的规范发展。

法国的金融衍生品监管模式为多元监管,监管机构主要有法国市场融资委员会(CMF)

和法国交易所运作委员会(COB)。但是,联合监管在法国的监管中仍有明显体现:银行、证券、保险的几家监管机构中,由一家牵头负责协调各监管机构之间的关系;经济事务和金融部长根据 CMF 的推荐,在与 COB 和法兰西银行协商后,负责审批开设交易所的申请;交易所规则的重大修改必须事先通知 CMF;衍生品上市交易由交易所决定,但 COB 拥有否决权。停止某种衍生品合约的上市也由交易所决定,COB 同样具有否决权。除国内联合监管外,近年来法国金融衍生品联合监管还表现在国际方面。1999 年 3 月 26 日,COB 与瑞士银行联邦委员会就由第三方管理的共同投资产品的跨境交易问题签署了相应协议;自欧洲证券交易所(Euronext)成立后,比利时、德国和法国于 2001 年 3 月 22 日建立了双边谅解备忘录。2002 年,随着 Euronext 兼并伦敦国际金融期货与期权交易所(LIFFE)和里斯本、波尔图股票交易所,Euronext 的监管扩展到英国与葡萄牙。相应地,法国与英国、葡萄牙的联合监管成为必要。同年,法国与意大利当局达成了特别联合协议——CC&G,与美国金融衍生品监管当局——美国商品期货交易委员会(CFTC)就衍生品市场的监管签署了相关协议,以便对三国跨境衍生品交易信息实现共享与交流。

欧洲是世界金融衍生品交易的主要区域,联合监管是发展趋势。金融衍生品的监管不局限于证券部门,银行、保险等其他金融机构都可能成为金融衍生品风险传递与扩散的场所,因此,国内各金融监管机构的联合监管十分必要。同时,金融衍生品的交易往往超出了国界,国际联合监管不容忽视。在欧洲,跨部门监管合作比较盛行,包括两种情况:一种情况是设立由中央银行和各监管机构代表参加的跨部门委员会。如比利时成立了金融服务监管局理事会,由中央银行比利时国民银行、银行和金融委员会及保险监管委员会的成员组成;葡萄牙 2000 年成立了金融监管者全国理事会,国内三个监管机构代表都是理事会成员。另一种情况是加强金融稳定性领域的合作。如比利时、荷兰、法国、葡萄牙和英国当局就联合监管欧洲衍生品市场签署了谅解备忘录(MOU)。在此备忘录下,监管者可以依据欧洲衍生品市场的交易程序与规则设置通用标准,制定对交易体系的控制、跨境成员协议,进行市场监督和联合监管。

三、日本对金融衍生品的监管

日本对衍生市场的监管体系承袭了欧美模式,实行三级管理,对金融衍生品市场实施行政金融,是政府干预式监管模式的典范。与金融管制不同,行政金融是大藏省基于法律赋予的权力,对金融机构进行非宏观领域的强制性干预。

日本不同于美国的金融衍生品市场机构监管,按不同的衍生品分别由不同的机构监管,也是多头监管。日本的金融监管制度中,大藏省拥有至高的权力,集金融计划立案与监督检查职能于一身。为了解决权力过度集中的弊端,1998 年日本设立了金融监督厅,组建了专门的金融监管机构。2000 年 7 月,改名为金融厅,接收了原大藏省检查、监督和审批备案的全部职能。2001 年 1 月,大藏省改名为财务省,财务省与金融厅两权分立,是分别执掌金融行政和金融监管的政府机构。日本期货业自律组织是全国商品交易所联合会和日本商品交易员协会。全国商品交易所联合会的主要业务是:① 研究商品期货交易制度;② 调查和宣传商品期货交易;③ 出版发行商品交易所年度报告、联合会报告及其他刊物;④ 通过商品交易所对商品经纪人进行指导监督。日本商品交易员协会的主要职责是:① 指导劝告协会会员开展委托业务时遵守法令;② 解决委托人对协会会员受托业务所提出的问题;③ 向委托人提供信息;④ 协助主管大臣工作。交易所的自我管理是风险内控的中心环节,与大多数国家的交易所管理一样,交易所要求能够在日常的交易管理中控制衍生品的交易风险。主要包括:资格和品行要求、交易信息的披露、对客户的了解、簿记制度、实时监督制度。

四、新加坡、中国香港和韩国对金融衍生品的监管

新加坡是亚洲第一个设立金融衍生品市场的金融中心,1978 年成立了新加坡黄金交易所,1983 年改组成为新加坡国际金融交易所,1984 年 9 月开始提供金融衍生品交易,交易产品包括利率、股指、外汇、能源、贵金属等。新加坡金融衍生品市场的建立起步晚但起点高。新加坡政府派员到芝加哥期货市场聘请顾问,同时,还引进法律加以修改实施。新加坡金融衍生品市场监管的依据是《金融期货交易法》,根据国情建立了两级管理模式。新加坡金融衍生品市场的主管机关是金融管理局,作为一个独立的监管机构通过以下主要措施全面监管:① 全权审查期货交易经营资格、颁发许可证;② 审定期货交易所的章程、条例、规则和业务行为规范标准细则;③ 对期货经纪人进行资格审查并注册登记,管理交易所申请上市的期货品种;④ 规定投机交易合约最大量和价格最大波动幅度,有权采取紧急措施;⑤ 广泛监管期货市场的参与者,严格处理各种违法活动。

新加坡国际金融交易所是亚洲第一个金融期货交易所,采用会员制公司组织。交易制度主要包括:① 公开竞价制度。所有交易信息必须在交易池内以公开竞争方式成交,不得有预谋安排的交易发生。不允许场外交易和非竞价方式交易。② 信息传播制度。交易所在交易厅内设有观察员,将交易动态告知报价台,这些信息由媒体传向世界各地。③ 订单场内交易制度。所有订单都必须在场内进行,不能私下对冲成交。④ 市场公开制度。通过交易所的通信设备,场内交易者、经纪人、书记员、跑单员都可以了解交易情况,全社会都可以看到交易所的交易情况。⑤ 与芝加哥商业交易所建立了互相对销制度。交易者可以把在新加坡持有的盘口在芝加哥商业交易所对冲,两个交易所在时间上衔接,对于北美市场和亚太地区非常有利。新加坡期货结算所设于期货交易所内,结算方必须是公司会员。为防止因市场参与者未履约交纳保证金引起财务危机,对各结算公司会员规定了严格的最低资本额及其他财务资格标准。同时,各结算公司会员与结算所建立有"联保制度",各结算公司会员互相监视可能出现的风险,确保合约履行。为了保护客户权益,建立了详细的自我监管规则。为保证规则的执行,交易所设有审核部门、市场监督部门、投诉仲裁部门。审核部门负责稽查会员公司的财务状况,以确保维持良好的信誉;市场监督部门负责监督交易的公平进行,防止垄断或操纵市场;投诉仲裁部门负责听取顾客的投诉,防止会员公司交易的不公平行为。

中国香港地区的期货市场是借鉴欧美经验在 20 世纪 70 年代以后开办的,1986 年推出了恒生指数期货。通过大胆借鉴欧美国家对金融衍生品市场管理方面的成功经验,较短时间内在金融衍生市场监管方面取得了宝贵的经验。主要采取政府管理与交易所自我管理相统一的监管方式,前者通过颁布法规条例来监督、管理金融衍生市场发展的总方向;后者是交易所通过内部制定规章条例,在政府监管下保证交易的公平、公正、合法、有效,维护国际金融中心的繁荣。

中国香港地区在积极发展金融衍生品交易的同时,不断摸索市场监管经验,形成了具有特色的监管体制。政府专设的监管机构有证监会和金融管理局。1987 年全球股灾后,在

1989年成立了证券及期货事务监察委员会(Securities and Futures Commission)即香港证监会,负责制定并执行市场监管法则,负责对交易所、结算所、交易所会员、结算所会员及投资者进行监管;金融管理局(Monetary Authority)对结算银行进行监管。同时,交易所和结算所负责自律监管。香港证券及期货市场的主要监管机构是证监会。其职能是监察市场,监督证券及期货业,保障投资者权益,打击金融罪行及市场失当行为,与其他证券及期货监管机构合作,加强金融中心的竞争能力。1994年2月,香港证监会根据证监会国际组织颁布的一些总原则,制定颁布了对注册人士的行为准则,并以此作为经营考核的标准,对衍生品交易中的行为进行规范,维护市场良性循环。对于金融衍生品的迅速发展,金融管理局认为,应致力于提高监管水平,建立一套健全的风险管理制度有效管理,防止对金融衍生品运用不当可能导致的冲击,同时,要继续保持市场活力。金融管理局在制定对金融衍生品的监管政策时,参考了巴塞尔委员会和其他国际机构的建议。1994年7月,巴塞尔委员会和国际证监组织联合发表《衍生工具风险管理指南》后,香港积极响应,金融管理局于同年12月发表了《衍生工具风险管理指引》,要求认可机构的董事会和管理层健全内部风险管理和监督制度,包括:董事会和高层管理者作适当的监管;采取适当的风险管理程序;建立内部财务监督和审计制度等。1996年,金融管理局再次发出了衍生品及其他交易品的风险管理指引,把监管重点放在了金融衍生品风险管理上。关于衍生品风险管理的操作指引中涉及金融机构的各种风险,制定了防范政策和目标,体现了金融管理局对现代风险管理的完整、系统和全面认识。目前,香港交易所包括香港联合交易所、香港期货交易所、联交所期权结算所有限公司、香港中央结算有限公司、香港期货结算有限公司等五个部分。风险管理系统由香港结算公司(即结算所)负责,所有在期交所交易大厅完成的买卖,必须由结算所登记结算,买卖双方都能得到交收的保证。因为所有结算会员的买卖盈亏只需向结算所负责,会员无须顾虑交易对手不履行合约义务的风险,大大提高了市场的流通量。还因为实行分级分层次结算,有效地减少了金融衍生市场的风险,可靠的风险管理系统赢得了世界各机构的信心。

香港证券和期货业的监管体系由10个法律法规文件构成,分别是:1989年的《证券及期货事务监察委员会条例》、1976年的《商品交易条例》、1974年的《证券条例》和《保障投资者条例》、1980年的《证券交易所合并条例》、1988年的《证券(披露权益)条例》、1990年的《证券(内幕交易)条例》、1992年的《证券及期货(结算所)条例》、1994年的《杠杆式外汇买卖条例》及2000年的《交易所及结算所(合并)条例》。后将10个法律法规整合成新的《证券及期货条例》,于2002年3月13日通过,2003年4月1日生效。在联合监管方面,香港金管局与证券及期货事务监察委员会、保险业监督及强制性公积金计划管理局保持密切的工作联系。2002年12月,金管局与证监会签署了新的谅解备忘录,配合双方在《证券及期货条例》及《2002年银行业条例》有关认可机构证券业务的新监管架构下所需的进一步合作。香港金管局与海外监管机构也保持密切的联系,与美国、英国、印度尼西亚、日本、巴林、马来西亚、中国台湾及中国澳门监管当局举行不定期会议,商讨监管事项;与中国人民银行定期开会,商讨监管及其他有关内地和香港金融市场发展的事项。

亚洲金融危机以后,韩国开始加强对金融衍生品市场的监管,1997年,韩国成立了金融改革总统(presidential)委员会,对建立联合监管体系的可行性进行调研。经过深入的研究和委员会建议,促进了韩国联合监管体系的最终成立。该委员会建议,将原有的四家监管机构——银行监管办公室(OBS)、证券监管委员会(SSB)、保险监管委员会(ISB)和非银行业监管局(NSA)合并为一个监管机构。1998年4月1日,韩国金融监管委员会(FSC)成立,成为统一的伞状金融监管机构。随后,成立了证券期货委员会(SFC)取代证券交易委员会,对证券和期货市场进行监管。1999年1月,银行监管办公室、证券监管委员会、保险监管委员会和非银行业监管局合并为单一的金融监督管理局(FSS),主要任务是执行FSC的具体操作和规范措施。从此,韩国联合金融监管体系确立。

五、次贷危机后国外衍生品监管的改革

2007年美国次贷危机爆发后,各国监管当局开始寻找金融危机所暴露出的问题,弥补信用衍生品监管缺失造成的漏洞,对整个金融衍生品市场进行一系列改革,后危机时代的信用衍生产品市场迎来新的发展趋势。

(一)次贷危机暴露出的美国金融衍生品监管问题

1. 多头监管制度的弊端

美国实行的是"双层多头"的监管体制。联邦政府和各个州政府都有对金融市场的监管权力;SEC、CFTC、财政部等等多个机构同时对同一个金融产品拥有监管权,容易造成监管机构职能交叉,权责不清,权限重叠,而一些领域又存在监管空白。整个国家缺乏一个权威的机构和法律来负责整个衍生品市场的风险。

2. 场外衍生品缺乏有效监管

美国对金融市场的监管政策比较宽松。信用衍生品中以抵押担保债权为基础的信用违约互换基本属于场外衍生品,由于监管不严导致了高违约率。在美国,针对银行、证券、期货等金融产品的监管主要还是场内的监管,场外交易基本不受到监管。

3. 评级机构缺乏独立性和监管

此次的危机原因之一是评级机构利益和被监管对象有所牵连而缺乏独立性,衍生品市场的外部评级疏于监管。美国的评级机构收入来源于证券发行者,因此,容易导致评级机构做出不公正的评级。而且,美国的评级市场被标准普尔、惠誉和穆迪垄断,没有一个监管机构对其进行监管,造成信息披露不全面和不透明。

(二)英、美、欧盟和国际组织监管的改革

1. 美国监管改革

建立专门监管机构,扩大原有机构监管权力。危机爆发前,美国的信用违约互换等信用衍生品被排除在监管外,导致场外衍生品市场透明度低。危机爆发后,美国开始反思场外衍生品市场监管缺陷,政府开始向国会递交一系列的金融监管改革提案,其中由众议院审议通过的《衍生品交易问责制和披露法》将衍生品市场的监管权力交给美国财政部。美国财政部依据此法建立"衍生品监管办公室",通过衍生品监管办公室的设立来加强对衍生品市场的专项监管。同时,该项法案还赋予了SEC和CFTC两家机构决定是否要由中央结算所提供支持,以及是否需要在交易所进行交易的权力。

加强场外衍生品市场的监管,采用中央结算机制。2009年美国众议院通过《场外衍生品市场法案》,2010年美国商品期货交易委员会发布《场外衍生品改革》及《多德—弗兰克华尔街改革和消费者保护法》,并在该法中引入"沃克尔规则"。《多德—弗兰克华尔街改革和消费者保护法》针对CDS等场外金融衍生品市场的监管而制定,旨在加强场外衍生品市场的监管,降低金融市场系统性风险,从而清晰CDS等场外金融衍生品市场监管机构及其

职责。法案中涉及的重要内容包括：要求所有场外衍生品交易员和存在较大风险的交易商接受严格审慎的监管，在与大型市场主体间进行标准化掉期交易时，必须通过受监管的中央结算系统清算，并在交易所或电子平台完成交易。这就把场外交易员以及之前不通过中央交易所结算的标准化场外双边合约涉及的对手方风险也纳入监管，扩大了监管对象范围，加强了交易对手信用风险的管理。2010 年 7 月，美国总统奥巴马正式签署金融改革法案，先于其他主要经济体完成改革立法。该法案对信用衍生品为代表的场外衍生品规制内容主要涵盖对交易工具、交易商及清算机构、交易信息管理机构的规制。

加强监管机构间的内部合作，消除监管真空地带。危机后，随着场外衍生市场发展，美国传统的"多头监管"的模式已经无法适应不断创新的金融衍生产品，对于金融监管机构之间存在的监管真空和不协调，CFTC 和 SEC 联合发布报告建议加强监管机构间的合作，填补监管漏洞。

2. 英国监管改革

危机后，英国的改革措施与美国大同小异，但由于英国长久以来依靠行业自律传统，思想较为保守，改革力度远不及美国。2009 年英国财政部及金融服务局提出了《关于场外衍生品市场的改革方案》，2010 年发布了《金融监管的新方法：评判、集中和稳定》。这些法案都强调对场外衍生品市场参与者交易行为的监管。在机构设置方面，《2009 年银行法案》提议设立金融稳定委员会，专门对金融衍生品进行监管。

3. 欧盟监管改革

欧盟为了应对危机，陆续出台的较为详细的法律细则和规范，例如，《咨询性文件：加强 OTC 衍生品市场抗风险能力的可能性措施》《关于效率、安全和稳健的衍生品市场：未来政策行动》《对衍生品和市场基础设施的公开咨询》《使欧洲衍生品市场更加安全和透明》，均从多个角度对衍生品监管进行了规范。这些规范关键点在于督促场外衍生品交易各个环节的标准化，便于监管。

4. 国际监管组织改革

2009 年在伦敦举行的 G20 峰会为了应对危机，针对场外衍生品市场的监管提出了许多措施和建议，其中最重要的决议是成立金融稳定委员会以取代金融稳定论坛。金融稳定委员会成立的目的在于督促全球金融监管体系的改革，具体包括：对全球金融系统进行全面检查和评估；在各个国家之间搭建一个信息沟通的平台，促进各国之间的合作；对各国监管改革政策和标准提出建设性意见；协调国际标准制订机构的工作；为跨国界风险管理制订应急预案等。2010 年 10 月 25 日，金融稳定委员会又发表了《执行 OTC 衍生品市场改革》的报告，目的在于加强 OTC 衍生品市场的功能、透明度和监管监督。在 G20 数次峰会后，形成了以下几点共识：第一，对于标准化的场外衍生品，推行集中清算制，加强集中对手交易方等基础设施建设。第二，提升场外衍生品市场的透明度，交易合约必须向相应的交易信息管理机构申报。第三，对于为运用集中结算的场外衍生品交易，适用较为严格的资本规范及保证金要求，防止杠杆过度使用。

5. 改革评述

虽然英美、欧盟和国际监管组织在监管改革理念、措施和成效上各有千秋，但是对此次危机中暴露出来的场外衍生品监管问题基本达成共识，无一例外都转变了原有对场外衍生品松弛的监管态度，采取更为审慎严格的措施加强对场外衍生品市场的监管。改革的目的是使这些衍生品从投机工具回归到基础性的风险管理工具。综合国际上的改革，法律监管措施主要包括提高场外衍生品标准化程度；建立专门监管机构；促进中央结算制度应用；对不能采用中央清算的衍生品合约则通过提高资本金的要求来预防风险等等。

第五节　金融衍生品的联合监管

国际证券监管委员会组织(IOSCO)、国际保险监管者协会(IAIS)、国际证券交易所联合会(FIBV)、世界金融管理局(WFA)、国际会计准则委员会(IASC)、国际清算银行(BIS)、巴塞尔银行监管委员会(BCOS)及三十集团等国际性的组织，都对金融衍生品交易市场发表了文件或报告，特别是 IOSCO 与 BCOS 就衍生品的交易、风险、财务、披露及监管机构部门的协调等方面发表了文件，为金融衍生品的监管奠定了基础。

1991 年 9 月，IASC 针对金融衍生品复杂的估算问题，发表了《〈金融工具准则〉第 40 号征求意见稿》。1995 年，BIS 进行了一次全球衍生品市场调查后，发表《暂时性报告》表明外汇衍生交易超过了即期交易，因此，BIS 要求修改银行资本充足率规定和承认新市场风险计算方法。巴塞尔委员会主张实行基本因素法来度量衍生业务风险。1995 年 5 月 16 日，16 个国家的期货和期权市场监管当局聚会，发表了《温德素宣言》，标志着金融衍生品的国际监管合作迈出了重要一步。该宣言要求国际组织加强市场管理机构之间的合作，保护客户的投资资金资产和清算违约的处理，对突发事件的监管合作等共同努力。

国际证券监管委员会组织先后在 1990 年发布了《衍生品交易系统的监管原则》。1991 年 9 月发布了《谅解备忘录原则》。1992 年 10 月发布了《现货和衍生品市场的协调：股票指数衍生品合约设计及缩小市场分裂的措施》。1993 年 10 月发布了《在市场混乱时提高有关现货和衍生品市场当局之间的联系公开性和及时性的机制》。1994 年 2 月发表了《场外衍生品交易运行风险及金融风险控制机制》，要求各交易所和各国监管机构建立有效的内部控制机制。1994 年 7 月发表了《参与衍生品场外交易的受监管证券公司的运作和财务风险管理机制》文章，就风险防范和各国的管理模式提出了建议。1994 年 10 月发布了《关于跨境屏幕交易系统监管问题的报告》文件。1996 年 6 月发布了《交易所交易的衍生品的法律和监管框架》文件。1998 年 9 月与巴塞尔委员会联合发布了《关于衍生品及交易监管信息的框架》文件。2000 年 5 月发布了《市场操纵的调查和处理》报告，对衍生品市场上出现的操纵市场的行为进行分析，提出监管操纵行为的手段，包括衍生品合同设计和权限问题。2000 年 5 月发表了《证券公司的信用风险管理和对公司、监管者的建议》，对金融衍生品信用风险产生原因、危害及其管理与监管提出了建议。2000 年 5 月发布了《有效自我监管模型》，对衍生品行业自律进行了简单叙述。2000 年 10 月发布了《屏幕基础的衍生品交易系统的监管原则——回顾与增加》报告，对 1990 年发布的该监管原则在十年间的运行进行了检讨，针对新问题增加了内容。2001 年 11 月发布了《风险管理实践和资本管制》报告。2001 年与巴塞尔委员会及 IAIS 联合发布了《风险管理和监管资本——跨部门比较》报告。2002 年 2 月发布《证券监管的目标和原则》文件，重点指出衍生品的结算系统应该对称，以避免流动性风险。2002 年 5 月发布了《新兴市场国家的公司债券市场发展》。2003 年 2 月发布报告《证券指数和指数衍生品指南》,将金融衍生品交易和即期交易之间的问题进行了阐述。2003 年 5 月发布了《内幕交易:司法如何管制》文件,对怎样在法律上识别和处理内幕交易问题提出了建议。2003 年 6 月发表《关于短期卖空透明度的报告》,对金融衍生品交易中的短期卖空行为价格信息披露进行了规范。2003 年 9 月发布《IOSCO 关于卖方证券分析师利害关系陈述原则的声明》和《IOSCO 关于信用等级评价中介行为原则的声明》两个文件,对涉及金融衍生品分析和信用评级的人员从事衍生交易进行了禁止性的规定。2004 年 2 月分别发表《指数基金及其资产管理公司对指数的利用》《跨境金融中介监管》和《证券回购计划》三份报告,对指数衍生工具、跨境衍生工具及其利用衍生工具进行回购的监管问题进行了规范。与巴塞尔委员会及 IAIS 联合于 2003 年 8 月和 2004 年 5 月分别发布《金融部门间的操作风险转移》和《银行、保险、证券部门的财务披露:问题与分析》。2004 年 12 月在《信用评级机构基本行为指南》中,再次对信用评级机构雇员等参与衍生品交易作出了新的禁止性规定。2005 年 4 月发布《交易账簿调查:反馈总结》报告,对金融衍生品交易业务的会计处理的问题提出了建议。

  巴塞尔委员会在 1988 年 7 月发布《巴塞尔报告》,将部分衍生品的风险加以衡量;1993 年《巴塞尔建议书》对以上的报告进行了修正,考虑了更多的风险因素。1994 年 7 月会同 IOSCO 颁布了《衍生品风险管理指南》文件,对报告和建议书中关于衍生品监管条文的不足进行了完善,目的在于建立一套完整的衍生品风险管理制度。1995 年 5 月和 11 月,与 IOSCO 发布了《关于银行和证券公司衍生品业务的监管信息框架》文件,以及关于银行和证券公司进行信息披露的指导意见——《银行和证券公司衍生品活动的公共披露》。经过以上准备,在 1996 年形成了《巴塞尔资本金协议修正案》,该协议为各国金融监管当局开展衍生品监管提供了新尺度和新方向。1999 年 10 月与 IOSCO 联合发布《银行和证券公司进行交易和衍生业务公开披露的建议》,对衍生品市场信息披露进行了规范。同年 12 月,发布调查报告——《银行和证券公司交易和衍生业务的披露》,对 1998 年信息的公开披露做了调查和总结。2000 年 1 月发布《新的资本充足框架:第三条市场纪律》。2000 年 9 月发布《外汇交易结算风险处理的监管指南》,对涉及外汇市场的衍生品业务结算风险处理的监管提出了指导意见。2001 年 1 月发布《新资本金要求》和《新巴塞尔资本金要求:一个说明》。2002 年 7 月和 2003 年 2 月,连续发布两期《操作风险的管理和监督实践》报告。2004 年 1 月发布《资产证券化框架修改稿》,对衍生品业务框架进行了充实。2005 年 3 月发布报告《Triennial 中央银行调查:2004 年外汇和衍生品市场行为》。2005 年 7 月,在《巴塞尔 II 在交易活动中的运用和敞口风险对策》文件中,对衍生业务的信用风险和交叉产品的处理方法提出了建议。2005 年 7 月发布的《国际财务报告标准下的公平价格选取的监管指南》正在讨论和协商中。

  1994 年,国际清算银行发布了《衍生品风险管理原则》。同年,与巴塞尔委员会共同发布了《银行衍生品活动的审慎监管》。1996 年 11 月、1997 年 3 月,接连与十国集团支付和清算委员会发布《交易所交易的衍生品的清算安排》和《关于银行与证券公司交易及衍生品活动信息披露情况的调查》两个文件。1997 年 11 月与巴塞尔委员会和国际商会再次发布《关于银行与证券公司交易及衍生品活动信息披露情况的调查》文件,从不同的方面对衍生品交易活动的监管进行了安排。

第六节　我国金融衍生品监管现状和问题

一、我国金融衍生品市场监管现状

目前我国对金融衍生品市场监管实行"一线多头"的监管模式,呈多头监管、交叉监管、重复监管以及分散监管的特点。在监管主体方面,银保监会主要负责对商业银行从事的金融衍生业务进行监管,同时对在中国境内依法设立的银行、信托投资公司、财务公司、金融租赁公司、汽车金融公司法人以及外国银行在中国境内的分行等符合相关规定的金融机构开展的金融衍生业务实施监管。证监会主要负责监管国内期货交易,监管期货交易所和其他衍生工具交易所(黄金交易所除外)。国有企业若要参与境外期货业务需由国务院批准,并取得证监会颁发的境外期货业务许可证,套期保值计划报证监会备案。原保监会对保险公司的衍生工具业务实施监管。人民银行监管作为衍生工具场外市场的银行间债券市场、银行间外汇市场和黄金交易所。同时根据2003年新修改的《中国人民银行法》的规定,掌握功能型监管的权力,主要侧重于宏观方面的监控。财政部主要负责制定与金融衍生品有关的会计准则。当前随着我国金融衍生品市场的快速发展,特别是跨国银行的进入,金融市场一体化的进程不断加快,这种分业监管模式的根基已经松动,多头监管的弊端也日益显现,导致监管的有效性大打折扣。

二、我国金融衍生品监管问题分析

1. 法律规范不健全且滞后

目前,我国金融衍生产品相关法律规范主要是一些少量的行政法规、部门规章和规范性文件,可见于《证券法》《期货交易管理条例》(证监会制定)、《金融机构衍生产品交易业务管理暂行办法》(银监会2011年1月5日修订)中,相关法律规范的科学性、全面性、权威性显然不够,在交易的主体资格和授权、交易的代理、交易的避险性及其认定、交易净额结算在破产程序中的有效性等方面存在法律风险。

2. 监管主体多元化

2003年以来我国实行的是分业经营下的机构型监管模式,割裂了金融衍生品交易市场的统一性,导致监管主体多元化。比如,原银监会是银行业从事场外金融衍生品交易的监管部门,人民银行与外管局又是银行业从事利率、汇率有关衍生交易的监管机关,证监会则是证券交易所衍生交易的监管主体,监管主体的多元化导致风险披露标准交叉、不统一,降低监管效率,增加交易成本,甚至出现分业监管与跨业违规的监管漏洞。2018年金融体制改革后,原银监会与原保监会合并,相关职能正在完善中。

3. 监管手段较为单一

面对监管对象的多元化、复杂性,作为金融衍生业务监管者的监管手段显得较为单一,监管能力和水平存在较大差距。目前,对衍生品市场交易主体风险监管侧重于依赖事先的资格审批和市场准入,而对其内部风险规范、引导不够,重视资格审批,轻视流程控制和风险管理,惩戒机制缺失,现行监管手段难以适应金融衍生业务发展的要求。

本章小结

1. 伴随金融自由化和金融全球化的浪潮,各国开始了对金融衍生品的金融监管探索。金融衍生品监管原则的颁布使其健康发展得到了保证。国际证券监管委员会组织(IOSCO)根据监管理论和各国监管实践,提出了证券市场和衍生金融市场监管的30条原则,其中适用于衍生金融市场监管的原则有涉及监管当局的原则、涉及自律组织的原则以及监管实施原则等23条。

2. 金融衍生品起源于美国。对金融衍生品的监管政策在美国发展也较快。由于各国具体国情不同,对于金融衍生品的监管政策也呈现出差异,可以分为三个地区:北美、欧洲与亚洲。各国不同监管政策的特点为互相借鉴提供了可能。

3. 金融衍生品的交易范围已不局限于某一个国家或某几个国家,随着业务与种类的增加,衍生品交易遍布全球。一国或几个国家的监管政策只对本国或本地区有作用,因此,对金融衍生品的监管也逐渐形成了国际联合监管趋势。对此,IASC、IOSCO、BIS、IAIS、巴塞尔委员会及三十集团等国际性组织作出了积极的贡献。

思考题

1. 简述金融衍生品的主要风险及其成因。
2. 金融衍生品监管的重点应该放在哪里?
3. 对金融衍生品进行联合监管的主要机构有哪些?
4. 金融衍生品监管的原则有哪些?

即测即评

请扫描右侧二维码,进行即测即评。

第十一章　反洗钱金融监管

> 【本章提要】
>
> 伴随着经济全球化和科技的飞速发展,跨国经济犯罪日益猖獗。根据国际货币基金组织的估计,全球非法洗钱的数额相当于全球贸易总额的8%,占全球国内生产总值的2%~5%,并且每年以1 000亿美元的速度在增长。洗钱已经严重威胁到一国和世界的经济和政治安全。本章主要介绍洗钱及反洗钱的一般规律,比较、借鉴国际先进经验,介绍我国打击洗钱犯罪活动的途径和反洗钱的发展趋势。

第一节　洗钱的主要渠道

一、对洗钱活动的基本认识

(一)对洗钱认识的发展过程

最早的"洗钱"是指洗污,即把脏污的硬币清洗干净的意思,主要发生在金属货币制度时代。现代洗钱活动起源于20世纪20年代,美国芝加哥出现了以鲁西诺为首的庞大的有组织的犯罪集团,他们以开洗衣店作掩护贩卖毒品。在洗衣服时向顾客收取现金,把毒品收入和洗衣合法收入混在一起向税务机关申报,将非法收入通过"洗钱"成为合法收入,这是较早的现代意义上的"洗钱"活动。

最早对洗钱进行定义的是联合国,1988年12月19日通过的《联合国反对非法交易麻醉药品和精神病药物公约》把洗钱定义为:"为隐瞒或掩饰因制造、贩卖、运输任何麻醉药品或精神药物所得之非法财产的来源,而将该财产转换或转移。"可以看出,该定义仅将毒品犯罪收益作为洗钱的上游犯罪。

随后,美国等国家颁布的法律使得洗钱的上游犯罪进一步扩大到几乎所有的犯罪。国际性反洗钱组织金融行动特别工作组(FATF)

将洗钱定义为:"凡隐匿或掩饰因犯罪行为所取得的财物的真实性质、来源、地点、流向及转移,或协助任何与非法活动有关系之人规避法律应负责任,均属洗钱行为。"这一定义指出,洗钱是将非法收入合法化的过程,是洗钱者利用金融系统将非法的资金通过保管、投资、账户间的转移支付等手段转化为合法资金,从而使之进入正常的货币流通领域,为其所用的过程,也就是通常所说的"黑洗白"。

巴塞尔银行监管委员会从金融角度将洗钱定义为:"银行或其他金融机构可能无意间被利用为犯罪资金的转移或存储中介。犯罪分子及其同伙利用金融系统,将资金从一个账户向另一个账户作支付或转移,以掩盖款项的真实来源和受益所有权关系;或者利用金融系统提供的安全保管服务存放款项。"

2000年10月,加拿大皇家骑警和美国海关在加拿大温哥华共同主办召开了"太平洋周边地区打击洗钱及金融犯罪会议",会议扩大了洗钱的定义,把洗钱犯罪涉及的非法所得来源不断扩大,并且从把犯罪收益洗为合法收入这一模式扩大到:① 把合法资金用于非法用途,如把银行贷款通过洗钱变为某人在赌场的资金(白钱洗黑);② 把一种合法资金洗成另一种表面也合法的资金,如把国有资产通过洗钱转移到个人账户以达到侵占的目的(洗钱本身成为犯罪过程);③ 把非法收入通过洗钱合法化,如企业把偷漏税款通过洗钱转移到境外(黑钱洗白)。

2002年,法国将所有游离于银行等金融系统之外的资金汇出汇入及结算等纳入洗钱活动的范畴,这使得洗钱包含的内容更加广泛。由于各国在外汇经常项目与资本项目方面的开放度不同,这一定义使各国对洗钱的外延认识不同。

从上述定义可以总结出,狭义的洗钱,是将非法收入合法化的过程,是洗钱者利用金融系统将非法资金通过保管、投资、账户间的转移支付等手段转化为合法资金,使之进入正常的货币流通领域,为其所用的过程。通常犯罪收益称为"黑钱",所以,对犯罪收益进行清洗使之合法化的活动被形象地称为"洗钱"。广义的洗钱除了包括最初的非法收入合法化(黑洗白),还扩展到了合法资金非法化,合法资产非法转换等领域。

(二)洗钱活动的发展阶段

1. 洗钱的偶然阶段

从洗钱的定义可以看出,最初的洗钱活动是偶然的行为。洗钱分子以开设合法商店为掩体,开始了现代意义上的洗钱活动。

2. 洗钱的有组织阶段

在"皮萨连锁店"洗钱案中,洗钱发展成为贩毒集团内部有组织的活动。意大利黑手党与在美国的黑手党徒,从20世纪30年代起组成了庞大的贩毒集团。他们先在意大利的西西里岛地区将从亚洲"金三角"等地进口的鸦片精制成海洛因,走私运进美国,交由在拉可萨诺思特拉(La Cosa Nostra)的约瑟夫·波拿诺(Joseph Bonanno)家族及其黑帮组织开设在美国各地的"皮萨连锁店"分销和零售。1957年11月,各贩毒集团在纽约州的阿拉巴钦召开了毒品走私进口、分销与零售分工的"国际会议"。有57个黑帮团伙的首领参加了会议,达成了团伙在贩毒网中承担分工的协议。会后,佛朗哥·德拉·托瑞(加入意大利黑手党的瑞士籍成员)和阿德瑞阿诺·可提成为在这一贩毒集团中承担洗钱责任的洗钱"专业户"。

3. 洗钱的国际化阶段

伴随着经济全球化步伐,洗钱成为跨越国境的犯罪活动,出现了职业洗钱活动。其与上一个阶段有组织洗钱活动的最大不同是,职业洗钱手是独立的,多为具有金融、法律等知识背景的高级人才,为雇主洗钱,按照合同收取报酬。

从洗钱的发展阶段可以看出,随着洗钱数额的不断增加,洗钱活动从松散的行为发展成具有高科技含量的专门化和国际化行动,也意味着反洗钱的重要性和艰巨性。

(三) 当前国际范围内洗钱活动的特点

从20世纪50年代起,跨国洗钱逐步摆脱了下游犯罪的地位,成为一种专门的、相对独立的犯罪行为,对世界经济的危害越来越严重。全世界每年非法洗钱的数额高达三万亿美元以上,总额相当于全世界GDP的2%~5%。数额巨大的洗钱活动对金融市场造成了严重影响,它能够使一个国家的货币需求发生变化并可能对汇率和利率产生影响,冲击一国金融稳定和安全。所以,各国政府视洗钱为大敌。进入21世纪,金融全球化使国家金融开放不断深化,在繁荣国家经济和全球金融的同时,全球范围的国际洗钱犯罪也更加复杂化,呈现出以下特点:

一是洗钱多发生于金融监管有待完善的发达国家和经济转轨国家。发达国家金融业发展比较迅速,高度竞争的金融环境使得金融机构致力于金融创新,不断突破金融监管的制约,为顾客提供更好的服务,但这也给洗钱提供了机会。洗钱犯罪分子往往利用金融机构的多种创新服务进行洗钱活动。经济转轨的国家,由于金融监管相对滞后,而在全球化背景下又急于进行金融开放,使得洗钱犯罪分子可以利用监管漏洞实现洗钱;同时,这些国家一般盛行非法民间金融机构,更易被洗钱者利用。另外,一些保密原则极为严格的国家,也受到洗钱分子的青睐。

二是洗钱呈现跨国性趋势。在封闭经济条件下,即使一国存在洗钱犯罪,也多为分散的和个人的行为。在开放经济条件下,洗钱成为跨国行为,洗钱者往往将资金在国家之间流转,利用各国的金融工具和监管漏洞,使洗钱成为一种集团性的犯罪活动,有些甚至成为国家性活动。洗钱逐渐聚合成为一种行业,许多具有专门行业知识和技能的人员参与其中,如律师、会计师、金融顾问等,使得犯罪行为更加隐蔽,也更具技术性。

三是洗钱活动逐步呈现大宗化趋势。国际洗钱犯罪的目标越来越大,涉及人员、组织机构越来越多。美国政府1998年破获了美国历史上最大的一起毒品洗钱案,逮捕了涉案人员100多人,其中包括墨西哥人和哥伦比亚人,涉及12家墨西哥银行。

四是洗钱手段多样化。洗钱者利用多种手段进行洗钱活动,包括现金走私、将现金改变成可流通证券、建立并使用前台公司或空壳公司、利用税收和保密天堂的通道、伪造虚假发票、使用现金交易所或经纪人交易所、使用娱乐场所或赌博场所、使用地下钱庄系统、利用国外投资名义等。同时,现代化技术的不断发展使得洗钱者可以通过网络银行、电子货币、电子交易等虚拟手段从事活动。

五是洗钱犯罪的政治化苗头。美国"9·11"事件发生后,洗钱犯罪活动进一步与恐怖主义联系在了一起,成为具有政治目的的犯罪活动,引起了世界各国政府的高度重视。

二、洗钱活动的成因

洗钱得以出现并迅速成为跨国的大规模犯罪活动有其深刻的背景原因。

(一) 自由经济发展的伴随产物

20世纪70年代以来,经济全球化的浪潮席卷世界,无论是发达国家还是发展中国家,都放松了本国的金融监管,以更好地利用全球化所带来的福泽。当人们津津乐道于冷战结束后贸易自由化和金融全球化的成果时,洗钱这一病毒已感染了全球化的肌体,全球化的负面影响逐渐暴露。全球化所承认的唯一规则是市场的自动调节规则,对政治意向置若罔闻,并完全置法律于度外。全球化高唱自由、开放,使得人们片面追求最大限度的经济利益,将法律和政策制度因素抛之脑后。世界贸易的日渐频繁,资本流动的迅速便捷,加上监管的缺失,为猖獗的跨国洗钱留下了缝隙。从这个角度来说,洗钱是在贸易全球化时代以追求最大限度利润为目的的自由经济的产物。

(二)洗钱带来的高收益的巨大诱惑

为了掩盖各种犯罪收益的非法来源,必须求助于洗钱渠道"洗白"收入,使非法资金合法使用,于是产生了对洗钱的需求。在巨大利润的诱惑下,个人、机构甚或国家都成为提供洗钱服务的实体。即便是在法律森严的国家,高额的洗钱收益诱使个人和机构铤而走险。洗钱机构认为,即使自己不做,会有其他机构替代。对于小型开放经济的岛国来说,出口产品的单一化和资源的限制,使得经济发展道路狭窄,提供洗钱服务成为实现收益增长的重要渠道,成为洗钱分子的"保密天堂"。可见,只要有收益被定义为非法,就会有洗钱需求的存在,巨额利润诱使洗钱产生,并进一步促进洗钱活动的发展。

(三)金融监管制度滞后的漏洞

制度是被制定出来的规则,用以约束追求福利或效用最大化利益的个人行为。西方社会崇尚财务保密原则,财务保密代表了一个人一定的自由度,被认为是人类的基本权利和决定生活质量的重要因素。这一制度的存在为洗钱分子提供了可乘之机,可以利用保密账户来洗钱。同时,经济全球化使人们无暇顾及其负面影响——洗钱犯罪,惩治洗钱的制度相对滞后,制度的缺失是洗钱产生及发展的又一动因。

(四)部分国家带来的"洗钱贸易"

不同国家对洗钱的定义、预防及惩罚不同,部分国家甚至没有明确洗钱犯罪的概念。这使得洗钱者投奔金融监管宽松的国家。开放经济条件下,新兴市场经济国家由于存在众多薄弱环节吸引了洗钱者。这些国家大多注重吸引外资,而其金融监管松散、市场不规范、金融制度不完善,难以辨别国际资本中的黑钱,不具备足够的反洗钱能力。这些国家投资与投机机会多、利润丰厚、洗钱成本低,引发了"洗钱贸易"。假设 A 国是发达国家,金融监管严厉、洗钱成本高且安全性低;B 国是新兴国家,金融监管松散、洗钱成本低且安全性高,这导致两国洗钱的供求曲线形状的差异,如图 11-1 所示。由于 A 国洗钱的需求大于供给,于是进口"洗钱服务",B 国洗钱的供给大于需求,出口"洗钱服务"。

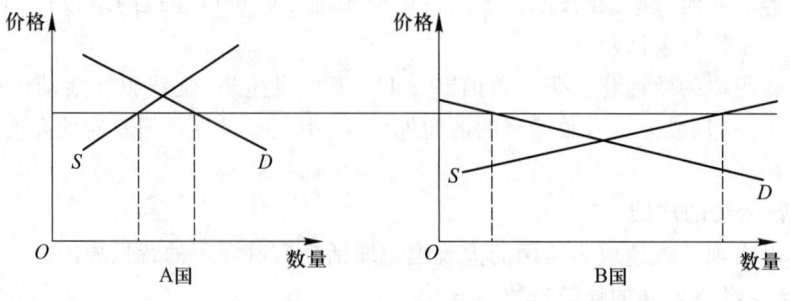

图 11-1 洗钱国际贸易示意图

（五）金融机构收益最大化的利益驱动

由于洗钱者需要转移资金，通常愿意支付高额费用，银行为其服务，便会得到高额收益。更为严重的是，一旦某银行参与洗钱，高收益使其可以支付高利息来争夺客户。不正当竞争的存在，逼迫其他银行加入洗钱行列。法律和行为上的差异与不协调，再加上竞争因素和管制上的困难（外部的和内部的），使政府难以依靠金融机构来打击助长黑钱流动的非法活动，正是由于这个原因，各国政府开始立法，采取强制措施对付洗钱活动。

三、国际洗钱的主要渠道

（一）通过金融渠道的洗钱活动

金融渠道由于具备周转资金的便捷性及专业性，一向被洗钱者视为绝好途径。洗钱的金融渠道主要包括本国金融机构、外国金融机构及离岸金融中心。

1. 利用本国金融机构洗钱

由于银行实行保密原则，具有为客户保密的义务，洗钱者可以利用银行存取、划转犯罪收益。有时甚至控股一家银行，将其改造为自己指挥的"洗钱银行"。国际商业信贷银行就是例证。该银行于1972年在金融监管较松的卢森堡和开曼群岛注册，其后，在全球69个国家和地区设立了分行，组成了跨国银行网络。1988年，该行美国佛罗里达分行涉嫌为贩毒集团洗钱，被法院罚款，分行的5名高级职员还被判刑。事后，该行总部迁往伦敦。1991年7月，英国、卢森堡、法国、美国、西班牙、瑞士等国的金融监管当局同时勒令该行在当地停业。当然，洗钱者也会利用证券公司、保险公司等金融机构洗钱。

2. 利用外国金融机构洗钱

如果所在国金融监管严格，洗钱者会选择监管相对宽松的外国金融机构。比如瑞士以森严的保密原则及相对宽松的金融监管曾成为众多洗钱分子洗钱的理想场所。

3. 利用离岸金融中心洗钱

20世纪中期，离岸金融中心产生。由于离岸金融中心普遍具有征税少、金融监管松散、没有外汇管制、保密性强等特点，成为洗钱活动的聚集地，如开曼、巴拿马以及百慕大群岛、维尔京群岛等。洗钱者通常在离岸金融中心开设空壳公司，公司董事往往是为了一定收入而根据外国律师的指令登记成立公司的当地人，对公司的真实情况一无所知，洗钱者通过空壳公司的账户进行洗钱活动。

（二）通过投资渠道的洗钱活动

1. 国内投资渠道的洗钱活动

洗钱者选择实体经济部门洗钱，主要有三种方式：一是将黑钱投入现金密集行业，如赌场、酒吧、金银首饰店等，将非法与合法收入一并报税；二是将犯罪收益投资于在建项目，将大笔非法资金"清洗"为合法项目投资收益；三是发生在一些新兴国家产业结构调整私有化过程中的洗钱。俄罗斯经济转轨时期采取了私有化休克疗法，资料证明，大量国有企业被洗钱者用黑钱所购买。

2. 国外投资渠道的洗钱活动

洗钱者往往以监管松散、对资金需求迫切的新兴国家为目标，采取投资方式用大量现金购买该国破产企业，或采取间接投资方式，将现金投入证券以洗净黑钱。

(三) 通过贸易渠道的洗钱活动

贸易也是洗钱分子洗钱的渠道之一,主要有以下两种方式:① 用非法获取的现金购置房屋、豪华游轮等不动产或古董等动产,然后再变卖出去,取得合法收入。② 先将收入存入甲国银行,用作保证金开立信用证,用于支付虚假的乙国进口商品,然后,由乙国同谋用伪造的票据在乙国银行兑现。有时贸易渠道也利用一些真实商业票据掩饰犯罪收入,但在数量和价格上夸大货物的价值。出口方面亦是如此,由犯罪资产构成的差价可以用合法的名义进入他国。

(四) 通过其他手段的洗钱活动

洗钱者还会通过贵金属或艺术品的走私来清洗犯罪收入,利用赌马等赌博活动进行洗钱,利用互联网进行资金转移,等等。只要有洗钱的需求,洗钱就会存在。洗钱者会根据情况来选择阻力小的渠道。当正规金融渠道难以完成洗钱活动时,就会选择非正规金融渠道或其他渠道进行洗钱。

四、洗钱对国家金融安全的危害

(一) 腐蚀和破坏国家金融系统的正常运行

洗钱分子在利用金融渠道洗钱时,或者利用某个金融机构,或购买控制银行便利洗钱。洗钱分子总是在寻找更有利的渠道快速"洗净"资金,使得黑钱往往瞬间无征兆流动,加剧了金融机构的脆弱性。大量的洗钱可能使整个银行系统陷入不稳定状态。洗钱分子在金融渠道洗钱阻力大时,会转而利用非正规金融渠道,干扰到正规金融系统的运行。

(二) 扭曲价格信号,导致资源配置低效

洗钱分子为了洗钱,常把资金投入到现金密集行业,如赌场、酒吧等,或是涌入房地产和证券市场,导致大量资金充斥在非生产部门,投机氛围日浓、泡沫巨大。洗钱分子只求快捷地清洗资金,不管资金进入哪个市场,都会造成价格信号失真,影响市场资源配置的效率。洗钱资金瞬间的增加与减少的非正常信号也会干扰货币政策的制定与实施。

(三) 影响国家经济内外均衡的实现

大量的洗钱表现为资金的跨境流动,对资金流入国造成了汇率压力。对固定汇率制度国家,造成汇率上升的压力,国家被迫投放本币维持汇率水平,可能会带来国内通货膨胀;对浮动汇率制度国家,汇率上升会导致出口下降,本国产品在国际市场上竞争力降低。资金流出国同样会产生汇率压力。如果是固定汇率制度国家,会造成汇率下降,国家为了维持汇率投放国家储备,一旦储备耗尽,对于外债负担比较重国家,会引起债务危机;如果是浮动汇率制度国家,汇率下跌进口下降,实际生活水平会受到影响。

(四) 贿赂政府诱发更深层次的矛盾

从政治经济学角度来看,洗钱分子付出成本是为了谋取更大的利益。他们或者促使政府实行更有利于洗钱的政策,或者是获取特许权以从事投机活动。在泰国,洗钱分子贿赂政府,以得到侵吞基建项目或国家购买设备的佣金及操纵证券和投机投资的好处。政治腐败为洗钱分子提供了机会,或是侵吞基础建设项目和国家购买设备的佣金,或是操纵证券和投机性投资,通过非法资金使房产、证券交易和消费泡沫膨胀,从中获益。在放松国家管制,实行资本自由流动及公有企业私有化的大背景下,最受威胁的还是新兴国家,正如我们所看到的墨西哥、泰国的情况。那里已经成为洗钱的理想天地。

第二节 反洗钱监管的环节

一、反洗钱的主要环节

反洗钱是指政府动用立法、司法力量,对有关组织和商业机构的洗钱行为予以惩罚,从而达到阻止洗钱犯罪活动的系统工程。

20世纪中期,由于洗钱减少了税收,反洗钱的重点是打击逃税、控制税收损失;20世纪后期,因贩毒、走私的洗钱盛行,打击贩毒和走私等成为反洗钱的重点;"9·11"事件之后,以美国为首的发达国家建立了新的法案,严厉打击与恐怖主义活动有关的洗钱犯罪活动,其中以《爱国者法案》最为有名。

反洗钱一般分为三个环节:一是识别,对各个金融机构上报的大额与可疑交易报告进行整理分析,通过国际和国内数据交换初步确定疑似洗钱案件。二是侦查,对疑似洗钱案件进行深入的调查了解,甄别是否洗钱犯罪。这是反洗钱的关键,只有侦查之后才能排除貌似可疑的合法交易。三是处理,对已确认的洗钱犯罪进行惩处办理是反洗钱的重点。只有严厉的处罚,才能阻止洗钱行为,维护国家安全。

二、反洗钱的机制设计

(一)确立金融机构在反洗钱中的重要地位

各国在制定反洗钱政策时,均明确了金融机构的现金交易报告、确认客户身份和保存交易记录的义务。所有涉及反洗钱的国际公约都把金融机构置于反洗钱的重要地位。因为一切具有规模的洗钱活动都通过金融渠道进行,金融机构是反洗钱的重要环节。

(二)建立适合国情的监管机构

各国设立监管机构检查金融机构反洗钱实施情况。从国际反洗钱的实践看,在中央银行货币政策和金融监管职能合一的国家,反洗钱金融监管职责由中央银行履行。金融监管机构与中央银行分设时,对金融机构反洗钱的监管大都在中央银行协调下开展,同时,根据本国情况确定合适的反洗钱监管力度。

(三)建立适宜的现金交易报告制度

现金交易报告制度是要求金融机构对达到法律法规要求的现金交易进行报告的制度。现金交易报告制度打破了银行保密法的束缚,对必要的现金交易进行报告以沟通反洗钱信息,超越司法管辖权的限制,在世界范围内交流对识别洗钱有利的信息,有利于提高反洗钱的效率。现金交易报告制度主要有三种模式:一是客观模式,二是主观模式,三是主客观并存模式。

客观模式是金融机构在上报现金交易记录时,不必进行主观判断,根据规定对法定限额以上的交易保留记录并向有关部门报告的模式。这种模式从美国发展而来。美国法案规定当客户的存款或其他现金交易超过10 000美元时,金融机构有义务报告。这种模式的优点是简单易于操作。对超限额现金交易报告制度为洗钱犯罪制造了有力的障碍。只要通过金融机构进行大额现金交易,都被报告到执法部门,这使得洗钱者去选择成本更高和更具风险的途径,避免了金融机构报告的随意性。同时,中央信息处理机构还可以从连续上报的限额中分析发现线索。但是,这种模式导致了大量与洗钱无关的报告,增加了金融机构成本。金融监管当局和中央信息机构也会浪费大量时间处理与洗钱无关的报告记录。

主观模式也称欧洲模式,是由多个国家通过共同努力形成的对付洗钱犯罪的措施。即对产生怀疑或不正常的现金交易进行报告,要求金融机构熟悉客户的身份和业务。使用这种模式的代表国家是英国。英国法案规定金融机构对可疑交易应及时上报监管部门。主观模式中,金融机构不需要做大量的原始记录,降低了费用。在了解客户的步骤中,金融机构在反洗钱中处于最佳位置,易于与执法机关合作。但是主观模式没有客观标准,洗钱者认识到,只要交易不引起怀疑或没有表现为不正常,就可以利用金融机构进行洗钱。而且,这与银行保护客户秘密的原则相悖。

主客观模式兼容了以上两种模式,既建立了大额现金交易报告制度,又建立了可疑交易报告制度,典型国家是澳大利亚。可疑交易报告制度发挥作用必须以有关部门、特别是金融部门全面掌握洗钱的手法、了解识别可疑交易的技巧为基础,而限额以上交易报告制度对金融机构而言操作容易,也有利于中央信息处理机构从连续上报的限额以上交易报告中发现线索。两种方式结合能够较好地发挥现金交易报告制度的职能,有利于全面进行反洗钱。但是,此种模式采用了两套体系,成本较高。

（四）建立反洗钱情报分析的专门机构

各国建立的信息处理机构,职能是收集汇总情报,进行分类分析和国内外数据交换,培养反洗钱意识,向政府提供建议。反洗钱情报机构设置主要有四种形式:① 设在警察系统内,如英国、加拿大、德国、日本、瑞典等;② 设在司法部门内,如葡萄牙、丹麦、瑞士、冰岛等;③ 附属于监管当局,如美国的金融犯罪执法网络（FINCEN）、法国的打击非法金融活动信息协调处（TRACFIN）、澳大利亚的交易报告分析中心（AUSTRAC）;④ 独立的机构,如比利时的金融信息处理局（CTIF）、荷兰的反常交易报告局（MOT）。

（五）进行反洗钱的立法

各国都通过反洗钱立法规范金融监管程序。大陆法系的国家多是对原有刑法典进行修改,辅之以相关的法律补充,代表国家为德国;英美法系的国家通常单设一套法律体系,形成由单行法律、行政规范、指导准则构成的二级至三级法律系统,代表国家为美国。

（六）积极进行反洗钱的国际合作

各国开展反洗钱国际合作,加入相关反洗钱国际及区域组织,或者与他国签订双边或多边协议,加强国际反洗钱工作。

三、反洗钱的主要手段

1. 法律手段

反洗钱的法律手段主要包括加快立法建设和利用国家司法机关打击犯罪活动。加强立法建设主要是指制定打击犯罪行为的法律和相关规定。打击犯罪活动是指运用国家力量对各种洗钱行为和导致洗钱行为产生的上游犯罪进行打击的系列行为。运用法律手段反洗钱是反洗钱行为的重点,能够增强反洗钱活动的威慑力,提高打击洗钱、遏制犯罪行为的实际效果。

2. 行政手段

反洗钱行政手段主要指国家运用行政力量对洗钱犯罪进行打击的一系列措施。主要措施包括设立反洗钱的专门机构,通过专门机构组织和实施打击洗钱犯罪的各种手段、措施,以国家行政权威为后盾支持,保证一国范围内反洗钱的各项措施得到贯彻、执行。

3. 经济手段

反洗钱经济手段主要指利用银行等金融机构各类经济组织的力量对洗钱活动进行监测、识别、跟踪、报告等手段的总和。由于犯罪分子开展洗钱活动主要通过银行系统等金融机构进行,金融机构在反洗钱活动中是处于第一线位置,加强金融机构的反洗钱能力是打击洗钱活动的核心。

4. 科技手段

反洗钱科技手段主要是通过利用不断发展更新的现代高新科技技术提高反洗钱行动的实时监测水平,不断创新反洗钱的手段、措施,借助科技力量提高反洗钱实施效果的系列手段。随着科技的不断进步,犯罪分子进行洗钱活动也越来越借助现代电子信息技术,如果不加强反洗钱行动中的电子信息技术水平,不加强相应的科技投入,反洗钱行动将很难达到应有的效果。

洗钱是严重的经济犯罪行为,不断破坏着经济活动的公平公正原则和市场经济中的有序竞争,另外,洗钱活动与贩毒、走私、恐怖活动、贪污腐败和偷税漏税等严重刑事犯罪相联系,对一个国家的政治稳定、社会安定、经济安全以及国际政治经济体系的安全构成威胁。反洗钱对维护经济体系的稳健运行,维护社会公正和市场竞争秩序,惩治腐败和打击经济犯罪具有十分重要的意义。政府对洗钱活动的大力打击,能有效减少犯罪发生,有利于树立政府形象,维护社会政治稳定和安全;有利于维护正常的经济秩序,保证社会经济金融健康运行;也能够遏制贪污腐败的蔓延,有利于维护社会公平和正义。随着金融市场的开放,反洗钱行动的重要性会日益彰显。而洗钱活动一般具有预谋性、隐蔽性、专业性、复杂性,其往往是经过有计划的精心策划,有明确的部署。故反洗钱是一项复杂的打击犯罪的行为,在反洗钱的过程中往往需要运用多种手段,但运用法律手段是反洗钱行动的重点,不断完善、健全反洗钱法律法规具有重要的意义。

第三节 国际反洗钱联合监管

一、反洗钱合作的理论分析

金融全球化使得洗钱成为跨国的集团性行为,一国反洗钱是否能够有效受到国内外因素的影响,单一国家无法从根本上阻止洗钱犯罪。假如 A 国反洗钱制度严格,B 国反之,则洗钱罪犯会选择 B 国,尽管 A 国付出了反洗钱成本,但是没有阻止洗钱活动,这是个博弈过程,如图 11-2 所示。

		A 国反洗钱监管	
		严格	不严格
B 国反洗钱监管	严格	(4,4)	(8,-4)
	不严格	(-4,8)	(2,2)

图 11-2 反洗钱监管博弈

从图 11-2 可以看出,如果 A、B 两国都严格反洗钱监管,收益是(4,4);如果 A 国严格反洗钱监管而 B 国没有,收益是(-4,8),反之是(8,-4);如果 A、B 两国都没有反洗钱监管,收益是(2,2)。可见,如果 A、B 两国协作,可以得到最优解(4,4),对于各国和整个世界都是更优的。正是基于这个道理,20 世纪 80 年代后期,欧美国家意识到各国金融监管当局的协调合作对于打击洗钱极为关键,加强了反洗钱的国际合作。

二、全球性反洗钱合作网络

(一) 联合国

1988 年 12 月 19 日,《联合国禁止非法贩运麻醉药品和精神药物公约》(简称《联合国禁毒公约》)在维也纳通过,1990 年 11 月生效。《联合国禁毒公约》是联合国制定的惩治涉及跨国洗钱犯罪的国际刑法规范,把清洗毒钱行为包含在"非法贩运毒品犯罪"的罪名中,以毒品犯罪为前提。《联合国禁毒公约》对跨国洗钱的作用是多方面的,实现了观念上的更新,提出了通过控制洗钱来控制犯罪的战略措施,证明了与洗钱作斗争是与有组织犯罪斗争的有效方法。作为一个国际合作协定,该公约形成了对洗钱进行预防、禁止和惩治的国际合作框架。公约所采用的手段以刑法手段为主、辅之以其他手段、将财经体制引入到控制跨国洗钱的网络的方法中,被实践证明是行之有效的措施。1990 年 8 月,联合国在古巴首都哈瓦那召开的第 8 届联合国预防犯罪和罪犯待遇大会,通过了《反腐败的实际措施》这一纲领性文件,开始尝试将反洗钱的矛头扩展到毒品贩运非法收益以外的经济犯罪,特别是腐败犯罪。1992 年公布的《洗钱与相关的问题:需要国际合作》专题报告,鲜明地提出了联合国赞同将洗钱的上游犯罪扩大到毒品犯罪收益之外。

联合国在《联合国禁毒公约》之后,一直关注着国际反洗钱活动的进展。1992 年 2 月,联合国第 17 届特别会议在纽约通过了反毒品贩运的《全球行动纲领》,其在"对付非法麻醉品贩运所获金钱、用于或意图用于这种勾当的金钱、非法资金的流动和非法利用银行系统的不利影响应采取的措施"中,不仅肯定了应优先执行《联合国禁毒公约》,并就追查、冻结、查封、没收或充公毒品贩运非法收益缔结双边、区域和多边协定的做法给予了充分肯定,而且再次重申应制定办法,防止利用金融机构清洗贩运毒品所得金钱,鼓励国际、区域和各国金融协会拟订准则,协助成员与政府当局合作,识别、侦察、追查、冻结和查封与非法贩运毒品有关的收益和财产。为了进一步加大对洗钱活动的打击力度,联合国制定了《关于洗钱和没收与贩毒有关的财产的标准法》,主要目的在于加强对洗钱犯罪活动的防范和惩治。1995 年 4 月,联合国制定了适用于成员国的《联合国禁止洗钱法律范本》,界定了洗钱犯罪的定义,为反洗钱机构在各国的建立及其职责提供了指导方向;还对国际范围内与洗钱有关的财产处置和对犯罪分子的处理作出了规定,要求各国在打击跨国洗钱犯罪时提供必要的协助。《联合国打击跨国有组织犯罪国际公约》明确将洗钱、腐败等行为规定为刑事犯罪。明确规定,为有效防止跨国有组织犯罪,缔约国应采取"打击洗钱""反腐败""加强与执法当局合作"等综合性措施对跨国有组织犯罪进行预防、禁止和惩治。该公约规定了与打击洗钱活动相关的措施主要包括:建立对银行和非银行金融机构以及其他易被犯罪分子利用于洗钱的机构的综合性国内管理和监督制度,以便查明并有效预防各种形式的洗钱。加强国际社会反洗钱合作,建立金融情报机构,负责汇总、收集、分析潜在有关洗钱活动的信息;要求企业及个人报告大额现金和流通票据的跨境划拨的交易信息。公约还要求缔约国为有效打击洗钱,发展和促进司法、执法和金融管理当局间的国际合作、区域性合作及双边合作。

《联合国反腐败公约》是首次将反洗钱和反腐败相结合的反洗钱国际公约,该公约主要规定了以下几方面的内容:一是,要求各成员国的银行和非银行金融机构,应建立国内管理洗钱和监督反洗钱工作的相关制度,在可能的情况下,应建立相应的金融情报收集与处理机构。二是,对洗钱行为进行了较为详细的界定,具体规定了四种故意犯罪行为为洗钱行为,囊括了帮助掩饰、占有、使用犯罪所得等洗钱放置、融合等阶段的洗钱行为。三是,将洗钱行为规定为犯罪行为,要求成员国在刑事法律中将洗钱行为犯罪化。

(二) 反洗钱金融行动特别工作组

1989 年,鉴于洗钱活动日益猖獗,七国集团(美国、日本、德国、英国、法国、意大利和加拿大)在巴黎举行首脑会议,决定成立"反洗钱金融行动特别工作组"(Financial Action Task Force on Money Laundering, FATF)。FATF 下设 6 大区域性小组,包括加勒比海金融行动小组、中东欧金融行动小组、亚太金融行动小组、东南非金融行动小组、中西非金融行动小组和南美金融行动小组。该组织为非政府组织,是反洗钱领域最重要的国际组织。该组织的主要宗旨是促使各国和地区重视反洗钱工作,推动建立反洗钱的国际标准,加强反洗钱的法律建设,促进反洗钱的国际合作。

1990 年 2 月,FATF 发布了著名的《关于洗钱问题的 40 条建议》(以下简称《40 条建议》),确立了反洗钱的国际标准,被各成员国接受和实施。为了推动亚洲地区金融特别行动工作组的非成员国接受《40 条建议》,FATF 于 1995 年设立了亚洲秘书处,专门负责与亚洲各国立法、金融和执法领域之间的联系,并提供反洗钱培训。金融行动特别工作组还寻求亚洲太平洋经济合作论坛的支持,与后者一起推动《40 条建议》在亚洲非成员国的实施。《40 条建议》作为反洗钱行动的国际标准,已经被越来越多的国家和地区接受和实施。目前,据美国政府的统计,占世界人口 85% 和全球经济产量约 90%～95% 的约 130 个独立司法管辖区,作出了执行《40 条建议》的承诺。2002 年 5 月,FATF 对《40 条建议》进行了修订,内容包括:要求建立健全反洗钱法律制度并切实发挥作用,扩大反洗钱上游犯罪的范围;金融体系要执行识别客户身份、报告可疑交易和保存记录的规定;金融机构应制定反洗钱措施,在与反洗钱制度不完备国家打交道时应谨慎,金融监管当局应确保被监管机构防止洗钱行为;加大反洗钱领域的国际合作,相互交换反洗钱信息,加强在没收财产、互助和引渡方面的合作。虽然《40 条建议》本身不是法律文件,但由于涵盖了反洗钱的所有方面,包括司法和执法体系、金融体系与监管及国际合作,因此,已成为反洗钱领域被广泛接受的国际标准,成为世界各国和地区制定反洗钱法律和政策时必然遵循的基本原则。

FATF 为了增强反洗钱的国际合作,采取了"公布不合作国家与地区名单"的措施。此项措施的主要内容是将那些无意打击洗钱犯罪行为或打击洗钱犯罪行为极为不力的国家和地区的名单予以公布,以督促其制定和改进反洗钱措施。2000 年 6 月,FATF 公布了第一份 15 个不合作国家与地区的名单后,一些被公开点名批评的国家和地区迅速采取措施实施了反洗钱的国际标准。FATF 准备让更多的国家和地区,包括非成员国参与反洗钱各项措施的制定,从而使反洗钱措施更加全面。

FATF 还加强与其他国际组织的合作,如与国际货币基金组织和世界银行制定统一的反洗钱评估方法,参加七国集团和国际清算银行等国际组织和论坛举行的会议,扩大在国际反洗钱领域的影响,推动反洗钱和打击恐怖主义工作。

(三) 巴塞尔委员会

巴塞尔委员会于1988年12月签署了《关于防止犯罪分子利用银行系统洗钱的原则声明》(以下简称《原则声明》),提出四项建议:第一,验明客户身份。银行对所有申请服务的客户,应努力确定其真实身份,包括制定自客户取得身份证明的有效程序;应有明确的政策,即对于不能提供身份证明的客户,不与之发生重大业务交易。第二,遵守法律。银行管理人员应确保执行业务遵循高尚的道德标准,遵守金融交易的法律与法规;有充分理由怀疑与洗钱有关的交易,银行应拒绝提供服务或对反洗钱调查给予积极支持。第三,与执法机关合作。银行应在当地保密法规许可的范围内与本国执法机关全面合作;应注意避免向试图以改动、不全或误导信息欺骗执法机关的客户提供支持与协助;银行一旦知悉可由其推断存款交易本身具有犯罪目的的事实,应采取措施,如拒绝协助、断绝往来、关闭或冻结账户。第四,职员培训。银行应将防范洗钱的政策告知所有职员;应加强有关本原则事项的职员培训。巴塞尔委员会的《原则声明》不是一个具有法律约束力的文件,但包含的基本原则在成员国均以各种形式得到贯彻,有些国家(意大利、奥地利、瑞士)将其纳入了金融行业自律的范畴,各金融机构签署正式协议,承诺遵守《原则声明》;有些国家(英国、法国)的金融监管当局向管辖的金融机构发布行政指令,要求遵守《原则声明》,否则给予行政处罚;另有一些国家(如卢森堡),基于《原则声明》制定和颁布了正式法令。

(四) 国际刑警组织

国际刑警组织作为一个预防和惩治刑事犯罪的国际组织,在打击国际犯罪活动方面发挥着积极的作用。1983年,国际刑警组织建立了犯罪资产处理小组,负责收集、研究和公布与有组织犯罪活动相联系的资产和资金移动的信息,并采取措施进行控制。1989年11月,在里昂召开的第58届年会上,国际刑警组织全体大会通过了有关洗钱和相关事项的决议。决议指出,国际刑警组织必须继续致力于法律实施行动,并加强各国法律实施之间的合作,共同打击与贩毒有关的洗钱活动,以及与其他犯罪活动相联系的洗钱活动。1995年,国际刑警组织第64届年会提出了控制洗钱的三原则:必须依照法律打击洗钱犯罪活动;金融机构必须及时报告所获知的洗钱情况;开展国际间合作打击洗钱犯罪活动。

国际刑警组织除了促进各国反洗钱法律制度的完善外,还采取措施促进跨国洗钱犯罪信息的交流与共享,先后与世界海关组织、金融行动特别工作组、国际银行证券协会等国际组织建立了紧密的联系,促进世界反洗钱战线的建立和巩固。国际刑警组织开通的自动信息接收系统和犯罪信息系统,极大地方便了各成员国接受、传送和查询有关的犯罪信息。在引渡犯罪者、没收犯罪收益等方面,国际刑警组织促成各成员国达成协议,大大地推动了全球反洗钱运动的进展。

(五) 艾格蒙特组织

艾格蒙特组织(Egment Group)是由多国金融情报中心汇集在一起组成的相互交流信息以打击洗钱犯罪活动的组织。洗钱犯罪活动的危害性使各国认识到打击洗钱犯罪活动的紧迫性,纷纷建立了金融情报中心(Financial Information Unit, FIU)和类似机构收集有关金融信息,防范和打击洗钱犯罪活动。1995年,艾格蒙特组织正式建立,主要由美国财政部下属的FINCEN和各国的FIU组成,成员来自各大洲58个国家和地区。艾格蒙特组织最大的成就是通过美国财政部下属的FINCEN建立了一个安全的国际商业活动和金融交易信息共享系统。该系统的存在使得各成员国可以通过电子信息交流手段,安全及时地获取和交换有关的信息和技术,提高了信息交换的效率,大大增强了世界反洗钱的力量。艾格蒙特组织致力于促进各国建立反洗钱金融情报组织和各情报组织之间的信息交换,与金融行动特别工作组一起对国际反洗钱制度的完善产生了影响。艾格蒙特组织反洗钱信息交流制度与金融特别行动组的《40条建议》国际标准,构成了现代国际反洗钱活动的两大基石。

三、区域性反洗钱合作网络

(一) 欧洲理事会及《欧洲反洗钱公约》

1990年11月8日,欧洲理事会签署了《欧洲反洗钱公约》,1993年9月生效。欧洲反洗钱公约扩大了洗钱上游犯罪的范围,同时增加了没收的相关规定。《欧洲反洗钱公约》是国际反洗钱法律规范中首次出现"洗钱"罪名的刑事法律文件,在客观行为、主观要件、犯罪对象上比联合国的规定有一定变化,扩大了犯罪对象的范围。《欧洲反洗钱公约》本质上是一部反洗钱的刑事法律规范,虽然由欧洲理事会提出,但是其影响力已经大大超越了欧洲范围,许多亚洲国家也签署了这一公约,使其具有了部分国际性公约性质。

(二) 欧盟及《欧盟反洗钱指令》

1990年3月23日,欧盟提出了《欧盟反洗钱指令》,1990年6月10日通过。《欧盟反洗钱指令》的特点在于:一是提出了独立洗钱罪;二是制定了预防利用金融系统洗钱的法律规范。需要注意的是,这是一个地区性公约,缔约成员国是欧盟成员。

(三) 美洲及《美洲反洗钱示范法》

1992年3月,美洲国家组织在巴哈马的纳索举行大会。大会通过了一份由反洗钱专家组起草的《关于非法毒品交易与相关犯罪的洗钱犯罪的示范法规》(简称《美洲反洗钱示范法》),拉开了美洲国家同洗钱协同作战的序幕。《美洲反洗钱示范法》首次规定了公司企业可以构成洗钱犯罪主体,规定金融机构及其从业人员应当履行预防洗钱的法定义务。同时,《美洲反洗钱示范法》设立了过失洗钱罪的规定,引入了公司企业,并将与洗钱活动有关联的行为纳入打击范畴。该法还对预防洗钱案件、加强打击洗钱活动的国际合作以及制定统一的行为守则作出了规定。但是,《美洲反洗钱示范法》并未突破1988年《联合国禁毒公约》中对于洗钱上游犯罪的狭窄界定,因为该法的主要目的在于确定美国与周边各国的司法协助。

(四) 其他区域性反洗钱合作组织

2000年,南方共同市场的巴西、阿根廷、巴拉圭和乌拉圭四个成员国通过了一篮子决议,加强四国在金融领域预防和打击洗钱犯罪活动的合作。为此,各金融机构需要确切掌握进行的各种业务的性质、了解客户及其守法情况,记录并保存大额金融交易记录备查,建立由金融机构高级领导负责的内部控制制度等。为了保证该决议的有效实施,四国同意在规定的时间之前将决议内容纳入本国的正式法律文件之中。

2000年,哥伦比亚、美国、巴拿马和加勒比海国家阿鲁巴也签署了协议,加强各国合作,打击与贩毒和走私有关的洗钱活动。签署协议各国通过合作确定可能参与洗钱的部门,在免税区、机场和商业中心等采取严格控制和检查措施,进行信息合作,以便海关等部门采取相应的行动。

亚太经合组织对反洗钱活动也十分关注,在1995年第二届亚太经合组织财政部长会议上,通过部长联合声明表达了对反洗钱工作的支持,并在措施方面达成一致。2001年,在亚太经合组织财政部长会议和其他论坛上,会议代表就反洗钱问题表明了立场和观点,各国一致表示将采取措施打击洗钱犯罪活动。

世界各大银行也联手打击洗钱犯罪活动,美国花旗、瑞士联合、瑞士信贷等10多家世界知名大银行拟定了一份旨在联合打击洗钱犯罪活动的计划,强调必须投入更多的人力和资源,加强世界范围内的金融合作,制定有效的措施防止"黑钱"通过金融机构进入合法渠道。

四、加强反洗钱国际合作的趋势

各国出于国家利益的需要不断加强反洗钱合作,主要采取的形式是签订双边或多边协议。

双边协议是两国签署的反洗钱合作协议。双边反洗钱效果比单边行动好,易于得到对方国的配合,但是,双边观点和利益上的矛盾有时会削弱双方合作的效果。

多边协议是多国签署的反洗钱合作协议。由于各国在组织反洗钱活动方面的利益不同,所以合作有一些难度。多边协议代表国际合作的共同利益,只有各国都建立并执行反洗钱规定,才能获得实效。国际反洗钱规则中最著名的莫过于1988年底通过的《关于防止犯罪分子利用银行体系洗钱的声明》和1990年金融行动特别工作组推出的《关于洗钱问题的40条建议》。一些反洗钱的国际及区域金融组织的建立,督促各国严格反洗钱监管。如瑞士迫于国际压力于1990年修订了刑法,正式确定了洗钱罪,并颁布了《瑞士银行家协会银行行为规则》,其中包括了反洗钱条例。

第四节 中国的反洗钱监管

一、我国反洗钱的急迫性

1996年11月,国际反洗钱专家、七国集团亚洲特别行动组主任迈克·唐纳先生在来华讲学时指出:"由于西方国家多年来卓有成效的反洗钱努力,目前洗钱犯已改变方式,并把重点放在中国、缅甸、泰国、越南等发展中国家和不发达国家,利用这些国家没有反洗钱法和金融监管滞后的弱点,大肆进行洗钱活动。"事实也如此,根据权威部门估计,我国有4 000多名涉嫌窃取公款或利用职权之便收受贿赂的人员,通过洗钱逃往国外。每年资金外逃达300~500亿美元,金额巨大。

据公安部门调查,境外黑社会组织将境外走私、贩毒、诈骗、勒索、收取保护费等非法活动所得黑钱,以投资名义转来大陆,建立企业和服务行业,以营业利润形式"清洗变白"。

与国外相比,我国的洗钱犯罪活动呈现出以下特点:① 贪污腐败洗钱现象严重。近年来,国内贪污腐败分子洗钱现象不断发生,这类案例和洗钱数额已经超过了黑社会组织的洗钱。腐败分子的黑钱通过清洗披上了合法外衣。② 存取和藏匿大额现金是洗钱的重要渠道。在我国,由于信用机制比较薄弱,现金结算是个人消费的常用方式。现金结算制度主要针对现金支取,现金收取限制比较少,成为洗钱途径之一。储蓄实名制的实施对犯罪分子有一定威慑作用,但由于个人使用现金所受限制极少,存取和藏匿大额现金成为洗钱的重要渠道。③ 通过银行的支付结算体系洗钱成为趋势。使用票据结算和转账结算是发展的趋势,目前企业除了小额零星收支采用现金结算外,其他均采用票据和转账结算。由于注册各类企业开立银行账户比较容易,专门为转移资金而开立账户屡见不鲜,所以,洗钱分子很可能利用这一方式达到目的。

由于经济、腐败、政治、投机、犯罪等因素的洗钱活动在我国已经比较明显,继续发展势必会威胁我国的金融安全,所以,反洗钱极具急迫性。

二、我国反洗钱的法律框架

2006年10月31日,我国《反洗钱法》通过,2007年1月1日施行。反洗钱法的颁布,正式建立了我国预防、监控洗钱活动的基本法律制度,与《中华人民共和国刑法》中有关制裁、打击洗钱犯罪的法律条款共同构成了我国全面预防、控制和打击洗钱犯罪活动的基本法律框架,形成了一道全面预防监控洗钱活动的反洗钱"法网"。

《反洗钱法》通过后,我国的反洗钱工作步入新的台阶,并带动相关部门制定反洗钱相关法规、规章。2006年11月14日,中国人民银行颁布了《金融机构反洗钱规定》,同时废止了2003年出台的《金融机构反洗钱规定》,详细规定了银行等金融机构应承担的反洗钱义务的范围。如规定金融机构在为客户提供金融服务时,发现大额交易或可疑交易时,应当及时向中国反洗钱监测分析中心报告;详细规定中国人民银行应承担的反洗钱职责。该规定对于金融机构开展反洗钱活动起到了一定的指导作用,但亦需进一步加以完善。第一,该规定关于反洗钱义务主体的范围规定较窄,律师、公证员等经常从事金融交易的人员未被纳入反洗钱义务主体范围。第二,该规定对于人民币、外币大额交易或可疑交易并未规定具体的报告标准。第三,该规定对于未正确履行或未及时履行反洗钱义务的金融机构未设置刑事处罚措施。第四,该规定对于金融机构开展反洗钱合作方面规定过于原则,未规定开展合作的情形及合作方式。

为防止犯罪分子利用金融机构进行洗钱活动,规范金融机构大额交易和可疑交易报告行为,2006年11月14日,中国人民银行颁布了《金融机构大额和可疑交易报告管理办法》,同时废止了《人民币大额和可疑支付交易报告管理办法》和《金融机构大额和可疑外汇资金交易报告管理办法》。该办法扩大了金融机构反洗钱义务主体范围,各类银行、证券公司、期货经纪公司、基金管理公司、保险公司、保险资产管理公司、信托投资公司、金融资产管理公司等均被纳入反洗钱义务主体范围,同时规定了兜底性条款即"中国人民银行确定并公布的其他金融机构"以扩宽反洗钱义务主体范围。但是,办法并未将律师、公证员、房地产中介等与洗钱活动具有密切联系的其他机构和人员纳入反洗钱义务主体范围。对于大额交易和可疑交易,该办法详细列举了各类金融机构应予以报告的情形,用以指导金融机构进行大额交易和可疑交易报告。主要采用列举方式规定大额交易和可疑交易情形,缺少灵活性,难以充分发挥金融机构的积极主动性,亦难以完全列举大额交易和可疑交易情形,可以考虑增加兜底性条款用以适应不断发展变化的反洗钱形势。该办法对于金融机构违反反洗钱要求的情形仅规定了行政处罚措施,未规定刑事处罚措施,不足以督促金融机构切实履行反洗钱义务。

此外，中国人民银行单独或联合其他部门先后颁布了《金融机构报告涉嫌恐怖融资的可疑交易管理办法》《金融机构客户身份识别和客户身份资料及交易记录保存管理办法》，对恐怖融资和金融机构履行反洗钱义务时在客户身份识别和客户身份资料及交易记录保存等反洗钱工作制度方面的具体要求作出了详细规定。其他部门也制定了相应的反洗钱制度，对相关部门开展反洗钱活动起到的一定的指导作用。如：住房和城乡建设部发布了《房屋登记办法》，强化了房地产业实名制购房制度。2008年8月，《中华人民共和国外汇管理条例》颁布，规定外汇管理部门应制定有关携带、申报外币出入境的限额。2009年5月14日，国务院发布了《彩票管理条例》，规定"彩票发行机构，彩票销售机构应当建立风险管理体系和可疑资金报告制度"。2008年4月，中国证券业协会发布了《中国证券业协会会员反洗钱工作指引》。2008年5月，中国期货行业协会发布了《中国期货业协会会员单位反洗钱工作指引》等。

（一）中国人民银行是反洗钱的行政主管机关

反洗钱法设计了一套以中央银行为主管的反洗钱行政管理体制，充分考虑到了我国现实，确保反洗钱法律制度得以贯彻落实。反洗钱法明确："国务院反洗钱行政主管部门负责全国的反洗钱监督管理工作。国务院有关部门、机构在各自的职责范围内履行反洗钱监督管理职责。国务院反洗钱行政主管部门，国务院有关部门、机构和司法机关在反洗钱工作中应当相互配合。"反洗钱法明确了中国人民银行的具体职责，包括：① 组织协调全国的反洗钱监督管理工作；② 制定或者会同有关部门制定反洗钱规章制度；③ 监督检查金融机构履行反洗钱义务的情况；④ 设立反洗钱信息中心，负责大额交易和可疑交易的接收分析；⑤ 向侦查机关报告涉嫌洗钱犯罪的交易活动；⑥ 进行可疑交易的调查，以及在法定情形下行使对资金的临时冻结权；⑦ 行使行政处罚权；⑧ 会同国务院有关部门监督管理特定非金融机构的反洗钱工作。

反洗钱法也规定了国务院有关部门、机构的相关职责。要求国务院金融监督管理机构对金融机构提出建立健全反洗钱内控制度的要求，不得审批反洗钱内控制度不健全的新设金融机构或增设分支机构，会同中国人民银行制定客户身份识别制度以及客户身份资料和交易记录保存制度；要求海关向中国人民银行通报超过规定金额的大额现金和有价证券出入境信息；要求国务院有关部门、机构和司法机关在反洗钱工作中与中国人民银行互相配合。

（二）有效预防监控洗钱活动是主要目标

反洗钱法规定，制定反洗钱法的目的是预防洗钱活动，维护金融秩序，遏制洗钱犯罪及相关犯罪。为有效实现上述目标，作出如下明确规定：① 明确承担反洗钱义务的主体及其具体反洗钱义务。反洗钱法规定承担反洗钱义务的主体是金融机构和特定非金融机构，反洗钱义务主要包括建立健全客户身份识别、客户身份资料和交易记录保存制度、大额交易和可疑交易报告制度等。② 明确反洗钱行政主管部门、相关部门及其反洗钱职责。反洗钱法明确，国务院反洗钱行政主管部门负责全国的反洗钱监督管理工作。国务院有关部门、机构在各自的职责范围内履行反洗钱监督管理职责。同时要求上述各相关部门在反洗钱工作中应当相互配合。③ 动员社会公众参与反洗钱工作。反洗钱法特别规定，任何单位和个人都有权向中国人民银行或公安机关举报洗钱活动，同时，规定接受举报的机关应对举报人和举报内容保密。④ 明确开展反洗钱国际合作的原则。反洗钱国际合作既是我国加入重要国际公约时所承诺的国际义务,也是反洗钱工作的客观需要。因此,反洗钱法对国际合作的原则作出了具体规定。通过国际合作,有利于对跨国界的洗钱活动进行预防监控。⑤ 明确了违反反洗钱法的法律责任。对违反反洗钱法的单位及个人追究行政责任或给予行政处罚。

(三) 金融机构是承担反洗钱义务的核心主体

反洗钱法明确,金融机构是承担反洗钱义务的主要主体,同时具体明确了金融机构的反洗钱义务,包括:① 建立反洗钱内部控制制度,并设立反洗钱专门机构或者指定内设机构负责反洗钱工作;② 建立客户身份识别制度;③ 建立客户身份资料和交易记录保存制度;④ 执行大额和可疑交易报告制度;⑤ 开展反洗钱培训和宣传工作。

(四) 反洗钱信息保密与使用

行政主管部门、金融机构等有关部门和个人在履行反洗钱职责和义务过程中,会获得大量涉及客户隐私、商业秘密、客户身份资料和交易的信息,为此《反洗钱法》作出了下述规定:① 规定任何单位和个人在履行反洗钱职责或者义务中获得的客户身份资料和交易信息,都要保密,不得泄露。履行反洗钱职责的单位,主要包括中国人民银行及其分支机构,反洗钱信息中心,国务院金融监督管理机构,依法负有反洗钱监督管理职责的其他有关部门、机构和司法机关等;负有反洗钱义务的是金融机构和非金融机构。上述单位从事反洗钱工作的人员,都应承担保密的义务。考虑到与其他法律的衔接,如其他法律规定可以提供的信息,可依该法律对外提供反洗钱信息。② 反洗钱行政主管部门和其他依法负有反洗钱监督管理职责的有关部门、机构,对履行反洗钱职责获得的客户身份资料和交易信息只能用于反洗钱行政调查,不得用于任何其他方面,也不得提供给其他部门用于反洗钱行政调查之外的工作。③ 司法机关通过反洗钱途径获得的客户身份资料和交易信息,只能用于反洗钱刑事诉讼,不得将其用于与反洗钱无关的刑事诉讼以及民事、行政审判和执行等工作。

三、我国反洗钱存在的难点

虽然政府和金融机构作出了巨大的反洗钱努力,但由于我国反洗钱活动刚起步,在打击洗钱的问题上存在诸多不足:

(一) 金融竞争无序不利于金融机构反洗钱

目前,国内形成了国有商业银行、股份制商业银行及外资银行并存的局面,其他金融机构发展很快。在竞争激烈的情况下,各大银行极力揽储,对资金来源的查证相对宽松。《反洗钱法》颁布后,各家银行建立了反洗钱的相关制度,但离真正上落实还有距离。

(二) 缺乏完整和协调的反洗钱金融监管体系

"一规两办法"(《金融机构反洗钱规定》《人民币大额和可疑支付交易报告管理办法》《金融机构大额和可疑外汇资金交易报告管理办法》)公布后,银行系统的监管更加明确。但是,作为非银行金融机构的证券、保险业在监管上存在真空,没有建立一个囊括整个金融系统的反洗钱金融监管体系。反洗钱是一个涉及多个部门的系统工程,如何与公安、检察部门合作也是监管体系中必须考虑的问题。

(三) 反洗钱监管与被监管的关系有待更加清晰

有学者研究认为,作为被监管方的金融系统,由于进行反洗钱活动会给自身带来失去客户、增加成本等负效应,所以,金融系统缺乏积极性从事这项具有外部正效应(从产品交易中社会得到的效益大于私人得到的收益)的事情,因为追求利润是最终目标。作为金融监管当局,为了公共利益,要督促金融机构的反洗钱行动。监管当局与金融机构在反洗钱上存在矛盾,协调二者的矛盾、构造合理的监管机制是一个值得研究的问题。

(四)反洗钱的国际合作有待加强

有力打击洗钱犯罪必须进行国际合作,我国已经作出了进行国际合作的努力,但由于存在某些制度上的问题,暂时无法加入有些国际反洗钱组织,从而不能利用其提供的反洗钱互助协定等平台来处理跨国洗钱犯罪。

四、反洗钱的长期性

在金融全球化趋势日益加强的背景下,洗钱跨国犯罪活动已经威胁到了一国的金融稳定。我国作为新兴的开放经济国家,已经被许多洗钱分子所注意。洗钱势必会危害到我国金融体系,如何应对开放经济条件下的洗钱活动,防止洗钱侵蚀我国金融肌体成为摆在我国监管当局面前的重大课题。面对我国当前利用职权收受贿赂洗钱、资金外逃洗钱等严峻现实,必须意识到反洗钱的长期性和艰巨性,吸取各国反洗钱的先进经验,结合国情完善反洗钱机制,维护国家金融安全,促进经济健康发展。

本章小结

1. 联合国把洗钱定义为:为隐瞒或掩饰因制造、贩卖、运输任何麻醉药品或精神药物所得之非法财产的来源,而将该财产转换或转移。太平洋周边地区打击洗钱及金融犯罪会议把洗钱犯罪的定义扩大为:把合法资金用于非法用途;把一种合法资金洗成另一种表面也合法的资金;把非法收入通过洗钱合法化。

2. 当前国际范围内洗钱活动的特点包括:多发生于金融监管有待完善的国家;呈现跨国性趋势;呈现大宗化发展趋势;呈现手段多样化趋势;洗钱犯罪出现政治化苗头。国际洗钱的主要渠道包括:金融渠道、投资渠道、贸易渠道。

3. 反洗钱的机制设计包括:选择适合国情的监管机构;建立适宜的现金交易报告制度;建立反洗钱情报分析的专门机构;进行反洗钱的立法;积极进行反洗钱的国际合作。国际反洗钱联合监管组织有:联合国、反洗钱金融行动特别工作组、巴塞尔委员会、国际刑警组织和艾格蒙特组织等。区域性反洗钱合作网络包括:欧洲理事会及《欧洲反洗钱公约》、欧盟及《欧盟反洗钱指令》、美洲及《美洲反洗钱示范法》以及其他区域性反洗钱合作组织。

4. 我国 2007 年 1 月 1 日起实行《反洗钱法》。该法规定中国人民银行是反洗钱的行政主管机关,其职责包括:组织协调全国的反洗钱监督管理工作;制定或者会同有关部门制定反洗钱规章制度;监督检查金融机构履行反洗钱义务的情况;设立反洗钱信息中心,负责大额交易和可疑交易的接收分析;向侦查机关报告涉嫌洗钱犯罪的交易活动;进行可疑交易的调查,以及在法定情形下行使对资金的临时冻结权;行使行政处罚权;会同国务院有关部门监督管理特定非金融机构的反洗钱工作。

思考题

1. 洗钱的主要渠道有哪些？
2. 简述当前国际洗钱的主要特点。
3. 反洗钱机制主要包括哪些环节？
4. 简述我国当前反洗钱的主要难点和完善措施。

即测即评

请扫描右侧二维码，进行即测即评。

第十二章 金融安全监管

> **【本章提要】**
> 本章主要针对金融机构安全、区域金融安全、国家金融安全和全球金融安全等不同层次的金融安全监管进行论述。在此基础上,介绍金融机构风险的金融监管标准,区域金融安全的金融监管方式,实现国家金融安全监管的法律制度体系以及努力实现全球金融安全监管的途径。

第一节 金融安全的类型

一、静态金融安全

从静态来看,金融安全是一国通过法律、经济、行政等手段,对金融机构实行全面监管,使金融系统处于国家的严格管理之下维持相对稳定的状态。为保持金融系统的这种稳定状态,一国在金融发展过程中必须具备发现和抵御对本国金融体系的各种威胁、袭击和破坏的能力,拥有健全有效的监管制度、工具和手段,确保本国金融体系、金融主权和金融利益不受侵害,使金融体系保持稳定运行与发展。

二、动态金融安全

动态的金融安全,可以由金融功能是否健全以及金融体系是否有效率两方面来理解。

(一)从金融功能是否健全理解金融安全

默顿和博迪(Merton&Bodie,1995)首先提出金融功能观,认为任何金融系统的基本功能都是在不确定的环境中,在时间和空间上便利经济资源的配置和拓展。即资源配置的基本功能是金融系统功能集中的体现。围绕资源配置这一核心功能,学者们提出了金融体系的服务功能、中介功能以及经济调节、风险规避等扩展功能。随着经济金融全球化发展,为了进一步提高资源配置效率,金融功能在微观与宏观两个层面进一步衍生出风险交易、信息传递、公司治理、引导消费、区域协调、财富再分配等功能。金融功能是否完善直接影响金融体系的正常运行。同时,由于经济发展要求金融功能必须不断完善和扩充,这就使一国的宏观经济金融环境和制度环境必须放松管制,允许和鼓励金融创新。一国在通过金融创新促进金融功能健全前提下的金融安全,是动态的金融安全。

(二) 从金融体系的效率角度理解金融安全

根据贝恩(A. D. Bain,1981)对金融效率的定义,金融体系的效率包括三个层次:资源配置效率、金融机构操作效率、金融市场信息传递效率。其中,资源配置功能是金融的核心功能,主要通过动员储蓄,把社会闲散资金聚集起来,选择好项目使资金的使用效率提高。金融机构操作是指金融机构为实体经济活动提供支付清算便利和融资保障,为经济活动不确定性的风险提供避险工具。低操作效率不仅影响金融资源配置效率和金融安全,而且导致国内金融机构竞争力下降。金融市场信息传递指金融市场价格和反映资金供求关系的信息能迅速通过各种渠道传递至市场主体,通过市场主体反映在金融市场的价格上。如果信息传递效率低,可能增加价格扭曲,降低金融机构操作效率和资源配置效率,导致金融安全隐患上升。同时,国外投资者和投机者也可能利用信息获得上的优势对市场价格进行操纵或垄断,增加国内金融市场价格的扭曲度,使金融安全受损。这三个层次的效率相互联系和依存,是金融安全的具体保障。所以,从长远看,必须完善市场机制,激励金融机构积极参与市场竞争,通过竞争使金融体系的运转效率得以提升,保证金融功能的充分有效发挥。金融体系是否高效率运行其实是对金融安全的一个界定和反映。

总之,动态金融安全是指金融体系处于国家金融监管之下,在金融创新较为宽松的市场环境中,金融机构通过市场竞争健全金融功能,提高金融体系的运转效率,使得金融持续稳定增长的状态。一个功能欠缺、低效率的金融体系,即使没有发生金融危机,也不能认为是真正意义上的金融安全。金融安全与金融发展二者是统一的。

三、封闭环境的金融安全

在封闭环境下,金融安全取决于一国内部的金融制度、机构、工具、市场以及调控机制等因素所导致的风险对本国金融体系产生的危害。因而,金融安全要求政府通过采取各项政策、措施,对影响金融体系的因素进行约束,以保证一国金融体系的稳定运行和发展。

在封闭环境下出现金融动荡时,政府是金融体系稳定的最后屏障。如果金融市场封闭或开放度较小,政府可以通过调动经济资源、动员社会力量、争取国际社会支持等手段,增强公众信心,确保市场稳定,进行市场救助以维护本国金融安全。此外,政府可以通过行政干预、制度供给、体制改革措施提高金融体系的完善程度,如金融机构产权制度、治理结构、内部控制制度等,促进金融体系相互协调,保证金融体系的正常运行。总而言之,在封闭环境下,经济体系以外的因素对国家金融安全的影响较小,政府作为金融安全的维护者,可以将本国的金融安全置于可控范围内。

四、开放环境的金融安全

在经济开放环境下,一国金融市场已处在开放中,国外各种因素会影响到本国的金融体系,金融安全受到国内经济体系和金融全球化所带来的各种因素的影响。其他国家或地区的金融危机也更容易传入,危及本国金融的稳定和安全,金融安全的范畴被大大扩展。因此,开放环境中的金融安全,是指一国有能力在防范国内各种因素对金融体系造成的影响和危害的基础上,对他国可能传染到本国的金融危机实行有效的预警和隔离,保证金融主权和金融利益不受侵害,实现金融体系的稳定运行。

(一) 金融全球化进程中威胁金融安全的主要风险

首先是资本流动全球化带来的风险。资本流动全球化加大了利率风险和汇率风险,外资银行在国际金融市场上融资,国内企业通过外资银行进行融资,意味着本币与外币的融通、国际资本的流出入更加频繁。由于资本跨国界流动,金融监管当局对资本流动风险控制的难度增大。巨额投机性短期资本可以在全球范围内迅速流动,极易对国家和地区金融造成突然性冲击。

其次是金融机构全球化带来的风险。在金融全球化进程中,金融机构跨国界设立分支机构,对一国金融安全产生影响,加大了本国金融机构的经营风险。从表面上来看,各国互设分支机构完全平等。但从发展中国家角度来看,由于在金融发展上存在差距,在资金规模、技术水平、人员素质、从业经验等方面与发达国家相比相去甚远,互设分支机构很可能是强弱竞争,加大了利率风险、市场风险、信用风险、流动性风险和经营风险,极易形成新的国际风险和系统风险。随着外资金融机构的进入,其国内业务将迅速增长,并持有较多的本币资产。当本币汇率出现波动时,有大量本币资产的外资金融机构是个不确定的因素,有可能推波助澜,加剧汇率波动。外资银行进入可能强化国际金融市场波动传导机制,进一步加大中央银行的调控难度,使金融波动的潜在压力增加。外资银行可以为外资提供撤出东道国的渠道,根据国外经验,一旦国内金融形势不稳定,外资会通过外资银行撤出,可能引发或加剧金融危机。

(二) 金融全球化进程中的风险扩散与传染

金融全球化的深入发展最突出的特点是金融风险具有显著的扩散性和传染性,个别国家和地区的金融动荡可能演变为区域性甚至全球性的金融危机。国际金融危机传染本国的渠道主要有:从众效应,即市场参与者盲目跟风,对市场的预期和信心发生改变;相似性,指特定经济实体之间具有相似的金融结构脆弱性与宏观经济金融状况;贸易与金融联系,指由于与危机发生国存在出口竞争关系,国外同一投资者为了避险或进行资产重组而转移资本。

开放环境下的国际金融危机扩散与传递机制对金融安全的威胁,使一国已不能仅靠自身力量维护金融安全,金融安全的含义扩展到了全球范围。因此,建立国际金融监管组织,采取统一行动实行全球金融监管,成为开放环境下维护金融安全的必然趋势。

五、金融安全的层次

就金融体系而言,不同层次和范围的金融安全有不同的含义和内容。微观层次的金融安全是指个体金融机构金融安全;对于大国而言,由于金融机构形态、层次和业务的差异,会形成不同的金融区域,构成了区域的金融安全,即中观层次的金融安全;国家金融安全以及金融全球化背景下的全球金融安全构成了宏观层次的金融安全,各层次关系如图 12-1 所示。各层次的金融安全的相关内容在以下各节进行详细叙述。

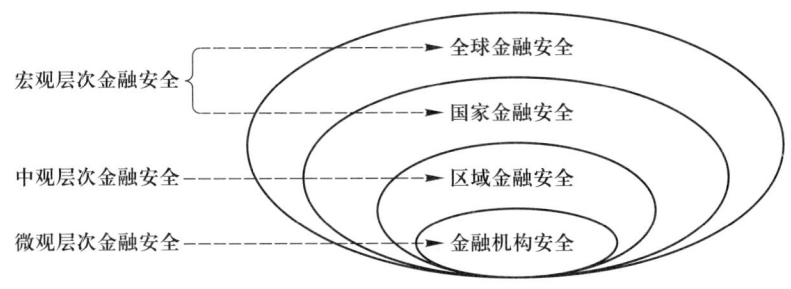

图 12-1　金融安全层次示意图

第二节　金融机构安全监管

一、金融机构安全监管的范围

从经营业务上来看,金融机构包括商业银行、证券机构、保险机构、信托公司和基金公司等;从经营范围上来看,金融机构有地区性金融机构、全国性金融机构、跨国金融机构。对金融机构来说,经营活动会因为金融市场信息不对称、金融市场失灵造成不确定性,使金融机构有可能遭受不同程度的损失。因此,对法人金融机构的金融安全监管,是整个金融安全的基础。

二、金融机构面临的主要风险

金融机构面临的金融风险贯穿经营始终,表现形式多种多样。实现对金融机构的有效监管,必须对金融机构的风险有准确的把握。经营性金融机构的风险主要可以概括为违约风险、流动性风险、利率风险、汇率风险、经营管理风险和国家风险。

违约风险是债务人在借款合约期满后不能偿还本金和利息,给金融机构造成损失的可能性。违约风险是最基本的风险,产生的原因分为意愿性信用风险和能力性信用风险两类。意愿性信用风险即债务人有意隐瞒资信真实情况,骗取金融机构的授信或债务人财务状况正常,但缺乏履约诚意出现的信用风险。能力性信用风险是债务人经营失误或经营环境突变导致预期现金流入不足,无力偿还到期债务形成的信用风险。

流动性风险是金融机构无力满足债权人提存和清算支付的要求,造成挤提的可能性。金融机构主要依靠负债经营,负债期限和数额取决于存款人的意愿,因此,金融机构必须随时满足存款人提存和清算支付的合理要求,保留一定量的现金资产。由于持有现金资产的机会成本较高,逐利本能驱使金融机构尽可能降低现金资产。当现金资产降低到一定限额时,极易形成流动性压力。在存在金融机构破产机制的环境中,公众对金融机构的流动性变化十分敏感,金融机构的一项巨额经营损失、甚至谣言都会使其陷入流动性危机中。

利率风险是由于金融机构的利率敏感性资金配置不当,带来净利息收益的降低,甚至造成损失的可能性。金融机构相当一部分利润来自利差。在利率自由化的国家,敏感性资产和敏感性负债形成敏感资金缺口或利率风险敞口,利率风险非常突出。当利率出现较大波动时,不恰当的资金配置会带来利息损失。金融机构在进行证券投资业务(目前主要是债券)时,由于商品市场、证券市场、不动产市场等多种行情变动,也存在一定的风险。随着金融机构投资业务的扩大,投资风险成为金融机构的一种重要风险。

汇率风险是外汇资产因汇率变动而蒙受损失或降低收益的可能性。在浮动汇率制度下,汇率存在波动的风险。一般来说,当一笔外币资产在将来某个时候要兑换成另一种货币资产时,如果两种货币的汇率没有确定,这笔外币资产就存在着汇率风险。汇率风险主要表现在两方面:第一,交易风险。交易风险在金融机构买进或卖出某种外汇时才会成立。买卖外汇时的交易风险,主要集中在将承受外汇风险的外币资产差额部分,也称为汇率风险敞口。汇率风险敞口有两种不同形式,即超买头寸(over-bought position)和超卖头寸(over-sold position)。第二,会计评价风险。金融机构经营绩效一般用本国货币表示,国际业务量比较大的金融机构,其收益折算成本币时,由于汇率波动原因,往往会使资产负债表和损益表的绩效受到影响。当然,会计评价风险也涉及汇率风险敞口问题。

经营管理风险是来自金融机构内部的风险。在金融市场竞争不断加剧的环境下,金融机构不但要加强传统业务的经营,还要进行金融创新,寻找新的利润增长点。金融衍生产品的不断出现,使金融业务更加复杂,系统性金融风险加大。金融综合经营也使风险逐步增加。同时,金融机构内部的管理制度是否健全,对防止和杜绝金融机构内部发生风险举足轻重。

国家风险是金融机构由于拥有一个国家的债权而产生损失的可能性。国家风险源于债务国的政治动荡或经济衰退导致债务人无法按期清偿债务。金融全球化环境下,金融分支机构延伸到全球,国家风险随之产生。国家风险有连锁效应,一国债务危机往往涉及其他国家偿还外债的能力,甚至可能引发全球金融危机。在新兴市场或经济转型国家,商业银行的国际借款有时为政府提供低息贷款,给到期还款带来了风险。

三、金融机构安全监管的内容

监测金融机构的风险程度是金融监管的核心。因此,制定风险指标体系是决定金融监管有效性的前提。发达国家的做法各有不同,其中美国金融监管的"骆驼体系"(CAMEL)具有代表性。该评价体系产生于1979年。美联储、货币监理署和联邦存款保险公司三家金融监管机构的现场稽核均使用该系统,该系统被认为是效果显著的评估工具,被国外许多金融监管机构采用。

CAMEL选用五个指标作为风险分析对象,即资本充足率(capital adequacy)、资产质量(asset quality)、管理水平(management)、获利能力(earnings)、流动性(liquidity)。这五个指标第一个字母缩写组成是CAMEL,故称"骆驼体系"。进入20世纪90年代以后,随着金融全球化发展以及利率作为货币政策中介目标被美联储频繁使用,金融资产的市场价值受利率波动影响越来越大。国际金融市场动荡,利率与汇率的互动影响加大,加上美国20世纪80年代和90年代初银行业危机的经验教训,迫使监管机关加强对银行机构的检查,以提高金融监管的有效性。1996年12月20日,美联储理事会决定在过去的CAMEL体系中增加敏感性指标(sensitivity),开始实施新的银行评级体系——CAMELS。

(一) 资本充足率

资本充足率的计算方法是用资本除以资产。资本充足率越高,银行应付多变金融市场的能力越强。根据《巴塞尔协议》的规定,1991 年,美联储开始对商业银行实行基于风险的资本充足率管理,将银行分为跨国银行、资产超过 10 亿美元的地区银行和资产低于 10 亿美元的社区银行,并对三类银行分别制定最低资本充足率标准,保证银行稳健经营。1999 年 6 月,巴塞尔银行监管委员会提出了新的银行资本协议框架,建议根据不同类别的银行资产分别将风险资本的权重调整为 5%、20%、50%、100%、150%。美国著名的信用评级机构如穆迪公司和标准普尔公司采用了这一分类标准。由于银行业的危机,联邦存款保险公司提出,对风险度大的贷款,特别是低质量的消费贷款,资本充足率应从 8% 提高到 16%。1999 年,联邦存款保险公司在银行检查中发现有 150 家银行发放了信用等级极差的贷款,于是,要求将这部分贷款的资本准备金提高到 25% ~ 30%。

(二) 资产质量

资产质量主要考察风险资产的数量、预期贷款的数量、呆账准备金的充足状况、管理人员的素质、贷款的集中程度以及贷款出现问题的可能性。资产质量的评价标准把全部贷款按风险程度分为四类,即正常贷款、不合标准贷款、有疑问贷款以及难以收回贷款。

$$资产质量比率 = 加权计算后的有问题贷款/基础资本$$

$$加权计算后的有问题贷款 = 不合标准贷款 \times 20\% + 有问题贷款 \times 50\% + 难以收回贷款 \times 100\%$$

(三) 管理水平

管理水平涉及内容较广,包含银行的投资组合的分散化和风险水平、管理技能、竞争力、领导能力、遵守现有条例的能力以及对环境的应变能力。从 1996 年开始,联储理事会开始对银行管理层辨认、衡量和监控风险的能力进行评级,以确定银行的管理水平。主要方式是了解银行的管理状况,检查银行的内控制度和遵纪守法情况,特别是考察各类资产运作的程序和业务流程。

(四) 获利能力

监管机关要根据银行提供的资产收益率和资本收益率的相关数据来评定银行的盈利水平。通常来说,资产收益率高于 1% 以及资本收益率高于 15% 的银行是经营好的银行,资产收益率低于 0.3%、资本收益率低于 5% 的则比较差。

(五) 流动性

对银行资产流动性的考评,主要是考察贷款期限结构是否与负债结构相匹配、银行存款的波动情况、核心存款的稳定性、银行对借入资金的依赖程度、可及时变现资产与总资产的比例、资产及负债的利率敏感性(主要衡量指标是麦考利的持续期概念)、资产负债的管理水平、银行向外借款的能力(包括借款的数量和频率)等。金融监管机关对银行流动性的评价级别和标准如下:

第一级:流动性好,变现能力和偿付能力强;
第二级:有较高的流动性,但不是最高水平;
第三级:流动性资金不足以随时满足需要;
第四级:流动性资金明显不足;
第五级:流动性水平过低,已影响到经营安全。

(六) 敏感性

敏感性主要指银行对金融市场风险的敏感性，包括盈利与利率逆向变动的敏感性。评价敏感性主要侧重于监控和管理风险的能力和对市场的反应能力，特别是对利率风险的管理能力。利率风险管理要求银行将资产与负债期限、敏感性资产和负债相匹配。根据不同的银行风险收益和资产负债结构，研究利率变化趋势，调整敏感性资产和负债结构，控制资金缺口，提高利差收益。与此同时，通过对敏感性资产和负债的分析，进行资产和负债的期限动态管理。

新"骆驼"银行评级制度是美国银行监管的主要方法。美国联邦金融检查委员会将这六方面内容分解为详尽的财务指标，对不同资产规模等级的金融机构状态有不同要求。金融监管机构将指标分为五个等级：一级，为经营稳健的银行，属于优秀银行；二级，银行具有控制风险的能力，是健康银行，但存在可改正的适度缺陷；三级，需要引起监管者关注的银行，已经出现不良资产，并存在缺陷；四级，存在问题的银行，有很大的资产缺陷或其他令人不满意的情况，存在破产的可能性，但尚不明显；五级，濒临破产的银行，要求股东或其他方面进行紧急帮助，破产的可能性很大。通过对六大指标的评价，监管部门基本上能确定银行的经营状况。纽约联邦储备银行还建立了一个预警系统，可以尽早发现问题，降低微观金融机构的风险和损失。

四、《巴塞尔协议Ⅲ》及我国的最新规定

（一）《巴塞尔协议Ⅲ》

在雷曼兄弟破产两周年之际，《巴塞尔协议Ⅲ》在瑞士巴塞尔出炉。最新通过的《巴塞尔协议Ⅲ》受到了2008年全球金融危机的直接催生，该协议的草案于2010年提出，并在短短一年时间内就获得了最终通过，并于此后的11月在韩国首尔举行的G20峰会上获得正式批准实施。《巴塞尔协议Ⅲ》是国际清算银行（BIS）的巴塞尔银行业条例和监督委员会的常设委员会——"巴塞尔委员会"于1988年7月在瑞士的巴塞尔通过的"关于统一国际银行的资本计算和资本标准的协议"的简称。该协议第一次建立了一套完整的国际通用的、以加权方式衡量表内与表外风险的资本充足率标准，有效地扼制了与债务危机有关的国际风险。《巴塞尔协议Ⅲ》于2013年1月6日发布其最新规定，新规定放宽了对高流动性资产的定义和实施时间。

《巴塞尔协议Ⅲ》是全球银行业监管的标杆，其出台必将引发国际金融监管准则的调整和重组，影响银行的经营模式和发展战略。在巴塞尔协议Ⅲ出台之际，原中国银监会及时推出了四大监管工具，包括资本要求、杠杆率、拨备率和流动性要求四大方面，及时进行了跟进，构成了未来一段时期中国银行业监管的新框架。这被业界称为中国版"巴塞尔Ⅲ"。

（二）中国新的资本监管制度

在资本充足率方面，商业银行一级资本充足率，从现行的4%上调至5%，资本充足率保持8%不变；在拨备覆盖率的基础上，引入动态拨备率指标控制经营风险，原则上不低于2.5%；引入杠杆率监管指标，按照监管规划，"十二五"期间，我国银行业杠杆率监管标准确定为不低于4%；在现有流动性比率监管基础上，引入流动性覆盖率和净稳定融资比率指标。

"十二五"期间,我国银行监管部门拟实行新的资本监管制度,对于银行资本的数量、质量和标准提出新的要求。"十二五"期间,银行业将实施更为审慎的资本充足率监管标准。在获国务院批复方案中,核心一级资本、一级资本和总资本的最低要求调整为 5%、6% 和 8%。此外,新的规定还对所有银行设置抵御经济周期波动的超额资本,获批方案留存超额资本 2.5%,反周期超额资本 0 至 2.5%。银监会有关负责人曾指出,只有在出现系统性贷款高速增长的情况下,商业银行才需计提反周期超额资本,大多数时间反周期超额资本为 0。获批方案资本充足指标自 2012 年年初开始执行,系统重要性银行于 2013 年年底达标,非系统重要性银行 2016 年年底达标。执行新标准后,系统重要性银行最低总资本充足率要求为 11.5%,非系统重要性银行为 10.5%。

《巴塞尔协议Ⅲ》将银行核心资本和普通股权限的要求大幅提升,可以看出,顺应巴塞尔委员会的要求,我国银行监管新工具箱的核心监管工具仍然是资本要求。监管部门希望通过实现新的资本监管制度,提高最低资本要求,以便更有效地抵御和化解银行潜在风险造成的损失。据原银监会公布数据显示,2010 年年末我国商业银行整体加权平均资本充足率 12.2%,比年初上升 0.8 个百分点;加权平均核心资本充足强化监管乃大势所趋。

第三节 区域金融安全监管

一、区域金融安全的含义

在一个区域内有多个金融机构时,就形成了金融产业群。这是一个中观金融概念。中观金融不完全是行政区划,更多的是金融区域。中观金融是指一个国家内,不同形态、不同层次和不同业务的金融机构相对集中形成的区域金融。区域金融的结构差异、差异互补和相互关联构成一个中观金融集群。

(一) 区域金融的基本特征

区域金融不同于宏观金融,也不同于微观金融,其特征可以概括为以下几点:

1. 区域金融结构的层次性

按照经济和金融的空间分布,中观金融在一个国家可以有多个,有不同层次。如可将中国人民银行成都分行所辖的四川、贵州、云南、西藏四省区,作为一个中观金融区域,其中,四川、贵州、云南、西藏也各自形成一个相对小的金融区域。一个国家因地区经济发展水平的差异,区域金融也可以分为发达型、次发达型和欠发达型。

2. 区域金融边界的模糊性

从统计学的角度出发,区域金融应该有一个界限值。但在现实中,一定地域范围内的空间金融活动,常常跨越行政区划和自然地理界限,因而,以经济区域为地域依托的区域金融界限也是模糊的。一个特定的区域金融是个有限的区域体系,在金融市场、金融资源和金融资产等要素功能上,表现为相对的不完整性,因而,区域金融在要素与要素之间存在着流动。

3. 区域金融作用的非线性

在区域金融运行中,要素与要素、系统与系统之间相互联系和相互制约,共同作用构成一个非线性系统,适应区域内社会经济发展的整体需要。

4. 区域金融区位的移动性

从历史发展来看，由于地理变化、资源运用、工业生产、贸易条件和城市转移等原因，区域金融是个动态概念。在经济与金融的发展进程中，无论是区域经济，还是区域金融都在渐变之中。农业时代，我国唐朝的长安是区域金融中心，辐射周围的郡县；在陆地贸易条件下，明清时期的山西成为非常有影响的区域金融中心；目前是海洋贸易的国际经济发展时期，上海、深圳成为繁荣的区域金融中心。

（二）区域金融的差异

区域金融反映了中观金融运行和发展的特征，区域经济很大程度上要借助于区域金融运行才能持续发展，但区域金融与区域经济并非完全重合。从层次上看，金融中心覆盖了若干经济区域，有的经济区包含着几个小的区域金融"中心"，意味着区域金融有不同于区域经济的独立因素。这些构成因素的不同组合，决定了不同区域金融之间的差异和联系，构成区域金融安全的核心问题。

1. 金融结构与发展水平差异

金融发展水平是从量的角度反映区域金融差异，包括金融资源与金融交易数量、货币与金融深化程度等。金融结构是从质的方面折射区域金融的差异，包括金融机构、金融工具、融资机制和金融行为等。

2. 吸纳与辐射功能差异

一定的区域金融中心对周围地区经济金融发展的渗透和作用能力，是决定该金融区域空间外延和层次地位差异的重要因素，也是引起金融资源空间流动和金融结构变动的重要力量。

3. 社会软环境和硬环境差异

社会软环境主要指区域经济政策、金融政策、地方法规、税收制度、历史背景与文化意识等方面。硬环境主要指金融区域所处的地理位置、交通建设、通信设施、经济结构、市场规模等。进入21世纪，在现代经济一体化和金融全球化的条件下，软环境对区域金融发展和区域金融安全，具有更重要的意义。

二、对区域金融安全的监管

（一）区域金融安全监管的理论

金融监管理论源于经济学政府管制理论，认为市场缺陷和市场失灵是政府进行管制的前提。因而，金融监管的一般理论也适用于区域金融监管，即区域金融监管的原因主要在于区域内存在着金融市场缺陷和市场失灵。

区域金融监管是区域金融市场失灵伴生的结果。区域金融监管的基础是金融市场，金融监管必须以市场为基础，背离市场规律将导致无效监管。区域金融市场失灵的主要原因，从金融机构看，是金融作为高风险行业自身具有内在的不稳定性，一家金融机构倒闭容易引起"多米诺骨牌效应"，波及其他金融机构，引起整个金融恐慌和社会信用秩序破坏；从金融垄断看，由于金融业存在着规模经济，将构成对竞争的约束限制，影响服务质量，容易导致金融资源配置扭曲，增加交易费用和降低金融资源配置效率。

（二）区域金融安全监管的需要

金融市场交易双方存在金融信息不对称，由此引起逆向选择、道德风险和流动风险等问题,最终导致金融市场的不稳定。例如,贷款是银行经营利润的重要来源,保证贷款收回和取得利息是盈利的关键。由于在银行和贷款客户之间存在着大量的不对称信息,银行在贷款时并不完全清楚客户的经营情况和潜伏的风险,即使知道,也无法保证客户在取得贷款后,能完全按规定用途使用资金。一旦客户转移资金,就使银行经营面临较大风险。此外,存款人担心能否及时变现,因而,会根据银行的经营状况选择银行,但由于信息不对称,存款人无法知道银行的真实经营情况。因此,存款人希望由专门的机构进行监管。在完全信息下,监管部门能够准确把握银行的经营行为,但在实际中信息往往不完全和不对称,银行经营变得不可测。区域内金融同样存在着金融垄断、金融外部效应和信息不对称等市场失灵因素,使区域内金融机构面临着不稳定性。

金融业是公共性和社会性产业。其公共性在于金融机构经营的是特殊商品,存款主要来源于社会公众。公众在银行存款,就成为银行的债权人,银行成为债务人;银行贷款给企业,这个企业又成为银行的债务人,银行成了债权人。这种公共性使金融业的经营状况、经营行为、经营战略、经营成败等,都会对社会公众利益产生影响。金融业的相对垄断性不利于存款人,金融企业有可能向客户提供不公平的金融服务。金融业的社会性,表现在个别金融机构的信用状况恶化容易波及其他金融企业,引起整个金融业的恐慌和社会信用秩序混乱。在市场经济条件下,金融机构具有广泛的渗透力和扩散性功能,在经济中具有牵一发而动全身的作用。金融业的公共性和社会性使其不同于一般工商企业,需要进行特殊监管。因此,仅靠金融机构的内部约束不足以有效防范与化解风险,必须从外部对金融业实行有效监管。区域金融内部的金融机构之间联系密切,如果缺乏科学的监管,系统性金融危机发生的可能性就会存在。保证区域金融安全和稳健对区域金融监管提出了现实需要。

(三)区域金融安全监管的内涵

区域金融安全监管,是金融监管当局依法对区域内金融机构和活动实施监管和约束,使其依法稳健运行。实施区域金融监管的主体,主要是金融主管当局的分支机构,金融监管权的行使是国家行政权力在金融领域的实施,具有强制性。在我国,承担区域金融监管的机构是中国银监会、中国保监会(两者于2018年合并为中国银保监会)和中国证监会的分支机构,即各省的银监局、证监局、保监局,也包括区域中央银行的反洗钱监管。区域金融监管的客体,是区域内具有独立法人资格的金融机构或金融机构的分支机构。区域金融监管的依据,是按照国家金融法规条例,对区域内金融机构实行检查监督,对有问题的金融机构进行处罚等。

(四)区域金融安全监管的目标

区域金融监管的目标,是维护区域金融公平竞争,保护存款人、投资者和社会公众的利益,控制区域金融风险,保证金融稳健运行。区域金融监管目标是区域金融安全的保证,需要满足三个条件:一是保证金融机构有足够的流动性和支付能力;二是保证金融机构有充分的盈利能力和发展能力;三是保证金融机构依法合规经营和适度竞争。

从我国现阶段情况看,实现区域金融安全应该注意:① 金融机构布局的合理。区域内金融机构及其网点的总量,应与区域经济发展水平相适应,与区域内金融服务需求相适应。各类金融机构有不同的市场定位,在业务内容、服务手段及服务对象等方面各有特点,金融机构之间应保持适度竞争。② 金融机构内控机制健全。区域内金融机构应坚持稳健经营原则,实现流动性、安全性与效益性的统一,资产负债比例管理规模对称、结构对称和偿还期对称、安全性、效益性和流动性目标均衡协调。遵循资产分散化原则,符合资本充足率的要求,建立健全有效的内部控制机制,完善法人治理结构,建立现代金融决策程序,保证决策的民主性和科学性,增强透明度完善的监督约束机制。③ 金融秩序稳定。要强化金融监管和金融同业公会自律组织建设,做到无乱设金融机构和无乱集资,及时消除区域内不安全因素。④ 社会信用关系良好。区域内金融机构与企业、政府建立诚实可靠的信用关系,信用主体遵守信用规则,区域金融安全有坚实的社会基础,形成区域金融与区域经济相互促进的良好局面。⑤ 有效监控区域金融风险。建立对突发事件的处理程序,切实避免个体金融风险蔓延成区域性金融风暴,维护公众的信心。⑥ 金融监管高效有力。建立金融监管体系,使金融监管效力覆盖区域金融业所有业务,区域内金融监管机构加强协调配合,充分运用金融法律法规赋予的监管手段,对金融机构进行持续监管。建立区域金融机构完整有效的金融监管组织体系和科学监测、评价、预警金融风险,建立预防性风险管理技术保障体系、危机处理体系以及公共金融安全体系,对区域内出现的各种不安全因素做到及时控制和有效化解。

三、区域金融安全监管体系

区域金融监管是一个体系,由政府监管机构监管、金融机构自律监管和社会监督组成。具体说,即是以政府当局监管为主导,金融机构自律为基础,社会监督机构协调为补充的区域金融监管格局。

(一) 政府机构的监管

从区域看,政府监管机构应建立区域金融运作规则和监管规程,开展联合监管。跨地区金融监管部门联席制度,是由区域内金融监管分支机构组成联席会议,共同协商金融监管重大问题,为强化区域金融监管取得共识。以美国为例,联席会议是区域金融监管的权利组织和决策机构,联席会议下设金融监管委员会,作为区域金融监管的日常工作机构,该委员会委员由中央银行行长轮流担任,负责制定区域金融监管规程和协议,包括组织机构、监管内容、监管程序、人员调配和监管信息。在监管上统一行动,交叉检查,集中汇总,确定金融监管的处罚标准,由管辖金融当局具体执行,在区域内通报。通过联席会议形成区域金融监管机构网,具体负责区域金融监管事宜。同时,还组建了以联席会议为名的区域联合稽查队,代表区域金融监管机构依法对区域内发生的各类金融机构重大、临时性和突发金融违规违纪事件进行现场稽核。这样的区域金融监管,树立了金融监管当局的权威,增强了金融监管当局执法的严肃性,通过集中监管和统一行动,增强了监管力量和监管力度,解决了各自为政、步调不一的问题,提高了监管效率。

在国外,一般由中央银行牵头,各金融监管机构参加共同制定区域金融监管运作规则和监管规程。规则和章程可以使区域金融监管有的放矢,使监管方式统一规范,保证了监管的行为规则,有利于监管形成合力。

区域金融报告制度是区域金融监管的信息传导渠道和报告重要事项的机制,包括区域内所有金融机构。区域金融报告是一种快速报告制度,重要事项包括区域内各金融机构法定代表人离岗,违法违规或触犯刑律的案件,金融机构失窃、被劫、被骗重大损失,重大经营风险,法定代表人、资本金和营业资本金的变更等。重要报告应根据情况以最快的速度报告宏观金融监管当局。

（二）金融机构的自律监管

区域金融自律监管包括金融机构内部自查自纠和同业制约机制。金融机构内部稽查机构是中观金融监管的第一层防线，定期对金融机构进行业务现场和非现场检查，对发现的问题提早预防和预警，防患于未然。行业监督机制是金融机构稽核监管机构的重要措施，可以促使金融机构自我约束、有序竞争和共同发展。自律组织机构可以通过信贷风险评估机构收集借款人的资信情况，随时向行业内金融机构提供资料和信息，减少金融机构风险，解决金融管理过程中出现的问题，提高经营管理水平。自律组织还可以建立相互救济机制，在区域内某个金融机构发生经营问题时向该金融机构提供一定的支持和帮助，减少行业风险，实现区域金融稳健和安全。同业监督是区域金融监管机制一个重要的组成部分，在相互协作的同时，促进行业的相互监督和制约。

（三）社会机构的监督

区域金融监管还包含动员社会力量，扩大金融监管的外延。如建立区域金融审计事务所，完成对区域内金融机构的审计任务。金融审计事务所根据金融监管机构的委托开展业务，对金融法规执行情况和非现场稽核监督所报送资料的完整性、真实性和准确性进行审查。

合理利用社会监督力量，开展对区域金融机构的联合监督检查，可以避免和减少重复劳动。可以选择资信高、信誉好的会计师事务所、审计师事务所，对金融机构财务报表、经营业绩等进行审核，为区域金融监管提供服务。同时，建立举报制度，发动群众参与监管，公布金融监管举报电话。加强通报舆论监管，对区域内各类金融机构的业务经营状况、执行金融法纪情况进行通报。加强与新闻单位的合作，对区域金融监管的政策要求、信用等级、重要事项变更等予以公告，增强金融监管的透明度，维护金融机构的公平有序竞争。

第四节 国家金融安全监管

一、国家金融安全监管含义

国家金融安全监管是指政府通过建立金融法律法规制度，完善金融监管体系和金融监管手段，使整个国家金融在有序竞争前提下，保持金融市场的长期稳定和金融体系有序发展。

二、国家金融安全监管主体

无论是集中式金融监管体制，还是分工式金融监管体制，执行宏观金融监管的主体都是国家金融监管机构，由金融监管机构的最高层制定标准和统一部署，对全国金融运行进行管理监督。

英国银行法规定，商业银行除了必须向英格兰银行提交季度报告外，每半年还要按照贷款对象提交报告，呈报贷款对象的详情。英格兰银行有权检查商业银行的流动资产，当商业银行对外贷款超过规定时，可要求该银行在英格兰银行存入一定比例的无息存款，以控制贷款膨胀。英国银行业监管委员会由三名当然委员和六名独立委员组成，三名当然委员分别是英格兰银行行长(任主席)、副行长和一名执行局长;各个独立委员由财政大臣和英格兰银行行长共同任命。独立委员是新近退休或在私人部门没有实质责任的高级银行家,在法律或会计方面具有相当的造诣。根据银行法赋予的职责,银行业监管委员会中独立委员的职责是在金融监管过程中就有关问题向当然委员们提供意见和建议。同时,为了保障监管委员会履行法定职责,英格兰银行必须向监管委员会提交常规性工作报告,按照委员会的合理要求提供信息资料。在委员会中,当然委员不一定必须接受独立委员的咨询建议,但是,如果决定拒绝独立委员建议,必须向财政大臣作出书面解释,同时,独立委员有权向财政部大臣阐述观点和理由。银行业监督管理委员会每年要提交工作报告,纳入中央银行的年度报告。委员会第一份报告于 1988 年 5 月发表,该报告记录了 1988 年 2 月以前的 13 次碰头会议的情况,在此期间没有发生独立委员与当然委员意见不一致的情况。委员提供建议,享有法律豁免权,除非有证据表明是出于恶意。一般情况,监管委员会委员任期五年,独立委员必须在让出独立委员职位以后,才能任英格兰银行的其他职位或另谋他就。需要说明的是,随着英国金融监管委员会的成立,英格兰银行的金融监管职能开始分离。

日本是财政部门作为金融监管主体的国家,大藏省设有银行局和国际金融局。日本对商业银行监管由大藏省负责,对商业银行的保护性措施由日本银行负责。商业银行开业必须经过大藏大臣批准;商业银行常务董事未经大藏大臣批准,不得兼任其他公司职务;每个营业年度结束,商业银行必须将财务报表呈送大藏大臣。大藏省大臣认为有必要时,可以要求商业银行提供其他有关业务报告。日本银行虽然不是金融日常监管主体机构,但根据日本银行法,其可通过向商业银行提供日拆性贷款的方式向商业银行融通流动资金,较长期限的资金援助也由日本银行提供。加拿大、奥地利、西班牙也是类似的监管模式。

独立机构作为宏观金融监管主体的代表国家是法国。根据西方分权制衡管理原则和 1984 年颁布的新银行法,法国银行业监管主要由国家信贷委员会、银行业立法委员会、信贷机构委员会和银行委员会四家机构分管。其中,国家信贷委员会由财政经济部部长担任主席,法兰西银行总裁任副主席,成员 51 人,均由财政部部长任命。银行业立法委员会的主要职责是制定规范信用机构行为的各种制度,各项规章制度要上报财政经济部,经过批准后实行。委员会由六人组成,财政经济部提名,任期五年,法兰西银行总裁任副主席。信贷机构委员会的主要职责是负责信贷机构审批登记,管理新建机构,原有机构股权转移,控股人更替以及信贷机构名称的变更等,该委员会由六人组成,由财政经济部提名,任期三年,法兰西银行总裁或代表任主席,财政经济部代表任副主席。该委员会的秘书设在中央银行内,称为信贷机构委员会,秘书长由中央银行指派。银行委员会的主要职责是根据银行法和银行业立法委员会制定的各项规章制度,对经过批准的信贷机构活动进行全面监督,包括金融机构守法情况、业务风险和经营状况的稽核、检查、监督,对信贷机构的违章违法行为进行处罚。银行委员会常规性检查每四年一次,重点检查对象每两年检查一次,各家信贷机构必须根据该委员会要求按照月、季度上报各种业务报表。银行委员会由六人组成,由财政经济部提名,任期六年,主席由中央银行委派,副主席由财政经济部委派。

多家机构作为金融监管主体以美国为典型代表。除了联邦级有六个金融监管机构分别对不同金融机构进行监管外,各州也有金融监管当局。美国的金融监管主体主要有:财政部货币监理署(负责国民银行的注册监管)、联邦储备体系(对州立会员银行监管)、银行保险基金(对存款保险银行监管)、证券交易委员会(对证券交易监管)、联邦住宅贷款委员会(对储蓄贷款协会、互助储蓄银行监督)、农业信贷管理署(负责监督农民贷款金融系统)、各州的银行监理官(对州银行监管)等。在上述多种监管机构中,最权威的监管部门是美国联邦储备委员会。可以看出,美国金融监管主体呈现出多元化的特点。

三、国家金融安全监管法律体系

金融法规是宏观金融监管的法律依据。狭义金融监管法律主要包括中央银行法、商业银行法、票据法、证券交易法、外汇管理法等金融类法规;广义金融监管法规还包括公司法、破产法、合同法、税法等与商业活动有关的法律。健全的法律体系是对金融机构进行有效监管的基础,各国金融安全监管的法律体系总体上由民商法、经济法、行政法和刑法四部分组成。

(一)民、商法

民法是调整平等主体之间的经济关系和人身关系的法律规范总称,包括法人制度、代理、物权、债权等法律规范,主要是确认市场主体资格、规定市场主体的权利义务和行为规则。我国已经制定了《民法通则》《借款合同条例》等民事法律法规,是金融机构正常经营活动的基本法律规范。如《借款合同条例》对商业银行贷款行为进行了规范,保护商业银行的债权和借款人的合法权益。

商法是规范商事行为的法律规范总称,包括公司法、商业银行法、票据法、证券交易法等。商法主要是规范商事活动的组织,确认活动的行为规则,规定商事活动的融资手段,减少经营风险的途径等。例如,《中华人民共和国商业银行法》规定商业银行必须接受中国银保监会管理。未经中国银保监会批准,任何单位不能从事吸收公众存款的业务,不能使用"银行"字样。《中华人民共和国票据法》规范了票据行为,保护善意持票人的权利,规定凡与票据打交道的人员和机构必须依法进行操作,依法享受票据权利和承担票据责任。严格区分票据关系和票据基础关系,规定票据权利关系不受票据基础关系的影响,保证了票据流通作用和信用作用。对票据款式和要式进行了严格规定,缺少必须记载事项之一的任何票据,都是无效票据。保护善意持票人的权益,严厉惩处票据欺诈行为,规定票据的签发、取得和转让应当遵循诚实守信原则,具有真实的交易关系和债权债务关系。采取不正当手段取得的票据不享有票据权利。对故意压票、拖延支付以及其他有碍票据顺利流通的票据付款人和金融机构的工作人员,规定了处以必要的经济、行政或刑事处罚的措施。

(二)经济法

经济法是国家金融监管的重要法律,是国家为了克服市场盲目性和局限性而制定的全局性经济关系法律规范总称。经济法的主要作用在于创造竞争环境,维护市场秩序规则。规范和保护金融机构活动的经济法规,包括反不正当竞争法、消费者权益保护法、经济合同法、担保法、贷款通则、信贷法规等。例如,《中华人民共和国担保法》是商业银行从事信贷业务活动的重要法律保障之一,规定了担保的五种方式:保证、抵押、质押、留置和定金。担保法对保证商业银行等金融机构贷款债权的实现,具有保驾护航的作用。商业银行可以根据该法律规定,在发放贷款的同时,要求借款人提供相应担保。担保合同可作为商业银行贷款合同的从合同,一旦商业银行贷款债权出现难以收回问题,银行可以执行担保合同,要求担保方履行责任。

(三) 行政法

行政法的作用是保证行政权力的行使,保护公民、组织和法人的合法权益,防止权力的滥用。例如,我国《中国银行业监督管理法》规定,中国银保监会是我国商业银行和其他金融机构的监督管理机构,中国银保监会有权对商业银行在市场准入、业务范围、贷款集中性程度等方面进行审批和监管,对违规活动作出相应的处罚。我国《工商行政管理法》授权国家工商管理局对包括商业银行在内的各种经济法人组织进行管理。在商业银行监管方面,国家工商管理部门的作用主要体现在:在中国银保监会同意成立商业银行后,拟成立的商业银行要到国家工商管理部门办理登记注册,领取营业执照,每年按照工商管理部门的规定,全面进行工商年检。年检合格,才能由中国银保监会换发经营金融业务许可证,否则,商业银行不能继续经营,直到经过整改年检合格,领取经营金融业务许可证后才能重新营业。国家工商行政管理局对违反工商管理规定的商业银行,也可在工商行政管理法规的规定权限内,作出相应的处罚。

(四) 刑法

刑法是国家运用暴力保护国家、公民和法人机构的利益的法律规范。在金融法律中,如果当事人有严重违法行为,构成犯罪,就要运用刑事法律进行处罚。因此,刑事法律规范也成为监管金融机构的法律体系中的重要组成部分。我国 1997 年 10 月 1 日实施新的《中华人民共和国刑法》,对金融领域的犯罪行为规定了刑罚措施。对未经批准擅自成立金融机构的,处 3 年以下有期徒刑或拘役,并处或单处 2 万元以上 20 万元以下罚金,情节严重的,处 3 年以上 10 年以下有期徒刑,并处 5 万元以上 50 万元以下罚金。对伪造、变造和转让商业银行或者其他金融机构经营许可证的行为,依照上述规定进行相应的处罚。商业银行工作人员违反法律、行政法规定,向关系人发放信用贷款或者发放担保贷款的条件优于其他借款人同类贷款的条件,造成较大损失的,判处有期徒刑并处以罚金。工作人员违反规定,玩忽职守或滥用职权为他人开具信用证或其他保函、票据和资信证明,造成重大损失的,要对当事人处以有期徒刑,并处罚金,并依照法律规定对直接负责主管人员进行相应处罚。新的刑法体系对侵害金融机构利益的犯罪行为规定了严厉的处罚办法。对以非法占有为目的,使用虚假经济合同或证明文件,或使用虚假产权证明做担保,或以其他方法诈骗金融机构资金的,最高可以判处无期徒刑,并没收财产。对伪造、变造汇票、支票、信用卡、汇票凭证等金融票证,或进行金融票据诈骗活动,盗窃信用卡的,按照有关规定进行刑事处罚。

四、国家金融安全监管预警

国家金融安全监管预警是指对宏观经济金融领域未来可能出现的、威胁国家金融安全的危险或危机提前发出警报的监测活动。目的在于减小或避免经济损失,维护国家金融主权、金融财产的安全。国家金融安全监管预警体系是运用某种统计方法,预测在一定时间范围内发生货币危机、银行危机以及股市崩溃的可能性的宏观金融监测系统。

(一) 金融危机预警监管指标体系的构成

对金融危机这样一个复杂的金融问题进行综合性量化分析和预测十分困难。因此,需要针对不同类型的金融危机进行分析预测。金融危机的发生,属于各种类型金融风险的综合爆发。但是,大多数情况下金融危机的爆发,总是某项金融指标突出地失衡,并引发金融危机,这种危机蔓延到其他领域,导致全面性危机。对于金融危机的预警,应该是对先行爆发的危机进行监测,这对于有效防范金融危机的爆发具有实际意义。金融危机的预兆表现在某些金融指标的数据变化上。能够有效地通过幅度变化预兆金融危机的金融指标主要有:

1. 货币供应量(M_2)增长率

货币供应量增加幅度过快,有可能造成金融资产泡沫,金融泡沫的破裂使银行出现巨额呆账,容易带来金融风险。此外,货币供应量增长过快不仅容易引发通货膨胀,还会导致货币政策的低效率。如果货币供给量的增速大大超过货币需求,将加剧国外投资者对通货膨胀的预期,引发资本外逃。

2. 通货膨胀率

通货膨胀率上升对一国经济有危害,会影响该国在国际金融中的地位。一般来说,一国通货膨胀率上升,证明该国货币购买力下降,汇率水平长期看跌。严重的通货膨胀容易引发经济衰退和投机盛行,导致金融混乱。财政赤字与通货膨胀关系密切,如果财政赤字是通过中央银行增发货币加以弥补,则不可避免地造成通货膨胀,形成本币贬值压力。

3. 外汇储备/短期外债

该比例被认为是最重要的信号,这一比例反映一国的偿债能力。投资者十分关注一国的偿债能力,如果对国家的偿债能力有怀疑,将不愿意让该国延期即将到期的贷款。一国偿还对外债务的能力不仅与外汇储备有关,而且与整个国家经济实力有关。国际上经常使用负债率(负债率 = 外债余额/当年国内生产总值)来衡量一国资本项目对外支付的潜在能力。一般说来,外债规模必须与外汇的收入水平相适应。

4. 短期外债/外债总额

短期外债是指在短期内(通常指一年以内)必须偿还的外债本息之和。由于短期外债对流动性的要求很高,通常可以用该比例来衡量一国的外债结构是否合理。这一指标反映了一国近期内的债务负担,反映偿债时间的紧迫性,如果没有足够的外汇储备作后盾则极易引发债务危机。

5. 经常项目差额/GDP

该比例式中的经常项目差额是指经常项目逆差,这一指标把对外贸易与整个国民经济联系起来进行分析。可以从两方面来看待经常项目逆差问题,一方面,如果逆差控制在一定的规模之内,比如保持在国民生产总值5%以下水平,则这种逆差对发展中国家从发达国家引入先进技术等是有意义的;另一方面,如果逆差扩大,远超过5%的水平,则经济均衡会受到影响。一般来说,如果经常项目长期处于逆差状态,说明该国出口不畅,进口增长过快,对外贸易失衡。

6. 外汇储备/GDP

外汇储备是一个国家抵御金融风险能力的重要指标。从正面来说,外汇储备既可以用于偿还外债,又可以用于稳定本国货币的币值。反过来,若该比例大幅度下降,即外汇储备不足,则会导致本币贬值或出现外债支付危机,还会影响正常的进出口贸易。

7. 短期资本流入/GDP

该比例越高,表明资本流入结构中,短期性资金比重越大。短期性资金更易受利益驱动,稳定性极差,而且难以对其进行有效统计和管理。因此,短期资本的大进大出,会引起汇率的剧烈波动,易于引发金融危机。

8. 股市价格指数波动幅度

股市价格指数变动剧烈是金融不稳定的表现，金融风险的积聚和释放会通过股市反映出来，突出地表现为股市价格指数波动异常。若股市价格指数大幅度下挫，则会导致金融资产缩水，金融资产泡沫破裂通常形成大量的金融机构不良资产，进一步恶化经济，甚至诱发金融动荡。

通过对这些金融指标数据的变化情况进行分析，可以在一定程度上预测金融危机的可能性。

（二）国外金融安全预警体系

1. 美联储的金融安全预警体系

在金融安全预警方面，美联储采用的 BOPEC、UBSSS、FIMS 系统有普遍意义。

（1）BOPEC 评级体系。它被美联储用来衡量银行持股公司的综合级别。所考察的五项指标分别是：子银行（bank）、非银行子公司（other）、母公司（parent）、总收益（earnings）、总体资本适宜度（capital）。其检查和评级类似于"骆驼"评级体系。

（2）UBSS 系统。20 世纪 70 年代末，美国监管当局开始引入非现场计算机监测系统，主要是按季度分析监管核心报告的有关数据。20 世纪 80 年代中期，美联储对金融监测系统进行了改进，开发了"统一银行监测屏幕系统"（Uniform Bank Surveillance Screen，简称 UBSS），使用了八年。根据监管核心报告中的数据，UBSS 系统生成三类指标、30 余个财务比率：一类是 CAMELS 评级时使用的指标；一类是用于跟踪银行的新业务及其发展的指标；一类是监测资本市场的指标。尽管该系统是美国监管当局公认的很有价值的监管工具，但是，这类财务比率的选择带有主观性，不能准确地反映金融机构风险的实际水平。近年来，美联储已将这类系统从单纯地计算一些财务比率发展到通过经济计量模型来预测银行的风险。

（3）FIMS 系统。由于早期模型存在一定的局限性，美联储于 1993 年开发了一种更为完善的新模型——美国金融机构监督体系（Financial Institution Monitor System，FIMS）。该体系在识别有问题银行上更精确和科学，更侧重于数理统计分析模型及预测银行倒闭的可能性，加强了非现场监督的早期预警作用。该模型包括 30 个参数以及一些根据地区经济条件设立的附加参数。每个参数是一个财务比率，并用年变动率表示，然后用所设计的模型通过计算机计算出每个参数的级别，最后评出综合级别。用该系统分析有问题银行的准确率非常高，实证结果表明，被 FIMS 系统评为第五级的机构，最后有 97.7% 会倒闭。

2. 英国金融安全预警监管体系

英格兰银行以资本充足性、外汇持有风险及资产流动性的测定作为其预警体系的指标，通过这三个指标的测定，对金融机构潜在的金融风险提出警示信息。

（1）资本充足性。英格兰银行在 1980 年 9 月的《资本测定》（Measurement of Capital）文件中，提出两个资本比率作为计算资本充足性的基础：杠杆比率和风险资产比率。

杠杆比率的计算公式为：

$$杠杆比率 = \frac{调整后资本}{存款 + 流动性负债} \times 100\%$$

所谓调整后资本，是指公司资本减去对子公司及关联企业的投资、商誉、设备、不动产及其他固定资产的余额。由于英国银行资本比率相对充足，所以，英格兰银行认为，杠杆比率保持在 10% 可以接受。

风险性资产比率的测定,旨在评估一家金融机构持有的资产可能遭遇损失的风险。英格兰银行在测定风险资产比率时考虑的金融风险包括:信用风险、投资风险和被迫出售风险。英格兰银行对金融机构持有各类资产加以研究,并赋予权重。一般地,无风险资产的权数为 1;不动产风险最高为 2.0;其他资产的风险权数分别为 0.1、0.2、1.5 等。得出权数后,就可以计算出风险性资产的比率。

$$风险性资产比率 = \frac{调整后资本}{各种资产额 \times 风险权数} \times 100\%$$

（2）外汇持有风险。英格兰银行将外汇持有风险分为结构性风险和交易性风险。结构性风险是指长期性质所衍生的风险,如长期固定资产及负债因市场状况改变而承担的风险。交易性风险是指由于日常业务操作所产生的风险。英格兰银行监管措施规定:对每一种外汇,银行承担的交易性外汇风险的净额,即其资产与负债差额不得超过银行资本的 10%;承担各种类别外汇风险的总的外汇负债净额,即期与远期合在一起,不超过资本的 15%。即:

$$\frac{承担结构性风险的外汇负债额 + 承担交易性风险的外汇负债净额}{资本金} \times 100\% < 15\%$$

（3）资产流动性。测定流动能力的目的,在于确保金融机构维持其流动性以保证到期支付能力,如即期支付存款、通知存款、定期存款和各种贷款承诺等。英格兰银行一般以"到期日阶梯"来测定金融机构的流动能力,具体做法是:① 测定期间为 12 个月,将到期日阶梯分为即期至 8 日、8 日至 1 个月、1 个月至 3 个月、3 个月至 6 个月、6 个月至 12 个月。② 申报报表:所有受到监管的金融机构应填送季报,分析其资产、负债的到期日分布情况。③ 英格兰银行测定、分析。在获得报表资料后,英格兰银行将金融机构的资产、负债依其到期的先后,归列入适当期间内,再将该期间的资产负债累计后进行判断。

第五节　全球金融安全监管

一、全球金融安全监管背景

金融全球化加强了世界金融市场的联系,国内与国际金融市场联成一体。开放的金融市场使金融机构可以在国家监管当局之外开展金融业务、发展金融工具和进行金融创新,使得国家金融风险可能源于另一个国家金融市场。因此,全球性金融安全监管成为必要,要求建立国际金融监管组织采取统一行动。

二、全球金融安全监管的体系

（一）国家金融稳定能够从源头保障国际金融安全

要实现全球金融安全稳定,最基本的要求是国家经济运行稳定和健康,特别是金融机构的有序竞争、金融市场结构合理和金融资产良性循环。国际金融危机的爆发均源于国家金融危机,预防和控制国家金融危机是确保国际金融稳定的基本前提,加强国家金融监管既是国家金融安全的保障,也是国际金融安全的需要。

（二）设计国际统一标准能够减少金融危机的发生

在共同认识的基础上商定的基于金融稳定的财务标准，对于金融机构的稳健运行具有预防意义。特别是对于存款金融机构，强调资本金的一定规模和比率，对于弥补资产损失和抵御外部冲击，是最为可靠的保障。尤其是跨国银行的资本金比率以及合理的资产负债结构比例要求，能够约束依赖负债的资产扩张，防止因破产引发的金融危机在国际间传染。巴塞尔协议是这方面的成功代表，对国际金融安全的意义非常重大。

（三）建立国际金融组织能够及时应对金融危机

在金融全球化发展中，无论出于国际间的沟通联系、还是加强金融监管的国际合作的目的，建立各类国际金融组织，在各个领域和不同层次进行金融监管合作，对于防范和应对金融危机日益重要。目前已经建立和发挥作用的国际金融组织有很多，重要的有：巴塞尔银行监督管理委员会、世界金融管理局、国际货币基金组织、世界银行、世界贸易组织、国际证券委员会组织、国际会计标准委员会、世界金融稳定论坛等，以及部分地区性金融监管组织（详细内容在第十五章介绍）。

三、全球金融安全监管的发展

金融全球化发展使各国认识到世界金融安全的重要性，各国监管当局开始进行多层次的国际合作。在银行方面，巴塞尔委员会成立后，制定了一系列"巴塞尔文件"。包括1983年《巴塞尔协定》及其后续文件、1988年《巴塞尔资本协议》及其修正案、1997年《巴塞尔有效银行监管原则》以及银行风险管理指南。巴塞尔委员会的建立开创了金融监管国际合作的先例，所制定的《新巴塞尔协议》在100多个国家得到实施。在证券方面，国际证监会组织拥有普通会员105个，准会员9个，附属会员52个。到目前为止，该组织对于建立有效的国际证券监管合作机制起到了重要作用。在保险方面，1994年，国际保险监管协会（IAIS）成立，现有119名会员，各国在IAIS提供的平台上进行磋商，提高保险监管的标准。

随着金融衍生品市场上危机的频频发生，以及金融综合经营趋势的日益加强，监管者彼此间展开了多种合作。国际证券监管委员会组织与巴塞尔委员会之间进行了合作，侧重对衍生产品交易的监管，包括提出风险管理的指南和信息披露的调查。1997年2月，国际证券监管委员会组织与国际清算银行的支付与结算委员会（CPSS）共同发布了《证券结算体系的披露框架》。巴塞尔委员会与CPSS之间保持着良好的合作关系，共同监督电子货币和电子银行领域的各种问题。国际证券监管委员会组织、国际保险监管协会和巴塞尔委员会组建了联合论坛，商讨改善银行、证券和保险监管机构之间国际信息交流的方式，以及发展未来监管金融混合的指导原则。1998年4月8日，在国际清算银行举行了上述四方的圆桌会议，成立了"2000年联合委员会"。金融监管的合作进一步深化。

发展中国家在金融安全监管的国际合作方面也作出了积极的尝试。1999年，"10（东盟10国）+3（中国、日本、韩国）峰会"通过了《东亚合作的共同声明》，声明强调加强金融、货币和财政政策的对话与合作。"10+3"金融合作目前主要包括三方面：① 早期预警机制方面的合作。即建立一套通过对宏观与微观经济指标的分析，对未来经济可能出现的危机进行预报的分析系统。亚洲银行的早期预警系统由26个宏观与微观的经济指标，组合成6个分指标，即经常账户、资本账户、金融、实际部门、财政、全球经济指数。利用1976—1996年的资料,除新加坡外,预警系统在 1997 年的亚洲金融危机发生前的 10~12 个月都发出了明显的危机信号。可惜的是,这套预警系统在亚洲金融风暴之前没有得到应用。当然,这套系统也存在局限性,不能预测银行危机。亚洲开发银行正在协助"10+3"设计预警模型,并于 2001 年 12 月举办了早期预警机制研讨会。② 《清迈协议》下的货币互换。2000 年 5 月,"10+3"财长会议通过了《清迈协议》,签署了有关货币互换的协议。主要内容是,当一国发生外汇流动性短缺或国际收支问题时,其他成员国必须采取集体行动提供应急外汇资金。③ 短期资本流动监控方面的合作。

金融监管当局的国际合作已经取得了一定成果。但从合作方式、内容和主体来看,金融监管国际合作还存在很大的局限性。

从监管合作方式来看,各国主要依托金融监管合作组织所提供的平台进行磋商以达成协议。协议是建立在使用本国的监管原则和法令基础上,由各国监管当局自愿签署的,缺乏足够的权威性。各国可以根据本国情况作出合作或不合作的选择,缺乏一套对各国金融监管进行评估的机制,没有奖惩激励机制,使得金融监管国际合作具有极大的随意性。

从监管合作的内容来看,由于各国是在自愿的基础上达成的协议。根据木桶原理,各国达成的只能是一个最低标准,以保证各国有可能去实施。而且,研究还表明,与合作以实现共同利益相比,各国更容易在阻止共同危机上达成共识,因为各国均恐惧银行倒闭、国家风险等带来的国际风险传播,但对于共同利益的谋取缺乏关注。

从监管合作的主体来看,具有一定的不平等性。较完善的金融监管国际合作往往只能在发达国家之间达成,合作主体未扩大到发展中国家。从已达成的国际金融监管协议来看,主要体现了发达国家的利益,不利于监管合作主体的扩大。

可见,金融监管国际合作尚处于发展阶段,具有随意性、不稳定性及不平等性,实现全球金融监管安全任重而道远。未来可从以下方面加强金融安全的全球合作:

建立基于国家利益的分层次金融监管国际合作。由于各国在开放程度、经济体制、金融结构等方面存在差异,金融监管国际合作行动不一。要在短期内实现全球范围内统一的国际金融监管不现实,应该有区别和分层次进行。由于区域经济相关度高,可在区域内达成适应一体化要求的国际金融监管合作。可以尝试建立区域金融监管局,区域性金融监管局应制定具有约束力的区域性合作协议,促进区域内的合作。此外,可在体制类同、金融结构相似的国家之间推进国际金融监管,伴随全球化的进程在世界范围内建立更加广泛的金融监管国际合作。

建立各个国家之间的谈判及沟通机制。现有的合作机制虽然并未满足金融监管国际合作的需求,但确实发挥了很大作用。《巴塞尔协议》以及《新巴塞尔资本协议》为国际银行业的监管提供了法律依据,也为各国制定金融监管法律制度提供了指导原则。应进一步建立谈判及沟通机制和论坛等,使在开放程度、经济体制、金融结构等方面存在差异的国家能够通过有效的平台进行磋商,逐步推进金融监管国际合作。

建立统一的会计准则和信息披露原则。统一、透明和准确的信息是金融市场高效和有效监管的基础,建立国际统一的信息披露及共享原则,使各国金融监管者能够迅速掌握国际投资、短期资本流动、汇率和利率方面的变化动态,以协调监管行动,维护国际金融市场的稳定。建立国际会计准则有利于控制系统风险和跨境资本流动,统一的会计标准所提供的信息有助于有效监管,避免了国际间的"会计准则套利",为金融监管国际合作创造有利的条件。

本章小结

1. 金融安全可以从不同角度理解:静态角度的金融安全主要是指通过国家的强制性约束,使金融体系维持一种相对稳定的状态;动态角度的金融安全指国家放松管制,允许金融创新,使金融体系在稳定的运行中取得金融总量的持续增长;封闭环境中的金融安全是政府通过采取各项金融监管措施对国内金融体系进行约束和管理实现的金融稳定;开放环境中的金融安全是指一国在防范国内金融风险基础上,对他国传染本国的金融危机实施金融监管防范,保证本国金融体系的稳定运行。

2. 金融机构是金融体系的组成细胞,是金融风险集散地,是微观金融监管的对象。通过对金融机构风险的准确把握,监测金融机构的风险程度,确保金融机构的安全,是国家金融安全的基础。

3. 区域金融安全是针对区域金融的金融监管而言的。由于区域空间差异、金融机构发展水平差异、吸纳与辐射功能差异,形成了区域金融监管的必要性。区域金融监管是一种跨地区跨行业的监管方式,包括了政府当局监管、金融机构的自律组织监管和社会监督机构监督三个方面。

4. 国家金融安全是针对整个国家的金融监管而言的。受各国意识形态和历史发展影响,各国形成了不同的监管主体,但都是以法律体系作为金融监管的准绳和依据。我国的金融监管法律体系分为民商法、刑法、经济法、行政法四个部分。国家金融安全监管预警体系是运用某种统计方法,预测在一定时间范围内发生货币危机、银行危机以及金融危机的可能性的宏观金融监测系统。

5. 全球金融安全是针对防范系统性金融风险进行的跨国金融监管而言的。国际金融监管组织主要有世界金融管理局、巴塞尔银行监督管理委员会、世界金融稳定论坛、国际货币基金组织、世界贸易组织、国际证券监督委员会组织、国际证券交易所联合会、国际会计标准委员会等。金融监管当局的国际合作取得了一定成果。但是从合作的方式、内容、主体上来看,金融监管国际合作还存在很大局限。

思考题

1. 如何从不同角度理解金融安全?
2. "新骆驼体系"主要包括哪些内容?
3. 如何理解区域金融监管的地位和作用?
4. 简述英、日、法、美各国的金融监管主体。
5. 全球性金融监管存在的难点是什么?如何进行改善?

即测即评

请扫描右侧二维码,进行即测即评。

第十三章 金融监管供求

【本章提要】

本章以金融监管的供求均衡为切入点,介绍金融监管需求、金融监管供给、金融监管供求函数特征及其影响因素、金融监管供求均衡;对现实均衡监管强度进行静态和动态分析;研究金融监管非均衡,以及在不同经济环境下金融监管从非均衡到均衡的恢复。

第一节 金融监管需求

金融监管的需求,是指在金融发展进程中由于金融发展、金融动荡、金融创新和金融开放等多层面原因,对国家的金融监管制度提出变革的客观需要。因此,金融监管需求是多动因、多形式和多层次的。

一、金融监管需求的发展

新古典经济学家认为,市场失灵主要由市场垄断、外部性、公共产品等原因产生,通过政府管制可以纠正市场失灵,实现资源配置的帕累托效率。1970年阿克尔洛夫(Akerlof)的代表作《柠檬市场:质量的不确定性与市场机制》发表后,经济学界认识到,不完全及不对称信息是造成市场失灵的主要原因。金融市场中,信息不完全比其他行业更加明显,金融市场失灵比其他行业更严重。金融业比其他行业有更强烈的金融监管需求。

(一) 金融业内在的不稳定性

银行在金融业中处于特殊的核心地位。银行是一种风险行业,比一般企业具有更高的负债比率,对外部资金依赖非常强。如果存款者觉察到存款银行风险暴露太大,就会取走存款。由于银行采用"先来先服务,全额服务"(first come, full amount)原则,存款者有成为挤兑第一人的冲动。一般地,银行有两种办法解决流动性困难:市场借入或资产变现。但是,从市场借入资金的能力受到限制。除非有很大折扣,银行资产通常不易销售。较之银行经理对于信息的可获得性,银行资产的潜在买家对于资产价值的信息往往不充分,银行资产的二级市场交易不旺。因此,银行销售资产有很大的交易费用。鉴于银行负债的流动性质和过于狭小的二级市场,银行严重依赖公众信任,所以,很容易招致流动性压力。流动性压力来自多种原因,如借出承诺、不利的清算和挤提存款等,后者更加重要。挤提构成一种资金大规模转移威胁,是存款者给银行的市场惩罚。

每个人都理性行事,并不能保证结果还是理性,正如每个人踮起脚尖看戏,并不能使每个人都得到好处,博弈论者称之为"囚徒困境"。设有两个存款者在一家银行各存款 1 000 元,该银行将两人存款用于一定的资产,该资产的流动性稍差,如果在期中要求变现,必须承受价值上的损失。设现有资产变现后得到的总收入小于期末数字,但大于单个人的本息之和;并设个人在因对银行清偿能力心存疑虑而要求提款时,有权利要求比约定的本息和更优惠的待遇,至少与约定待遇一样。如果不做这一假设,可转而假设个人以为到期末银行所能支付的小于其本金,则他便会提前提款。因此,提前提款无论在哪种情况下总是占优。套用"囚徒困境模型",事先规定报酬安排:如果双方都不中途提款,到期可各得 1 100 元;如果只有一方要求提款,则要求提款的一方得到不少于 1 100 元的款项,如 1 200 元,而另一方则将可能血本无归;如果双方都要求提款,平分资产中途变现所得款项,如各得 600 元。在这种安排下,每个存款者都会计算:如果对方提款而自己不提款,那么,自己的存款将全部损失,所以,不如提款;如果对方不提款而自己提款,那么,自己将会或者可以得到额外的好处,或者至少可以得到本该得到的好处,所以,仍是应该提款。也就是说,无论给定对方何种策略,自己的最佳策略就是提款。而这一各自进行理性计算的结果,显然从双方整体上看并非最佳。毫无疑问,模型将现实简单化了,很多因素未考虑。戴梦德(Diamond,1983)和戴维格(Dybvig,1983)给出了一个经典的银行挤提动态模型,得出结论:无清偿力不是银行挤提的必要条件,任何对存款者信任产生不利影响的事情都可以导致挤提。银行系统的脆弱性决定了以银行为核心的金融系统需要政府监督管理,以维持社会公众的信心,维持金融安全。

(二) 金融市场失灵

市场机制在资源配置中能够有效地发挥作用,但也有市场失灵的情况。为纠正市场失灵,需要政府适当干预。公共管制论者弗朗茨认为:"市场是脆弱的,如果放任自流就会趋向不公正和低效率,公共管制正是对社会公正和需求所做的无代价的、有效的和仁慈的反应。"同样,金融市场的失灵导致金融资源的配置不能实现帕累托最优。公共利益说认为,金融监管是公共产品,是一种降低或消除市场失灵的手段。其中,金融市场失灵主要表现为自然垄断、外部效应和信息不对称三种情况。

自然垄断是指优胜劣汰的自由竞争导致企业规模扩大、行业集中,最终出现自然垄断者。自然垄断产生后,行业竞争机制被破坏,导致市场失灵。金融市场中的垄断倾向一开始就存在。巴尔登斯贝尔(Baltensperger,1972)、本顿(Benton,1982)和吉林根(Giligan)的研究都表明,规模经济存在于银行业,因此,开业管制、开设分支机构和银行合并管制等,是为了防止金融力量的集中和过度竞争。金融业务存在规模经济,意味着具有自然垄断现象,典型的例子是清算中介,如果所有交易通过一家清算机构处理,会极大地便利交易进行。银行规模越大,各种服务设施越齐全,就越有可能吸引更多的客户,竞争地位越巩固。一旦一家或少数几家金融机构占据了相当的市场份额,其他类似的金融机构的进入障碍就会加大,竞争会减少,有可能形成垄断市场价格的市场势力。因此,在金融行业内赋予特定金融机构以垄断供给权,有政策上的合理性,但如果同时赋予其价格决定权,就可能造成价格歧视、寻租等有损资源配置和消费者利益的不良现象。因此,有必要对金融机构实行管制,使其定价维持在社会平均成本的水平上。

外部效应是指提供一种产品或劳务的社会费用(或利益)和私人费用(或所得)之间的偏差。当社会利益大于私人所得时,这种产品就称为公共产品。公共产品有两个主要属性,即共同消费和非排他性。两种属性意味着一个消费者获得产品并不改变产品的性质或减少这一产品的他人可获得性;非购买者不能被排除在产品消费之外。非排他性所致的免费搭车问题意味着私人没有或极少有动因去生产这种公共产品。非排他性会导致公共产品的供给不足,因此,需要管制以增加这些产品的生产,直到社会需求得到满足。当某种产品的生产结果使私人所得超过社会利益时,外部效应会发生。典型的例子是生产某种产品所造成污染,有两种办法来消除外部效应:启用某种税收,即要求制造公害者纳税;把负担转换成私人成本,如责成污染单位采取措施治理污染。从理论上讲,私人有可能走到一起共同协商消除负的外部效应,具有法律效力的机构能够促使各方通过讨价还价消除社会和私人费用的偏差。但是,由于免费搭车问题难以杜绝,各方协商成本太高,因此,人们偏好以强加各种管制的办法来消除外部效应。国际上多数发达国家工业负债率大体在50%,而《巴塞尔协议》规定银行的资本充足率为8%,也就是说银行的负债率为90%以上,可以用比一般企业少得多的资本支持资产运营,当问题发生时,金融机构所有者遭受的损失要小得多,其负外部效应很大。而且金融风险具有传染性,外部效应可以自我放大,有可能导致系统危机。一个金融机构倒闭,破产代价会被高估。在银行破产事件中,信贷资产被大量分散,可能破坏信贷向特定借款人流动。银行清偿力不足也有间接效应,借款人可能会减少其行动,会给顾客带来更为严重的打击,导致信号效应。然而,金融机构作决策不考虑这些外部因素,只注重私人成本和利益,因此,在金融机构清偿力中的公众利益将超过所有者和经理的私人利益。

信息不对称是指金融交易风险源于金融市场参与者的不完全信息。信息在理性决策中举足轻重,但是,获取金融信息往往要付出很大成本,信息在借款与贷款之间分布严重不对称。投资者对金融机构的监督也能降低金融市场的系统风险,然而,由于不完全信息和金融监管的公共产品特性,在没有政府监管的情况下,投资者对金融机构的监督力不从心。实际上,如果金融机构根据政府指令或向关系密切的借款者提供贷款,很可能不去搜集足够的信息监督借款者。当金融机构不必承担贷款损失时,这种情况更易发生。金融市场参与者的不完全信息导致了金融机构对借款者的监督不足,导致金融市场的系统性不稳定。金融市场参与者的不完全信息还导致金融市场交易量的降低,而金融市场效率降低有可能导致其他福利损失。只有金融市场参与者能够获得充足的信息,才能较好地了解金融交易风险和风险定价的合理性。

二、金融监管需求函数

金融监管的需求者包括金融机构和社会公众,前者为获得垄断性收入、谋求垄断地位而寻求政府保护,后者为降低信息不对称所带来道德风险和信用风险,要求政府对金融机构进行必要的管制。

可以将佩茨曼函数公式作为金融监管需求的表达式：

$$M = nf - (N-n)h \tag{13-1}$$

其中，M 表示监管需求；n 表示受制于管制的人数；f 表示受益者给予政府人员支持的概率；N 为潜在投票者总数，故 $N-n$ 为被管制所伤害的人数；h 为 $N-n$ 人去投反对票的概率。

f 取决于管制受益集团的人均净收益 g，即：

$$f = f(g) \tag{13-2}$$

$$g = \frac{T - K - C}{n} \tag{13-3}$$

其中，T 为集团受益总量；K 为受益者游说和消解反对意见的支出；C 为组织有凝聚力的集团的成本。

h 取决于受损者被迫作出转让的税率和用于平息反对意见的人均支出 Z，即：

$$h = h(t, Z) \tag{13-4}$$

$$Z = \frac{K}{N-n} \tag{13-5}$$

在 (13-2) ~ (13-5) 这些约束条件下，利用拉格朗日乘子法对 (13-1) 式求极大值，得到 M 最大化时的 n、T、K、C。

三、金融监管需求函数分析

由上述函数可知，金融监管需求函数的特征有以下两方面：

（一）金融监管需求在双方力量共同作用下形成

M 之所以可以表示为监管需求，是因为就某项金融监管措施而言，有受益者，有受损者，受益者支持，受损者反对。只要支持力量 nf 抵消反对力量 $(N-n)h$ 后为正值，就说明该项监管是社会需求。需要指出：① 金融监管的受益者和受损者与金融业、企业、居民等这种社会主体划分不具有整体层面上的对应关系，一项监管措施可能使社会群体的一部分受益，另一部分受损；② 一个利益集团可能是支持者，而另一个是反对者，这些综合因素形成一定的监管需求。

（二）利益集团的金融监管需求决定于力量较量

金融监管需求一方面取决于受益集团数量 n 与受损集团数量 $(N-n)$ 的对比，另一方面取决于受益集团所表达的支持程度 f 和受损集团所表达的反对程度 h。f 是受益集团中表达支持意见的比例与支持度的复合值，取决于平均每个受益集团得自监管的净收益 g，即：

$$f = f(g)$$

$$\frac{\partial f}{\partial g} > 0$$

$$g = \frac{T_i - K_i - C_i}{n}$$

式中，T_i 为受益集团得自监管的收益，包括从受损集团转移来的收益和分享监管带来的社会总收入；K_i 为受益集团承担的监管的社会成本；C_i 为各受益集团组织成员向监管当局表达监管要求的成本,包括信息成本、组织成本、游说成本等。

H 是受损集团中表达反对意见的比例和反对程度的复合值,取决于平均每个受损集团遭受的来自监管的净损失 z,即

$$H = h(z)$$
$$\frac{\partial h}{\partial z} > 0$$
$$z = \frac{T_j - K_j - C_j}{N - n}$$

式中,T_j 为因监管而造成的受损集团的收益减少值,扣除对监管带来的社会总收益的分享值,K_j 为受损集团承担的监管的社会成本,C_j 为受损集团组织成员反对监管所付出的代价。C_j 作为一种成本,之所以要扣除,是因为与前两项不同,前者在反对成功后就可以避免,因此,它越大,反对的动力就越大,而后者即使反对成功也得不到补偿,所以,它越大,反对的动力就越小。

第二节　金融监管供给

金融监管供给是国家通过金融监管体制改革、金融法律的建立和调整、金融监管的改进以及金融监管效率的改善等,实现金融稳定和金融发展的一系列措施的总称。经济学认为,管制是政府通过强制力量给特定的阶层或集团带来收益的制度,所以,管制可以看作是一种政府产品的供给。

一、影响金融监管供给的要素

金融监管供给受多种因素的影响,概括起来有以下几方面。

（一）金融监管者感受到的金融市场需求

当金融机构或社会公众对金融监管产生新的需求时,这一需求信号会在一定时间后,以市场变化或机构行为传递到金融监管当局,监管当局感知到微观金融主体和金融消费者对金融监管的需求时,会判断这种需求的合理性和程度,决定金融监管制度的供给方式和力度。如果监管机构对监管需求变化较为敏感,就能够在比较短的时间内,根据监管需求提供相应的监管供给。金融监管供给对金融监管需求变化的反映和适应,是判断金融监管效率的内容之一。

（二）金融监管机构对自身利益的考虑

监管当局是由一些有着独立利益的人组成的一个政府部门,其行为目标并不仅仅是公共利益的最大化,还要同时权衡金融监管执行者的利益,他们会使自己的行为遵循某种组织程序和规则,并按照自己的标准来评估其行为绩效。当提供一种监管制度时,监管当局在考虑社会效益的同时,也要考虑这一制度是否会给自己带来收益或损失。在监管供给目标确定的情况下,监管供给者会尽量采用使自身收益最大化或损失最小化的方案。

（三）金融监管部门人员的综合状况

监管人员履行职责的状况,取决于监管人员的规模、素质以及其履行职责的意愿。

监管人员的规模也存在规模效应问题。在开始阶段,监管人员规模增加具有边际效益递增效应,但当其边际效益达到最大之后,便会出现边际效益递减的趋势。若一味地扩充人员,将会导致机构臃肿,使监管成本过高。人员的素质从原则上来说越高越好,但也应注意人员结构的比例,如果脱离实际工作的需要而盲目追求高学历,会加大成本。因为金融监管人才素质越高,相应地人力成本也越高。监管人员的执业经历和经验,特别是决策层金融监管人员的分析判断能力,对金融监管制度供给的调整和完善有直接的影响。

(四) 传统观念和既有体制的约束

提供新的金融监管,意味着要打破旧有观念的制度束缚,突破传统体制的一些约束。如果传统观念和体制比较顽固,那么打破现有金融监管制度的成本就比较大。所以,监管当局在提供金融监管时,传统观念的阻力通常比较大,既有体制内的利益受损者往往成为金融监管供给的反对者。观念和体制的约束越大,打破的成本就越高,提供金融监管的难度就越大。因此,衡量新的金融监管制度所带来的市场收益,与打破既有制度的成本,是一个非常微妙的博弈过程。

(五) 国外金融监管制度的影响

在封闭条件下,国外的监管制度对国内并不造成影响。但是,在开放经济中,一国金融监管机构可能由于受到他国制度的影响,或者根据国际惯例,改变对金融监管的供给。开放程度越高的国家,受国外金融监管制度的影响也越大。随着全球经济一体化趋势的增强,国外监管制度对国内监管供给的影响日益显著。

二、金融监管供给函数

金融监管供给 S 受诸多因素的影响,可以概括为如下函数关系式:

$$S = f(D, R_s, L, U, P)$$

式中,D 为监管者感受到的市场需求;R_s 为监管机构自身利益;L 为监管人员履职状况;U 为观念和体制约束;P 为国外监管制度的影响。

三、金融监管供给函数分析

金融监管是针对金融活动中的风险而形成的防御性制度规范,所以,从逻辑上讲,必然是先有金融活动,由此产生金融监管需求,才有金融监管供给。动态来看,金融监管制度变迁是诱致性的,即处于市场前沿、具有敏锐洞察力的金融专家发现金融需求,创造新的金融产品和业务获取盈利机会,成功示范效应不断引来效仿者,于是,旧的监管制度失败,新的监管需求产生。这就是说,监管需求对供给具有决定性影响,但这种影响要通过监管者的感知发挥作用。

金融监管供给表现为法规制定,但若没有执行,等同摆设。大量的监管工作在于检查监督和处置。金融监管由监管当局提供的,当监管当局异化为一种特殊的利益集团,并以自身目标替代理论监管目标时,监管供给就会发生扭曲。这种扭曲有以下几种情况:① 监管者偷懒。主要表现在,在分业监管情况下不同监管机构间相互推诿,造成监管空白;在监管经费核定的情况下,为节省开支而疏于日常监管;监管者避难就易,舍本逐末。② 监管者被俘获。由于监管者与被监管者特别是大机构来往密切,容易被俘获,变成少数金融机构利益的保护者。③ 监管者以监管权力做交易。由于监管者权力的存在,客观上存在着寻租空间,所以,金融机构力图通过一定租金来降低违规查处率,以获取违规收益。监管者在衡量租金收益和遭受上级惩处的成本后,可能进行设租并创租,寻租就会发生,腐败由此滋生。

金融监管是在一定的监管观念下进行的,如果观念错误,监管就不可能到位。金融监管由监管人员完成,如果他们业务素质低、工作懈怠,甚至以权谋私,就必然造成监管低效率。随着金融全球化趋势的增强,各国金融监管制度之间的替代效应日益明显,迫使各国金融监管当局越来越重视分析国外金融监管制度的变化,并据此调整监管策略。

第三节 金融监管供求均衡

经济学中均衡的本质含义主要指相反力量相互作用、相互依存而达到一种和谐状态。任何单方面力量都不具有改变现状的动力,所以,金融监管制度的供求均衡,指金融监管主体、监管对象均处于相对和谐状态,金融监管制度总体上处于边际收益等于边际成本的最优状态。当金融监管处于均衡状态时,变革和创新不会发生,因为对既有制度的改变会导致收益损失。只有当金融监管制度处于非均衡时,变革和创新才可能发生。

一、金融监管收益与成本

我们把监管给社会各利益集团带来的收益及成本总和分别看作监管的社会收益 SR 和社会成本 SC。当 $SR > SC$ 时,支持力量会大于反对力量。由此,可以把监管者对政治利益的追求转化为对经济利益的追求,政治利益最大化目标转化为社会福利最大化,运用边际分析法求解最佳监管程度,即金融监管的供求均衡水平。

(一)金融监管的收益函数

金融监管收益是监管当局实施管制达到一定强度时带来的利益。将全社会收益加总,监管收益是因管制而避免的金融业不稳定和经济总产出下降,主要由三部分构成:一是金融体系稳定性变动产生的利益 Er;二是实施金融监管对监管的消费者或需求者剩余的提高 Mr;三是实施金融监管对监管的生产者或供给者剩余的提高 Sr。

因此,金融监管的收益函数为:

$$r(x) = Er + Mr + Sr + u(x)$$

这里,x 为管制强度,假定 $r(x)$ 具有通常的收益函数的性质,即边际收益递减,有:

$$\frac{dr(x)}{dx} > 0, \frac{d^2 r(x)}{dx^2} < 0$$

$u(x)$ 为一个随机变量,假定 u 服从 $N(0, \delta_u^2(x))$,其方差边际递减,即:

$$\frac{d(\delta_u^2(x))}{dx} < 0$$

也就是说,管制强度增加可以减少结果的不确定性。

(二)金融监管的成本函数

金融监管的直接成本又称实施成本,是监管当局在实施监管过程中支出的成本。包括服务成本和组织成本,如工资、津贴、检查费用等;金融机构为配合监管部门的检查支付的成本;金融机构为游说立法机关制定相关的法律法规而支付的成本;银行业为谋求政府管制的政治决策而支付的决策成本。

金融监管的间接成本是因实施监管而造成的各种损失。一是社会经济福利损失 Cb,即由于监管对充分竞争的限制和过度监管,造成金融体系和全社会经济运行的效率损失;二是过度监管所产生的道德风险 Cm,管制机构人员的职业背景容易使他们成为被管制机构的代理人;三是合规成本 Ce,即被管制者因遵守有关监管规定额外承担的服从成本。此外,还有因监管所带来的对低效率保护产生的阻碍管理和技术发展的动态成本 Cd。

金融监管的总成本函数可表示为:

$$c(x) = Cb + Cm + Ce + Cd + v(x)$$

这里,x 为管制强度,假定 $c(x)$ 具有通常的成本函数的性质,即边际收益递增,有:

$$\frac{dc(x)}{dx} > 0, \frac{d^2 c(x)}{dx^2} > 0$$

$v(x)$ 为一个随机变量,假定 v 服从 $N(0, \delta_v^2(x))$,其方差边际递增,即:

$$\frac{d(\delta_v^2(x))}{dx} > 0$$

管制成本的方差来源于管制引起效率损失的不确定性。这一假设的现实意义是,随着管制程度的加强,管制引起的效率损失不确定性增强。

再假定,收益方差的变化速度的绝对值大于成本方差的变化速度的绝对值,即:

$$\left| \frac{d(\delta_u^2(x))}{dx} \right| > \left| \frac{d(\delta_v^2(x))}{dx} \right|$$

(三) 监管边际收益、边际成本与理想均衡

管制的预期边际收益 $\frac{dr(x)}{dx} < 0$,管制的预期边际成本 $\frac{dc(x)}{dx} > 0$。

当预期边际收益等于边际成本时,管制的预期净收益 $n(x) = r(x) - c(x)$。此时,达到理想管制均衡状态 x^*。当管制强度低于理想管制均衡时,管制预期净收益随管制强度的提高而增加;当管制强度高于理想管制均衡时,管制预期净收益随管制强度的提高而递减。如图 13-1 所示。

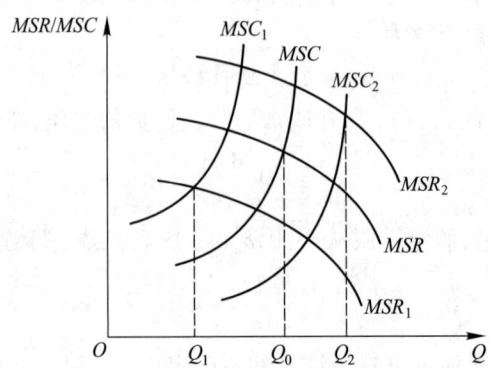

图 13-1 监管供求均衡及最佳监管度的决定

边际监管收益(MSR)是监管程度(Q)的减函数,社会边际监管成本(MSC)是监管程度的增函数,交点对应的 Q_0 是监管边界,即监管当局的最佳监管程度。

MSR 和 MSC 会随着社会环境的变化而变化,当 MSR 下移至 MSR_1,而 MSC 上移至 MSC_1 时,意味着最佳监管程度降低到 Q_1;反之,当 MSR 上移至 MSR_2 而 MSC 下移至 MSC_2 时,意味着最佳监管程度要提高到 Q_2。

二、金融监管均衡分析

(一) 金融监管均衡的静态分析

静态分析是把焦点集中在均衡位置,分析经济现象的均衡状态以及有关经济变量达到均衡状态所必备的条件,完全抽象掉了时间因素和具体变化的过程。

假定监管当局具有自我膨胀冲动,追求机构扩大、权力扩充、雇员增加和开支增加。监管当局倾向于强化管制,以更多地实现管制权威。政府部门习惯于直接指挥,在转轨时期这一倾向更强。另外,也不完全排除管制当局利用管制权力谋取部门特别利益的可能性。因此,现实中监管当局的目标函数,包括管制净收益和管制当局自身的价值追求,如管制机构的扩大、监管当局的良好形象、监管人员的职业成就感等。

我们以 $f(n,x)$ 表示监管当局的目标函数。其中,$n(x) = r(x) - c(x)$ 为银行业管制的预期净收益,x 为管制强度。

假定 $f_1 > 0, f_{11} < 0$,以下讨论监管当局目标函数的极值问题。

假定 $2f_{12}f_1f_2 + f_{11}f_2^2 > 0$,令 $n(x) = y$,则 $f(n,x)$ 最大化等价于在约束条件 $n(x) = y$ 下求条件极值

$$\text{Max} f(y,x)$$
$$s.t. \quad y - n(x) = 0$$

做拉格朗日函数

$$L = f(y,x) + \lambda [y - n(x)]$$

一阶条件为:

$$f_1 + \lambda = 0$$

其中 f_1 为 $f(y,x)$ 对 y 求一阶导,即 $\dfrac{\mathrm{d}f(y,x)}{\mathrm{d}y}$。

$$f_2 - \lambda n'(x) = 0$$

其中 f_2 为 $f(y,x)$ 对 x 求一阶导,即 $\dfrac{\mathrm{d}f(y,x)}{\mathrm{d}x}$

$$y - n(x) = 0$$

$$\frac{\mathrm{d}f}{\mathrm{d}x} = f_1 \left(\frac{\mathrm{d}n}{\mathrm{d}x} \right) + f_2 = 0$$

满足一阶条件的解为 x^{**},由一阶条件知:

$$n'(x^{**}) = -\frac{f_2}{f_1}$$

二阶条件为:

$$\begin{vmatrix} f_{11} & f_{12} & 1 \\ f_{21} & f_{22} & -n'(x) \\ 1 & -n'(x) & 0 \end{vmatrix} < 0$$

其中,

$$f_{11} = \frac{\mathrm{d}^2 f}{\mathrm{d} y^2}$$

$$f_{12} = f_{21} = \frac{\mathrm{d}^2 f}{\mathrm{d} x \mathrm{d} y}$$

$$f_{22} = \frac{\mathrm{d}^2 f}{\mathrm{d} x^2}$$

在 x^{**} 处,$n'(x^{**}) = -\frac{f_2}{f_1}$,所以,二阶条件为:

$$-\frac{(2 f_{12} f_1 f_2 + f_{11} f_2^2)}{f_1^2} < 0$$

根据假定,二阶条件成立,所以,f 在 x^{**} 处有极大值。

下面分三种情形进行讨论。

情形一:一般情形下,有 $f_2 > 0$,$f_{22} < 0$。上文已假定 $r(x)$、$c(x)$ 具有通常的收益函数和成本函数性质,所以,一定存在一个 x^*,当 $x = x^*$ 时,$n(x) = r(x) - c(x)$ 达到最大值,x^* 为理想的管制均衡水平。因为,$f_2 > 0$,所以,x^* 并不是 f 最大化的解,f 最大化的解 $x^{**} > x^*$。此时,虽然 $n(x)$ 不是最大值,但由于 x 由 x^* 增大到 x^{**} 使 f 值达到了最大,即监管当局要考虑 $n(x)$ 和 x 之间的替代关系,为追求自身利益(x 越大越好),会牺牲一定的管制预期净收益,但不会无限制地追求 x 的扩大。因为,当 $x > x^{**}$ 时,x 扩大对 f 值的正影响已不足以抵消 $n(x)$ 下降对 f 值的负影响。一般而言,现实的管制均衡强度 x^{**},高于理想的管制均衡强度 x^*。证明如下:

$f(n(x), x)$ 最大化的一阶条件为:

$$\frac{\mathrm{d} f}{\mathrm{d} x} = f_1 n'(x) + f_2 = 0$$

有 $n'(x^{**}) = -\frac{f_2}{f_1}\bigg|_{x^{**}}$

给定 $f_1 > 0$,若 $f_2 > 0$,则 $-\frac{f_2}{f_1} < 0$,即 $n'(x^{**}) < 0$,由 $n(x)$ 的性质知必有 $x^{**} > x^*$。

情形二:$f_2 < 0$。在特别情况下,如果监管当局的价值追求较低,特别是监管当局人员缺乏足够的职业成就感,从而缺乏足够动力时,监管当局的目标函数与上述性质有所不同,会出现 f_2 并非始终大于零的情形,如果 $f_2 < 0$,则,$n'(x^{**}) > 0$,可得到 $x^{**} < x^*$。

情形三:$f_2 = 0$,这时,管制当局只追求管制净收益,没有特别要求,则均衡时有 $n'(x^{**}) = 0$,即 $x^{**} = x^*$。

现实中,情形一常见。情形二较少见,通常出现于社会转型、社会动荡或政权不稳定时期。例如,1992 年至 1993 年上半年,我国金融市场由于管制职责不清,管制不足,出现了一定的金融秩序混乱。情形三属于社会理想状态。1994年以来,我国金融监管机构独立执行监管职能,金融监管部门的社会地位提高,出现情形二的可能性越来越小。

(二) 金融监管均衡的比较静态分析

比较静态分析不考虑经济变化过程中所包含的时间阻滞,只考察静止状态时,假定固定不变因素发生变化后所引起的新均衡。比较一个经济变动过程的起点和终点,不涉及转变期间和具体变动过程本身的情况,只对两种既定自变量和因变量的均衡值加以比较。

金融监管预期收益曲线和成本曲线都受既定环境的影响,既定环境变化会引起监管的预期收益曲线和成本曲线发生相应的变化,监管预期净收益曲线也发生相应变化,理想管制均衡强度自然随之移动。管制当局为追求目标函数最大化,会相应调整管制强度,即在新的环境下,实施新的监管均衡管制。

一般来说,管制当局在某种程度上限制了金融竞争,金融机构在利益驱动下,会进行创新活动突破当局管制(deregulation 简称 DR),寻求盈利机会。当金融创新出现后,管制当局可能放松原有管制政策,或针对创新实施新的管制政策(regulation 简称 RR)。金融机构创新出现后,管制当局的反应视创新对管制预期净收益的影响而定,具体分为三种情形:

情形一:现实监管均衡强度右移。创新使得预期净收益曲线发生变化,导致理想管制均衡强度右移,现实监管均衡监管强度也相应右移。例如,1993—1994年,中国人民银行加强对银行拆借业务的管制,重点清理银行系统向非银行金融机构拆借资金。为逃避这一管制,市场上出现了无实物国债回购进行的拆借"创新"。随后,金融管制当局加强了对国债回购市场的管制,重点清理假回购,这是现实中监管均衡强度右移的例子。

情形二:现实监管均衡强度左移。创新使预期净收益曲线发生变化,导致理想管制均衡强度左移,监管均衡强度也相应左移。如美国20世纪60年代的大量金融创新活动,使利率管制在一定程度上失效,1980年起,美国金融监管机构逐步取消了利率上限管制。1996年,我国货币市场得到了规范性发展,金融监管当局因此取消了同业拆借利率的上限控制。这是现实中均衡强度左移的两个例子。

情形三:现实监管均衡强度不变。金融创新出现后,预期净收益曲线不变,理想监管均衡强度不变,现实监管均衡强度不变。这种情形在现实中极为少见。

监管当局实行重新管制或放松管制后,金融机构面对新的管制政策,又进行新的创新以突破新的管制。这样,管制→创新和突破管制→重新管制→重新创新和突破监管的过程会持续下去,金融业管制政策具有了动态调整性质。

假定管制处于某个均衡状态。如果这时市场发生了变化,金融机构突破金融管制能获得新的获利机会时,便要考虑突破管制的收益和成本。用 $ER_1(DR)$ 表示突破管制给金融机构带来的收益的期望值,$EC_1(DR)$ 为金融机构突破管制的成本的期望值,如可能受到监管当局处罚的期望值。如果 $ER_1(DR) \leq EC_1(DR)$,突破管制不发生;若 $ER_1(DR) > EC_1(DR)$,突破管制发生,监管当局是否要重新进行管制,要看目标函数值的变化趋向。如果重新管制后的当局目标函数值的期望上升,则重新管制发生;否则,重新管制不发生。即,

$ER_1(DR) \leq EC_1(DR)$,DR 不发生;

$ER_1(DR) > EC_1(DR)$,DR 发生;

$E_B f(\text{RR}) > E_B f(\text{NRR})$，RR 发生；

$E_B f(\text{RR}) \leqslant E_B f(\text{NRR})$，RR 不发生。

其中，下标 I 代表金融机构，下标 B 代表监管当局，NRR 表示监管当局没有重新管制。由于金融机构和金融监管当局可以作出预期，上述博弈过程可改写为：

$ER_I(\text{DR}, \text{RR}) \leqslant EC_I(\text{DR}, \text{RR})$，DR 不发生；

$ER_I(\text{DR}, \text{RR}) > EC_I(\text{DR}, \text{RR})$，突破管制发生；

$E_B f(\text{RR}, \text{DR}) > E_B f(\text{NRR})$，RR 发生；

$E_B f(\text{RR}, \text{RR}) \leqslant E_B f(\text{NRR})$，RR 不发生。

如果存在 DR^*、RR^*，此时，

$ER_I(\text{DR}^*, \text{RR}^*) \leqslant EC_I(\text{DR}^*, \text{RR}^*)$，

且 $E_B f(\text{RR}^*, \text{RR}^*) \leqslant E_B f(\text{NRR})$，$\text{DR}^*$、$\text{RR}^*$ 都不发生，

当 $x = x^{**}$ 时，金融监管实现了静态纳什均衡。

否则，若有 $ER_I(\text{DR}, \text{RR}) > EC_I(\text{DR}, \text{RR})$，且 $E_B f(\text{RR}, \text{DR}) > E_B f(\text{NRR})$，DR、RR 发生，DR、RR 发生后若无新的 DR、RR 存在使管制实现静态纳什均衡，则管制过程处于动态调整过程中，直至达到 $x = x^{**}$ 的静态纳什均衡。

因此，从理论上讲，静态均衡并非不可能。一般地，一个连续动态调整过程后，会出现一段时期的静态均衡，这个静态均衡时期之后，又会被新一轮动态调整打破。

（三）金融监管均衡的动态分析

动态分析是引入时间因素，从时间序列上对社会经济活动做时点和期间分析、事前和事后分析，揭示经济从一种均衡状态到另一种均衡状态的发展过程。

金融发展伴随经济发展而发展，发达国家的金融监管伴随经济发展经过了长期过程。1863 年，美国针对"自由银行业"时期的混乱，通过了《国民货币法》，建立了世界上第一个银行监管制度。在随后的 100 多年里，各国颁布了数以万计的各种金融管制法律法规，随着经济金融发展的进程，这些法律法规在不断演变。

20 世纪 30 年代"大危机"爆发后，美国通过立法赋予中央银行监管职能，由此开始了对金融体系的行政监管和法律监督。立足于市场不完全、主张国家干预政策的凯恩斯主义取得了经济学主流地位，也是金融监管理论快速发展的历史背景。这一时期金融监管理论，主要是对"看不见的手"自动调节机制的怀疑，为严格广泛的金融监管提供了有力的注解，成为第二次世界大战后西方主要发达国家对金融领域加强管制的主要论据。在凯恩斯主义宏观经济理论的影响下，传统中央银行货币管理职能已经转化为制定货币政策，服务于宏观经济政策目标，金融监管倾向于政府的直接管制。从法律和监管重点上进行规制成为金融监管的主要内容。

20 世纪 70 年代，困扰发达国家的"滞胀"宣告了凯恩斯主义宏观经济政策的破产，以新古典宏观经济学和货币主义、供给学派为代表的自由主义理论和思想复兴。在金融监管理论方面，金融自由化理论逐渐发展，并在学术理论界和实际金融部门不断扩大影响。金融自由化理论主要从两方面对金融监管理论提出了挑战。一方面，金融自由化理论认为政府实施的严格、广泛的金融监管使金融机构和金融体系的效率下降，压制了金融业的发展，从而最终导致了金融监管的效果与促进经济发展的目标不相符合；另一方面，金融监管作为一种政府行为，实际效果也受到政府在解决金融市场不完全性问题上的能力限制，市场机制中存

在的信息不完备和不对称现象,在政府金融监管过程中同样会遇到,而且可能更加严重,即政府也会失灵。

20世纪70年代日益广泛、深入的金融监管,特别是价格管制和对经营行为的行政管制,严重束缚了金融发展,在存款保险制度已充分发挥稳定作用、银行挤提现象已大为减少的情况下,金融机构的效率和效益要求日益凸显,超越了安全性目标的重要性。"金融压抑"和"金融深化"理论主张放松金融严格管制,特别是解除对金融机构在利率水平、业务范围和经营的地域选择等方面的种种限制,恢复金融业竞争,提高金融业的活力和效率。所以,这些理论并不是对政府金融监管的全面否认和摒弃,而是要求政府金融监管作出适合于效率要求的调整。自由主义经济理论的"复兴",并没有否定市场的固有缺陷,它们与"政府干预论"的差异主要体现在干预范围、手段和方式方面。因此,无论在发达国家还是在发展中国家,金融自由化步伐一直没有停止。20世纪80年代后半期和90年代初,金融自由化达到了高潮,很多国家放松了对金融市场、金融商品价格的管制,一个全球化、开放式的统一金融市场初现雏形。

从20世纪90年代初开始,一系列区域性金融危机相继爆发,迫使人们又开始关注金融体系的安全性及其系统性风险,金融危机的传染一度成为金融监管理论的研究重点。在1997年亚洲金融危机以前,面对各国金融开放的热潮,一批有识之士如美国的斯蒂格利茨和日本的青木昌彦曾经提出过的金融约束论,成为金融监管理论发展的标志性文献。对于金融危机爆发的原因,在理论界研究较多。一般认为,金融自由化和金融管制的放松并不是最主要的,事实证明,很多高度开放的经济体同时拥有较高的金融自由度和市场稳定性,并且为经济发展提供了效率保证。一些专家认为,问题的关键可能在于实行金融自由化的国家,政府管理金融活动的能力以及开放策略的顺序可能存在差异。

20世纪90年代的金融危机浪潮,推动了金融监管理论逐步转向协调安全稳定与效率的方面。与以往金融监管理论有较大不同的是,现在的金融监管理论除了继续研究市场不完全性之外,越来越注重金融自身对金融监管的要求。这些理论的发展,不断推动金融监管理论向着管理金融活动和防范金融体系风险的方向转变。鉴于风险和效益之间存在着替代性效应,金融监管理论的这种演变,既不同于效率优先的金融自由化理论,也不同于安全优先的金融监管理论,而是二者新的融合与均衡。

第四节　金融监管非均衡

一、金融监管非均衡的原因

金融监管制度非均衡表明金融监管制度不是效率最优和收益最大化的,不能保证金融高效稳健运行,如果改变金融监管制度的安排会获得额外收益。一般而言,导致金融监管制度非均衡的原因主要有:① 金融监管制度的最初选择不是最优,在可供选择的金融监管制度方案中,仍有比现行安排更有效率的结构;② 新的更有效率的金融监管制度安排既可以内部产生,也可以是外部输入;③ 时代环境的变迁使金融不能高效稳健发展,原有金融监管制度安排的适应性丧失,使金融监管制度的原有均衡状态被打破。

二、金融监管非均衡的表现

(一)监管供给大于监管需求

金融监管供给大于金融监管需求主要体现为金融监管过度,金融市场出现垄断,商业性金融机构的活动以及一些可能获利的机会被严格限制。所以,金融监管必然与微观金融组织机构的获利冲动相冲突,为此,金融机构和市场要么避免惩罚成本过大、缺乏活力,要么设法逃避和规避金融监管以求获利。例如,美国银行机构为了逃避单一银行制的约束,创造了跨州银行持股公司制,这种金融创新与金融法规的本质规定相冲突,但反映了金融市场内在要求和金融活动的趋势。由于这种创新行为与金融法规相矛盾,监管者既可以被判为违规行为加以禁止,也可以被判为是合理冲撞加以肯定。这就要求监管者基于金融发展的理念进行判断,哪些是合理冲撞的创新行为,哪些是违规行为。判断的原则是:冲撞性创新体现金融活动的内在要求,体现金融业发展的需要;违规活动是以不正当的手段谋取利益,造成金融市场混乱。

(二)监管需求大于监管供给

监管需求大于监管供给通常表现为金融市场进入过度,金融市场出现无序竞争,其至爆发信用混乱、金融机构倒闭和金融危机,需要加大金融监管的力度和范围。另外一种情况是,由于金融创新产生了许多新的金融业务和活动,当这些创新被越来越多地接受时,金融监管当局被迫进行金融监管调整,从法律上认可金融创新,给予规范监管。美国《1980 年取消存款机构管制和货币政策法案》、1982 年颁布的《盖恩—圣·杰曼法案》实际上就是对金融创新让步所采取的补救措施,是对事实予以法律上的承认,促使金融机构规范创新活动。因此,金融创新导致"新"的监管,不是简单复归,而是螺旋式上升。

三、金融监管从非均衡到均衡的恢复

从金融监管制度的历史进程看,金融监管制度的变迁推动金融高效稳健运行。因此,金融监管制度的均衡意味着金融监管制度的高效率,当金融体系不能高效稳健运行时,金融监管制度一定是非均衡的。由此可见,金融监管均衡是动态的,在某一时点上的均衡不断被打破,在另一个时点上重新建立均衡。于是,金融监管制度的变迁就是金融监管从一个均衡到另一个均衡的位移,表现为均衡—非均衡—新均衡的一个不间断过程。

(一)既有金融监管制度变革需求的形成

当金融体系无法实现高效稳健运行时,微观金融主体必定不断调整行为,谋求获得更大收益,同时要求金融监管制度做相应调整,以保障金融运行提高效率。这样,金融监管制度变革和创新的需求就产生了。在"需求引致型"制度变迁中,金融监管会对微观金融主体的需求作出及时反应,变革金融监管制度;在"政府主导型"制度变迁中,政府能否及时发现旧制度的弊端、变革旧制度,从而带来效率改进,对于能否走上制度变革道路十分重要。一般而言,金融发展的低效性和波动性越明显,金融监管制度变革的潜在收益越大,可供选择的新制度安排越多,这个认知过程越快。不过政府即使认知到金融监管制度变革的潜在收益,也并不必然发生对金融监管制度的改革。因为政府受多重目标的制约,例如:降低交易费用使社会总产出最大化、通过利益集团的垄断租金最大化来实现政府获得支持最大化、增加对经济活动的控制强度等。只有制度变革创新使政府的效用函数最大化时,制度变革创新的供给才会现实产生。

(二) 金融监管机构提出变革方案

多数情况下,会出现若干金融监管改革方案供选择,如果没有一个有说服力的方案,就需要等待新方案的出现,从而形成金融监管制度变革与金融创新进程中的"时滞"。在具备可供选择的金融监管制度变革方案后,在"需求引致型"变迁方式中,金融监管机构根据金融运行效率最大化原则,选择能实现金融高效稳健发展的金融监管制度安排;在"政府主导型"的变迁方式中,政府以最大化利益原则选择金融监管制度安排。

(三) 金融监管制度改进的实现

政府通过法律手段和行政手段淘汰滞后的金融监管制度,确立新规则,实现金融监管制度的变革。需要说明的是,由于金融监管机构并不一定完全按照金融机构的利益决定金融监管制度变革,而是在有限理性条件下追求效用目标函数最大化,因此,在金融监管制度变革后,不一定就实现了金融监管的高效。金融发展像一只看不见的手,无形中引导政府不断进行金融监管制度变革,实现更高层次的均衡。政府主导型的金融监管制度变迁并不意味着微观金融主体无能为力,恰恰相反,在制度变革与创新的起点上,金融机构和金融消费主体的变革要求压力,往往是政府转变态度的重要因素。微观金融主体规避金融监管,在某种意义上也表明对金融监管制度变革的要求,这种要求对政府实行金融监管改进有一定作用。

本章小结

1. 金融监管的需求,是指在金融发展进程中由于金融动荡、金融创新和金融开放等多层面原因,对国家金融监管制度提出的客观需要。因此,金融监管需求是多动因、多形式和多层次的。金融监管的需求者包括金融机构和社会公众,前者为获得垄断性收入、谋求垄断地位而寻求政府保护;后者为降低信息不对称所带来的道德风险和信用风险,要求政府对金融机构进行必要的规制。

2. 金融监管供给是国家通过金融监管体制改革、金融法律的建立和调整、金融监管的改进以及金融监管效率的改善等,实现金融稳定和金融发展的一系列措施的总称。金融监管供求是一对相互制约的矛盾统一体,监管供给具有较强的需求导向性,制度变迁的"路径依赖"特性决定了监管需求受监管制度供给的制约。二者变动的方向和速率决定金融监管理论的演变和金融监管实践的变迁。

3. 金融监管制度的供求均衡,主要指各监管主体、监管对象均处于和谐状态,金融监管制度从总体上处于边际收益等于边际成本的状态,即制度最优状态。为此,金融监管制度必然保持某种稳定性。当金融监管制度处于均衡状态时,金融监管制度的变革和创新将不会发生,因为对既有制度的任何改变都会导致边际收益与边际成本不相等,从而导致收益损失,这与人们的行为理性相矛盾。相反,只有当金融监管制度处于非均衡时,变革和创新才有可能发生。

4. 金融监管制度非均衡表明现行金融监管制度不是效率最优和收益最大化的,不能保证金融高效稳健运行,如果改变现有金融监管制度的安排会获得额外收益。一般而言,导致金融监管制度非均衡的原因主要有以下几个方面:金融监管制度选择不是最优,在可供选择的金融监管制度方案中,仍有更有效率的金融监管制度;新的更有效率的金融监管制度安排,可以内部发明,包括由金融机构自律制度安排中发展演变,也可以从外部输入;时代环境的变迁使经济金融业发生了新变化,使金融不能高效稳健发展,原有金融监管制度安排的适应性丧失,使金融监管制度的原有均衡状态被打破。当金融体系不能高效稳健运行时,金融监管制度一定是非均衡的。均衡是动态的,表现为均衡—非均衡—新的均衡这样一个不间断的过程。

思考题

1. 概述金融监管需求函数的基本特征。
2. 概述金融监管供给函数的基本特征。
3. 论述金融监管均衡的内在联系机制。
4. 论述如何实现金融监管从非均衡到新的均衡的调整。

即测即评

请扫描右侧二维码,进行即测即评。

第十四章 金融监管博弈

【本章提要】

本章主要介绍金融监管博弈的基本原理,利用博弈论对金融监管进行分析,为监管者提供最优的监管策略。主要内容包括金融市场准入监管博弈、金融市场运营监管博弈、金融市场退出监管博弈以及资本充足率监管博弈;金融监管博弈中的治理型金融监管、完善型金融监管、借鉴型金融监管和惯例型金融监管以及金融监管博弈的区域、国家和国际三个层次。

第一节 金融监管博弈的原理

一、金融监管博弈的理性较量

(一)博弈与金融监管博弈

"博弈"(game)的字面含义是游戏,囚徒困境、田忌赛马等都是经典的博弈模型。从1838年古诺关于寡头之间通过产量决策竞争的模型研究,到20世纪90年代博弈论与主流经济学的融合,博弈论经历了从萌芽到成熟的演进过程。由于博弈论应用了数学和逻辑的方法,能够更加完整地分析决策过程,所以被应用到各个领域。金融监管博弈是博弈论在金融监管中的运用。

在金融监管中引入博弈原理,能够展示金融监管者与被监管者之间在一定规则下作出的策略选择,揭示金融监管博弈的规律,帮助人们更好地认识金融监管过程,认识到金融监管是金融监管者与被监管者双方的一种理性较量。最重要的是,利用博弈论对金融监管进行分析,有助于为监管者提供最优的监管策略。博弈论中的信息结构及能力和理性分析,能更好地解读金融监管过程中的信息不对称及个体理性与集体理性矛盾,为科学、深入地研究金融监管提供了思路。

(二) 对金融监管博弈的非技术性定义

如果给出金融监管博弈的一个非技术性定义,可以这样描述:即金融监管者与被监管者,面对一定的环境条件,在一定的规则下,同时或先后,一次或多次,从各自允许选择的行为或策略中进行选择并加以实施,各自取得相应结果的过程。上述定义包括以下五个方面:

1. 金融监管博弈的规则(rules)

在进行金融监管博弈之初,已经固定了约束条件,规定金融监管博弈的参加者可以做什么,不可以做什么,应该做的次序,何时结束博弈,犯规将受到的处罚。

2. 金融监管博弈的参加者(players)

金融监管博弈的参加者指在金融监管博弈中有哪几个独立决策,独立承担结果的个人或组织。只要在一个金融监管博弈过程中统一决策、统一行动、统一承担后果,不管这个组织规模多大,即使是一个国家,都可以作为博弈的参加方。并且,在金融监管博弈的规则确定后,各方都是平等的,大家都必须严格遵守规则。

3. 金融监管博弈方可选择的策略(strategies)

在不同的博弈中,可供博弈方选择的策略或行为数量不同,在同一金融监管博弈中,不同博弈方的可选策略或行为的内容和数量也不同,有时只有一种,有时可能有许多种,甚至无限多种可选策略。策略的选择至关重要,金融监管博弈参加者不同的策略选择会带来不同的结果。与此同时,策略和利益还有相互依存性,即每个金融监管博弈后果优劣,不仅取决于自身选择,也取决于其他参加者的策略选择。有时,差的策略选择也许会带来不差的结果,原因是其他金融博弈者选择了更差的策略。因此,在有策略依存性的博弈中,策略本身常常没有绝对的高低之分,只有相对于他方策略的好坏。

4. 金融监管博弈的次序(orders)

在各种决策中,当存在多个独立决策方时,有时需要金融监管博弈方同时作出选择,这样才能保证公平合理,而各博弈方的决策有先后之分,有时一个博弈方有不止一次地决策选择。因此,金融监管博弈必须规定次序,次序不同就是不同的博弈,即使博弈其他方面都相同。

5. 金融监管博弈方的得益(payoffs)

对应于金融监管博弈方的每一组可能的决策选择,都应有一个结果表示该策略组合下各博弈方的所得或所失。由于对金融监管博弈的分析主要是通过数量关系的比较进行的,因此绝大多数金融监管博弈本身都可以量化为数量的结果,比如收入、利润、损失、个人效用和社会效用、经济福利等。金融监管博弈中这些可能结果的量化数值,称为各博弈方在相应情况下的"得益"。规定一个金融监管博弈必须对得益作出规定,得益可以是正值,也可以是负值,它们是分析博弈模型的标准和基础。值得注意的是,虽然各金融监管博弈方在各种情况下的得益应该是客观存在,但这并不意味着各金融监管博弈方都了解各方的得益情况。

以上五个方面是定义一个博弈时必须首先设定的,确定了上述五个方面,就确定了一个金融监管博弈。研究金融监管博弈就是研究可以用上述方法定义的各种博弈问题,寻求在各金融博弈方具有充分或有限理性能力的条件下,合理的策略选择和合理选择策略时博弈的结果,并分析这些结果的经济意义、效率意义。

二、金融监管博弈的分类

金融监管博弈组成了一个完整博弈,当其中一个元素变化时,博弈的结果往往不同。根据金融博弈的博弈方、博弈中的策略、博弈次序等元素,可以将金融监管博弈分成不同类型。①

(一)根据金融监管博弈中的博弈方分类

在金融监管博弈中独立决策、独立承担博弈结果的个人或组织称为博弈方。由于博弈的根本特征是具有策略依存性,博弈方的策略之间有复杂的相互影响,博弈方的数量越多,策略依存性就越复杂,分析越困难,整个博弈可能表现出明显不同的性质和特点,因此,博弈方的数量是博弈结构的关键参数之一。所以,常常根据博弈方的数量将博弈分为"两人博弈"和"多人博弈"。需要注意的是,这里博弈中的"人"不是自然人,是指博弈方。

1. 两人金融监管博弈

两人金融监管博弈是两个各自独立决策,但策略和利益具有相互依存关系的博弈方的决策问题。金融市场准入监管、金融业务运营监管以及金融市场退出监管都是两人金融监管博弈。这里简单讨论两人金融监管博弈的一些关键特征和研究时需要注意的问题。这些问题不少在两人以上博弈中也存在。

第一,两人金融监管博弈中的两个博弈方之间并不总是相互对抗,有时也出现利益一致。如金融监管者对资本充足率监管,是为了保护存款人的利益和金融体系稳定,这也有利于金融机构规范经营,预防流动性风险。

第二,在两人金融监管博弈中,掌握信息较多并不能保证利益一定较多。掌握信息较多的一方有可能考虑过多而迟于作出决策,失去有利的时机或采取保守的策略,从而得到较少的利益;掌握信息较少的一方对风险了解较少,可能不顾及后果而掌握了主动,从而得到更多的利益。

第三,个体追求自身利益最大化的行为,常常并不能实现社会利益最大化,最终也可能无法实现个体利益最大化。例如,被监管者为了追求利润违规经营,会酿成金融危机,对公共利益造成损害,金融危机的爆发也使被监管者难以逃脱厄运。

2. 多人金融监管博弈

多人金融监管博弈与两人博弈相似,是博弈方意识到他方对自己决策的反应,寻求最大利益的决策活动。这里将两人金融监管博弈分析中得到的结论,推广到多人金融监管博弈。在金融监管过程中,通常是一个监管者监管众多被监管者的情形,由于多人博弈中有更多的独立决策者,因此,多人博弈中策略和利益的相互依存关系更复杂,任一博弈方的决策及其所引起的反应,比两人博弈中复杂得多。对三人博弈中的一个博弈方来说,其他两个博弈方不仅对自己的策略作出反应,而且它们的反应相互之间还有作用。例如,一个监管机构监管两家银行,分别是 A 和 B,两家银行存在违规洗钱行为。A 的洗钱行为被发现,监管者对 A 的处罚会影响 B 决策。如果对 A 处罚轻,B 发现监管松弛,会选择大胆洗钱;如果对 A 处罚重,B 会收敛或停止洗钱。A 的反应也会影响 B,如果 A 被处罚后仍洗钱,B 会考虑参与洗钱;如果 A 被处罚后停止洗钱,B 会改变策略。

---

① 谢识予,《经济博弈论》,复旦出版社,2001 年。

此外，多人金融监管博弈与两人博弈的本质区别是可能存在"破坏者"，也就是博弈中，存在具有这样特征的博弈方：策略选择对其自身的利益没有影响，但会对其他博弈方的得益产生很大的、甚至是决定性的影响。

（二）根据金融监管博弈中的策略分类

金融监管中各博弈方的决策内容称为"策略"。金融监管博弈中的策略通常是对行为的取舍、监管水平等的选择。根据金融博弈的定义可以看出，给出各博弈方可以选择的全部策略或策略选择的范围，是定义金融监管博弈时需要确定的最重要的基本方面之一。

根据所研究的问题内容和性质，不同金融博弈中各博弈方可选策略的数量有多有少，差异可能会很大。在金融市场进入监管、业务经营监管和市场退出监管的各个博弈方，都只有两种可选择的策略；在反洗钱的例子中，金融监管者能够选择的检查概率和金融机构能够选择的反洗钱努力程度，在理论上都无限多。

并不是每个金融监管博弈方都有相同的可选策略。在许多金融监管博弈中，不同博弈方之间不仅可选策略不同，而且可选策略的数量也不同。更进一步，在有些金融监管博弈问题中，还可能会出现部分博弈方有有限可选策略，另一些博弈方却有无限可选策略的情况。

一般地，如果一个金融监管博弈中每个博弈方的策略数都是有限的，称为有限博弈（finite game），如果一个博弈中至少有某些博弈方的策略无限多，称为无限博弈（infinite game）。在有限博弈中，常见的是数种、数十种策略博弈，而两三种可选策略的博弈是更普遍遇到的、研究最多的博弈类型。

有限博弈和无限博弈之间的差别很大。因为有限博弈存在有限种可能的结果（一种结果是每个博弈方各选择一种策略构成的一个组合，全部可能结果的数量等于各博弈方可选策略数的连乘积），因此，理论上有限博弈总可以用得益矩阵法、扩展形法或简单罗列法，将所有策略、结果及对应的得益列出；而无限策略博弈就不可能用这些列举方法表示全部策略、结果或得益，一般只能用数集或函数式加以表示。这使得两类博弈的分析方法常常表现出很大的差异。此外，策略数的有限与无限对各种均衡解的存在性也有关键影响。因此，注意有限博弈和无限博弈的区别，对于理解和掌握博弈分析方法很有意义。

（三）根据金融监管博弈中的得益分类

得益即参加金融监管博弈的各个博弈方从博弈中所获得的利益，是各博弈方追求的根本目标，也是其行为和判断的主要依据。得益可以本身就是利润、收入等数量，也可以是量化的效用、社会效益和福利等。不同金融监管博弈的得益会有不同的特征，各个博弈方或博弈方总体得益的差异和不同特征，也会影响博弈方的行为方式，从而影响博弈的结果，并反过来影响各博弈方的得益。

在两人或多人博弈中，每个博弈方在每种结果（策略组合）下都有相应的得益，可将每个博弈方在同一结果中的得益相加，计算出所有博弈方得益的总和。在许多金融监管博弈中，博弈结果（策略组合）不同，总得益也不同。在一般博弈中存在这样的情况：不管博弈的结果是什么，所有博弈方的得益之和为0，或者始终为某一非零常数。我们分别称之为"零和博弈"（zero-sum game）和"常和博弈"（constant-sum game），不具有这两种特征的博弈则相应称为"变和博弈"（variable-sum game）。

在金融监管博弈中，各方得益情况可以用字母代替，因为公共收益难于量化，不能按照一般博弈将金融监管博弈分为零和、常和和变和博弈。当金融监管博弈双方处于对立状态时,双方收益此消彼长,总收益趋近 0;当金融监管博弈双方处于利益一致状态时,博弈各方存在互相配合,有增大总收益的倾向,总收益为正值。所以,在金融监管博弈中,零和以及常和博弈比较少,多为变和博弈。

零和博弈和常和博弈以外的所有博弈都称为"变和博弈"。变和博弈在不同策略组合下各博弈方利益之和不相同。金融市场准入监管、业务经营监管都是变和博弈。变和博弈的结果存在总得益大小的区别,意味着在博弈方之间存在相互配合、争取较大总得益和自身利益的可能性。

(四) 根据金融监管博弈的过程分类

博弈过程差异对博弈的结果和分析也有重大的影响,因此,需要注意区别,分类进行研究。根据博弈过程方面的这些差异,博弈问题通常分为静态博弈、动态博弈和重复博弈几类。

1. 静态金融监管博弈

在许多金融监管博弈问题中,如果博弈方的决策选择有先后次序,则某些博弈方能事先知道其他博弈方的决策选择,会有针对性地进行决策或相应调整策略,立于不败之地或获得更多利益。这肯定会造成博弈方之间的不公平、不平等。为了博弈的公平性,也为了符合现实情况,许多金融监管博弈常常要求各博弈方同时决策,或者虽然各博弈方决策的时间不一致,但在作出选择之前不知道其他博弈方的策略。在知道其他博弈方的策略之后,不能改变选择,各博弈方的选择仍然可以看作同时作出。所有博弈方同时或可以看作同时选择策略的博弈称为静态博弈(static game)。金融市场进入监管、业务经营监管都是很好的例子。

2. 动态金融监管博弈

除了各博弈方同时决策的静态博弈之外,现实决策活动构成的金融监管博弈中,博弈方的选择不仅有先后次序,而且后选择、后行动的博弈方在自己选择、行动之前,可以看到其他博弈方的选择,甚至包括自己的选择。我们把这种博弈称为动态博弈(dynamic game),也称多阶段博弈(multistage game)。在动态博弈中,博弈方轮流选择的可能是行动,也可能是"程度",包括金融监管水平等。

银行业务拓展过程显然是动态博弈,是两个博弈方依次行动的过程。银行选择在某一市场开展一项新业务,行动完毕后,金融监管者会决定监管反应,金融监管者作出监管决策后,银行会根据观察到的金融监管举动,修正开拓市场的行为。

由于动态博弈中各博弈方的行为有先有后,因此,在博弈方之间肯定有不对称性。先行动的博弈方可以利用先行之利获得利益,后行动者可能会吃亏。但反过来,后行动的博弈方可根据先行动的博弈方的行为作针对性地选择,而先行动的博弈方自己决策时,非但不知后行动的博弈方的选择,而且还顾忌后行动的博弈方的反应。因此,与博弈方同时行动的静态博弈相比,动态博弈肯定会有不同的结果。假设一个静态博弈的其他所有规则、条件都不变,只是原博弈方同时行动的假设改为依次行为,结果会大不相同。

3. 重复金融监管博弈

除了上述两种博弈外,还有一种与静态博弈和动态博弈有密切关系的博弈,称为"重复博弈"(repeated game)。所谓重复博弈,实际上是同一个博弈反复进行所构成的博弈过程。

只要两次重复同一个博弈就构成一个重复博弈,因此,重复博弈最少是两次。许多重复博弈经过一定次数的重复会结束,这种重复一定次数后肯定要结束的重复博弈称为有限次重复博弈(finitely repeated game)。并非所有重复博弈都有事先确定的重复限定,也就是停止重复时间的,有些重复博弈似乎会不断重复,称这样的重复博弈为无限次重复博弈(infinitely repeated game)。当然,谁都无法证明一个博弈会永远进行。唯物主义观点认为任何事物都有极限,因此,无限次重复博弈实际上不可能,但由于各博弈方认为重复博弈不会停止,没有可以预期的结束时间,就会反映无限次重复博弈的特征,可以把这种博弈理解成无限次重复博弈。

重复博弈和一次性博弈有很明显的差异,无限次重复博弈和有限次重复博弈之间也存在明显差异。在一次性博弈中,特别是在静态博弈的情况下,由于博弈方决策时只需要考虑眼前的短期利益,不存在将来利益,所以,一般来说博弈方不会互相考虑对方的利益或"情绪"。只要能实现自身的最大化利益,博弈方都不惜去"欺骗"其他博弈方。但如果博弈不是一次性的,那么,各博弈方就会在前面阶段试图合作,采取对大家都有利的策略。因为一旦任何一方发现对方不合作,都会在以后阶段进行报复。这种未来利益的约束可能使各方的利益都得到改善,所以说,重复博弈给博弈提供了取得更有效率的博弈结果的可能性,重复的次数越多,这种可能性就越大,无穷次重复博弈有时能够完全改变博弈的结果。

(五)根据金融监管博弈的信息分类

1. 关于得益的信息

关于得益的信息即博弈方在每种结果(策略组合)下的得益情况。按照是否完全了解所有博弈方得益情况,可以将金融监管博弈分为完全信息(complete information)博弈和不完全信息(incomplete information)博弈。完全信息博弈是各博弈方都完全了解所有博弈方各种情况下得益的博弈。不完全信息博弈是至少部分博弈方不完全了解其他博弈方得益情况的博弈。不完全信息通常意味着博弈方之间在对得益信息的了解方面不对称,因此,不完全信息博弈也是不对称信息(asymmetric information)博弈。

金融监管博弈基本上都是不对称信息博弈,对于金融监管者来说,被监管者的成本与收益是很难获知的信息。对于被监管者来说,监管的成本和社会利益也是一个抽象概念。

2. 关于博弈过程的信息

在动态金融监管博弈中,后行动的博弈方能看到先行动的博弈方的选择,也就是说,对前面的博弈过程有完整的信息。但在金融监管博弈中,也存在不完全清楚博弈对方此前行为选择的情况,如被监管者违规开展业务,监管者不可能完全掌握其违规信息,这是因为信息掌握困难,掌握完全信息成本过高。前者主要表现为:首先,金融经营机构众多而监管机构数量有限,以少对多,掌握每个金融机构的完全信息极其困难;其次,金融自由化带来金融交易数量高速增长,金融电子化促使金融交易迅速快捷,监管机关难以对越来越快、越来越多的金融交易及时准确把握;再次,金融创新工具不断出现,给金融监管带来更多困难。后者表现为金融机构进行违法经营采取的方式秘密,以各种方式进行掩饰,监管机关发现成本极高。这时,金融监管者就不拥有被监管者行为选择的完美信息。

按照对博弈进程的完全了解程度,将金融监管博弈分为完美信息(perfect information)博弈和不完美信息(imperfect information)博弈。在动态博弈中,各博弈方是否具有完美信息,对博弈的决策、行为和博弈结果有很大影响。没有关于博弈进程的完美信息,意味着决策和行动有一定的盲目性,只能依靠对博弈进程的某种判断进行决策。所以,区别动态博弈的信息很有必要。

（六）根据能力和理性分类

在前面的分析中，一直采取"理性经济人"假设，认为金融监管博弈各方都以利益最大化为目标，具有准确判断选择的能力，不会"犯错误"，但现实中往往不是这样。下面对博弈方的能力和理性进行讨论，以更切合金融监管博弈的实际情况。

1. 完全理性和有限理性

在金融监管博弈过程中，一般认为金融监管者是公正的，不会出错。但事实上，监管者也具有自身利益，在进行监管的过程中或多或少会为自身的利益考虑，金融监管者可能出现有限理性情况。因此，必须加以注意，需要对金融监管者进行监管。这里只是提出监管者有限理性以引起注意，在以后分析中，仍然采取完全理性博弈方假设。

2. 集体理性和个体理性

理性经济人假设人们的决策和行为以个体利益最大化为根本目标。现实中的决策者并不都是根据个体利益最大化决策，某些局部问题可能存在追求集体利益最大化的情况。追求集体利益最大化称为集体理性（collective rationality）。

一般情况下，集体利益最大化本身非博弈方的根本目标，但如果允许博弈中存在"有约束力的协议"，使得博弈方采取符合集体利益最大化而不符合个体利益最大化的行为时，能够得到有效补偿，那么，个体利益和集体利益之间的矛盾可以克服，使博弈方按照集体理性决策和行为成为可能。

允许存在有约束力协议的博弈称为合作博弈（cooperative game），不允许存在有约束力协议的博弈称为非合作博弈（uncooperative game）。这里侧重介绍非合作博弈，因为在金融监管博弈过程中，非合作博弈占主要地位。在预先承诺制的监管过程中，虽然体现出合作博弈的特征，但毕竟是少数。

（七）博弈的分类总结

在对金融监管博弈各个元素进行分析的基础上，可以进行归纳分类：首先，将金融监管博弈分为非合作博弈和合作博弈两大类。其次，在非合作博弈的范围内，可分为完全理性博弈和有限理性博弈两大类。再次，分为静态博弈和动态博弈，外加重复博弈这种特殊的动态博弈。最后，根据信息是否完全和完美，可分为完全信息静态博弈和不完全信息静态博弈、完全且完美信息动态博弈、完全但不完美信息动态博弈、不完全信息动态博弈。

三、经典金融监管博弈模型

金融监管的每个环节，都可以归结为金融监管博弈问题。为了增加对金融监管博弈的理解，使读者掌握金融监管博弈模型分析的方法，本节介绍经典的金融监管博弈模型。

（一）金融市场准入监管博弈[①]

金融市场准入监管是金融监管过程的第一环节，也是典型的金融监管博弈过程。博弈双方可以抽象为金融监管部门和申请进入金融市场的机构。金融监管部门代表着公共利益，对申请机构的市场准入要求进行审批，合格的予以认定，不合格的拒绝，维护金融体系的安全。申请机构代表个体利益，可能是合格或不合格的申请者，但谋取最大化利益是共同目

[①] 罗友山，《金融监管博弈分析》，《经济评论》，2002年第1期。

标。金融监管部门有两种策略选择：严格审批监管或不严格审批监管；申请机构也有两种策略：合格或不合格，两者在金融监管过程中博弈。

以下对金融监管部门和申请机构的成本收益进行一些假设，以考察博弈的结局。设 C 表示监管成本，R 表示申请机构的预期收入，R' 表示申请不合格时被准入的预期收入（通常 $R' > R$），A 为申请者不合格而被准入给社会造成的预期损失。该模型对应的策略空间和支付矩阵如表 14-1 所示（监管部门代表政府，其支付为社会成本）。

表 14-1　市场准入监管博弈的策略空间和支付矩阵

		申请机构	
		合格	不合格
金融监管部门	监管	$-C, R$	$-C, 0$
	不监管	$0, R$	$-A, R'$

在支付矩阵中：监管部门的支付取决于双方的策略，申请机构的支付同样；监管部门实施监管，不合格申请机构就会被禁入。

通过支付矩阵分析可知，在博弈开始时，给定监管部门监管，申请机构的最优策略是合格；给定申请机构合格，监管部门的最优策略是不监管；给定监管部门不监管，申请机构的最优策略是不合格；而给定申请机构不合格，监管部门的最优策略是监管，因此，没有一个纯策略组合构成纳什均衡。

现在考察这个博弈是否存在混合策略纳什均衡。用 A 表示监管部门实施监管的概率，B 表示申请机构选择合格的概率，则监管部门以 $1-A$ 的概率不监管，申请机构以 $1-B$ 的概率选择不合格。V_g 和 V_f 分别表示监管部门和申请部门的期望效用函数，则有：

$$V_g = A[(-C) \times B + (-C) \times (1-B)] + (1-A)[0 \times B + (-A) \times (1-B)]$$
$$= -AC - (1-A)(1-B)A$$
$$V_f = B[R \times A + R \times (1-A)] + (1-B)[0 \times A + R' \times (1-A)]$$
$$= BR + (1-A)(1-B)R'$$

对上述效用函数分别求微分，得到最优化一阶条件：

$$V'_{gA} = -C + (1-B)A = 0 \quad 则\ B^* = 1 - CA$$
$$V'_{fB} = R - (1-A)R' = 0 \quad 则\ A^* = 1 - RR'$$

该博弈模型存在混合战略纳什均衡：$A^* = 1 - RR'$，$B^* = 1 - CA$。即监管部门以 A^* 的概率实施监管，金融机构以 B^* 的概率选择合格。这个均衡的另一解释是：如果申请机构合格的概率大于 B^*，监管部门的最优选择是不监管；反之，选择监管。如果监管部门实施监管的概率大于 A^*，申请机构的最优选择是合格；反之，选择不合格。由此，得出监管部门实施有效监管的概率应为：$A > 1 - RR'$。

通过对混合策略纳什均衡结果的分析可以看出，监管部门监管的概率取决于两个因素：申请机构选择合格时的预期收入 R，申请机构不合格被市场准入的预期收入 R'。在给定合格时的预期收入 R 的情况下，申请机构选择不合格时的预期收入越多，监管部门实施监管的概率越大。这说明，在理论上监管部门的监管行为，是依据申请机构选择不合格时的预期收入而决定。在市场准入监管的实际操作中，由于对申请机构不合格时的预期收入值判定较高,并基于不合格金融机构可能导致金融体系不稳定性的考虑,监管部门实施监管的概率实际上为1。

申请机构合格的概率也取决于两个因素:监管部门实施监管的成本 C 和申请机构不合格准入金融市场造成的损失 A。金融监管成本越高,监管部门实施监管的困难越大,申请机构选择合格的概率就越低。申请机构不合格给社会造成的损失越大(隐含 R' 越高),监管部门实施监管的概率越大,金融机构选择合格的可能性就越高。在市场准入监管的实际操作中,由于判定监管部门实施监管的可能性趋于1,申请机构以1的概率选择合格战略。从而,实际操作的均衡战略组合为(监管,合格)。

以上是一个典型的静态博弈模型,在金融监管博弈过程中,这种例子还有很多,下面来分析业务运营监管博弈。

(二)金融业务运营监管博弈

在博弈中,博弈参加者、次序和市场准入监管博弈一样,不再赘述。不同的是,博弈各方可以选择的策略集合为:金融监管部门的选择是监管或不监管;金融机构的选择是违规或不违规。设 C 表示监管部门的监管成本,R 表示金融机构的正常收入,A 表示金融机构的违规行为给社会造成的损失,R' 表示金融机构违规获得的额外收入,F 表示金融机构违规受到的罚款,R'' 表示金融机构被查处后的收入(违规金融机构受信誉下降的影响,业务收入小于正常收入 R)。则该博弈模型的策略空间和支付矩阵如表14-2所示。

表14-2 业务运营监管博弈的策略空间和支付矩阵

金融监管部门		金融机构	
		不违规	违规
金融监管部门	监管	$-C, R$	$R'+F-A-C, R''-F$
	不监管	$0, R$	$-A, R+R'$

同样,通过对支付矩阵的分析得出结论:没有一个纯策略组合构成纳什均衡。现在,来考察这个博弈是否存在混合策略纳什均衡。用 A 表示监管部门实施监管的概率,B 表示金融机构违规操作的概率,V_g 和 V_f 分别表示监管部门和金融机构的期望效用函数,则有:

$$V_g = A[(-C) \times (1-B) + (R'+F-A-C) \times B] + (1-A)[0 \times (1-B) + (-A) \times B]$$
$$= -AB - CA + AB(R'+F)$$
$$V_f = B[(R''-F) \times A + (R+R') \times (1-A)] + (1-B)[R \times A + R \times (1-A)]$$
$$= R + BR' + AB(R''-F-R-R')$$

对上述效用函数分别求微分,得到最优化一阶条件:

$$V'_{gA} = -C + B(R'+F) = 0 \quad 则 B^* = C(R'+F)$$
$$V'_{fB} = R' + A(R''-F-R-R') = 0 \quad 则 A^* = R'(R+R'+F-R'')$$

这个博弈模型的混合策略纳什均衡是:$A^* = R'(R+R'+F-R'')$,$B^* = C(R'+F)$。

即监管部门以 A^* 的概率实施监管,金融机构以 B^* 的概率选择违规。该均衡也可解释为:如果金融机构违规概率小于 B^*,监管部门的最优选择是不监管;反之,选择监管。如果监管部门实施监管的概率小于 A^*，金融机构从事违规行为；反之，选择违规。由此，得出监管部门实施有效监管的概率应为：$A > R'(R + R' + F - R'')$。

对博弈混合策略纳什均衡解 $A^* = R'(R + R' + F - R'')$、$B^* = C(R' + F)$ 进行分析，可以知道在博弈中，监管概率取决于三个因素：金融机构选择违规时的额外收入 R'、金融机构违规罚款金额 F 和金融机构违规被查处后信誉下降带来的损失 $\Delta R(\Delta R = R - R'')$。金融机构违规所得到的违规收入越多，监管部门实施监管的概率越大，表明监管部门的监管行为是根据金融机构违规收入相机选择。金融机构的违规收入越大，说明金融市场秩序越混乱，监管部门的监管概率越大；监管部门制裁违规行为的力度越大，金融机构违规受到的罚款越大，监管部门的监管概率也越小；金融机构因违规查处声誉下降造成的损失越大，监管部门实施监管的概率也就越小。这说明，行业自律和社会监督力量的介入有助于金融监管工作的开展。

金融机构违规的概率也取决于三个因素：监管部门实施监管的成本 C、金融机构选择违规时的额外收入 R' 和金融机构违规罚款 F。金融监管成本越高，监管部门越缺乏监管动力，金融机构选择违规的概率越高。如果金融机构违规的额外收入越大，被查处后受到的惩罚却较小，金融机构违规可能性越高。金融机构违规罚款越多，表示惩罚力度越大，那么，金融机构的违规行为越少。这说明，金融机构的违规行为是依据违规所受到的惩罚力度而相机选择。这就是所谓的"见风使舵"行为。

此外，ΔR 充分反映了社会监督力量和金融机构行业自律能力，ΔR 在金融机构中的传导机制是，$\Delta R \uparrow \rightarrow A^* \downarrow \rightarrow C \downarrow \rightarrow B^* \downarrow$。这说明，行业自律和社会监督力量的介入，不仅会降低监管成本，也有助于加强金融机构的内控约束，降低违规概率，实现金融监管的低成本和高效能。

（三）金融市场退出监管博弈

市场退出博弈过程与前述一样，不同之处在于博弈方的策略空间和博弈收益。金融监管部门的策略选择是最后贷款援助或市场退出惩戒；金融机构的策略选择是高风险投资或常规风险投资。为了构造这个模型，假设所有投资按风险程度可分为高风险投资和常规风险投资，常规风险投资的预期收入为 R、风险成本为 C，高风险投资的额外收入为 R'、额外风险成本为 C'；所有投资具有相同的收入均值 T；失败后不被援助，有相同的损失 L；高风险投资失败后，由最后贷款援助诱发的金融机构道德风险成本为 C''（通常 $C'' > L$），则该博弈的策略空间和支付矩阵如表 14-3 所示。

表 14-3 市场退出监管博弈的策略空间和支付矩阵

		金融机构	
		高风险投资	常规风险投资
金融监管部门	最后贷款援助	$-C'', R+R'$	$0, R$
	市场退出惩戒	$-L, T-C-C'$	$-L, T-C$

在支付矩阵中，设定：① 金融机构在事先得到最后贷款援助承诺时，为风险中性型，其支付取决于投资的预期收入，在收到市场退出惩戒信号时，为风险厌恶型，支付取决于投资

的确定性等价收入,即投资的收入均值减去风险成本;② 监管部门在事后实施最后贷款援助时,在金融机构从事高风险投资时,支付道德风险成本 $-C''$,在金融机构从事常规风险投资时为0,在实施市场退出惩戒时,支付取决于投资失败后的社会损失 $-L$。

通过分析,可以得出此模型:与前述模型类似,没有纯策略组合构成的纳什均衡。现在,考察博弈是否存在混合策略纳什均衡。用 A 表示监管部门的最后贷款援助概率,B 表示金融机构选择高风险投资的概率,V_g 和 V_f 分别表示监管部门和金融机构的期望效用函数,则有:

$$V_g = A[(-C'') \times B + 0 \times (1-B)] + (1-A)[(-L) \times B + (-L) \times (1-B)]$$
$$= -ABC'' - (1-A)L$$
$$V_f = B[(R+R') \times A + (T-C-C') \times (1-A)] + (1-B)[R \times A + (T-C) \times (1-A)]$$
$$= ABR' + AR - (1-A)BC' + (1-A)(T-C)$$

对上述效用函数分别求微分,得到最优化一阶条件:

$$V'_{gA} = -BC'' + L = 0 \quad 则 \ B^* = L C''$$
$$V'_{fB} = R' \times A + (-C') \times (1-A) = 0$$

则 $A^* = C'(R' + C')$。

这个博弈模型的混合策略纳什均衡是:$A^* = C'(R' + C')$,$B^* = LC''$。即监管部门以 A^* 的概率实施最后贷款援助,金融机构以 B^* 的概率从事高风险投资。这一均衡也可解释为:如果金融机构从事高风险投资的概率小于 B^*,监管部门的最优选择是实施最后贷款援助,反之,则实施市场退出惩戒;如果监管部门实施最后贷款援助概率小于 A^*,金融机构的最优选择是从事常规风险投资;反之,不从事常规风险投资。由此,得出监管部门实施有效监管的概率应为:$A < C'(R' + C')$。

由该博弈混合策略纳什均衡解 $A = C'(R' + C')$、$B^* = LC''$ 可以知道,在博弈中,监管部门提供最后贷款援助的概率取决于两个因素:金融机构从事高风险经营的额外收入 R' 和额外风险成本 C'。金融机构从事高风险投资的额外收入越多,利益驱动越强烈,监管部门实施最后贷款援助的概率也越低;金融机构从事高风险投资的额外风险成本越大,越趋于规避高风险投资,监管部门实施最后贷款援助的可能性也越大。这说明,监管部门的最后贷款援助决定是根据金融机构的额外收入和额外风险成本相机选择。

金融机构从事高风险投资的概率取决于两个因素:金融机构投资失败后不被贷款援助的损失 L 和高风险投资失败后有最后贷款援助诱发的道德风险成本 C''。在给定金融机构投资失败后的损失 L 的情况下,监管部门认定高风险投资失败后,给予再贷款援助诱发的道德风险成本 C'' 越大,监管部门越不愿实施最后贷款援助,相应地,金融机构从事高风险投资的概率就越低。这说明,金融机构从事高风险投资的概率,是根据监管部门认定的高风险投资诱发的道德风险成本而决定的。一般而言,由于监管部门认定高风险投资可能引发的道德风险成本较大,因此,金融机构大多趋于从事常规风险投资。

(四) 资本充足率监管博弈

前例都是静态博弈,下面给出动态博弈的例子,有利于全面了解金融监管博弈。

在资本充足率监管博弈中,仍可以抽象出博弈双方:金融监管部门和金融机构。金融监管部门的策略选择是监控或宽容；金融机构的策略选择是违规或不违规（资本金比率以上或以下）。双方是动态博弈，在不对称信息条件下进行。假定如果每家金融机构按照《巴塞尔协议》的标准将资本充足率保持在 8% 以上，则整个金融体系保持稳定，否则，出现不稳定。并且，监管当局如果努力履行监管职责，可以保持金融稳定。

金融机构遵守规则获得的单位资产风险净收益为 R，违反规则获得的单位资产风险净收益为 $R+r$，r 为超常收益；如果金融机构违规，将受到处罚，单位资产罚金为 F。由于监管当局与金融机构之间信息不对称，金融机构具有完全信息，监管当局并不确切知道金融机构是否守规，只能通过现场或非现场调查进行概率判断。假定判断金融机构遵守规则的概率为 N，金融机构违规概率则为 $1-N$。在该条件下，监管当局面临是否对金融机构进行重点监控或听之任之的选择，如果监管当局对金融机构进行重点监控仍需要做进一步的调查工作，并可能实施相应的惩罚措施，需要支付重点监控成本 C；如果采取宽容，则不需要支付监管成本，但是，一旦金融市场出现动荡，监管当局会受到批评谴责。假定监管当局得到固定的低报酬 I，如果金融机构违规行为受监管当局处罚得到了纠正时，监管当局受到好评和奖励的收益为 H；如果出现金融动荡时监管当局受到批评和谴责的成本为 G。双方的博弈扩展式如图 14 – 1 所示：

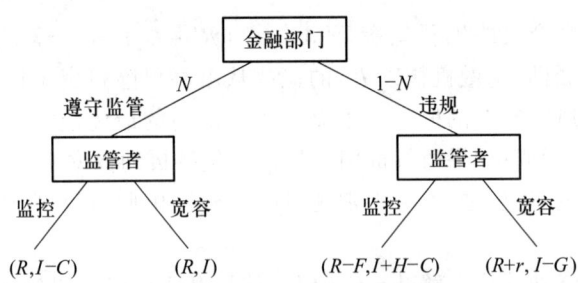

图 14 – 1　金融监管者与金融部门之间的博弈树

在该博弈中，存在两个精炼贝叶斯纳什均衡：当监管者实施重点监控战略的净收益大于采取宽容战略的净收益时，监管者将选择实施重点监控战略，即 $N(I-C)+(1-N)(I+H-C)>NI+(1-N)(I-G)$，$N<\dfrac{H+G-C}{H+G}$ 时，监管者的最优战略选择是重点监控，在金融机构知道监管者选择重点监控战略时，最优选择是守规，该博弈存在唯一均衡，即监管者努力监管，金融机构守规；当 $N>\dfrac{H+G-C}{H+G}$ 时，监管者的最优选择是宽容，在金融机构知道监管当局选择宽容时，最优选择是不守规，该博弈存在唯一均衡，即监管当局宽容，金融机构违规；当 $N=\dfrac{H+G-C}{H+G}$ 时，两种结果同时存在。

在国家高度信用支持和保护条件下，金融体系出现动荡的可能性较低，并且，金融监管透明度较低。一方面，很难对监管当局的努力程度及业绩进行准确衡量与判断，即 H 和 G 都很低；另一方面，监管当局实施有效监管的难度较大，即监控成本 C 较高，因而，监管当局选择宽容的净收益一般高于选择进一步监控的净收益。所以，金融监管的博弈均衡是第二种均衡，即监管当局宽容，金融机构违规。

资本充足率监管展示了动态金融监管博弈的过程,其与静态博弈最大的区别是博弈次序有先有后,博弈双方的信息不对称。同时,通过对博弈过程的分析可以看出,动态博弈和静态博弈的分析方法不相同,采取的是博弈扩展式分析法,这种方法有助于展现出博弈各方先后的行为选择。

(五)反洗钱金融监管博弈

反洗钱金融监管是金融监管者与金融部门间的博弈。作为宏观层面的金融监管者追求国家稳定、金融安全公共利益的最大化目标,有严厉打击洗钱的倾向;作为微观层面的金融部门追求个体利润最大化,所以,缺乏反洗钱动力。反洗钱是一项具有外部经济特征的行为,作为微观主体的金融部门的反洗钱水平,往往低于宏观主体金融监管者所要求的最优水平,双方的互动是个动态博弈的过程,金融部门可以控制反洗钱的努力程度 H,并根据金融监管者对金融机构检查处罚情况,决定努力程度。金融监管者通过对金融机构进行检查的结果,决定检查概率和处罚额度。两个经济主体在相互影响下得出行为组合 (P, H)。

与前述博弈不同之处:第一,反洗钱金融监管是个重复博弈过程,双方进行多次博弈,可能有期限也可能没有;第二,反洗钱金融监管博弈过程中,博弈双方的策略空间理论上都有无限种选择。金融监管者选择合适的检查概率,金融部门选择反洗钱努力程度。

假设 A 代表金融监管者,B 代表金融机构,在此模型中,将金融机构抽象为一家,使之成为双方博弈,且该博弈无限次重复。

1. 金融机构反洗钱的成本收益分析

金融机构进行反洗钱活动,需要付出两类成本。一类是不变成本,包括制度成本和档案管理成本 F_1。另一类成本是可变成本,是商业银行努力程度 H 的增函数,包括雇员成本、内控成本和失去客户的成本,设其为 $V_1(h)$。设金融机构的反洗钱成本函数为 $C(h)$,则:

$$C(h) = F_1 + V_1(h)$$

金融机构反洗钱活动会得到收益,分为两类,一类是与商业银行自身努力程度 H 有关的收益,设为 $I_1(h)$,包括信誉收益、避免经营风险收益和拓展国际业务收益。另一类是既与商业银行的努力程度 H 有关,又与金融监管检查概率 P 有关的收益,包括获得再贴现、再贷款收益或开设分支机构等收益,以及避免处罚的收益,设其为 $I_2(h)$。设金融机构收益函数为 $R(h)$,则:

$$R(h) = I_1[(h) + I_2(h) + (1 - PI_3(h)]Q$$

设金融机构的效用函数为 $X_1(h)$,其数值等于收益与成本之差,即:

$$X_1(h) = I_1(h) + I_2(h) + [1 - PI_3(h)]Q - F_1 - V_1(h)$$

2. 金融监管者的成本收益分析

金融监管者进行反洗钱监管也要付出成本,包括不变成本和可变成本。不变成本包括制度成本 F_2,可变成本包括雇员成本和检查成本 $V_2(p)$。

设金融监管者的成本函数为 $C_2(p)$,则:

$$C_2(p) = F_2 + V_2(p)$$

反洗钱监管所获收益分为两类,一类是与商业银行努力程度 H 有关的收益 $I_4(h)$,主要包括国家安全、公共利益收益,金融安全收益,国际合作收益,防止国有财产流失收益和财税收益。另一类是与处罚金款 Q 和检查概率 P 有关的收益——罚款收益,期望值为 $PI_3(h)Q$。

设金融监管者的收益函数为 $R_2(P)$,则:

$$R_2(P) = QPI_3(h) + I_4(h)$$

设金融监管的效用函数为 $X_2(p)$,则:

$$X_2(p) = QPI_3(h) + I_4(h) - F_2 - V_2(p)$$

3. 双方博弈过程分析

金融机构追求利润最大化,金融监管机构追求利益(国家、社会、公共利益)最大化,两者进行重复博弈。

在博弈的第一阶段,B 初始努力程度为 H_0,A 的检查概率是 P_0;第一阶段结束后,B 观察到 A 的检查概率 P,在第二阶段会按 $H_1 = T(p_0)$ 行动,A 也会根据在第一阶段的检查结果调整检查概率 P,按 $P_1 = M(h_0)$ 行动(一个阶段指 A、B 先后行动一次)。

在第一阶段,B 的最大化利润是:

$$\text{Max}\{I_1(h_0) + I_2(h_0) + [1 - P_0 I_3(h_0)]Q - F_1 - V_1(h_0)\}$$

A 的最大化利润是:

$$\text{Max}[QP_0 I_3(h_0) + I_4(h_0) - F_2 - V_2(p_0)]$$

A 与 B 无限次博弈。由假定知,A 的 P 和 B 的 H 逐渐向均衡状态收敛,系统最终会达到均衡状态,假如在 T 阶段达到均衡,则 A 的最大化利润为:

$$\text{Max}[QPTI_3(ht) + I_4(ht) - F_2 - V_2(pt)]$$

设 $L_1 = FPTI_3(ht) + I_4(ht) - F_2 - V_2(pt)$

对 P 求导求最大值:$FI_3(ht) - V_2'(ht) = 0$

B 的最大化利润为:

$$\text{Max}[I_1(ht) + I_2(ht) + (1 - PTI_3(ht))Q - F_1 - V_1(ht)]$$

设 $L_2 = I_1(ht) + I_2(ht) + [1 - PTI_3(ht)]Q - F_1 - V_1(ht)$

对 H 求导求最大值:$I_1'(ht) + I_2'(ht) - PTI_3'(ht)Q - V_1'(ht) = 0$

两个方程联立可以求出均衡解 (P^*, H^*),根据逆向归纳法,向上推出最初的 p 和 h,可以得出理性的 A 和 B 起初的检查概率 P 和努力程度 H,也应该是 (P^*, H^*)。

反洗钱博弈模型有多个解,但存在唯一的子博弈精炼纳什均衡,最后得到 (P^*, H^*),是宏观、微观主体博弈后的均衡解。一般来说,由于存在微观主体的外部经济,所以 (P^*, H^*) 并不是社会要求的最优水平,要提高金融部门的反洗钱供给,一方面应该对付出的成本进行补偿;另一方面,金融监管者可以通过调整罚款程度 Q 提高洗钱成本(提高反洗钱的收益),当收益超过成本时,金融部门自然会提高反洗钱努力,这就改变了外部经济存在情况下的资源配置,达到了帕累托最优。

反洗钱金融监管是重复博弈的代表,其特别之处在于博弈各方进行了多次博弈过程,策略空间无限。策略空间的无限性使得我们分析这类问题时,不能采取动态博弈的扩展型来加以表示。当然,通常可以用文字描述和数字函数式来表示,我们在例中应用了数字函数式。

四、金融监管博弈的机理

金融监管博弈可以简化为两方:金融监管者和被监管者。[①] 金融监管者代表公共利益,

---

① 有众多被监管者,可以抽象成一家。

期望达到金融安全与金融发展的双重目标,实现公共利益最大化;被监管者是金融机构,追求个体利益最大化。

金融监管博弈的实质是公共利益与个体利益间的智斗,双方为了达到利益最大化在策略集合中选择最优解。博弈各方具有一定的依存性,对应于一组行动,得出一个各方所得或所失的博弈结果。

在金融监管博弈中,金融监管者与被监管者之间是对立统一关系。对立是指公共利益最大化与个体利益最大化不能同时达到。被监管者个体利益最大化的过程中,给社会带来负外部性,损害公共利益;金融监管者从公共利益最大化出发作出的一系列约束,降低了被监管者的个体利益,两者有矛盾。统一是指金融监管者和被监管者之间还有一致性的地方。金融监管维护了金融稳定,创造了良好的外部条件,被监管者的个体利益最大化中,隐含了整体利益最大化,两者又是融合的。

第二节　金融监管博弈的规律

在金融监管博弈中,金融监管者和被监管者的决策过程有内在规律性,对这一内容的深入了解有助于更好地掌握金融监管博弈。

一、监管者在金融监管博弈中的规律和表现

双重博弈是金融监管者与被监管者之间以及金融监管者之间的博弈。金融监管者在金融监管博弈中,秉持着维护金融稳定与促进金融发展的目标,以谋求公共利益最大化。对立统一是博弈过程的概括,当利益一致时,金融监管者会以监管立法等形式对被监管者的行为予以肯定。比如,金融机构开发产品提供了新的投资工具丰富了金融市场,没有给金融市场带来风险,这类行为会得到监管者的肯定。当利益产生冲突时,被监管者谋取个人利益的同时危害到了公共利益,金融监管会给以约束。这时,金融监管者会对被监管者进行警告,敦促被监管者修正行为。简单的概括就是:被监管者的行为给整体带来收益,监管者予以肯定;被监管者的行为使整体受损,监管者给予否定。

(一) 治理型的金融监管

金融监管者在博弈过程中的被动出击,一般是在出现某些重大危机、事件后,金融监管者所进行的亡羊补牢式的策略反应,具有跳跃性、革命性、突发性的特点。主要表现是金融监管者颁布法律、法规和条例等,树立一种制度,以约束被监管者的博弈策略。

19世纪后期,美国铁路、钢铁等大工业迅速繁荣,资本亦随之高度集中和流动,使得金融业尤其是证券业保持了持续高涨。纽约股票交易所1921年交易额为1.7亿股,股票指数是66.24点。到1929年10月纽约股市大崩盘前夕,股票交易额达到21亿股,股票指数涨至569.49点,银行近3万家,证券投机交易达到空前规模。1929年10月24日,股价狂泻不可收拾。金融危机产生虽然有着复杂的经济原因和深刻的社会历史背景,但就金融而言,银行资金进入证券领域是一个重要原因。1933年3月,美国颁布了一系列法律,其中,1933年的《格拉斯—斯蒂格尔法》将商业银行与投资银行严格分离,建立了"格拉斯—斯蒂格尔金融防火墙"。随后的法律对银行业、证券业及其他相关金融业务实施金融监管,金融市场混

乱局面才逐渐平息。

20世纪60年代以后，跨国银行和集团银行的涌现以及离岸金融市场的形成打破了原有的金融格局，跨国银行和集团银行在离岸金融中心参与竞争。由于当时国际社会缺乏银行监管合作组织，国家金融监管鞭长莫及，20世纪70年代中期，英国、美国、法国、阿根廷的一些国际性银行先后倒闭，引起了各国金融当局的普遍不安。于是，十国集团及卢森堡、瑞士等十二国汇聚瑞士巴塞尔，成立了巴塞尔银行监管委员会，探讨跨国银行的国际监管合作问题，形成了《巴塞尔协议》。

（二）完善型的金融监管

完善型金融监管是金融监管的主动出击，主要是在原有法规基础上进行的修正、增添或删减。1988年的《巴塞尔协议》中，对银行最低资本要求主要是针对信用风险而言，其他风险没有涉及。1996年颁布的《巴塞尔资本金协议市场风险修正案》把市场风险纳入了《巴塞尔协议》中。2001年1月，针对存在的漏洞并总结经验教训，巴塞尔委员会公布了《新巴塞尔协议》，以更好地发挥监管的作用。

（三）借鉴型的金融监管

在金融监管博弈中，发展中国家常常借鉴发达国家成功的金融监管策略，作为本国制定金融监管规则的依据。反洗钱金融监管博弈过程中，许多发展中国家学习美国、澳大利亚等国的反洗钱经验，包括建立联合监管、情报中心和出台反洗钱法。我国反洗钱金融监管模式借鉴了美国等国家的模式，以多个部门的联合监管打击洗钱行为。

（四）惯例型的金融监管

某些金融监管国际合作组织有协议，加入其中要采纳既有协议。国际金融监管之间形成了一定的惯例，相互合作需要遵守这些惯例。惯例虽然并不具有强制性，但大部分国家都会"入乡随俗"。

二、被监管者在金融监管博弈中的规律和表现

被监管者以个体利益最大化为目标，通过成本与收益的比较进行策略选择。当成本大于收益时，被监管者会选择放弃；当成本小于收益时，被监管者会选择尝试。监管者的策略选择直接影响被监管者的成本收益比，在很大程度上改变被监管者的选择。被监管者除了接受之外，也会积极创造有利条件改变博弈结果。

（一）金融机构的新业务开拓

被监管者常常绕过金融监管的已有约束，在制度缝隙里求得发展、谋求利润。20世纪60年代，美国颁布了《Q条例》，对存款利率上限进行限制。大公司的财务主管为了增加暂时闲置资金的利息收益，纷纷将资金投向货币市场，如国库券、商业票据等，银行存款急剧下降。为了阻止存款外流，美国花旗银行进行金融创新，推出了大额可转让定期存单(negotiable certificates of deposits)简称CDs，绕过了《Q条例》对于存款利息的限制，吸引了企业短期资金。第二次世界大战后，东西方处于冷战状态，东方国家需要为其美元寻求安全的市场。伦敦银行抓住这一机会吸收了大量美元存款。1957年，出现英镑危机，英国政府禁止伦敦的银行向第三方贸易进行英镑融资，促使银行多吸收美元存款，进行美元贷款。于是，伦敦成为最早、最主要的境外美元市场。20世纪60年代，美国政府为了抑制美元外流颁布了一系列政策。大批外国银行为了逃避管制到伦敦开设分行，促进了欧洲美元市场的繁荣。美

国银行在国外交易额的一半在伦敦分行经营,在金融管制的区域外进行业务创新,最终缔造了欧洲美元市场的繁荣。

(二) 对金融违规成本的试探

金融监管者对某些违规行为明令禁止,但被监管者常常会与金融监管者展开动态博弈。首先被监管者进行违规行为,从金融监管者的反应中提取信息。如果金融监管者没有处罚或处罚的成本小于违规收益,被监管者会继续选择违规行为;反之,会停止违规行为。这是被监管者的一种行为试探,目的是得到关于金融监管者偏好的信息,作出最优选择。单一被监管者对违规成本的试探行为还具有示范作用,通过试探,其他被监管者掌握了金融监管者的信息,出现"整体违规"现象。

(三) 对金融法规进行修改

有时被监管者——金融机构利益集团的能力巨大,它们利用自身的势力去影响金融监管者的决策行为,甚至进入金融监管者队伍成为其代言人,对法规等制度进行修正以维护自己的利益。在实行政党选举制的国家里,被监管者集团可以通过选票、资金资助等方式来帮助候选人当选,候选人当选后,自然会实现其对被监管者的承诺,保护其利益,甚至修改规则以维护其发展。

(四) 俘获金融监管者

被监管者使用这种方式并不需要修改规则就能达到博弈获胜的结果。金融监管者监管之初,能够公平监管,但监管者逐渐被金融机构通过各种手段所俘虏,即监管者被被监管者所俘获,监管者最终会被金融机构控制,为少数利益集团谋求"超额利润",使真正的守法者损失利益,最终导致金融领域的不公平,降低了整体效率。我国金融大案中,往往牵涉金融监管者的失职,被监管者在违规前,已经将金融监管者俘获成为"合作者",甚至利用行政机器给他们带来更高的收益。

(五) 利用国家重大政治和经济变化

在国家政治或经济发生剧变的时候,金融监管者往往无力或无暇进行有效监管,被监管者在政策法律的漏洞中寻求谋利的机会,利用国家重大的政治和经济变化的有利时机,进行拓展或违规行为。1990 年苏联解体,政治体制的变化引发整个国家剧震,很多金融机构利用机会为少数人洗钱。当时整个国家紊乱,金融监管者无暇进行反洗钱监管,一时间金融机构的洗钱行为泛滥。1997 年,泰国爆发金融危机,为了遏制投机行为,金融监管者要求正规金融机构提高贷款利率。非正规金融机构利用政府无力监管猖狂进行放贷活动,阻碍了泰国经济复苏的脚步。

第三节 金融监管博弈的界域

在不同的范围内进行金融监管博弈,往往会出现不同的博弈结果,因为金融监管博弈的界域不但会影响博弈的复杂程度,还有可能改变各方的策略集合。本书将金融监管博弈分为区域、国家和国际三个层次进行剖析,金融监管博弈不再局限于金融监管者与被监管者,扩展到了金融监管者之间,以便全面分析金融监管博弈。

一、区域范围的金融监管博弈

区域层次的划分主要针对联邦制国家。在这些国家,中央与地方分别有多个金融监督管理机构。这些机构分别在中央或地方政府机构,两级政府可以分别设立监管机构,互不干涉。在这一层次上,各个区域拥有监管在本辖区注册的金融机构的权力,使得金融监管博弈和前述有所不同:

第一,金融监管博弈过程复杂化。不仅包括上述金融监管者与被监管者之间的博弈,还包括金融监管者之间的博弈。

第二,被监管者的策略选择增多。在区域范围的金融监管博弈中,被监管者的策略集合增多了,除了做或不做之外,被监管者还可以选择转移,即转移到监管较松的区域活动。被监管者策略集合的改变,影响了金融监管者的策略选择,区域金融监管者有放松金融监管吸引金融机构的倾向。

下面建立模型,对区域金融监管者之间的博弈进行分析。

以银行监管为例。假设银行监管者关心银行部门的效率、安全与稳定性,同时,关心银行其他权利人比如股东的福利,即银行利润。银行监管者可以利用多种工具监管,如资本充足率、资产组合要求等。这些工具有助于减轻信贷代理和降低银行倒闭风险,或者降低银行外部拯救的预期成本。但是,这些工具或工具的组合并不被银行喜欢,银行总是希望减轻监管。将 i 区域的工具组合设为变量 K_i,包括了许多可能的监管工具的影响。

每个区域都有一个银行系统和对在区域内注册的银行进行监管的监管者。

$P^i(K_i, K_j)$ 为在 i 区域注册的银行的利润函数,既取决于本区域监管者的监管水平 K_i,也取决于竞争对手所在 j 区域金融监管的水平 K_j,则有:

$$\frac{\partial P^i(K_i, K_j)}{\partial K_i} < 0$$

$$\frac{\partial P^i(K_i, K_j)}{\partial K_j} > 0$$

第一个表达式说明,本区域金融监管标准越高,银行利润越低①;第二个表达式说明,竞争对手受到越严格的监管,对银行越有利。

$F^i(K_i, K_j)$ 是在 i 区域注册的银行系统的效率、安全、稳定函数,$F^i(K_i, K_j)$ 是 K_i 和 K_j 的增函数,但在 K_i 和 K_j 接近 1 时,是 K_i 和 K_j 的减函数,且是 K_i 和 K_j 的凹函数②,则有:

$$\frac{\partial^2 F^i}{\partial K_i^2} < 0$$

$$\frac{\partial^2 F^i}{\partial K_j^2} < 0$$

监管者的目标函数为二者的加总,假设其赋予银行利润函数和稳定函数的权重分别为 α 和 $1-\alpha$。

我们研究两种不同的情况,一种为独立的各区域监管者,每家银行由所注册区域的金融

---

① 应该强调,讨论对银行经营实施约束的监管,对银行来说有成本。
② 假设保证了每一个监管合作水平都有唯一最优解和一个内解。

监管者监管;另一种为集权型的单一金融监管者。假设每个区域有能力决定自身金融监管的水平,并只能控制 K_i;而在单一金融监管者的情况下,可以控制 K_i 和 K_j,但必须平等对待各区域,所以,两者必然相等($K = K_i = K_j$)。假定统一监管者的目标函数为各区域监管者目标函数的加总①。

在各区域独立监管的情形下,每个监管者的最大化问题为:

$$\max_{k_i} U^i(K_i, K_j) = \alpha P^i(K_i, K_j) + (1-\alpha) F^i(K_i, K_j) \quad (14-1)$$

而统一监管的最大化问题为:

$$\max_{K} U(K) = \alpha [P^i(K) + P^j(K)] + (1-\alpha)[F^i(K) + F^j(K)] \quad (14-2)$$

在独立的各区域监管情形下,方程(14-1)的一阶条件集为:

$$\alpha \frac{\partial P^i(K_i, K_j)}{\partial K_i} + (1-\alpha) \frac{\partial F^i(K_i, K_j)}{\partial K_i} = 0$$

$$\alpha \frac{\partial P^j(K_i, K_j)}{\partial K_j} + (1-\alpha) \frac{\partial F^j(K_i, K_j)}{\partial K_j} = 0 \quad (14-3)$$

这一最大化的解为一对同时满足两个方程的 (K_i^*, K_j^*),由于各个区域对称,当 $K_i^* = K_j^*$ 时,存在均衡②。

统一监管者的情形下,方程(14-2)的一阶条件为:

$$\alpha \left(\frac{\partial P(K_i, K_j)}{\partial K_i} + \frac{\partial P(K_i, K_j)}{\partial K_j} \right) + (1-\alpha) \left(\frac{\partial F(K_i, K_j)}{\partial K_i} + \frac{\partial F(K_i, K_j)}{\partial K_j} \right) = 0 \quad (14-4)$$

产生一个金融监管水平 K^*。

为了比较两个解的关系,将独立监管的最大化解 (K_i^*, K_j^*) 带入统一监管的一阶条件(14-4)中,进行整理,得到:

$$\left[\alpha \frac{\partial P(K_i^*, K_j^*)}{\partial K_i} + (1-\alpha) \frac{\partial F(K_i^*, K_j^*)}{\partial K_i} \right] + \alpha \frac{\partial P(K_i^*, K_j^*)}{\partial K_j} + (1-\alpha) \frac{\partial F(K_i^*, K_j^*)}{\partial K_j} \quad (14-5)$$

上式第一部分等同于独立监管情况一阶条件,所以为 0;第二部分两项均为正。因为,P 和 F 的凹性,为了满足方程(14-4),必须有 $K^* > K_i^*$、K_j^*,即统一监管者的金融监管水平高于独立监管者。

这一推理结果表明,竞争性的区域监管机构相对于统一监管者来说,将出现低水平的金融监管。竞争性的区域金融监管机构之间进行博弈,为了吸引金融机构来本区域内进行注册,竞相降低金融监管标准,争夺金融监管对象,最终造成金融监管不足,使得效率低于集权型的单一金融监管。典型的实例出现在美国,在"双线多头"监管模式下,商业银行和储蓄贷款机构可以自由选择联邦监管机构或州监管机构注册,接受联邦或州监管机构的监管,当两级监管机构的监管标准不一致时,被监管者就会选择监管标准较松的监管机构。这样,不同的监管机构和监管标准就带来以下后果:首先,金融监管博弈一方——被监管者会采取转移策略,选择最合适自己的州注册,以便于业务拓展等;其次,博弈的另一方——金融监管者之间会展开博弈,导致监管者竞相降低监管标准,最终形成金融监管不足。在监管者竞争中,美国联邦住宅贷款银行管理局降低了储蓄贷款机构的净值率和批准改变会计处理方法,

---

① 对统一监管者如何不同于原来各区域内监管者的复杂情况进行了抽象处理。
② 讨论的是对称情形,即两个区域的银行利润函数和银行系统稳定函数的结构一样。

这些措施有助于改善此类机构的竞争态势,相当于降低了监管标准,使监管对象从中获益。

二、国家范围的金融监管博弈

这里的国家范围是指封闭经济条件下的集权型金融监管的国家。在这个层次上,只存在集中的单一金融监管体制,与前两节假设基本一致,金融监管博弈包括金融监管者和被监管者之间的博弈,所以,这一层面不再赘述。

三、国际范围的金融监管博弈

在开放经济条件下的国际范围内的金融监管博弈,主要表现为金融监管的双重博弈,即在国内金融监管和被监管者之间,以及在国际上金融监管者之间的博弈。其特殊性是金融监管者之间的博弈在国际监管者组织平台上进行。各国金融监管者在国际监管组织中有弱势与强势之分,然而,在组织中争取本国利益最大化是各金融监管者的目标。以下用一个简单的静态博弈来解释开放经济条件下金融监管者之间博弈的情况。

开放经济条件下,一个国家有本国金融机构也有国外金融机构。假设有两个国家A、B,被监管者都不喜欢金融监管。

A国如果实行严厉的金融监管,A国境内的金融机构会选择到B国,这样,A国付出了严格监管的成本,却没有相应的收益;同理,B国如果实行严厉的金融监管,B国境内的金融机构会选择到A国。所以,博弈的结果是A、B竞相放松金融监管,以吸引金融机构的进入。表14-4展示了开放经济条件下两国金融监管选择不同策略时所得到的博弈结果,当A国、B国监管者选择(严格,严格)时,策略收益是(4,4);当A国、B国监管者选择(严格,宽松)时,收益是(0,6);当A国、B国监管者选择(宽松,严格)时,收益是(6,0);当A国、B国监管者选择(宽松,宽松)时,收益是(2,2)。最终A、B两国会选择(宽松,宽松)策略组合,这一纳什均衡显然不是帕累托最优解。

表14-4 开放经济条件下两国金融监管者的博弈

A国监管者		B国监管者	
		严格	宽松
	严格	(4,4)	(0,6)
	宽松	(6,0)	(2,2)

当然,进行金融监管国际合作也许能改变这一结果。

第四节 金融监管博弈的环境

金融监管博弈在一定环境条件下进行,环境差异将影响金融监管博弈。本节对体制、信誉、自律和信息环境对金融监管博弈的影响展开分析。

一、金融监管体制对金融监管博弈的影响

不同的金融监管体制,使得金融博弈大不相同。金融监管体制在形式上呈现出多样化

特征,可以归结为三种基本模式:集权监管、分工监管和合作型监管。

(一) 集权型金融监管体制下的金融监管博弈

集权型金融监管体制由一家金融管理机构对国内所有金融机构的一切金融活动进行监管。这种模式分为两种情况:一种是由中央银行行使金融监管职能;另一种是由专门金融监管机构行使监管职能。

在集权型金融监管体制下,金融监管博弈具有以下特点:一方面,金融监管集中,金融法规统一,有助于贯彻货币政策和金融监管指令,有利于克服金融监管机构相互推诿的弊端,金融监管机构之间的博弈得以避免。同时,从政策的稳定性角度讲,集权监管机构具有连续性优势,可以最大限度实现监管政策的稳定性。由于集权监管机构更具有一致性和协调性,能够保持金融监管政策的稳定,给被监管者带来稳定的监管预期,有效整合利用现有监管资源。另一方面,由于缺乏监督和约束,这种监管体制有可能使金融监管部门作风官僚化,从而降低监管效率,滋生腐败现象。金融监管任务过重,也不利于提高金融监管人员的素质,不利于提供更好的服务。金融监管者一旦被俘获,会使整个金融监管形同虚设。此外,建立大型全能监管机构会损失潜在的有价值信息,使得金融监管者在与被监管者博弈中处于信息劣势。

(二) 分工型金融监管体制下的金融监管博弈

分工型金融监管体制表现为设立不同的金融管理机构,对国内金融机构进行分类监管。根据中央与地方权力划分的模式分为两种类型:一种是单线多头式监管体制;另一种是双线多头式监管体制。

分工型金融监管体制下的金融博弈具有以下特征:一方面,分工型金融监管体制下,金融监管机构的博弈难以避免,容易造成金融监管放松的局面。另一方面,各个金融监管者之间存在一定的制衡与约束,金融监管者被"全军俘获"的可能性小一些。此外,金融监管者在获取有关博弈信息上有一定优势。不同程度的竞争和多样化的监管,可以从更广阔的角度获取信息,正如市场竞争可以产生更多、更有效、更真实的信息一样。

(三) 合作型金融监管体制下的金融监管博弈

伴随金融全球化发展,金融监管者也跨出国门,进行各种国际合作。合作型金融监管体制主要是在经济合作区域内,对区内金融机构实施统一标准监管的金融监管体制。在经济合作区域内,由统一机构负责所有成员国金融监管的职责,合作是这种监管体制的最大特点。目前金融监管合作的发展趋势,更多地表现为全球金融监管组织的建立和国际化监管标准的统一。

合作型金融监管体制下的金融博弈具有以下特征:一方面,开放经济条件下金融监管者之间的博弈在合作信任的基础上有可能实现(严格,严格)的帕累托最优结果;另一方面,在合作过程中,一国金融监管者在与国内被监管者进行金融博弈时,将失去部分金融政策的独立性。

二、信誉对金融监管博弈的影响

一国对信誉重视与否,对金融监管博弈也产生影响。可以将这一环境条件简单地分为重视信誉和忽视信誉两种情况。

在重视信誉的环境下,金融监管者为了维护自身信誉,会尽力维持政策的稳定性,给被监管者一个稳定的预期,同时,如果金融监管者被俘获且事情暴露,金融监管者不但信誉扫地,还可能失去金融监管的权力,所以,金融监管者倾向于严格监管。被监管者为了在公众面前展示良好的信誉,会在博弈中小心谨慎。违规信誉成本上升会改变被监管者的收益与成本比,改变博弈结果,使被监管者倾向于选择合法经营。前述业务经营监管博弈中,从混合纳什均衡解很清楚地看出,金融机构违规被查处后信誉下降带来的损失,是影响金融监管者监管概率的三大因素之一,通过传导过程最终影响被监管者违规概率。

在忽视信誉的环境下,金融监管者有可能持续进行金融监管政策的变动,因为公信力并不重要,金融监管者也可能在被监管者的诱惑下被俘获;被监管者违规的信誉成本下降,违规行为也会相应增多。

三、自律对金融监管博弈的影响

在具有良好自律环境的国家,金融机构有较强的自我约束,被监管者可能成立自律组织约束组织内金融机构的行为。这样,金融机构的违规行为会减少。金融监管者在这种环境下也会放松金融监管,让市场约束发挥主要监控功能,进行自我完善型金融监管,为金融机构的正当竞争、业务拓展提供基础规则。前面介绍的业务经营监管博弈,在对博弈结果进行分析时,揭示了行业自律和社会力量监督的介入会降低监管成本,有助于加强金融机构的内控能力,降低违规行为发生概率,实现金融监管的高效能。英国社会经济发展崇尚自律竞争,按传统习惯办事,成文法较少,自律性高。在英国,除了金融机构自律外,还有专门的自律委员会监督金融机构,政府金融监管相对较宽松。随着金融全球化发展,本国金融机构的国际化与国外金融机构的进入,英国的金融监管逐步加强。

在缺少良好自律环境的国家,金融机构违规操作的可能性上升,博弈中的金融监管者会采用更为严格的金融监管遏制金融机构的违规行动,这也可能刺激被监管者去俘获金融监管者。

四、信息对金融监管博弈的影响

在金融监管博弈中,双方信息不对称。金融监管属于行政行为,金融监管者必须照法律的规定,在监管的程序、步骤和环节上恪守法律。监管行为必须符合程序,金融监管机关对违法经营的处罚也必须在法定额度内,且有法律依据。法定主义迫使金融监管的各个方面,无论是从监管职权到监管方式,从监管对象到监管内容,还是从监管方法到监管程序,都必须在法律上有明确规定。现代金融法的公开,意味着除监督检查时间和监管者的自由裁量权外,监管者的全部信息对被监管者完全透明。如前所述,金融监管者出于信息掌握困难及成本原因,对金融机构的行动等信息掌握并不多。所以,从信息的透明度和获取信息的速度两个角度来分析信息环境对金融监管博弈的影响。

(一) 信息透明度的影响

在信息透明度高的环境下,完善的信息披露制度使金融监管者与金融机构之间的信息不对称能够有所改善。对双方博弈信息的掌握有利于金融监管者作出更准确地策略选择。被监管者也会由于自身行为被金融监管者掌握而规范经营行为,在一定程度上减少了违规行为的发生。

在信息透明度低的环境下,金融监管者对被监管者的信息掌握较少,难以准确掌握博弈方的行为,可能作出失当的策略选择,被监管者的侥幸心理使其更具有违规操作的冲动。

可见,信息透明程度影响到金融监管者与金融机构的策略选择,提高信息透明度有助于提高金融监管的效率,降低金融违规事件的发生。

(二) 获取信息的速度的影响

在两人或多人博弈中,并非掌握信息越多收益越大,但获取信息的速度会影响双方博弈的节奏。获取信息速度快,有利于博弈者作出及时的反应,如果获取信息速度慢,信息滞后,可能会导致延迟行动或盲目行动,贻误时机。

第五节 金融监管博弈的效应

金融监管博弈对金融制度、金融市场产生一定效应。金融监管博弈会带来双边发展,一边是金融机构,在金融监管博弈中不断进行主动或被动的适应,进行金融创新或规避监管,在这个过程中,金融业务、产品不断发展。另一边是金融监管者,主动颁布法律监管或被动应付金融发展中不合规的金融创新,在博弈中,金融监管也不断完善。可以说,金融监管博弈给了双方一个较量空间,双方在互相磨砺中走向成熟。当然,金融监管博弈也会带来风险。金融机构的创新会带给金融市场一定的冲击,或有利或有害。一旦规避、冒险和投机性金融创新失控,很可能给经济金融带来混乱和损失。

一、金融监管博弈的正面效应

(一) 金融监管博弈的短期正面效应

在金融监管博弈中,双方都在不断丰富经验。在金融机构发现现有金融监管漏洞、进行投机的过程中,金融监管将进行治理型或完善型监管,在新一轮的博弈中检验新制度的监管有效性。这样循环往复,促进了金融监管制度的不断完善。

被监管者在与金融监管机构的博弈中,不断寻找金融监管制度的"盲区",开拓新业务以谋取更高的利润,金融创新层出不穷,提供了新的投资选择,丰富、活跃了金融市场。

无论是金融机构金融创新,还是金融监管者进行管理,都会提高金融市场效率,使得资金迅速流转,更好地发挥金融市场的资金中介作用。

(二) 金融监管博弈的长期正面效应

金融监管博弈将带来金融监管制度的变迁,在监管—创新—再监管—再创新的过程中,金融监管制度显现出从机构监管向功能监管的过渡,逐渐形成以集权型监管体制为主流方向的趋势。

被监管者在与金融监管者的博弈中所进行的花样繁多的金融创新最终将提高本国金融行业的服务能力和竞争力。金融监管者不断完善的监管规范了金融机构的竞争,维护了金融体系的稳定与安全,推动了金融经济的发展。

从长期看,金融监管博弈也会对外围环境产生反作用力,促进信息的改善。随着金融监管博弈的深入,对信息透明度以及获取信息的速度都有了更高的要求,刺激信息披露制度发展、应用网络实时监管等新技术,促进本国信息环境的优化。

二、金融监管博弈的负面效应

(一) 金融监管博弈的短期负面效应

金融博弈中的被监管者不断寻找制度漏洞谋求个体利益最大化,很少考虑公共利益,甚至为了个体利益损害公共利益,这些行为一般风险很大,容易造成金融市场的动荡。如果处理不当,有可能诱发金融危机。

金融监管者在与被监管者的博弈过程中,有可能利用资源通过政治为自身谋利。金融监管者及其代理人通过租金创造和抽租,使金融市场的竞争不完全。金融管制越是广泛的国家,寻租问题越普遍,结果是造成了不公平,管制者在获得利益的同时,降低了金融发展效率。

(二) 金融监管博弈的长期负面效应

金融监管者一旦被俘获或成为被监管者利益的代言人,会造成金融监管虚设,被监管者和金融监管者沆瀣一气,谋取不法利益。这些行为不断累积风险,在长期内容易引发金融危机。

在集权型金融监管体制下,单一金融监管者由于缺乏约束和制衡,在长期可能出现官僚主义作风,金融监管僵硬,一定程度上抑制金融机构的金融创新活动,影响金融市场的活力。

被监管者在与金融监管者的长期博弈中,为了获取自己的利益会通过各种手段腐蚀执法者。被监管者尽力使规则的设定有利于个体利益,这样,会对公共利益产生危害,降低金融监管的效率,对金融运转造成危害。

本章小结

1. 金融监管博弈主要包括:金融监管博弈的规则、金融监管博弈的参与者、金融监管博弈的秩序、金融监管博弈的策略和金融监管博弈的得益。金融监管博弈的经典模型主要包括:金融市场准入监管博弈、金融市场运营监管博弈、金融市场退出监管博弈、资本充足率监管博弈以及反洗钱博弈。

2. 根据博弈方的数量将博弈分为两人博弈和多人博弈。两人金融监管博弈是两个各自独立决策,但策略和利益具有相互依存关系的博弈方的决策问题。多人金融监管博弈是博弈方意识到多方对自己的决策作出反应,寻求最大利益的决策活动。金融监管博弈中每个博弈方的策略数是有限的,称为"有限博弈",博弈中至少有某些博弈方的策略无限,称为"无限博弈"。按照博弈参与者是否合作,可以将金融监管博弈分为非合作博弈和合作博弈;在非合作博弈的范围内,又分为完全理性博弈和有限理性博弈。按照行动的次序,博弈可分为静态博弈和动态博弈,外加重复博弈这种特殊的动态博弈。按照信息是否完全,还可将静态和动态博弈细分为完全信息博弈和不完全信息博弈。

3. 对立统一是金融博弈的概括,当被监管者的行为与公共利益一致时,金融监管者会以监管立法等形式予以肯定。当被监管者危害到公共利益时,金融监管会给其以约束。监管者在金融监管博弈中的表现包括:治理型金融监管、完善型金融监管、借鉴型金融监管和惯例型金融监管。被监管者在金融监管博弈中的表现包括:金融机构的新业务开拓、对金融违规成本的试探、对金融法规进行修改、利用国家重大政治和经济变化。

4. 金融监管博弈分为区域、国家和国际三个层次。区域层次的金融监管博弈主要针对联邦制国家,中央与地方分别有多个金融监督管理机构,互不干涉。国家范围的金融监管博弈是集权型金融监管,只存在集中单一的金融监管机构。国际范围的金融监管博弈主要表现为金融监管者进行的双重博弈:在国内与被监管者的博弈以及在国际上的金融监管者之间的博弈。

5. 金融监管博弈在一定环境条件下进行,金融监管体制、信誉、自律、信息等环境的差异将影响金融监管博弈。金融监管博弈带来了正面和负面的影响。一方面,金融监管博弈促进了金融机构的创新和金融监管的完善;另一方面,金融监管博弈的过程也聚集着风险。

思考题

1. 简述金融监管博弈的五大要素。
2. 简述金融监管博弈的规律。
3. 金融监管博弈的界域指什么?
4. 金融监管博弈的环境要素有哪些?

即测即评

请扫描右侧二维码,进行即测即评。

第十五章　金融监管国际合作

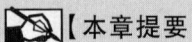【本章提要】

本章主要介绍金融监管国际合作的需要、金融监管国际化合作的框架、巴塞尔协议的监管内容、其他金融监管国际化合作形式以及金融监管国际化合作的趋势展望。

第一节　金融监管国际合作的需要

金融全球化推动了各国金融制度和市场结构的趋同,突出的表现是国际货币资本的发展远远超过国际贸易资本的发展。金融全球化浪潮给世界经济带来了推动促进作用,但是,伴随这股浪潮的金融风险也更加复杂化。

一、金融全球化的效应

金融全球化的发展是循着金融业务国际化、金融工具创新化、金融市场全球化这一路径进行的。

(一) 金融全球化的积极效应

金融全球化使各国开始建立高度开放的经济体制,国民经济从更高层次上与世界经济有机的结合。积极参与金融全球化表明该国国民经济发展达到相当的水平,制度、法规和投资环境比较完善。金融全球化需要使国际资本自由流动,只能在本国国际竞争力和资本效率大体可以同国外抗衡的条件下才能实现。反过来,金融全球化也促使一国经济结构的调整,增强在国际竞争中的应变能力。通过金融全球化,企业可以筹集到长期的低成本资金,面向国际市场,有利于企业国际竞争力的提高。金融全球化可以加强国内金融机构同国外金融机构的交流和竞争,改善金融产业的质量,提高金融业务的效率,加速国内金融业经营的专业化进程,培养金融业的国际化人才。实现金融全球化,必然要在投资环境、企业科技保障、金融法规、项目投资分析技术等各方面向国际标准靠拢,有利于形成规范化的金融市场,有利于完善有关金融的制度、法律和业务。

(二) 金融全球化的负面效应

金融全球化在推动全球经济金融发展的同时,也伴随着出现了一些负面效应。

1. 金融全球化会加剧一国金融体系的不稳定性

金融全球化主要表现为金融机构及其业务的全球一体化,金融市场特别是国际证券市场的全球一体化,金融创新的全球一体化,以及金融立法和交易与国际惯例趋于一致。全球金融一体化一方面提高了资本的配置效率和金融市场效率,在一定程度上促进了世界经济的发展;另一方面也增大了金融业的风险,使得国际金融的不稳定性更加突出,金融体系的脆弱性进一步加深。全球金融体系有两种系统风险:一是子系统失灵风险,即各国金融系统的风险;二是崩溃风险,即全球金融系统发生崩溃造成的风险。并且,子系统之间的风险往往会相互传染,而且与崩溃风险有一种互为因果的关系。这就导致一国的金融体系很容易受到外界因素的干扰,加剧了金融体系的不稳定性。如国际金融市场上游动的巨额投机资金,会直接冲击国内金融市场,扰乱国内金融秩序。它一方面使资金在全球范围内进行配置,提高了配置和利用效率,对世界经济的发展起到了促进作用;另一方面,在此过程中出现的利率和汇率的频繁变动、金融风险的跨国传递渠道扩大等现象,导致了国际金融的不稳定性,加深了金融体系的脆弱性。

在金融全球化发展的过程中,如果金融机构的数量和所提供的金融服务超过了社会需求限度和金融市场的容纳程度,就可能引起过度竞争而对金融业造成损害。特别是银行业务的国际化所产生的负面影响,对金融泡沫在一国的传递、扩散及膨胀起着一定的作用;同时,金融全球化使得银行业的业务创新与传统的商业银行业务、证券业务以及保险业务产生重叠,损害一国的金融效率。

2. 金融全球化使得国际金融危机具有极强的传染性

理论界虽然对危机传染性的影响程度、范围大小的研究各有侧重点,但是对单个银行发生危机会在整个地区甚至在整个国家的银行之间发生连锁反应基本上达成共识。尤其在金融全球化的情况下,金融危机的传染性将在国际上愈演愈烈,"城门失火,殃及池鱼"的事例屡见不鲜。

3. 金融全球化影响发展中国家金融稳定

金融全球化破除了传统的市场界限,必然使一国金融,特别是相对落后国家的金融面临更多的和更激烈的竞争,而金融业的资本聚集能力和对一般经济的渗透和控制能力,将使金融在21世纪经济全球化和金融全球化继续扩展的过程中成为国际经济竞争的最主要领域之一,也成为大国间竞争,争夺与博弈的战略性新领域,并由此导致"金融霸权""金融安全"和"金融主权"问题。可以看到,由于资本实力和管理能力等方面的巨大悬殊,金融全球化所带来的激烈竞争必然使相对落后的大多数发展中国家的金融机构处于不利地位,而发达国家则有可能利用优势地位,使相对落后国家的经济金融发展方向和进程被迫依从于发达国家的战略利益。发达国家对发展中国家这种金融发展的控制和干预,是"金融霸权"的最重要体现,与之相对应的是"金融安全"与"金融主权"问题的提出,这使得金融监管的加强与国际合作成为一种必然。

二、国家金融监管的局限

金融全球化一方面加强了各国之间的经济与金融联系,加速了一些国家的经济发展,促进了世界贸易的扩大,缓和了一些国家的国际支付困难,大大提高了国际性融资的效率,从而使资金在全球范围内得到较合理的分配;另一方面,由于各国经济发展的非均衡性及各国经济金融政策的差异,随着国际金融市场的产生与发展,也带来了许多消极影响,导致了国际金融业经营风险的增大和金融市场的动荡。各国政府基于本国金融的稳定和经济的发展纷纷对本国的金融机构和金融交易进行了审慎监管。但是接二连三的金融危机的爆发,向各国金融管理当局的监管措施提出了挑战。各国金融当局纷纷感到现有金融监管措施的局限与不足。

(一) 机构型监管不能适应金融机构业务多元化的新情况

在金融全球化之前,金融行业有专业分工领域,金融机构和其业务功能相对确定。与此相对应,金融监管采取了机构型监管体制,即不同的金融业务分别由不同的机构进行监管。机构型监管的优点是专业性强,但越来越不能适应金融机构业务相互交叉的新形势,容易因领域界限不清和责任不明而出现"监管真空"的情况,而且往往容易忽视对金融机构的清偿力和资产组合的总体风险的控制和评价,特别表现在对金融衍生产品的监管上。金融全球化之后,商业银行的表外业务有了长足的发展。在表外业务中,金融衍生工具的交易占有相当大的比重。金融衍生产品的交易,有些是在固定的交易所内进行的,一般由证券管理当局监管。而在场外进行的金融衍生产品交易则属于金融监管的盲点,中央银行和证券管理当局似乎都无明确的监管责任。

(二) 传统的金融监管疏漏了对跨国金融机构的监管

跨国银行是金融全球化的一种形式,是在两个或两个以上国家拥有分支机构的银行。20世纪70年代是跨国银行全面发展和迅速扩张的辉煌年代。跨国银行的发展使金融资本的流向呈现出多向性和纵横交错的特征,尤其是发达国家之间金融资本的相互渗透和竞争、银团贷款的发展、银行业对证券业的渗透及其国际化,使一国金融当局对跨国银行业务的监管更显得力不从心。跨国银行除了面对传统的风险如信用风险、利率风险和流动性风险以外,往往还涉及国家风险和汇率风险。国际金融一体化和自由化之后,国家风险和汇率风险较以往大大增加,客观上要求国家以更全面、更完善的金融监管来防范跨国银行所面临的风险。在传统金融监管体制下,母国出于保护本国银行竞争力的考虑,对在外国的分支机构的限制较少。东道国出于吸引外国资本的需要,对外国银行在本国境内设立的分支机构给予优惠的条件。正是由于母国和东道国双方的宽容,使跨国银行处于金融监管的相对真空地带。跨国金融兼并浪潮使全球金融市场的竞争进入了垄断竞争时代,防止超级垄断,维护公平竞争秩序,防止金融风险在恶性竞争中累积,就需要金融监管制度进行创新。

(三) 各国金融监管立法差异难以适应金融全球化

各国金融监管立法的差异不仅给有关金融机构尤其是跨国性的金融机构管理造成很大的不便,使管理成本上升;而且也给国际投机资本留下了活动空间,这类资本总是流向金融监管比较薄弱的国家和地区。监管制度的差异必然导致各国金融竞争力的差异,有时还会导致各国过度放松监管的恶性竞争。金融全球化后,资金在更大的空间范围内流动,客观上要求各国金融监管制度的统一。

(四）各国监管技术不能应对金融全球化需要

在原有的金融监管机制下，由于多种复杂原因，各国金融监管当局的监管政策与态度高度差异，形成金融监管技术上的许多漏洞和矛盾，无法适应金融全球化的需要，加大了国际金融业的风险。以国际银行业为例，首先，各国中央银行对国内商业银行监管的原则、指标体系和技术口径宽严不一。银行业的监管缺乏公认的准则。其次，发展中国家中央银行的监管体系仍处在有待完善的初级阶段，对日益崛起的国际银行业的监管政策、工具和技术的掌握相对比较有限，很难有效监督和驾驭国际商业银行。再次，各国金融风险管理技术与水平差异较大。迄今为止，并非一切国家都有正式的或非正式的存款保险制度，对保险对象的确定原则和保护程度都不同。例如对本国银行及其在外国的分支机构，有的国家的存款保险制度包括了二者，有的只包括前者，有的只包括后者。国际银行一旦破产倒闭，赔偿责任难以分清。在金融全球化条件下，随着跨国银行的扩张和海外资产的膨胀，金融监管技术的各行其是和参差不齐难以抵御由其带来的巨大的金融风险。

从一系列国际性银行危机事件中可以看出，处理国际银行危机要比处理一般的国内银行危机困难得多。一是危机的冲击波可以通过国际金融市场得到广泛的传播，这种传播的广度、深度、速度以及对国际市场信心的影响程度，要比国内银行危机更难预料，也很不容易把握；二是处理国际金融问题，单靠一国监管当局的能力显然是不够的，特别是在一些主要离岸金融中心缺乏最后借款人手段，国际融资业务以多种外币进行的情况下更是如此；三是如果出问题的银行通过其外国分支机构、附属机构开展业务活动，那么，大多会引发不同司法管辖区之间的利益冲突；四是技术和司法方面的问题会妨碍跨境支持行动。

第二节　金融监管国际合作的框架

随着金融全球化的发展，一国金融体系越来越容易受到国际金融因素的干扰，需要监管当局强化金融监管。由于各国经济政策的溢出效应，宏观经济政策的国际协调显得十分必要，也需要各国监管当局加强金融监管国际合作。

一、金融监管国际合作的目标

（一）维持国际金融体系的长期稳定

随着金融一体化的发展，国内与国际金融市场联系更加紧密。跨国银行与其海外分支机构间的资金划拨打破了国际障碍，使得银行对国际金融市场依赖加深。如果一家银行破产必然引起连锁反应，并可能产生损失的放大效应使金融动荡可以传递到其他国家，造成全球范围内的金融动荡。因此，维持国际金融体系的稳定成为监管的首要目标。

（二）维持金融机构的国际公平竞争

金融机构为了追逐利润和占有更大的金融市场，存在向国外发展的欲望。对于东道国而言，跨国金融机构的有序经营能带来利益，但是，如果出现混乱也会影响本国金融业的稳定，对经济产生不利影响。各国为了防止跨国金融机构的潜在风险，需要对进入国内的跨国金融机构加强监管。只有加强国际范围内的金融监管协调，才能营造公平竞争的金融环境。

(三) 确保宏观经济政策的顺利实现

国际金融机构的国际借贷、外汇交易等活动,会对母国和东道国的货币金融政策产生冲击,影响东道国金融政策的效果。在货币政策有效性遭到削弱的情况下,国际政策协调更为困难,导致政策协调的成本上升,有可能造成一国金融管理当局单独行动。因此,加强监管国际合作,对于有效实施国家宏观经济政策尤为重要。

二、金融监管国际合作的方式

经济金融全球化使各国依赖性加强,一国发生金融动荡,就会产生连锁反应,其他国家很难独善其身。抵御金融危机的冲击、防止危机蔓延已不局限于危机发生国,需要各国加强相互协调合作,努力防范和化解金融风险。

(一) 加强地区性金融监管合作

从近年发生的金融危机可以看出,地区性金融监管合作非常必要。许多国家(地区)正在探索地区金融监管合作的前景。1998年10月28日,亚洲和欧洲25个国家高级官员在曼谷举行联席会议,讨论两大洲面对经济危机时将采取怎样的预警机制以防止世界经济大萧条重新出现。为了促进两大洲人员加强了解,消除彼此之间因历史与文化背景迥异带来的隔阂,双方通过"亚欧基金会"赞助,开展了一系列民间交流活动。另外,西方七国财政部部长和中央银行行长在1999年2月20日的七国财长会议上表示,将建立一个"金融市场稳定论坛",以加强对国际资本市场的监督和抵御世界性的金融危机。东南亚金融危机爆发以来,各国认识到,国际资本流动可以迅速地把一国货币压垮。如果只有一种货币,就不可能出现如此大的波动。当然,建立地区货币联盟要做许多工作,如各国必须实行更大的经济趋同性、把利率控制权交给地区性中央银行、放松对本国货币的控制等。

(二) 建立国际金融监管机构

当前,有的国家建议设立国际金融监督机构,即通过合并国际货币基金组织、世界银行和国际清算银行的监管部门组成。赋予该机构的主要监管职责是:① 作为国际中央银行,使之对渴望获得保护的经过挑选的国家,起到最后贷款人的作用。同时,要求有关各国必须奉行合理的宏观经济政策,拥有一个得到恰当监管的健全的银行体系。② 负责提供充足的信息,要求各国经济统计数据标准化,促进国与国金融当局的信息交流和技术合作。③ 及时监视国际投资家和搜集资本流动资料,建立预警系统,如果发现对冲基金干扰市场,有权要求其透露信息。④ 制定贷款计划,为那些出现麻烦的国家迅速提供流动资金,并为其到市场上筹集资金提供迅速的贷款。⑤ 充分尊重不同国家历史、文化和经济发展阶段的多元化差异,避免推行受援国家难以承受的全面改革,避免损害该国的信心。

1999年2月8日,"十国集团"中央银行行长会议决定,成立全球金融体系委员会,以加强在促进货币金融稳定方面所做出的努力。新的委员会由原欧洲货币常务委员会易名而成,国际清算银行继续为新的委员会提供常设秘书处。全球金融体系委员会是中央银行监督检查有关金融市场和金融体系问题的国际论坛,探讨适当的政策建议以支持中央银行履行货币政策和保证金融稳定的职责。委员会将着重帮助中央银行分析并应付对金融市场以及全球金融体系构成威胁的因素和事件。主要任务是:① 通过定期监控金融市场和金融体系的发展,包括对宏观经济发展的评估等,辨认和评估全球金融环境的潜在压力。② 通过密切监测和深入分析,进一步了解金融市场和金融体系的运作和基础条件,特别是对中央银行操作及其履行货币和金融稳定职能的影响。③ 通过检验可供选择的政策措施以及制定详细的政策建议,促进金融市场与金融体系的良好运行和稳定发展。

(三) 各国应遵守国际银行联合监管的准则

巴塞尔协议在建立国际金融监管标准方面作出了表率。巴塞尔协议是一种协议式监管,泛指国际清算银行成员国的中央银行在国际清算银行所在地瑞士的巴塞尔达成的一系列重要协议。历次巴塞尔协议由于不同的国际金融背景,内容各有所侧重。目前,巴塞尔委员会把注意力转移到国际银行业的风险监管方面,制定了若干共同遵守的安全准则。

(四) 建立紧急救援与风险预警机制

金融监管在维护公众信心和减少金融体系运行中的不稳定因素等方面起着重要的作用,但即便是在最有效的金融监管体制下,也无法完全消除银行步入困境的可能性。一旦出现较为严重的问题,如果银行不借助紧急救援,很难渡过难关。因此,有必要建立一套有效的危机处理制度,以便将银行破产发生率降到最低。有的国家由管理当局和商业银行联合建立特别机构提供救援,有的国家由一个大银行和其他银行联合建立清算银行,担负救援任务。

亚洲金融危机及巴西金融动荡表明金融危机的特点是:① 金融危机的爆发具有突发性,东南亚金融危机就是在很短时间内爆发的。② 金融危机的影响具有全局性。金融危机一旦在某个国家爆发,将影响到该国的经济社会乃至政治全局。遭遇金融危机的国家经济受到严重打击,金融机构和企业集团接连破产倒闭、外贸出口下降、国际收支恶化,金融危机导致经济危机,进一步引发政局动荡,大大削弱该国的国际地位。③ 金融危机具有蔓延性。东南亚金融危机于1997年7月爆发,先后肆虐亚洲、东欧、非洲、独联体等20多个国家和地区。对于突如其来的金融危机,仅靠一个国家、几个国家的力量难以抵御,设立一个国际救援机构非常必要。当前,国际货币基金组织承担了救援的职责,由于亚洲金融危机的爆发,该组织在1997—1998财政年度的贷款额达到创纪录水平,资金日益紧缺。在1997—1998财政年度,各成员从基金组织的普通资金账户中共提取了256亿美元的信贷基金,比前一年增加了三倍。基金组织在这一年度里还新批准了9笔总计273亿特别提款权(合367.6亿美元)的紧急备用贷款,4笔总计28亿特别提款权(合37.7亿美元)的中期贷款,以及8笔共计17亿特别提款权(合22.9亿美元)的扩大结构调整贷款。巴西是南美最大的经济体,由于受到全球性金融动荡的冲击,也发生了金融危机,国际货币基金组织1998年向巴西提供了总额415亿美元的国际援助贷款。

在当前情况下,有必要建立一个全球性和地区性的国际金融风险防范体系,建立风险监控与预警机制,对有可能发生金融危机的国家或地区进行监控,提高金融监管能力,及时化解经济和金融领域存在的问题,避免酿成金融危机。要严密监控国际金融市场的过度投机活动,一经发现,立即采取有效措施及时预防,把危机制止在萌芽状态,以免引起灾难性后果。国际金融风险防范体系的建立不仅有利于一国或一个地区的经济、金融发展,对世界经济的稳定和发展也有积极意义。

三、金融监管国际合作的基本内容

(一) 对跨国银行的监管

1. 东道国对跨国银行的监管

(1) 市场准入的监管。美国、英国和中国香港等国家和地区对跨国银行的本土经营采取相对宽松的政策。大多数发展中国家和部分发达国家限制外资银行进入，限制方式可分为四类：一是通过法律法规的方式规定禁止外资银行的进入；二是规定外资银行在本国设立分支机构的条件，抬高外资银行进入的门槛；三是审查跨国银行总行的经营管理水平，经济效益，在国际银行业的排名，管理层的素质、能力和经历等；四是将跨国银行的母国金融监管当局履行监管责任作为允许在本土开业的前提条件。

(2) 业务经营的监管。业务经营监管是通过谨慎性监管、保护性监管和限制性监管等来减少或消除外资银行可能遇到的经营风险，弱化其对本国社会经济的不利影响。谨慎性监管是通过自由资本比率、流动性比率、外汇风险头寸、单一客户贷款限额等管理指标，来控制外资银行的业务风险。保护性监管是通过存款保险制度、最后贷款人制度等，来防范外资银行可能出现的经营危机，保护本国存款人的合法权益。限制性监管是通过限制外资银行吸收当地存款、分支机构扩张、经营范围、资产规模等措施，限制外资银行在本国金融市场的份额，保护本国银行业。在发展中国家经济发展的初期阶段，由于金融市场和法律制度不健全、国内银行效率低、金融监管不完善、实施政府主导性经济发展战略等原因，对跨国银行的进入应采取慎重和渐进政策，最大限度地发挥其对本国经济的积极作用，控制负面影响。为了提高对跨国银行的监管水平，促进跨国银行稳健经营，进行银行监管当局的国际协作、建立统一的国际监管框架十分必要。

2. 母国对跨国银行的监管

(1) 重视与东道国的联合监管，杜绝监管真空。跨国银行为逃避各国金融法规的管制，规避利率和汇率风险，大规模开展金融创新尤其是表外业务创新。为实现其全球战略，不断掀起银行业兼并浪潮，淡化了金融机构行业的界限。这些活动加大了国家监管的难度，对国际金融业的安全与稳定造成了威胁。为适应国际银行业发展的新趋势，1997 年巴塞尔委员会发布了跨国银行监管——联合监管（合并监管）的《银行业务有效监管核心原则》，突破了原先单纯依靠资本充足率规定防范金融风险的局限性，将风险管理领域扩展到银行业的各个方面，建立了有效的风险控制机制。巴塞尔协议体系强调对跨国银行的联合监管：第一，跨国银行设立分支机构应受各国金融当局的联合监督，东道国要按照对本国银行监管的标准严格要求外资银行；第二，对跨国银行的有效监管，需要在母国和东道国之间合理分配监管责任，加强联系和合作，避免信息不对称导致内部交易等不稳定因素；第三，母国在统一监管的基础上，对跨国银行的全球性业务进行监控，东道国应监控境内跨国银行分支机构的运作，向分行的母国提供有价值的信息，协助母国进行有效监管，东道国可根据巴塞尔协议的审慎有效监管标准，禁止母国监管不佳的银行在境内设立分支机构；第四，跨国银行所有分支机构的业务报表并入母国总行报表，以便各监管当局对银行进行统一有效的监管。

(2) 建立和完善对跨国银行的系统性保护。针对公众对金融稳定信心的问题，各国监管当局积极构建金融安全网，完善国际银行监管体系，以保证金融体系的稳定。但这些制度容易产生道德风险，纵容银行从事高风险业务，因而，在这种系统性保护中还应强化市场退出机制。美国的联邦存款保险公司具有银行监管和存款保险双重职责，有权停止某些银行的存款保险或部分业务，撤销有问题银行的高层管理人员，对被监管银行实施处罚甚至进行法律行动。这能督促银行业稳健经营，适当承担公共保护责任，使有问题银行有序退出，保证金融体系的效率。

(3) 重视跨国银行的自我约束和风险内控机制。跨国银行亏损倒闭事件频繁发生，使各国监管当局对跨国银行内部的风险控制给予高度重视。对风险实行全面管理、提高银行自律管理水平，成为跨国银行监管的一个重要趋势。在"银行全能化"战略的推动下，跨国银行的表外业务长足发展，对传统的外部监管思想提出了严峻的挑战。巴塞尔委员会1996年1月发布了《测定市场风险的巴塞尔补充协议》（以下简称《补充协议》），确定了"风险额"计算法，要求应有99%的把握认为在10天内资产组合价值的损失不超过风险额。同时，规定了跨国银行内控应遵循的最低要求。《补充协议》所确立的内控体制，设立了一套有助于激励银行防范自身风险的管理系统，开辟了一条跨国银行监管的新途径。

(4) 正确引导跨国银行的兼并和重组。银行并购有利于加快银行业的优化组合进程，实现规模经济，使银行不仅可获得资产规模膨胀的静态效应，更可获得并购所带来的动态利益，大大减少金融体系崩溃的可能性，面对金融兼并浪潮，各国监管当局应该分析利弊，作出正确的政策选择。金融监管机构要监督有兼并意向的银行，特别是大型跨国银行，做好可行性分析、风险预测及经营计划。对于采取收购股权形式兼并的跨国银行，应严格执行信息披露规定，对于涉及混业经营的兼并，各方监管机构应密切配合，共同监管。

(二) 对资本充足率的监管

资本充足率监管为国际银行资本衡量提供了统一的监管范本，在巴塞尔协议中，规定银行监管者必须针对所有银行，制定审慎规定和合适的最低资本充足率的要求。这些要求应反映银行承担的风险，定义资本的组成部分，考虑银行承受损失的能力。对国际性银行来说，这些要求不应低于巴塞尔资本协议及其修正案的标准。资本充足率标准是一个最低标准，许多监管机构规定了更高的资本比率，或对资本进行更严格的定义，或采用更高的风险权重。

资本充足率监管的核心，是应付可能发生的风险损失，这一监管制度的推行对于降低银行的道德风险危害，可以起到积极效应。作为对银行决策的一种强制干预，资本充足率的实施，意味着对资本比率效应的逆转。以美国银行业为例，在1988年巴塞尔协议颁布以后，平均资本比率由6%回升并稳定在8%~10%的水平，这一指标成为银行体系安全系数增加和公众信心增强的积极信号。资本充足率管制的推行减少了道德风险的事后成本，作为银行意外损失的缓冲，提高了抵御损失的能力，即便银行因道德风险遭受损失，资本比率也有助于减少对社会的冲击。更重要的是，资本充足率管制起到了在事前削弱管理者道德风险激励的目的。因而，出于自身利益考虑，银行管理者在进行高风险投资决策时，会更为谨慎，有利于银行稳健经营。

(三) 对金融衍生工具的监管

随着衍生工具的迅速发展，金融机构、监管当局和有关国际金融组织已经意识到内控薄弱和监管不力是衍生工具风险失控的主要原因之一，一些国际机构和主要国家纷纷修订现有的监管措施。巴塞尔银行监管委员会和国际证券协会组织按照"七国集团"首脑会议要求，于1994年7月联合公布了《对衍生金融工具风险管理的指导方针》，主导思想是强化内部控制、防范金融衍生工具管理和操作的风险。

近年来，金融衍生工具作为银行表外业务发展迅猛，在给银行带来丰厚利润的同时，也增加了经营风险，因此，加强对银行表外业务的监管十分重要。应根据银行规模的大小、资金的多少、经营能力的强弱确定表外业务占全部资产额的比例。表外业务与表内业务要分开管理，建立表外业务报表制度，加强统计与核算，定期总结经验。加强对表外业务的内部稽核与审计,及时发现表外业务经营中的问题,帮助管理者制定应付突发事件的措施。

(四)对国际银行清盘的监管

在国外设有分支机构的银行破产时,母国监管机关应立即通知分支机构所在国的监管机关,东道国监管机关应立即关闭该银行的分支机构。该分支机构所发生的任何其他债务都将计入关闭银行的资产。从法律上子银行与母银行是独立的,理论上,子银行的资产和负债在母银行关闭时仍然不变。然而,被关闭的母银行与子银行间调整资产和负债的风险会增加,这样,会给子公司的存款人和债权人带来损害。实际上,国际性银行的倒闭十分复杂,一些国家采取独立法人方法,不顾其他国家的规定。而其他一些国家将银行作为一个整体,对所有债权人一视同仁,不论其权益是对国内机构还是外国机构。鉴于银行活动的国际化具有更大的风险,并且由于这种清盘所具有的潜在国际影响,有必要在国际上对金融机构破产规则做进一步的协调。各国的监管机关应对银行的破产和清算相互通气,在外国监管机关介入诉讼程序方面,提供尽可能的协助。

四、金融监管国际合作的模式

(一)银行的国际监管合作

银行的国际监管合作主要体现在巴塞尔协议的相关内容中。1975 年成立的巴塞尔银行业务监管委员会,由比利时、加拿大、日本、法国、德国、意大利、卢森堡、荷兰、瑞典、英国和美国银行监管当局和中央银行的高级代表组成,秘书处设在国际清算银行,委员会主席由成员国代表轮流担任,主要职责是交流金融监管信息,制定银行监管条例,加强各国监管当局间的国际合作和协调,维护国际银行体系稳健运行。三十多年来,该委员会进行了一系列卓有成效的工作,取得了不少成果,日益被更多的国家和地区金融监管当局认可或接受。

(二)国际金融监管组织的监管合作

国际金融组织的建立对协调各国的货币金融关系、贯彻国际货币制度,调节各国的国际收支、稳定汇率、监督各国的财政货币政策,促进国际间金融合作具有重要作用。目前,国际金融组织大体分为三类:全球政府间国际金融组织,如国际货币基金组织、世界银行及其附属机构国际开发协会和国际金融公司;洲际国际金融组织,如亚洲开发银行、非洲开发银行、泛美开发银行和欧洲投资银行;地区国际金融组织,如亚洲清算联盟、阿拉伯货币基金组。

随着国际证券市场和衍生产品市场上频频发生危机,以及金融机构业务分工的日益模糊,各金融领域监管者之间合作的必要性空前加强。目前国际组织之间的相互合作主要有以下方式。

1. 双方的合作

国际证券委员会组织(IOSCO)与巴塞尔委员会间进行了一系列合作,侧重于对衍生产品交易的监管,包括提出风险管理的指南和信息披露的调查。二者还携手监督银行和证券公司的信息披露。国际证券委员会组织与设在国际清算银行的支付与结算委员会(CPSS)也有密切合作。1997 年 2 月共同发布了《证券结算体系的披露框架》,旨在"协助市场参与者从证券结算系统的经营者那里获得信息,以便在此基础上分析参与此类系统的风险"。巴塞尔委员会与支付与结算委员会之间也保持着良好的合作关系,最新的动向是共同监督电子货币和电子银行业领域的各种问题。

2. 三方的合作

1993年起，国际证券委员会组织、国际保险监管者协会与巴塞尔委员会成立了一个三方小组，专门研究金融集团的风险和监管问题。1995年7月发表了一份报告，列举了大型金融集团可能给监管者带来的问题，并提出了解决的建议。1996年，三家国际监管机构共同建立了"金融集团联合论坛"，接手了原三方小组的工作。该联合论坛由银行业、证券业和保险业的高级监管者组成，有13个发达国家参加，协调监管部门之间交换信息的手段，调查阻碍信息交流的法律障碍，考察了加强监管协调的方法，致力于发展针对金融集团的更有效的监管原则。

3. 四方的合作

1998年4月8日，在国际清算银行举行了上述三方和国际清算银行发起的圆桌会议，成立了"2000年联合委员会"，秘书处设在国际清算银行，计划定期举行会晤，旨在共同迎接计算机"2000年问题"可能对全球金融监管提出的挑战。虽然四方合作只是针对一项特殊的国际金融问题，但是，异乎寻常地合作组成的联合委员会，也许可以被看作是金融监管国际合作的进一步深化。

（三）区域性金融监管国际合作

金融监管国际合作的另一种类型是区域性金融监管合作。一些区域性金融监管组织正在努力推进金融监管合作，包括非经济合作组织成员国范围内的离岸金融中心银行业监管集团、欧盟银行顾问委员会、阿拉伯银行业监管委员会、加勒比地区银行业监管组织、中欧和东欧国家银行监管组织、东非和南部非洲银行监管组织等。由于国际性金融监管合作的框架和模式不可能适用于所有区域，不同区域必然要采取具有区域特色的监管合作模式。因此，区域性的金融监管合作是金融监管国际合作机制的重要组成部分。区域性的金融监管合作，实质上是在全球竞争进一步加剧的条件下国家间竞争的一种延伸，不同于普遍意义上的国际性金融监管合作，能否建立区域性的金融监管合作组织要看这一地区是否存在着明显的共同金融利益。

（四）多边私人组织和双边合作

除了多少具有规范化、法制化意义的国际机构以外，一些多边私人组织和双边国际合作在国际金融协调上也具有重要意义。在多边私人组织方面，国际金融协会是一家非营利性国际机构，功能是监督全球银行和金融服务规则，并通过非正式对话将成员的一致性意见传递给各国中央银行和监管当局。该协会利用工作小组和专题小组收集信息，为成员提供一个论坛探讨监管方面的进展。国际双边合作主要有三种形式：一是谅解备忘录。即两个机构相互向对方提出各自应尽义务的一种协定。最常见的谅解备忘录是可以接触他国当局的官方文件和信息。在某些情况下，可以要求他国监管当局提供陷入财务危机的公司的情况。二是金融信息共享协定。通常是具体说明有关方面可以了解的一般情况，例如具体规定同时在两个国家营业的公司，应定期向双方监管当局披露有关信息，诸如与公司有关的风险评估情况等。三是作为非正式联系的双边信息共享。如中央银行和监管当局之间的合作，尽管这种合作是非正式的，但具有较大的灵活性和及时性，在发生金融危机的时候特别具有不可低估的意义。

第三节　巴塞尔协议的监管内容

一、巴塞尔协议的形成

20世纪60年代以后,跨国银行和集团银行的涌现以及离岸金融市场的形成打破了原有的金融格局。离岸金融中心以无严格的法律管制为特征,众多跨国银行和集团银行在其中活动与竞争。然而,20世纪70年代中期以前,国际社会一直没有正式的银行监管合作组织,监管当局在各自国家金融监管体系内各行其是。20世纪70年代中期,英国、美国、法国、阿根廷的一些国际性银行先后倒闭,引起了各国金融当局的普遍不安。人们认识到,不能仅从理论上讨论银行监管的国际合作问题,必须着手实践,同时,需要一个国际讲坛,使各国能在合作的基础上探讨和处理共同面临的问题。1975年2月,由国际清算银行发起,十国集团(比利时、英国、加拿大、法国、荷兰、意大利、日本、瑞典、德国、美国)及卢森堡和瑞士共12个国家的中央银行代表汇聚瑞士巴塞尔,共同商讨跨国银行的国际监管合作问题,并成立了"巴塞尔银行监管委员会"(The Basel Committee on Banking Supervision)。巴塞尔委员会的成立,适应了金融全球化的内在需要,为国际银行业发布监管原则和建议、讨论监管问题提供了舞台。

巴塞尔委员会围绕国际银行监管这一核心问题,提出了一系列原则、制度和措施,一般称之为"巴塞尔协议体系"。巴塞尔协议体系主要包括三个巴塞尔协议和巴塞尔补充规定,从不同方面对银行统一监管作出了规定,是目前跨国银行监管中最重要的文件。

二、第一个巴塞尔协议

巴塞尔协议的诞生,源于联邦德国赫斯塔特银行和美国富兰克林国民银行(Franklin National Bank)的倒闭,以及其他一些国际性银行发生问题。赫斯塔特银行和美国富兰克林国民银行是两家著名的国际性银行,它们的倒闭使金融监管机构在惊愕之后,开始全面审视拥有广泛国际业务的银行的监管问题。1975年2月成立的巴塞尔银行监管委员会在当年9月针对国际银行的监管达成共识,第一个巴塞尔协议出台。

第一个巴塞尔协议极为简单,核心内容是针对国际性银行监管主体缺位的现实,提出建立跨国银行监管的必要,突出强调了两点:① 任何银行的国外机构都不能逃避监管;② 母国和本国应该共同承担金融监管职责。尽管第一个巴塞尔协议非常简单,但是,它开创了国际金融监管的先河,具有里程碑意义。

三、第二个巴塞尔协议

(一) 主要内容

1983年巴塞尔委员会对第一个协议进行了修改,形成了新的协议,全称是《对国外银行机构监管的原则》。该协议原则更加明确,内容具有了可操作性,它的最大贡献在于最先对各国就跨国银行的监管合作进行了协调,确认了银行海外机构都不能逃避监管,即充分监管原则;强调了东道国与母国的银行监管机构间的合作,即合作监管原则;对东道国与母国监管方面的分工进行了划分,体现了"以确定股权原则为主,当地市场原则为辅;母国监管为主,东道国监管为辅"的总体思路,进一步明确银行监管权的分配,涉及跨国银行清偿能力、流动性和外汇风险三方面的监督。主要内容是:① 本国和东道国当局共同负有设在东道国分支机构的监督责任;② 所有金融机构不得逃避任何一方的监督;③ 监督清偿力是东道国当局的主要责任;④ 对外国分支行清偿力的监督,主要是东道国当局的责任;⑤ 本国当局与东道国当局通过交换信息进行银行监管国际合作,可采取本国授权检查机构代表本国当局在东道国进行监督。

(二) 基本评价

这一成果对完善国外银行业务监管具有重要作用:① 协议强调银行监管的国际合作,要求银行监管国际化,为各国进行银行监管的国际合作提供了思想准备。② 为消除银行监管的盲点或弱点营造了良好的国际环境。本国银行设在外国的分支行和外国银行设在本国的分支行,由于国别法律障碍或冲突,一直困扰着各国银行的监管,成为风险高发源。协议勾画的"双重监管"架构,为各国互通和分享信息及划分职责、建立健全境外银行监管制度、共同对境外机构实施有效监管营造了较好的国际合作环境。③ 协议明确划分了各有关监管当局的主要责任。监管责任的明确,避免了监管过程中可能出现的因监管重复而导致的被监管者无所适从以及监管薄弱,增强了监管力度。

这一成果的主要缺陷是仅把监管合作的内容局限于清偿力监管。事实上,国外银行机构所面临的风险并非局限于流动性风险,信用风险、交易风险等经常存在,也是主要的风险,但没有列入监管合作的内容之内。因而,这种"双重监管"并不是全面监管,不足以保证国外银行机构的安全运营。

四、《巴塞尔协议 I》

1987 年 12 月,巴塞尔委员会制定并通过了"巴塞尔提议",经过 6 个月的咨询期,汇集各方意见,于 1988 年 7 月正式颁布了《统一资本计量与资本标准的国际协议》(International Convergence of Capital Measurement and Capital Standards),即通常所说的《巴塞尔协议 I》。该协议第一次建立了一套完整的、国际通用的、以加权方式衡量表内与表外风险的资本充足率标准,对于推进全球银行监管的一致性和可操作性,具有划时代的意义。

(一) 主要内容

该协议主要有四部分内容:

1. 资本组成

商业银行的资本分为核心资本(又称为一级资本)和附属资本(又称为二级资本)两大类。核心资本包括权益资本(实收股本)和公开储备(留存收益);附属资本包括未公开储备、普通贷款损失准备、混合性债务工具、重估储备、长期次级债券(各国对核心资本和附属资本的规定略有差异)。规定核心资本应占总资本的 50%,附属资本不应超过资本总资本额的 50%,即附属资本不超过核心资本。

2. 风险加权制

通过设定风险权数来测定银行资产和表外业务的信用风险,以评估银行资本所应具有的适当规模,即将资本与资产负债表上的不同种类的资产,以及表外项目所产生的风险挂钩,依其风险大小划分为从"无风险"到"十足风险"五级,分别设定 0、10%、20%、50% 和

100%的风险权数。强调了国家风险对银行信用风险的重要性,对经合组织国家政府和商业银行的债权规定了优惠的风险权重。

3. 目标标准比率

要求在1990年底之前,凡参加国际清算银行清算体系的商业银行,资本金对加权风险资产的比率,至少应达到统一标准的7.25%;到1992年年末,应达到8%,其中核心资本比率不低于4%。

4. 表外业务转换系数

通过设定一些转换系数,将表外授信业务也纳入资本监管范围。

该协议除规定了资本组成、风险加权制、表外授信业务转换系数、目标标准比率之外,还规定了过渡期和实施安排等方面的基本内容:为顺利过渡到新的监管体系,协议规定了一个5年过渡期,在过渡期之内,允许资本充足率低于统一标准(8%)。

事实上,《巴塞尔协议Ⅰ》并不具备法律效力,但是根据协议的精神,符合协议标准的、稳健的、经营良好的银行,可以用更为有利的价格和条件从投资者、债权人、存款人及其他方面获得资金,而风险程度高的银行在市场中处于不利地位,必须支付更高的风险溢价、提供额外的担保或采取其他安全措施,致使交易成本大大提高。换言之,遵从资本充足率不低于8%的"铁律",使得银行得到了一份"认可的印章",为市场参与者评估银行经营状况提供了可供参考的重要依据。因此,尽管1988年的资本协议原则上仅适用于十国集团的国际性大银行,但后来却被许多国家所采用,成为一种国际银行监管的标准和惯例。

(二)对《巴塞尔协议Ⅰ》的评价

《巴塞尔协议》是一个具有划时代意义的重要成果,对商业银行的经营管理和银行监管影响甚巨。具体主要表现为:

1. 改变了商业银行经营思想

在《巴塞尔协议Ⅰ》颁布之前,各国商业银行竞相追求的目标几乎都是资产值增长,将其作为衡量银行实力强弱的主要指标。协议打破了这一常规,主要从银行资本值和资本金同风险资产的比率角度,评价银行的实力和防御风险的能力。这种新的评价标准,使商业银行由重视资产总值转变为重视资本和资产的比率,从扩张性的经营战略转化为谨慎性的经营战略,由过度注重银行的短期盈利性到较多地关注流动性和安全性。

2. 拓宽了管理的对象

传统的资产负债管理一般局限于对资产负债表内项目业务的控制,不涉及表外业务的监督,使商业银行所面临的表外业务风险被忽视。协议开发了能兼容表内外业务的监管系统,解决了如何统一管理表外业务的难题,使商业银行的管理对象从表内业务拓展到表内业务和表外业务并行。

3. 改变了银行管理的着力点

长期以来,商业银行一系列管理措施的着力点都集中在如何筹措资金和扩大市场份额上。协议的颁布和实施,将注意的焦点引向了资本与风险资产的比率之上,如何不断增加资本、提高资本的充足比率,已成为商业银行管理措施的着力点。

4. 改变了银行监管的重点

过去,各国银行监督的重点一直放在合规性监管。协议颁布和实施以后,发达国家银行监管的重点开始逐渐转向风险监督,通过资本构成和充足率的要求,提高银行防御风险的能力。

5. 使外部监督与银行内部管理形成合力

传统的监管方式一直没有走出监管者与被监管者"博弈"的窠臼,银行总是以各种方式逃避监管者的监管,以金融创新突破监管者设置的"藩篱",监管者频于修缮原有的或加列新的"栅栏",对被监管者进行"围追堵截"。协议的颁布和实施,借助于资本充足率这一支点,使监管者的外部监管与被监管者的内部管理的作用力归于一致。因为银行内部管理主要是围绕资产负债的总量控制和结构调节,监督当局资本充足率的要求和考核形成了被监管者对资产负债总量进行控制和结构调节的压力。在这种压力之下,为达到或满足资本充足率的要求,银行在经营管理中只可能采取两种策略,即分子策略(增加资本金)和分母策略(压缩资产总量或是调整资产结构,缩减高风险资产、增加低风险资产或无风险资产),这显然是和银行日常经营管理相一致或相重叠的。所以,既往的监管者造成被监管者的被动接受行为,很大程度上变成了被监管者的自我约束行为,监管效果大为改进。

《巴塞尔协议Ⅰ》为全球银行业风险管理确定了统一的标准,但是,该协议也存在明显的不足之处:

首先,过分强调资本充足率。对资本充足率的规定,容易导致银行过分强调资本充足的倾向,相应忽视银行业的盈利性及其他风险。况且,即使银行符合资本充足性的要求,也可能因为其他风险而陷入经营困境。如1993年底巴林银行的资本充足率远超过8%,1995年1月巴林银行被认为是安全的,但到1995年2月末,这家银行就破产被接管了。

其次,风险权重对风险程度不敏感,没有强调不同信用等级的差异,存在明显的"国别歧视"。对国家和银行债权的监管资本风险权重,仅按是否为OECD国家划分,成员国的风险资产权重为零,非成员国的风险资产权重为100%,而不按真正的信用风险大小划分。

再次,监管着力点较为单一。随着银行业务的发展,产生的风险很多,诸如交易风险、市场风险、利率风险、汇率风险、流动性风险和国家或转移风险等。而且,由于表外业务尤其金融衍生业务的快速增长,使交易风险、市场风险等已逐渐成为国际银行业中与信用风险同量级的风险,仅仅监管信用风险已不足以确保银行安全,8%乃至更高的资本充足率只能防范由于资产质量不良而造成的信用风险,对防范其他风险来说效果甚微。

五、《巴塞尔协议Ⅰ》的补充规定

《巴塞尔协议Ⅰ》的制定是一个逐步完善、循序渐进的过程。随着金融创新的不断涌现,1988年资本协议在实际应用中日益显现其局限性。因此,巴塞尔委员会不断推出修订方案,主要包括《巴塞尔资本金协议市场风险修正案》和《有效银行监管的核心原则》。

(一)《巴塞尔资本金协议市场风险修正案》

1988年的《巴塞尔协议Ⅰ》主要针对信用风险制定有关的资本要求,强化银行的信用风险管理。由于国际银行日益活跃地参与金融市场交易,产生的市场风险已不容轻视。但是,银行界对市场风险的认识并不是一步到位。他们认为,以金融衍生工具为代表的金融创新可能会有一定的副作用,但金融工具的风险只是一种管理风险,所具有的危害也只限于个别不谨慎的银行,对整个金融机构不会构成威胁。直至大和银行、巴林银行等许多金融机构因从事衍生市场交易遭受重创,引起国际金融界极大恐慌、监管者又无能为力的时候,市场风险才引起重视。

1996年初,巴塞尔委员会正式公布了《巴塞尔资本金协议市场风险修正案》(以下简称《修正案》),制定了全球统一的估测、监管商业银行市场风险的标准,标志着巴塞尔委员会在增强国际银行体系稳定性方面取得了重大进展。在《修正案》中,规定允许银行在满足定性与定量标准的前提下,可以采用内部风险管理模型。在风险管理方面,将市场风险纳入监管范围,避免银行进行交易时,利用被忽视的市场风险取代信用风险,谋取高风险可能带来的高利润。

(二)《有效银行监管的核心原则》

《修正案》强调了对市场风险进行监管,但是,1997年东南亚金融危机的爆发,却使国际银行界警醒:许多金融机构陷入经营困境的主要原因,已经不再是单一的信用风险或市场风险,而是两种风险联合的结果。除了信用风险和市场风险以外,操作风险也是引发金融危机的原因之一。金融危机促使人们更加重视市场风险、信用风险和市场风险的综合模型,以及操作风险的量化问题。因此,巴塞尔委员会推出的《有效银行监管的核心原则》开始重视各种风险,建立了全面风险管理模式。《银行业有效监管核心原则》是继1988年的《巴塞尔协议Ⅰ》和1996年的《巴塞尔资本金协议市场风险修正案》之后,巴塞尔委员会一个重要的、进步性的文件,对国际银行业提出了全面监管的要求。

《有效银行监管的核心原则》共25条,主要归纳为:① 银行业有效监管的前提。主要是监管机构应设定明确的责任和目标,并具有履行责任和达成目标的独立性和充足的人、财、物、信息保证和法律支持。② 获准经营的范围和结构。主要包括明确界定银行经营行为的定义和审批银行开业的标准,以及监管机构对银行业务经营的监督检查与决策否决权。③ 审慎管理和要求。主要包括要求银行达到最低限额资本和资本充足率要求,提留充足的贷款呆账准备金,设定单一借款人、关系人贷款的上限,督促银行建立内部控制系统和风险防范系统及综合风险管理程序。④ 银行业持续监管的方法。主要是有效银行业监管系统,应由现场和非现场监督方式组成。⑤ 信息要求。主要是要求银行的财务处理符合会计原则和会计惯例,上报材料保证真实、准确、具体和具有可比性。⑥ 监管人员的正当权限。主要是除一般性的正常监督权限之外,监管人员应具有在特殊情况下干预银行业务与经营的权力。⑦ 跨国银行业务监管。主要是对1975年的巴塞尔协议的内容进一步具体化和系统化。

六、《巴塞尔协议Ⅱ》

1988年的《巴塞尔协议Ⅱ》中,最低资本要求主要是针对信用风险而言,其他风险没有考虑在内,显然不符合当前国际银行业发展的实际。为此,巴塞尔委员会于1996年颁布了《巴塞尔资本金协议市场风险修正案》,把市场风险纳入《巴塞尔协议Ⅰ》中。然而,监管与逃避监管是一个不断反复的过程,在《巴塞尔协议Ⅰ》实施后,旨在逃避或钻空子的活动就没有停止过,资产证券化的迅猛发展就是如此。此外,《巴塞尔协议Ⅰ》有关以OECD国家和非OECD国家为基础确定风险权重的规定,一直是攻击的对象。在堵塞漏洞、总结经验教训的基础上,巴塞尔委员会于1999年6月推出了《新的资本充足比率框架》征求意见稿。在广泛吸收多方意见后,2001年1月公布了《新巴塞尔资本协议》(第二稿)简称《巴塞尔协议Ⅱ》,此稿再次广泛征询意见后,于2005年全面执行,从而完全取代1988年的《巴塞尔协议Ⅰ》。

2001年新资本协议草案延续1988年巴塞尔协议中以资本充足率为核心、以信用风险控制为重点的风险监管思路,吸收了《有效银行监管的核心原则》中提出的银行风险监管的最低资本金要求、外部监管、市场约束三大支柱原则,对银行风险管理的整体思路、方法做了新的总结与规范,在许多方面有突破和创新。

（一）主要内容

《巴塞尔协议Ⅱ》的主要内容,可以概括为"三个三":① 三大支柱:最低资本要求、外部监管和市场纪律;② 三类风险:信用风险、市场风险和操作风险;③ 三种方法:标准法、基础内部评级法和高级内部评级法。《巴塞尔协议Ⅱ》的框架如图15-1所示。

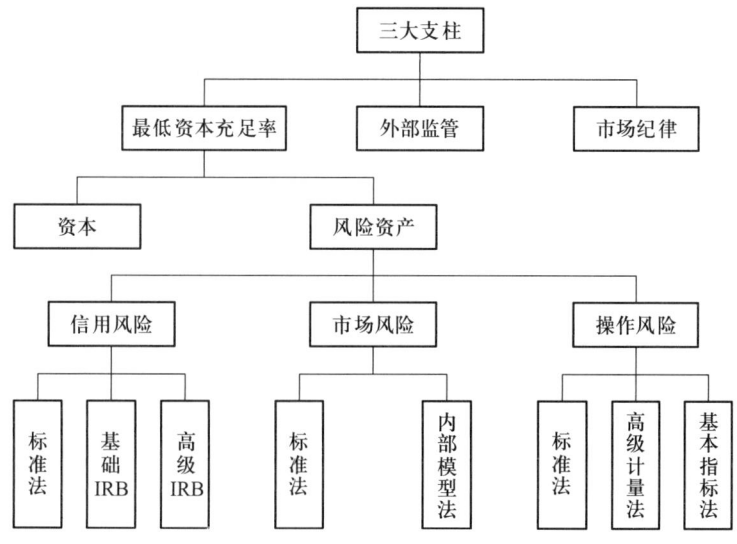

图15-1 《巴塞尔协议Ⅱ》框架

1. 三大支柱

《巴塞尔协议Ⅱ》强调三大支柱必须协调使用才能真正发挥作用,体现《新巴塞尔资本协议》的精髓。

（1）最低资本要求。《巴塞尔协议Ⅱ》延续了8%的最低资本要求,有关资本比率中分子(监管资本构成)的各项规定保持不变,对分母(即风险资产)的评估更精细、更全面,主要表现在两个方面:大幅度修改了旧协议中信用风险的处理方法,如不以经合组织成员国来划分国家信用;明确提出将操作风险纳入资本监管范畴。这样,总资本比率的分母就由三部分组成:所有信用风险加权资产、12.5倍的市场风险和12.5倍的操作风险。

（2）外部监管。《巴塞尔协议Ⅱ》给予各国监管当局更大的决策自主权,同时,也对各国监管当局的监管能力提出了更高的要求。从合规导向的监管思路转向风险导向的监管思路,强调对商业银行的资本充足程度采用"骆驼评级"体系(CAMEL),即从五个方面评估银行:资本充足程度、资产质量、管理能力、盈利性、流动性。

（3）市场纪律。又称信息披露。《巴塞尔协议Ⅱ》肯定了市场具有迫使银行有效合理地分配资金和控制风险的作用,在应用范围、资本构成、风险评估和管理过程及资本充足性方面提出了定性和定量的信息披露要求:大银行每季度进行一次信息披露,一般银行每半年披露一次信息。

2. 三类风险

《巴塞尔协议Ⅱ》对风险的认识更加系统、全面，在原有信用风险的基础上加入了市场风险和操作风险，使《巴塞尔协议Ⅱ》对风险监管的灵敏度有所提高。

(1) 信用风险。《巴塞尔协议Ⅱ》将银行资产分为：公司贷款、国家贷款、银行同业、零售贷款、专利贷款和股权投资六类。其中对公司贷款、国家贷款和银行同业三项，《巴塞尔协议Ⅱ》规定了标准法、基础内部评级法和高级内部评级法等由低向高三种不同的风险计量方法。对于零售贷款，只允许采用高级内部评级法。

(2) 市场风险。《巴塞尔协议Ⅱ》包括债务衍生产品、股权衍生产品和外汇衍生产品等市场风险的资本要求，商业银行要运用金融工程技术，把股权、利率和汇率三大类衍生产品转化成相应的基础工具，即股票、债券和货币，然后将转换的基础工具分别按照三套不同计算规则计量。另外，《巴塞尔协议Ⅱ》还鼓励银行采用内部风险管理模型。

(3) 操作风险。《巴塞尔协议Ⅱ》指出，这一界定包含法律风险，但是不包含策略性风险和声誉风险。《巴塞尔协议Ⅱ》要求商业银行考虑操作风险并相应配置资本，规定了三种不同的操作风险计量方法，即基本指标法：所需资本等于商业银行前三年总收入的平均值乘以 0.15 的系数；标准法：银行根据每一产品线总收入乘以委员会规定的几项特定系数，计算出各产品线的资本要求，然后加总等于需要的操作风险总资本；高级计量法：银行可以运用自己的风险模型计量操作风险。

3. 三种方法

《巴塞尔协议Ⅱ》保留了原有对风险大小评级的标准法，并鼓励有能力的银行运用内部评级法（internal rating based approaches 简称 IRB 方法）衡量和测算信用风险和操作风险，从而使新的监管规则有了一定的灵活性，有利于吸收现代大型银行管理风险的各种先进经验。

(1) 标准法。采用外部评级机构确定资产风险权重，计算最低资本要求，适用于复杂程度不高的银行。

(2) 基础内部评级法。资产风险权重主要由商业银行根据自己对客户的信用评级确定，其中，风险权重由违约概率、违约损失率和期限三个因素确定。如果违约概率由商业银行确定，其他参数由监管部门确定，该评级法称为基础内部评级法。

(3) 高级内部评级法。依据内部评级法的规定，如果参数均由商业银行确定，则该评级法称为高级内部评级法。

(二) 基本评价

《巴塞尔协议Ⅱ》与 1988 年协议相比，有很大的进步，主要表现在：

1. 《巴塞尔协议Ⅱ》使资本水平能够更真实地反映银行风险

《巴塞尔协议Ⅱ》强调：① 要借助外部信用评级确定资产风险权重，计量最低资本需要，使风险衡量更为客观；② 银行资本储备除要反映其信用风险外，还必须同时反映市场风险和操作风险；③ 确定资本水平时，要充分考虑各种风险缓解技术、工具的影响；④ 在评估资产风险权重和资本水平时，要考虑抵押品价值和质量、担保人信用及能力等因素。这些规定扩大了银行风险管理的涉及范围，风险计量更为谨慎和周密，方法更趋科学。

2.《巴塞尔协议Ⅱ》强调了银行内控机制建设的重要性和基本要求

《巴塞尔协议Ⅱ》强调:① 综合考虑各种风险因素的充足的资本储备,是银行风险管理的第一支柱,外部信用评级与内部评级体系是确定最低资本充足水平的依托;② 允许符合条件的银行采用内部评级系统,确定资产风险权重和最低资本充足要求,允许内部评级制定的资本充足率低于外部评级;③ 银行可以因地制宜采用标准法或基础内部评级法、高级内部评级法,在降低资金成本的同时,鼓励各银行在风险测量、管理方法上的投资与研究。这些规定既强化了银行建立内控机制的责任,又增加了银行风险管理手段的灵活性。

3.《巴塞尔协议Ⅱ》更强调监管当局的准确评估和及时干预

《巴塞尔协议Ⅱ》强调:① 监管当局的严格评估与及时干预,是银行风险管理的第二支柱;② 监管当局要准确评估银行是否达到最低资本需要,评估银行资本水平是否与实际风险相适应;③ 监管当局要评估银行内部评级体系是否科学可靠;④ 监管当局要及早干预,防止银行资本水平低于实际风险水平。这些规定均强化了监管当局职责,硬化了对银行风险管理的监管约束。

4.《巴塞尔协议Ⅱ》强调银行资本管理的透明度和市场约束

《巴塞尔协议Ⅱ》强调:① 信息透明和市场约束是银行风险管理的第三大支柱;② 银行应当向社会及时披露关键信息,包括资本构成、风险资产及计量标准、内部评级系统及风险资产计量法、风险资产管理的战略与制度、资本充足水平等;③ 银行应具有经董事会批准的正式披露政策,该政策应概括公开披露财务状况和经营状况的目的和战略,并规定披露的频率及方式。这些规定有助于强化对银行的市场约束,提高外部监管的可行性和及时性。

《巴塞尔协议Ⅱ》能够更全面、准确地衡量银行业存在的各种风险,加强了监管者与市场参与者的约束力量,确保银行业的健康发展。但由于银行面临的风险更加复杂,衡量与管理风险的技术和手段也不断推陈出新,《巴塞尔协议Ⅱ》还存在一定的局限性。例如,《巴塞尔协议Ⅱ》围绕风险和资本要求确定监管规则,虽然也考虑到经济周期性因素作用下规则的适当调整,但仍主要立足于非系统性风险因素的控制,对银行的主权属性引起的风险以及系统性风险缺少约束;《巴塞尔协议Ⅱ》对银行健全性的关注仍集中于风险一极,实际上,银行的健全性取决于风险和收益两个方面,资本充足性的确定与收入或损失的相对程度有关系;金融市场的发展和银行业的发展,使银行面临的风险范围扩大、程度加深,《巴塞尔协议Ⅱ》对总体市场风险的控制不力;资产的期限长短与信用风险的大小密切相关,《巴塞尔协议Ⅱ》仍未全面考虑这一因素;《巴塞尔协议Ⅱ》准许使用内部评级与信用风险组合模型等复杂程度较高的技术手段,但如何使这些技术更具操作性,并与标准化的资本计算方法统一起来,也还存在诸多的问题。同时,新资本协议推行还对监管者的素质、对银行的制度选择与市场条件,以及对银行的数据管理等提出了更高的要求。

七、《巴塞尔协议Ⅲ》

(一)《巴塞尔协议Ⅲ》的背景

自2006年金融危机于美国出现以来,历经一年多,其影响范围已经由美国扩散到日本和欧盟等世界主要金融市场,并在世界范围内引发了一场金融大海啸。众多经济学家将该金融危机的根本原因归咎于金融机构的逐利本性。金融机构为了赢得市场而进行各种金融创新,试图赚取更多的利润。但是这些金融机构在推出金融产品的同时,却全然不顾次级贷款者的违约风险,也没有对这些产品进行全面的缺陷监测和风险评估。此外,政府监管的缺失和金融手段的无节制使用,也是导致该金融危机原因之一。

这场金融危机也暴露出一些在《巴塞尔协议Ⅱ》发布之初所未能预见到的状况,例如全球银行在金融危机爆发时,整体的资本质量都不尽如人意。当前的文件框架尚未对杠杆率这一标准达成一致的监管合意,未能对经济运行的顺周期效应进行准确的评估,过于注重对单个金融机构进行风险评估而对系统性风险考虑不周等。这些都说明《巴塞尔协议Ⅱ》已经不能满足日益复杂国际金融监管现状,巴塞尔委员会须对其进行进一步的补充和完善。

因此,在金融危机后,巴塞尔委员会提出了一系列标准文件和改革文件,以求补充和完善《巴塞尔协议Ⅱ》,从而提高银行抵御经济波动和金融震荡的能力,建立更加可靠的全球银行体系。2009年12月,巴塞尔委员会发布了《流动性风险计量标准和监测的国际框架》及《增强银行体系稳健性》两份征求意见稿,并以此为基础开始进行大范围的定量影响测算。并根据各国的反馈对最初设定的指标和框架进行修改和调整。在2010年7月的决策委员会会议中,巴塞尔委员会对新框架的相关内容的进一步修改达成共识。最终,2010年9月12日,巴塞尔委员会发布了新的全球资本标准,进一步明确了《巴塞尔协议Ⅲ》的主要内容,并对资本的衡量标准、过渡期时间等进行了安排。

(二)《巴塞尔协议Ⅲ》的内容

《巴塞尔协议Ⅲ》的内容主要涉及两个方面,即新的全球资本标准和过渡期安排。具体而言,《巴塞尔协议Ⅲ》对《巴塞尔协议Ⅱ》进行了完善和补充,主要包括资本监管框架的改进,资本的重新分类和重新定义,多层次监管资本框架的构建以及风险覆盖全面化几个方面的内容。

(1)提高最低资本要求,同时增强资本质量。《巴塞尔协议Ⅲ》为提高资本吸收损失的能力,提出了更为严格的定义,规定一级资本只能包含永久性优先股和普通股,并把最后期限定为2017年底,要求各银行在期限之前必须完全达标。此外,《巴塞尔协议Ⅲ》增加了一级资本中普通股的最低要求,将风险资产中一级资本金的比率提高到了4.5%(目前为2%),同时,一级资本金比率将从4%提高到6%(但一级资本加二级资本仍然保持8%不变)。鉴于这一要求比较严格,各银行可以在从2013年1月至2015年1月分阶段实施。二级资本仅在破产时承担损失,同时进一步简化资本结构,取消三级资本。

(2)引入资本留存缓冲及逆周期资本缓冲,提高危机恢复能力。巴塞尔委员会引入了资本留存缓冲比率,其最低标准为2.5%,主要是由扣除递延税项及其他项目后的普通股权益构成。留存缓冲的目的在于确保银行在危机时期持有特定比率的用于损失的缓冲资金。但即使银行达到了资本缓冲留存比率的要求,在一定程度内也会受到限制。具体而言,银行的资本比率越接近最低要求,受到的限制就会越大。当银行无法达到资本留存缓冲比率的标准时,其回购股份、拍卖及分发红利等行为就会受到监管机构的限制。这一机制有助于制止一些大银行在金融危机期间资本质量严重恶化时也肆意发放高红利和奖金的情况。而逆周期缓冲则是资本留存缓冲的延伸,是由完全能吸收损失的高质量资本(例如普通股)组成,仅适用于信用过度增长进而对系统性风险造成影响时,要求设定为0%~2.5%,并且各国监管结构可以基于自身的情况具体执行,确定不同时期的比率。

（3）控制银行风险敞口,引入杠杆率指标。为有效应对监管资本套利活动,巴塞尔委员会除了设定了上述与风险相关联的资本要求外,还提出了不具风险敏感性的杠杆率监管要求作为辅助。委员会建议最初使用 3% 的最低标准,测试期为 2013 年 1 月至 2017 年 1 月,并且银行应当从 2015 年起逐步披露其杠杆率。最后对过渡期的实施结果进行评估,并在 2017 年内进行相应的调整和校准,从 2018 年起将杠杆率加入第一支柱中。

（4）加强系统重要性银行监管,实施差异化安排。巴塞尔委员会认为,具有系统重要性的银行应当接受与其他银行有差异的监管方案,其吸收亏损的能力应该高于前述的协议标准,因此系统重要性银行在普通股充足率、一级资本充足率和总资本充足率上较普通银行有着更为严格的要求。同时,针对系统重要性银行,巴塞尔委员会与金融稳定理事会正试图研究一套独特的综合监管方案,在资本、自救债务工具以及资本附加费方面或有特殊的要求。

（5）提出新的计量监管指标,覆盖流动性风险管理。与前两版巴塞尔协议仅关注静态资本监管不同,《巴塞尔协议Ⅲ》引入了流动性覆盖比率（Liquidity Coverage Ratio,LCR）和净稳定融资比率（Net Stable Funding Ratio,NSPR）作为银行流动性监管强制标准,两者均应大于 100%。其中,流动性覆盖比率的衡量对象是,在设定的短期严重压力情形下,银行所持有的优质的、无变现障碍的流动性资产储备,此标准旨在确保银行拥有高质量的流动资产来度过短期压力情境,从而提高其抵御短期流动性风险的能力;净稳定融资比率则旨在确保银行有与其流动性风险状况相匹配的稳定资金来源,这一标准主要衡量的是银行是否有能够确保其各项业务融资和中期资产的能力。同时,净稳定融资比率的目的还在于鼓励银行增加长期稳定的资金来源,调整其资金结构。

除了以上几个主要标准的内容之外,巴塞尔委员会还对以上标准规定了为期 5 年的实施过渡期。具体而言,普通股和一级资本的最低要求将会在 2013 年到 2015 年之间逐年提升;而资本留存将于 2016 年逐步引入,并在 2019 年时达到 2.5% 的最终标准。而杠杆率要求则会在 2018 年将其纳入第一支柱,具体安排参见表 15 – 1：

表 15 – 1 《巴塞尔协议Ⅲ》各项指标实施的过渡期安排及最终达标的具体时间要求

指标	2011 年	2012 年	2013 年	2014 年	2015 年	2016 年	2017 年	2018 年	2019 年
杠杆率	监管监测期		过渡期为 2013 年 1 月 1 日—2017 年 1 月 1 日,从 2015 年 1 月 1 日开始披露					正式纳入第一支柱	
普通股充足率最低要求			3.5%	4.0%	4.5%	4.5%	4.5%	4.5%	4.5%
资本留存缓冲最低要求						0.625%	1.25%	1.875%	2.5%
普通股充足率加资本留存缓冲最低要求			3.5%	4.0%	4.5%	5.125%	5.75%	6.375%	7.0%
扣减项的过渡期				20%	40%	60%	80%	100%	100%

续表

指标	2011 年	2012 年	2013 年	2014 年	2015 年	2016 年	2017 年	2018 年	2019 年
杠杆率	监管监测期		过渡期为 2013 年 1 月 1 日—2017 年 1 月 1 日,从 2015 年 1 月 1 日开始披露					正式纳入第一支柱	
一级资本充足率最低要求			4.5%	5.5%	6.0%	6.0%	6.0%	6.0%	6.0%
总资本充足率最低要求			8.0%	8.0%	8.0%	8.0%	8.0%	8.0%	8.0%
总资本充足率加资本留存缓冲最低要求			8.0%	8.0%	8.0%	8.625%	9.125%	9.875%	10.5%
不符合新资本定义的资本工具过渡期	从 2013 年 1 月 1 日起分 10 年逐步剔除								
流动性覆盖比率	开始监测				引入最低标准				
净稳定融资比率		开始监测						引入最低标准	

(三) 对《巴塞尔协议Ⅲ》的评价

针对在金融危机中所暴露出的新资本协议的众多不足,《巴塞尔协议Ⅲ》试图从多个方面全面改进现行监管资本标准。其一,《巴塞尔协议Ⅲ》仍然把握住资本质量这一核心,在提高资本要求的同时也进一步地明确资本定义。比如其废除了三级资本的概念,强化对一级资本和二级资本监管要求的同时也简化了资本评估结构,还修改了《巴塞尔协议Ⅱ》中对于资本种类的模糊定义与阐释,明确规定了不得计入核心一级资本的资本类型。其二,《巴塞尔协议Ⅲ》扩大了风险资产的覆盖面。协议建议减少场外交易,而鼓励高信用等级的场内交易,以此防范交易方违约的信用风险;其次提高了对场外市场中回购和卖空等的限制条件,即对防范交易对手违约而对其设定了更为严格的资本要求。其三,《巴塞尔协议Ⅲ》试图给予面临顺周期性效应的银行设定一定的资本缓冲空间。协议一方面设置了资本留存缓冲和逆周期资本缓冲,以应对市场不景气时期可能产生的风险;另一方面也赋予了外部监管机构相应的权利来防范银行在危机期间仍然大肆发放奖金,强调以监管来辅助银行制定风险防范策略。

根据以上这些内容,不难看出,《巴塞尔协议Ⅲ》的出台正是为了解决金融危机中所暴露出的银行业务模式和现行监管体制的一些缺陷,进而发挥出银行体系的原有功能,推动实体经济的发展。根据这一指导思想,世界各国都在金融危机之后,结合巴塞尔委员会的要求和建议,对自身的金融监管体制进行了一定程度上的改革。

(四) 新版《有效银行监管核心原则》

2012 年,鉴于次贷危机后,系统重要性银行的受关注度不断提升、宏观审慎问题及系统性风险有待解决、危机管理、恢复和解决措施必须完善以及银行公司治理、信息披露和透明度水平亟待提升等方面的原因,巴塞尔委员会公布了新修订的《有效银行监管核心原则》(以下简称《新版核心原则》)。《新版核心原则》合并了《核心原则》与《评估方法》,共计 29 条,分为两类:(1) 监管的权力、责任与功能,含原则 1-13;(2) 审慎规定和对银行的要求,含原则 14-29。

《新版核心原则》的特点主要体现在四个方面:① 监管系统重要性银行。在金融危机的余波中,系统重要性银行的问题尤其引发关注,监管当局应该有效处理好这一问题。鉴于此,《新版核心原则》涵盖了系统重要性银行。② 宏观审慎和多角度监管。金融危机凸显了有效银行监管的宏观审慎和微观审慎之间的衔接性和互补性的重要。在运用基于风险的评估方式进行评估的时候,银行监管应该具有宏观视角,监管者需要站在一个更为广阔的平台上,而不仅仅关注于单个银行的资产负债表。有关当局应该具有先发制人的能力,提前应对系统性风险。此外,在监管一家集团公司的下属银行的时候,多重视角变得至关重要。集团公司对个体银行的影响是多方面的,《新版核心原则》专门制定了针对银行集团的核心原则,但也指出了母公司和非集团公司在风险评估中的重要性。这种监管已经超出了会计中的合并概念,监管者履行职能的时候,需要具有一个更为宽泛的风险概念,并保持审慎的态度。另外,为了保持金融系统的稳定,银行监管部门应该与其他管理当局共享数据和信息。③ 危机管理、应对与解决措施。虽然防止银行倒闭并不是监管部门的职责,但进行有效的危机管理、制定有序的制度、决议框架和相关措施仍是必需的。这些措施分为两大类:一是被银行监管部门或者其他部门所采取的措施;二是银行自身采取的措施。为了突出和强调危机管理、应对与解决措施的重要性,《新版核心原则》包括了对银行应急预案的维护和评估。同时,《新版核心原则》也涉及跨境银行的危机管理问题。④ 公司治理、信息披露与透明度。银行在公司治理方面的缺陷可能会对银行自身甚至银行系统产生重大影响,因此《新版核心原则》包含了一个新的原则,即关注有效公司治理在银行安全与稳健运行中的重要作用。《新版核心原则》汇集了现有的公司治理标准,并进一步强调公司治理实践的重要性。同样,金融危机也凸显出信息披露和透明度在维护公众对银行信心从而减少市场不确定性方面的重要性,因此,《新版核心原则》也涉及这方面的内容。

第四节 金融监管的其他国际合作

当前的国际金融组织对维护国际金融体系的稳定,促进各国金融的稳定持续发展起着举足轻重的作用。每个国际金融组织都是有效协调国际金融监管政策的交流平台,对国际金融监管制定统一有效的措施、建立有效的合作机制、防范金融风险的大规模扩散发挥着重要的作用。因此,国际金融机构同时也是国际金融监管合作的有效形式。这里介绍主要的国际金融组织。

一、国际货币基金组织

国际货币基金组织(International Monetary Fund,IMF)的宗旨决定了其主要从宏观角度观察问题,关注的是一国金融危机是否会引发一国宏观经济的不稳定,进而关注是否会引发国际金融体系的系统危机。IMF 日益认识到,必须将一国银行业的有效监管纳入自己金融监督的安排之中,巴塞尔委员会也希望借助 IMF 的权威地位,更进一步地推行有效的银行监管。IMF 明确提出了其介入银行监管的几项任务和原则:① 为发展国际统一的标准作出贡献,并保证统一标准适合于发展中国家;② 帮助传播这些标准;③ 协助监测在适应和遵循这些标准中所取得的进展;④ 帮助重组银行业和金融体系。针对国际金融领域风险连锁的趋势,IMF 建立了金融市场预警系统,要求其 181 个成员及时提供国民生产总值、外汇储备、贸易差额、通货膨胀率和货币供应量等有关经济指标。同时,IMF 还开辟联网公告栏,定期发布 16 种不同类别的经济资料。

二、世界银行

世界银行(WB)的正式名称是"国际复兴开发银行",是当今世界三大经济组织之一。世界银行是根据 1944 年 7 月在美国布雷顿森林举行的联合国货币金融会议所作的决定,1945 年 12 月 27 日正式成立,1946 年开业,总部设在华盛顿。世界银行成立之初,主要向西欧国家发放贷款,帮助它们恢复经济,1948 年之后逐步转为向发展中国家贷款为主,帮助它们筹集建设资金、解决债务困难以及发展科技、文化和教育。

世界银行在致力于世界经济发展的同时,对国际金融体系起到了重要的稳定作用。世界银行督促各国完善金融监管体制,加强国际间的金融监管合作,为各国协调金融监管政策、及时沟通金融风险信息提供了良好的交流平台。通过对世界各国的贷款项目的监督,世界银行对贷款对象进行了严格的分类与要求,对出现问题的国家的贷款进行更为严格的审批。在特殊时期,世界银行也会帮助出现金融危机的国家渡过难关。这些作用对金融监管的国际合作发挥了积极影响,使世界银行成为国际金融监管的重要力量。

三、世界金融管理局

世界金融管理局(WFA)的基本职能,主要是协调各国监管当局共同防范国际金融犯罪和市场失灵,对系统性风险进行监管。WFA 的主要任务是制定规则,确保在国际范围内采用最好的监管措施和有限的风险监管程序,并为最后贷款人发挥作用打下坚实的基础。不仅保证金融稳定,还要对经济增长和促进就业产生影响;不仅是制定和实施监管措施的组织,也是国际金融合作的论坛。WFA 的协调方式为通过充当各国管理汇率、限制资本流动的论坛,减少国际范围内系统性风险的增加。如马来西亚在发生经济危机后,WFA 利用论坛促进了国际金融监管合作的实现。

四、世界贸易组织

世界贸易组织(WTO)的《服务与贸易总协定》是有约束力的国际条约,在五个方面包含了金融监管问题,即市场准入、国民待遇、透明度、最惠国待遇和发展中国家特殊待遇。WTO 于 1997 年 12 月 13 日签署了专门针对金融服务的《金融服务协议》(FSA)。FSA 将

《服务与贸易总协定》扩展到金融服务方面,在最惠国待遇基础上,把全球银行、保险、证券和金融信息贸易都纳入了管理和争端解决体制之内,在广泛的基础上协调、统一及解决争端,有力推动了金融监管法制国际化的进程,有助于统一监管国际规则的形成。

五、国际证券委员会

国际证券委员会(IOSCO)是由各国证券与期货监管机构所组成的一个专业性组织,是国际证券业监管者合作的中心,主要任务是促进各国在证券监管方面的国际合作。到目前为止,该组织已通过了110多个决议,所建立的原则与标准对于建立有效的国际证券监管合作机制起到了重要作用。IOSCO 的主要工作成就是鼓励和帮助其成员委员会制定双边和多边监管合作协议,在抑制和惩治证券业欺诈活动的国际合作中,发挥了重要的组织作用。1994 年 10 月,IOSCO 的技术委员会发表了《监管不力和司法不合作对证券和期货监管者所产生问题的报告》,介绍了工作小组成员从不合作的司法机构获取信息的方法,强调了在减少证券欺诈方面进行相互合作的益处。同年,该工作小组通过了一份《承诺国际证券委员会组织监管标准和相互合作与援助基本原则的决议》,要求所有成员对其是否能够向国外证券和期货监管者提供相互援助与合作作出一个书面的评估,这种"自我评估方法"促进了对成员国当前形势的详细信息的收集,不仅是有关法律与规则的信息,而且也是有关成员国援助国外监管机构的能力的信息。尽管 IOSCO 本身没有强制执行权,但其高度重视鼓励各证券委员会提供相互强制实施援助,对于监管不力的期货交易活动潜在的体系风险,监管者有必要加强相互之间的信息共享与范围更为广泛的监管合作。1995 年 5 月,来自管理世界主要期货与期权市场的 16 个司法管辖区的监管人员,在英格兰的温莎发表了《温莎宣言》。在宣言中,他们一致同意加强合作,努力保护客户头寸资金和资产;澄清和加强违约过程管理;在紧急情况下加强监管合作。技术委员会在设想加强市场监管和违约过程监管方面,已取得一些进展,于 1996 年颁布了有关下列方面的建议标准:用以识别大额风险的启动水平;在监管者之间发展信息共享协议(ISAs);设立违约过程的透明度标准;客户头寸信息披露,以及当成员国公司违约时,处理余额资金和资产的最好方法。

六、国际证券交易所委员会

国际证券交易所委员会(FIBV)成立于 1961 年,是由世界 40 多个主要证券交易所组成的民间监管机构。FIBV 对会员市场的规模,法制化建设等诸方面都有严格的要求。取得 FIBV 资格被各国证券监管机构及市场参与者,作为其证券市场达到国际认同标准的一种认可。FIBV 通过组织专题讨论会和研究项目来探究国际证券市场监管的必要性,及其自身和作为其会员的证券交易所在国际证券业监管中应发挥的作用。FIBV 在公开宣言中表示,要加强在制定适当的国际证券发行、交易和清算准则方面的合作,提高会员交易所在国内和国际市场上行为自律的标准。与 IOSCO 不同的是,FIBV 更倾向于担任那些体现其会员一致意见的有关国际证券业的监管原则和具体行动方案的倡导者的角色。FIBV 在 1990 年 4 月的专题讨论会上提出了通过各国的政府监管部门和自律机构间的协调、合作,加强对国际证券业监管的主张,并宣布与 IOSCO 结成合作伙伴关系,声称目的是通过 FIBV 和 IOSCO 的直接协商,使各方面的合作制度化。

七、国际会计准则委员会

国际会计准则委员会(International Accounting Standards Committee,IASC)是在会计标准的国际规范化方面的国际组织。该机构成立于1973年,目的是建立国际会计标准,成员包括各国的专业会计机构。委员会下有一个工作小组,负责向委员会提出议案。委员会以一国一票制对议案进行表决,必要时进行修改。议案一旦得到通过,就作为一项会计标准。尽管国际会计标准委员会制定的标准本身不具有法律的约束力,但是,一些国家仍要求其公司企业使用国际会计标准委员会的标准。由于美国被认为是国际上会计标准最为详细的国家,因此,美国的金融会计标准理事会制定的标准,通常被国际会计标准委员会作为制定标准的样板。

八、国际清算银行

国际清算银行(Bank for International Settlements,BIS)是一家办理中央银行业务的金融机构,成立于1930年2月。国际清算银行由美国摩根、纽约和芝加哥花旗银行组成的银行团与英国、法国、意大利、德国、比利时、日本6国的中央银行共同投资设立,行址在瑞士巴塞尔。该行的宗旨是促进各国中央银行之间的合作;为国际金融活动提供更多的便利;在国际金融清算中充当受托人或代理人;是各国"中央银行的银行",通过中央银行向整个国际金融体系提供高度专业化的服务,办理多种国际清算业务。BIS的主要任务是"促进各国中央银行之间的合作并为国际金融业务提供新的便利"。因此,国际清算银行成了各国央行进行合作的理想平台、中央银行家的会晤场所,为各国金融监管机构及时沟通信息,防止风险扩散,尽早化风险于无形提供了良好的平台。同时,也是各国监管机构协调监管政策、协同监管行动的有效机制。国际清算银行在一国的国际清算出现异常现象时会及时介入,监督异常资金的来源与去向,及时化解国际金融风险,防止风险的过度膨胀和扩散。同时,由于为各种委员会和专家组提供常设秘书处,在客观上成为国际银行业监督的中心和基地。因此,在国际金融监管的合作中国际清算银行发挥的作用非同一般。

九、世界金融稳定论坛

1999年2月,七国集团(加拿大、法国、德国、意大利、日本、英国和美国)一致认为,国际清算银行委员会的协调和政策不能满足金融市场发展的需要,提议成立金融稳定论坛(FSF)。这个设立于巴塞尔国际清算银行内的论坛,旨在协调各国金融监管当局的行动,改善国际金融信息流动。FSF把主要的国际金融组织,如国际组织如IMF、世界银行和七国集团的监管当局和中央银行,以及国际清算银行召集在一起,以确保制定最佳的国际金融规则和标准,确保这些国际规则的连续性,使金融信息在对金融稳定负有责任的各监管当局之间不断流动。

十、其他

除上述主要组织以外,在欧洲、亚洲、中东、拉美和非洲还设有一些区域性的银行监管合作组织。这些区域性银行监管组织是促进本地区乃至全球金融稳定的重要因素,是推行统一监管标准和原则的重要力量,也是巴塞尔委员会等国际性监管组织的有益补充。

（一）离岸银行监管组织

为了加强金融监管，一些离岸金融中心的监管机构建立了国际性的监管组织，希望通过国际协调来改进监管与服务。其中，最重要的是离岸银行监管者组织（Offshore Group of Banking Supervisors），其成员包括中国香港（地区）、新加坡、塞浦路斯、巴林、阿鲁巴、巴哈马群岛、巴巴多斯、百慕大群岛、开曼群岛、直布罗陀等。上述除香港外都属于避税港型离岸金融中心，统计数据和公司信息极不透明，一直被各类资本视为避税天堂，也为各种犯罪资本提供了洗钱机会。该组织督促各离岸金融中心遵循国际标准进行监管，加强各国监管机构的合作，建立诸如信息提供、相互磋商、技术合作的渠道和机制。

（二）北欧监管组织

金融监管一体化是政府设立一个独立机构，负责对银行业、证券业及保险业实施统一监管的制度。20世纪90年代，该管理模式在北欧的三个国家（丹麦、挪威和瑞典）被付诸实施。最近，英国政府决定设立金融服务管理机构，这一措施引起国际社会对金融监管的关注。普遍认为，那些已经采用或正预备采用金融监管一体化模式的国家，不妨借鉴北欧三国的经验。这不仅因为长期以来，这三国积累了金融监管一体化的丰富经验，更重要的是，相比起澳大利亚和英国采取该模式的动因来说，促使这三国采取一体化金融管制的原因与发展中国家和转型国家具有更强的关联性。

（三）欧洲银行监督委员会

欧洲银行监督委员会（CEBS）成立于2003年11月，主要负责统一欧盟银行监管实践和促进欧盟各国银行监管当局的合作。欧洲银行监督委员会是统一协调欧洲金融监管框架的组成部分，与欧洲证券监管委员会（CESR）、欧洲保险和职业养老金监管委员会（CEIOPS）都位于框架的第三层次，负责统一各国监管实践。

CEBS的工作受欧盟理事会、欧盟委员会和欧盟议会监督，有向它们报告工作的义务，与欧洲中央银行和银行监管委员会也建立了密切的合作关系。欧洲银行监督委员会主要有三大任务：一是向欧盟委员会提出银行政策方面的建议；二是确保欧盟银行业法律实施的一致性和监管实践的统一；三是促进监管合作和信息交流。CEBS成立以来，已向欧盟委员会就欧盟各国的自由裁量权、金融监管的审慎安全网、兼并和收购等提出了建议，就磋商机制、外包、监督审查程序、统一报表、监管披露和财务报告等发布了征求意见稿。为配合新协议的实施，正在起草第二支柱、监管合作、模型验证、评级机构确认程序等方面的指引文件。

（四）东南亚中央银行组织

东亚及太平洋地区中央银行行长会议组织（EMEAP）成立于1991年2月，属地区性国际金融组织。其目的是促进本地区各成员中央银行（货币当局）之间的交流与合作，加强本地区中央银行间的信息沟通，协调各成员的金融政策，共同探讨全球和本地区的经济、金融领域的问题。目前，东南亚中央银行组织的成员有11个：中国人民银行、澳大利亚储备银行、中国香港（地区）金融管理局、印度尼西亚银行、日本银行、韩国银行、马来西亚国民银行、新西兰储备银行、菲律宾中央银行、新加坡金融管理局和泰国银行。

（五）阿拉伯银行监管委员会

阿拉伯银行监管委员会成立于1991年，由阿拉伯中央银行行长委员会和货币管理局建立，秘书处设在阿拉伯货币基金所在地阿布扎比。阿拉伯银行监管委员会为阿拉伯国家的中央银行统一监管标准、及时交流信息提供了便利，共同研究阿拉伯世界的银行所面临的问题，为阿拉伯国家银行的健康发展护航。

（六）拉丁美洲和加勒比海银行监管委员会

拉丁美洲和加勒比海银行监管委员会成立于1983年，成员来自拉丁美洲和加勒比地区的23个国家。此外，还有1993年成立的东部和南部非洲银行监管组织，1994年成立的中西非银行监管组织，1991年成立的东亚和太平洋中央银行执行会议，1983年成立的海湾合作理事会银行监管组织。这些区域性银行监管组织往往是通过定期召开会议的方式讨论共同关心的问题，负责人每年都要出席巴塞尔委员会会议，从而保证了非十国集团国家和地区的银行监管者能够及时了解巴塞尔委员会的工作，并提出自己的建议。同样，巴塞尔委员会也派员出席区域性银行监管组织召开的有关会议，了解情况、听取意见、提供帮助和指导、促进交流与合作。

一般来讲，这些区域性银行监管组织主要关注有关监管合作的实际问题，如贯彻实施巴塞尔委员会的有关原则建议，大额风险的管理和对银行国际经营活动的综合并表监管等。此外，对海外金融中心和加勒比海国家来说，保密和洗钱问题也是一个重要议题。这些区域性监管组织大多属于咨询性的机构，只作为交流的论坛，提出一些建议，成员们可以选择实施。这些组织的另一重要职能，是向其成员国提供技术援助和培训。

第五节 金融监管国际合作的趋势

一系列金融危机事件表明，金融监管当局之间的有效沟通，可以加强对国际性银行及其经营活动的监督与管理，同时，各国金融监管当局对创造和维护一个公平竞争的环境都持积极态度，以便其本国银行参与竞争。正是基于这些原因，各国政府、中央银行和金融监管当局给予金融监管国际合作的优先考虑，甚于以往任何时候。从发展趋势上看，金融监管国际合作的范围、内容将进一步扩大，合作框架也将进一步完善，金融监管国际合作的原则更具普遍性，同时，金融监管国际合作的方式也将发生改变。

一、金融监管国际合作的范围进一步扩大

未来金融监管的国际合作，在主体上将包括各种国际经济组织和各国金融监管当局，在范围上将覆盖所有的国际领域，在深度上将渗入到金融活动的各个环节。20世纪90年代之前，发达国家一直是金融监管国际合作的组织者和参与者，广大发展中国家未被纳入其中，存在很多弊端。进入90年代，发展中国家和地区成为国家金融市场的重要参与者，在国际金融市场已经占据重要地位。但是，由于国内监管法规不健全和监管技术落后，发展中国家的银行普遍存在资本不充足、贷款结构不合理、呆账较多等问题。特别是有些发展中国家的银行在走向国际化的过程中，有意在国外从事金融交易以避开国内监管，一些银行还将业务从国内转移到离岸金融中心，运用离岸交易改变其风险头寸。这些问题增加了金融监管的难度，爆发金融危机的可能性大大增加。要增加国际金融体系的安全性，一个有效的办法是扩大银行监管国际合作的范围，将发展中国家包括进来，这与提高发展中国家对国内金融机构监管的效率同样重要。发展中国家银行监管当局加入国际合作，将有助于在更大范围内实施并表监管，还有助于更广泛地交流监管信息，形成快速解决金融

危机的合作环境。

二、金融监管国际合作的框架进一步完善

（一）国际组织将展开更加紧密的合作

国际金融一体化是经济全球化的客观需要，是国际生产、国际贸易和国际投资由局部向全球扩张的必然结果。国际金融一体化对整个世界经济产生了前所未有的积极影响，在这个过程中，国际货币基金组织和世界银行在金融监管和金融服务方面起到了重要作用。

为了应对新的形势，国际货币基金组织和世界银行两个机构需要发展更紧密的伙伴关系，加强国际交流与合作，建立制度化的国际金融机制。包括制定统一适用的规则或标准；制定定期或不定期的会议、协商或谈判制度；制定具有一定强制力的争端解决机制和制裁手段等。同时，两个机构自身也在完善和提高。国际货币基金组织和世界银行开始评估成员国金融系统的健康性，设计标准和准则以促进其健康和稳定性；国际货币基金组织还鼓励私营金融机构和投资者在金融危机时期通过提供新的资金、滚动贷款和重新商谈贷款等方式解决危机，而不是采取立即退出的方式；国际货币基金组织也鼓励成员国促进破产机制，限制政府的盲目金融担保，建立更有效的风险和债务管理体系，加强监管政策和制度。要求债权人和债务人参与到经济调整中，承担更多的责任，鼓励受援国与国际债权人增强合作。

（二）双边与多边监管框架的并存

为了能够解决不同国家之间的经济金融差异，双边合作必将越来越多，合作双方签订监管合作协议，以自己的信誉承诺作为保障，从而也使监管合作更具有约束力。多边的合作框架在主体上将包括各种国际经济组织和各国监管当局。

（三）区域与全球监管框架的并存

以巴塞尔银行监管协议为基础的全球性监管框架业已存在，但是，该框架只是为适应发达国家金融发展需要的监管合作而设计的监管机制。鉴于世界经济发展不平衡将长期持续，各国金融发展水平不一，各经济区域内部追求经济金融发展平衡是相对容易的目标，因此，区域性的监管合作组织必然成为主流，并且能够在相应的区域获得最大化的效力实现。

三、金融监管国际合作的内容扩大

金融监管国际合作客体的覆盖面将会更为宽广，侧重点也将有所转移，即不仅涵盖国际银行机构、非银行金融机构、证券市场、资本市场、金融创新工具和金融期货期权市场，金融监管的侧重点也必须有所转移。例如，在关注对商业银行传统资产业务与负债业务监管的同时，更多地转向对中间银行业务、表外业务的监管；在关注对商业银行监管的同时，更多地转向对非银行金融机构的监管，尽管这将是困难和艰巨的，但是必需的；在关注对传统金融机构监管的同时，更多地转向对资本市场、金融衍生工具市场的监管。金融监管理论和实践的发展，都必须努力摆脱危机导向的单一轨道，逐渐提高先验性、事前性和灵活性。

四、金融监管国际合作的原则更具普遍性

尽管金融监管内容因国家而异,但是,金融系统毫无例外地在保持各国经济稳定方面占有重要地位,因此,各国金融监管的主要目标基本一致。各国在共同原则下有效开展金融监管的基础和可能性就在于此,重要意义也在于此。虽然大多数金融监管原则是发达国家率先提出,以适应国内的金融发展,但事实上,其他许多国家已经遵守这些原则,因此,从全球的角度出发制定能涵盖金融监管领域的各个主要方面、适应于所有国家维护全球金融体系安全稳定需要的基本金融监管原则成为必然。以这些普遍原则为基准,各国可以按照本国金融体系的具体情况对其进行细化补充,有所侧重,使得国际金融监管原则覆盖面更为广泛,更具普遍性。

五、金融监管国际合作的方式发生改变

从单纯抽象的定性监管转向量化监管,从仅规定审慎比率等简单量化标准到建立完整的风险测定体系和创建风险价值模型(VAR),再到适应金融工程发展的需要,构建全球银行风险预警系统,是银行监管国际合作方式发展的趋势。各种金融监管机构的国际合作,必然会从"联合论坛"式过渡到量化和模型化。但这种创新仅是个开端,未来银行监管的国际合作,只有建立在全球银行风险预警系统之上,才能真正实现有效监管。

可以预料,在今后相当长的时期内,各国金融监管当局将主要在目前的合作框架内,在着眼本国利益的基础上,在有关国际金融组织的协调下求同存异,既斗争又合作,从而推动金融监管的国际合作不断向前发展。

本章小结

1. 金融全球化促进了世界经济的进步,也带来了新的金融风险。金融风险通过各种途径传播,原有的金融监管格局陷入困境,金融监管的国际合作势在必行。

2. 金融监管国际合作所要实现的目标是:维持国际金融体系的稳定、维持公平竞争、维护宏观经济政策。金融监管国际合作的主要内容是:对跨国银行的监管、对资本充足性的监管、对金融衍生工具的监管以及对国际银行清盘的处理。实现金融监管国际合作的主要模式是:银行的国际监管合作模式和国际金融监管组织的监管合作。

3. 巴塞尔银行监管委员会的成立为金融监管国际合作提供了舞台。巴塞尔银行监管委员会已被视为银行监管领域的首要国际组织,该委员会围绕国际银行监管这一核心问题提出的一系列原则、制度和措施,称为"巴塞尔协议体系"。巴塞尔协议体系主要包括四个巴塞尔协议和巴塞尔协议的补充规定。

4. 其他金融监管国际合作组织有:国际货币基金组织(IMF)、世界银行(WB)、世界金融管理局(WFA)、世界贸易组织(WTO)、国际证券委员会(IOSCO)、国际证券交易所委员会(FIBV)、国际会计准则委员会(IASC)、国际清算银行(BIS)以及在欧洲、亚洲、中东、拉美和非洲设有的区域性的银行监管合作组织。

5. 从发展趋势上看,金融监管国际合作的范围和内容将进一步扩大,合作框架将进一步完善,金融监管国际合作的原则更具普遍性,同时,金融监管国际合作的方式也将发生改变。

思考题

1. 分析金融风险的国际传染途径。
2. 试述金融监管国际合作的模式。
3. 谈谈你对1988年《巴塞尔协议》的评价。
4. 分析金融监管国际化合作的发展趋势。

即测即评

请扫描右侧二维码,进行即测即评。

主要参考文献

1. 潘金生.中央银行金融监管比较研究.北京:经济科学出版社,1999.
2. 刘宇飞.国际金融监管的新发展.北京:经济科学出版社,1999.
3. 孟龙.金融监管国际化.北京:中国金融出版社,1999.
4. 孟龙.21世纪金融大趋势:金融监管国际化.北京:中国金融出版社,1999.
5. 王广谦.中央银行学.北京:高等教育出版社,1999.
6. 江曙霞.银行监督管理与资本充足性管制.北京:中国发展出版社,1999.
7. 艾伦·加特.管制、放松与重新管制.北京:经济科学出版社,1999.
8. 周道许.现代金融监管体制研究.北京:中国金融出版社,2000.
9. 赵锡军.论证券监管.北京:中国人民大学出版社,2000.
10. 谢平.金融业经营模式及监管体制研究.北京:中国金融出版社,2000.
11. 焦瑾璞.WTO与中国金融业未来.北京:中国金融出版社,2000.
12. 洪伟力.证券监管:理论与实践.上海:上海财经大学出版社,2000.
13. 埃哈亚L.自由化与投资.北京:经济科学出版社,2000.
14. 刘明志.银行监管的收益和成本.北京:中国金融出版社,2001.
15. 陈学彬.当代金融危机的形成扩散与防范机制研究.上海:上海财经大学出版社,2001.
16. 黄金老.金融自由化与金融脆弱性.北京:中国城市出版社,2001.
17. 张维迎.博弈论与信息经济学.上海:上海三联出版社,2001.
18. 约翰·伊特威尔.全球金融风险监管.北京:经济科学出版社,2001.

19. 忘自先.论金融全球化.北京:经济科学出版社,2001.
20. 杨有振.金融开放:创新与监管.北京:中国金融出版社,2002.
21. 谢伏瞻.金融监管与金融改革.北京:中国发展出版社,2002.
22. 林平.银行危机监管论.北京:中国金融出版社,2002.
23. 王洛林.金融结构与金融危机.北京:经济管理出版社,2002.
24. 刘崇明.金融监管热点问题研究.北京:中国金融出版社,2002.
25. 吴晓求.中国金融大趋势:银证合作.北京:中国人民大学出版社,2002.
26. 孔祥毅.金融理论教程.北京:中国金融出版社,2003.
27. 理查德.金融市场风险及监管.北京:宇航出版社,2003.
28. 张荔.金融自由化效应分析.北京:中国金融出版社,2003.
29. 陈小宪.风险·资本·市值.北京:中国金融出版社,2004.
30. 赵渤.中国金融监管.北京:中国社会科学文献出版社,2008.
31. 郭田勇.金融监管学原理.北京:中国金融出版社,2009.
32. 丁建臣.金融监管教程.北京:对外经济贸易大学出版社,2010.
33. 卞志村.金融监管学.北京:人民出版社,2011.
34. 李成.金融监管案例.西安:西安交通大学出版社,2011.
35. 祁敬宇.金融监管理论与实务.北京:首都经济贸易大学出版社,2012.

郑重声明

高等教育出版社依法对本书享有专有出版权。任何未经许可的复制、销售行为均违反《中华人民共和国著作权法》，其行为人将承担相应的民事责任和行政责任；构成犯罪的，将被依法追究刑事责任。为了维护市场秩序，保护读者的合法权益，避免读者误用盗版书造成不良后果，我社将配合行政执法部门和司法机关对违法犯罪的单位和个人进行严厉打击。社会各界人士如发现上述侵权行为，希望及时举报，我社将奖励举报有功人员。

反盗版举报电话　　（010）58581999　58582371
反盗版举报邮箱　　dd@hep.com.cn
通信地址　　北京市西城区德外大街4号　高等教育出版社法律事务部
邮政编码　　100120